Rüdiger Nehberg

Über den Atlantik und durch den Dschungel

Eine Rettungsaktion für die Yanomami

Mit 18 Farbfotos von
Christina Haverkamp und
Rüdiger Nehberg

Piper München Zürich

Von Rüdiger Nehberg liegen in der Serie Piper außerdem vor:
Abenteuer am Blauen Nil (1796)
Überleben in der Wüste Danakil (1809)
Die Kunst zu überleben – Survival (2622)
Drei Mann, ein Boot, zum Rudolfsee (2714)
Survival-Abenteuer vor der Haustür (2715)
Yanonámi (2716)
Medizin Survival (2717)
Im Tretboot über den Atlantik (2829)
Die Rettung der Yanomami (2979)

Originalausgabe
Piper Verlag GmbH, München
1. Auflage Mai 1994
4. Auflage Februar 2000

Umschlag: Büro Hamburg
Stefanie Oberbeck, Katrin Hoffmann
Umschlagfoto: Rüdiger Nehberg
Gesamtherstellung: Clausen & Bosse, Leck
Printed in Germany ISBN 3-492-21965-9

»Wir sollten endlich die Erhaltung bedrohter Völker nicht nur als einen Akt des Mitleids, sondern vor allem als einen Akt der Selbsterhaltung erkennen. Denn all das, was das utilitär-materialistische Zeitalter uns genommen hat, ist dort wenigstens in Spuren noch erhalten. Wenn wir wieder menschliche Wesen werden wollen, tut uns Entwicklungshilfe von seiten jener not, die wir in verblendetem Hochmut ›unterentwickelt‹ nennen.«

Robert Jungk

Der Titel »Gejagte Jäger« begegnete mir zuerst im Abenteuermuseum meines Freundes Heinz Rox-Schulz in Saarbrücken. Dort hing ein Plakat des Völkerkundemuseums Frankfurt. Obwohl dieser Titel nicht nur auf dem Plakat zu einer Ausstellung Verwendung fand, sondern auch für Mark Münzels und Heinz Kelins zweibändiges Katalogwerk des Museums, fand ich den Titel so gut und treffend, daß ich mich gefreut habe, als ihn mir das Völkerkundemuseum dennoch anstandslos überließ. Dafür bedanke ich mich vielmals.

Inhalt

Teil III: Anhänge

Vorwort

»Bedrohten Völkern wirksam helfen« steht auf vielen Blättern und Publikationen der ›Gesellschaft für bedrohte Völker‹. Doch wie kann eine Menschenrechtsorganisation denen wirksam helfen, die Opfer von Verfolgung und Vernichtung geworden sind: den Yanomami-Indianern und vielen anderen Ureinwohnern im tropischen Regenwald, den Kurden im Nahen Osten, den Tibetern oder den Bosniern?

Menschenrechtsorganisationen verteilen Flugblätter, schreiben Protestbriefe, veranstalten Kundgebungen und Demonstrationen. Doch immer wieder müssen sie feststellen, daß sie gegen Gummiwände laufen, daß ihre papierenen Proteste zu wenig Aufmerksamkeit erregen. Moderne Menschenrechtsarbeit muß kreativ sein, muß auch mit außergewöhnlichen Mitteln agieren, um das Interesse der Massenmedien, der Öffentlichkeit und der Politik zu gewinnen.

Denn schließlich geht es um das Recht auf Leben, um das Überleben ganzer Völker, und nicht um die Verwirklichung unserer eigenen Ideologien und Prinzipien. So war es ein Glücksfall für die Gesellschaft für bedrohte Völker (GfbV), daß der Survival-Experte und international bekannte Aktionist und Abenteurer Rüdiger Nehberg sein Engagement mit dem der GfbV verband.

Als Rüdiger Nehberg vor elf Jahren tieferschüttert über das Sterben der Yanomami-Indianer am Amazonas aus Brasilien zurückkehrte, waren die Yanomami nur einigen wenigen Wissenschaftlern bekannt. Für die meisten von ihnen war dieses Indianervolk nur ein Studienobjekt. Nicht einmal der Völkermord war für sie ein Thema.

Rüdiger Nehberg jedoch hatte die Gastfreundschaft der Yanomami genossen, ihre natürliche Lebensweise schätzen gelernt. Ihr Schicksal ließ ihn nicht mehr los. Mit einer Kette von Aktionen brachte er sie europaweit ins Gespräch: Durch spektakuläre Aktionen wie die zweifache Überquerung des Atlantiks – 1987 mit einem Tretboot und 1992 mit dem Bambusfloß –, durch Filme, die zu besten Fernsehzeiten in Deutschland wie in Brasilien gezeigt wurden, durch Buchveröffentlichungen für ein breites Publikum, aber auch immer wieder durch Kleinarbeit, die kaum Schlagzeilen machte.

Während Europa mit pompösen Segelregatten den Jahrestag der Eroberung des amerikanischen Doppelkontinents feierte, segelte ein zerbrechliches Bambusfloß in die entgegengesetzte Richtung. Das Foto des Segels mit der Aufschrift »500 Jahre Amerika sind 500 Jahre Völkermord« war in den Zeitungen der westlichen Welt wiederzufinden. In Übereinstimmung mit den Protesten indianischer Völker und ihrer Landrechtsbewegungen zwischen Alaska und Argentinien forderten Rüdiger Nehberg und Christina Haverkamp Landrechte für alle Indianer Nord- und Südamerikas und die Rettung der Yanomami sowie ihrer Regenwälder. In Brasilien, in der Karibik und in Nordamerika begrüßten Sprecher indianischer Völker die Menschenrechtler als Repräsentanten eines anderen, solidarischen Europas. Im Kolumbusjahr hatte Nehberg wohl nachdrücklicher als jeder andere den Europäern und ihren amerikanischen Nachkommen die Kehrseite ihrer Eroberungen vorgehalten: die Zerstörung unzähliger indianischer Kulturen, das Unrecht 500jähriger Verfolgung.

Unser Beiratsmitglied legt jetzt ein Buch vor, das seine Leser fesseln wird. Aber es soll Sie auch aufmerksam machen auf den Kampf der indianischen Völker um ihr Überleben, und es wird Sie sensibler machen für Kulturen, von denen wir vieles lernen können.

Unser gemeinsamer Kampf für die Rechte bedrohter Völker, für das Überleben der Yanomami, wird weitergehen. Wir zählen auf den Menschenrechtler Rüdiger Nehberg.

Tilman Zülch
Vorsitzender der Gesellschaft für bedrohte Völker

Teil I
Gejagte Jäger

Der Coup

»Wenn du meinst, daß ich nicht ausreichend qualifiziert bin, kannst du mich ja einem Aufnahmetest unterziehen.«

Christina ließ nicht locker. »Was du da vorhast, läßt sich auf jeden Fall besser zu zweit durchführen. Denk an die tagelangen Märsche. Nicht mal Indianer gehen gern allein durch den Urwald. Wenn irgend möglich, machen sie's zu zweit. Nur du willst unbedingt allein los. Glaubst du, daß du besser bist?«

Sie ließ ihre Worte wirken und schnabulierte währenddessen einen weiteren Bissen Apfelstrudel mit Sahne. Wir saßen in der Konditorei ›Alemã‹ an der Praça, dem zentralen Platz von Manaus. 24. Januar 1990.

Ich war bereits eine Woche in der Hauptstadt Amazoniens und im Begriff, zu einer neuen Aktion aufzubrechen. Natürlich stand sie – wie immer während der letzten zehn Jahre – im Zusammenhang mit den Yanomami-Indianern. Seit meinem Buch »Die letzte Jagd« war es mit ihnen weiter bergab gegangen. Noch immer hatten sie ihr Schutzgebiet nicht erhalten, noch immer wurden sie ausgerottet; wollte man noch etwas retten, war die letzte Sekunde gekommen, in der das möglich war.

Mein Plan war es, genau dorthin zu gehen, wo Adalberto Santos, jener Goldsucher, dessen Tagebuch ich in meinem Buch veröffentlicht hatte, die Morde an den Indianern beschrieben hatte. Ich wollte versuchen, über den aktuellen Stand eine Reportage zustande zu bringen, um den Völkermord an diesem letzten großen und noch relativ freilebenden Urvolk des Kontinents weiter in die Welt hinauszuschreien und so mein bescheidenes Scherflein zu ihrer möglichen Rettung beizutragen. Denn eines fürchten die Mörder: Entlarvung in der Öffentlichkeit.

Startpunkt meines Ein-Mann-Unternehmens sollte Manaus sein. Nach Boa Vista traute ich mich nicht mehr, denn dort hatte ich mir beim letzten Mal zu viele Feinde gemacht.

Und wie immer, wenn man in Manaus zu tun hat, verirrt man sich in die deutschgeprägte Konditorei an der Praça. Sie ist eine kleine Goldgrube, und besonders der Apfelstrudel und die frischen Obstsäfte üben eine magnetische Anziehungskraft auf mich aus. Aber nicht nur auf mich. Ins ›Alemã‹ stolpern alle Nordeuropäer und Amerikaner, wenn sie in Manaus sind. Hier trifft man seinesgleichen – und hier traf ich auch Christina Haverkamp.

»Das darf ja wohl nicht wahr sein!« hörte ich plötzlich deutsche Laute, »da fliegt er extra über den Atlantik, um hier Apfelstrudel zu essen! Mochtest du deinen in Hamburg nicht mehr?«

Sie packte ihren Mini-Rucksack auf einen leeren Stuhl und sich selbst auf einen anderen.

»Schmeckt der oder stellst du nur Qualitätsvergleiche an?«

»Nein, der schmeckt tatsächlich, als hätte ihn ein österreichischer Spezialist gebacken. Ein guter säuerlicher Apfel, etwas Zimt und sogar warm.«

So hatte sie sich auch gleich einen bestellt, und nun saßen wir hier bereits seit einer Stunde und tauschten Neuigkeiten aus.

Christina war mit einem Amerikaner namens Robert auf dessen Neuneinhalb-Meter-Yacht ›MIGRATOR‹ von der kanarischen Insel Hierro nach Martinique in der Karibik gesegelt – als Tramperin, zu den Bedingungen ›Hand gegen Koje‹. Von Martinique war sie dann über Caracas, Boa Vista nach Manaus gekommen. Ihr Ziel: per Bus durch Südamerika.

Es war nicht ihr erster Aufenthalt hier im Süden. Über ein Jahr lang hatte sie sich bereits durch alle Länder Lateinamerikas geschlagen. Diesmal sollte es ›nur‹ ein Trip durch Brasilien und Peru werden.

Ich kannte Christina von einem Survival-Kursus her. Sie war mir wegen ihrer Schnelligkeit, Courage, Geschicklichkeit und Zähigkeit aufgefallen. Bis ich dann hörte, daß sie Sportlehrerin war und selbst Lehrgänge mit sogenannten schwer erziehbaren Jugendlichen aus Berlin-Kreuzberg durchführte. Das waren immerhin Segeltörns durchs Mittelmeer (sie ist Segelausbilderin und besitzt auch einen Hochseeschiffer-Schein) und survivalähnliche Trainings in Schleswig-Holstein. Durch unsere Interessenverwandtschaft war ich dann in einen ihrer Kurse hineingeraten und hatte manche Übung in mein Programm übernommen: so zum Beispiel ihren »Seilgarten«, ein gutdurchdachtes System von Stricken, die sich lianenmäßig durch hohe Bäume zogen und an denen man Balance-, Geschicklichkeits-, Kraft- und Mutübungen machen konnte.

Außerdem war sie Lehrerin für Mathematik, was mich selbst zu der vielleicht kühnen Rechnung verleitete, eine solche Person müsse logisch und realistisch orientiert sein. Hauptsächlich deshalb nahm ich ihren Einwand auch zu nachdenklicher Kenntnis, mein geplantes Vorhaben bei den Yanomami sei risikoärmer und erfolgversprechender, wenn wir es zu zweit angingen. Dennoch war ich unentschlossen.

»Um ehrlich zu sein, habe ich zwei Gründe, lieber allein zu gehen: Allein bin ich unabhängiger, und – ich kenne dich zuwenig. Womöglich nerven dich die Insekten dermaßen, daß du nach zwei Tagen umkehren möchtest.«

»Okay, deine Unabhängigkeit will ich keineswegs beeinträchtigen. Ebensowenig die meinige. Wenn wir miteinander nicht klarkommen, können wir uns ja jederzeit voneinander trennen. Du mußt mich nicht etwa nach Manaus zurückbringen. Ich finde jeden Weg allein zurück und mache alles auf eigenes Risiko und eigene Kasse.«

Sie hielt inne, um sich ihrem Goaiaba-Saft zu widmen. Ich vertilgte den dritten Apfelstrudel.

»Mein Mittagessen«, warf ich ein, um meine Verfressenheit zu entschuldigen und die Stimmung zu lockern. Kauend überlegte ich, wie ich die Absage formulieren sollte. Zu oft hatte ich erlebt, daß alle möglichen Leute spontan mitfahren wollten, aber dann schon bei den ersten Schwierigkeiten versagten und mir zur Belastung wurden.

»Es bleibt die Tatsache, daß ich dich zuwenig kenne. Ich weiß nicht, was ich dir zutrauen kann und inwieweit du der Sache nutzen könntest.«

So kam sie auf die Idee eines Eignungstests.

»Stell mir eine Aufgabe, die du als Mann nicht schaffen würdest und die ich als Frau vielleicht eher lösen könnte.«

Gute Sprüche, dachte ich. Jedenfalls ist sie hartnäckig und einfallsreich, wenn sie ihr Ziel erreichen will. Mein Hirn, kräftig unterstützt vom Apfelstrudel, schlug ein paar Loopings, und dann hatte ich die richtige Idee, sie zu schocken! Damit wäre ich sie auf alle Fälle los.

»Egal wie schwer?« vergewisserte ich mich vorsichtshalber noch mal.

»Ja, egal wie schwer. Aber wenn ich es schaffe, machen wir die Reise zusammen? Ist das abgemacht?«

»Ja, das ist in Ordnung.«

Ich griente sogar dezent, denn was mir da eingefallen war, schien mir für sie unlösbar, und ich wäre aus dem Schneider. Und wenn sie es wider jegliches Erwarten doch zuwege brächte, dann hätte sie sich die Mitreise ehrlich verdient – als gleichberechtigte Partnerin.

»Also, laß hören!« setzte sie nach.

Ich schluckte noch mal, putzte den Mund mit einer Papierserviette ab und sagte: »Dann flieg nach Boa Vista, ins Zentrum des Völkermordes an den Yanomami. Dort versuch, in den Tower des Flughafens zu gelangen, und entwende die Landkarte, auf der die 120 illegalen Landepisten der Goldsucher verzeichnet sind.«

Daß es diese Karte gab, wußte ich von der letzten Reise her. Aber ich konnte ihrer damals nicht habhaft werden. Der Tower ist für Unbefugte gesperrt. Unten steht ein Polizist, und im Falle einer Entdeckung würde man nicht zimperlich sein. Eine Frau hätte da durchaus eher eine Chance, besonders in der Macho-Gesellschaft der Brasilianer. Aber ich machte Christina dieses Risiko auch klar.

»Wenn sie dich erwischen, werde ich nicht viel für dich tun können. Ich kann lediglich die deutsche Botschaft informieren.«

Das hatte ich noch hinterhergeschoben, um ihrer Absage sicher zu sein. Doch diesen Gefallen erwies sie mir nicht. Vielmehr lächelte sie, als wollte sie sagen ›schachmatt‹. Aber sie hielt sich zurück und meinte nur: »Wenn's nicht mehr ist, will ich mal gleich bei der ›VARIG‹ einen Flug buchen. Morgen abend treffen wir uns wieder hier im ›Alemã‹.«

›Sie läßt sich ihre Enttäuschung nicht anmerken‹, dachte ich, als Christina ihren Mini-Rucksack über die Schulter warf und in Richtung Flugbüro um die Ecke verschwand. Aber ich würde es ja sehen. Einerseits hielt ich die Aufgabe für unlösbar, und andererseits, so behauptete sie durchaus glaubwürdig, habe sie sich am Thema Yanomami festgebissen, seit sie durch meine Bücher und einen Diavortrag mit der Problematik konfrontiert worden sei. Unsere Begegnung hier in Manaus wertete sie als Schicksalswink.

»Dabei in irgendeiner Weise mitzuwirken, würde meinem Leben einen echten Inhalt geben«, hatte sie geäußert. »Ich könnte sofort einsteigen. Ich bin absolut unabhängig.«

Während sie wohl schon auf dem Wege zum Flugplatz war, schlenderte ich zum Hafen. Mein Ziel: Die Piranha-Bratbude der Senhora Roberta. Um neunzehn Uhr war ich dort mit Claudio verabredet. Er wollte mir ein Boot besorgen, das mich über den Rio Catrimani ins Yanomami-Gebiet bringen sollte. Ich war gespannt, ob er eines gefunden hatte und was es kosten würde. Wie immer bisher, finanzierte ich auch diese Unternehmung selbst. Da spielten ein paar hundert Dollar mehr oder weniger schon eine Rolle.

Bis zum Treffen war es noch eine gute Stunde. Ich hatte Zeit zum Bummeln. Die Läden in der Zona Franca, der Zollfreihandelszone, waren dabei zu schließen. Die Hundertschaften zumeist junger und unterbezahlter Verkäufer/innen mühten sich, die Ausstellungsware von den Gehwegen zurück in die Läden zu transportieren. Die dröhnende Musik wurde abrupt ausgeschaltet. Auch die Straßenhändler klaubten ihre wenigen Habseligkeiten zusammen, verstauten sie in Kartons oder Plastiktüten und verschwanden in der einbrechenden Dunkelheit. Nur noch einige Unverdrossene mühten sich redlich, mit dem Wechseln von Dollars ein paar Pfennige nebenbei zu verdienen. Aber der Kurs war noch gleich hoch wie am Morgen, also kein Grund, unnötige Vorräte zu tauschen. Morgen früh gab es sicher schon wieder ein paar Cruzados mehr dafür. Die Inflation galoppierte. Ein Prozent pro Tag.

Wurde es auf den Straßen stiller, so belebten sich die Regenwasserschächte. Sie verlaufen in der Mitte der Gehwege und sind mit groben Eisenrosten abgedeckt. Aber viele sind defekt. Sie sind verbogen, es fehlen einige Sprossen oder auf ein paar Meter auch die gesamte Abdeckung. So ist dem Auge kein hinderliches Rundeisen mehr im Wege, wenn es wahrnimmt, wie sich die Kanäle schlagartig füllen: Die Ratten treten zur Nachtschicht an. Es wimmelt und huscht, es flitzt und springt – und alles völlig lautlos.

Ich bin froh, endlich im Hafen zu sein. Zu den Müllhalden vor den Läden mag ich gar nicht hinschauen. Auch sie scheinen abends Beine zu bekommen. Ratten in solchen Mengen, daß man alle Feinschmecker-Lokale in Shanghai über Jahre mit Rattenfilets versorgen könnte.

Bei Mama Roberta sieht man von alledem nichts, obwohl ihr Piranha-Imbiß nur wenige Meter von dem Gehusche entfernt liegt. Der Grund mag sein, daß es hier am Straßenrand zu hell ist, immer noch viele Menschen hin- und hereilen und respektable Mengen von Katzen und Hunden sich ihr Stelldichein geben. Denn Mama Robertas Fischbude ist nicht die einzige. Mit dem Dunkelwerden tauchen auch andere Familien auf, die schnell einen Tisch und mehrere Sitzkisten arrangieren, um hungrigen Kunden für bescheidenen Salário Bratfisch zu servieren. Während die Mütter die Fettpfannen auf einem Holzkohlefeuer erhitzen, decken die Töchter die Tische mit sauberen Plastiktischdecken, entzünden die Petroleumlampen und verteilen Gläser, Teller und Bestecke. Aus den Styroporboxen gibt es kühle Getränke, und in Konservendosen wird das unentbehrliche Maniokmehl dazugestellt. Was wäre sonst ein Fisch ohne dieses Farinha de mandioca? Fade und ungenießbar wäre er.

Inzwischen brutzeln die ersten Piranhas im siedenden Öl. Ihre beiden Flanken sind mit einem scharfen Messer mit kleinen Rautenmustern versehen worden. Damit werden die vielen Gräten des Fisches so zerkleinert, daß sie mühelos zu schlucken sind. Ohne diese Schnitte wäre der Verzehr eines Piranhas eine kaum zu bewältigende Puzzle-Arbeit, die niemand auf sich nähme, obwohl das Piranhafleisch so schmackhaft ist.

Ich gönne mir eine Guaraná-Limonade und genieße die Kühle des Abends. Ich habe Glück. Claudio ist vor der verabredeten Zeit zur Stelle. Schon von weitem signalisiert mir sein aus der Faust hochgereckter Daumen, daß alles okay ist, daß er seinen Auftrag für mich zufriedenstellend erledigt hat.

»Stell dir vor«, beginnt er freudestrahlend, »ich habe ein gutes Boot für dich gefunden. Schau her.«

Er öffnete eine kleine Plastikmappe, in der sich ein paar Fotos befanden. Sie zeigten ein kleines Flußschiff mit Dach und Dieselmotor. Es hörte auf den Namen ›Isabella III‹. Eine Kabine hatte es nicht. Man schlief in der Hängematte unterm Dach.

»Es liegt drüben im Hafen von Gloria. Der Motor ist wie neu. Ich bin selbst ein Stück damit gefahren. Mit diesem Schiff bringt dich der Besitzer, so weit es geht, den Rio Catrimani hoch. Wenn die ersten Katarakte kommen, fahrt ihr mit einem kleinen Aluminiumboot, das er auf seinem Dach mitnimmt, weiter.«

So weit, so gut. Morgen früh könnte ich mir das Boot selbst anschauen. Allerdings müsse ich jetzt schon mal die Hälfte, nämlich 1500 Dollar, anzahlen.

»Wofür denn das?«

»Damit kaufen wir das Dieselöl und die Lebensmittel.«

»Das können wir auch morgen erledigen. Das möchte ich lieber selbst machen, und außerdem haben jetzt alle Tankstellen geschlossen.«

»Quatsch. Was willst du dich damit belasten? Die Tankstellen hier auf dem Fluß haben die ganze Nacht geöffnet.«

So diskutierten wir noch ein paar Minuten hin und her. Mein Gefühl riet mir, vorsichtig zu sein und keinen Pfennig zu zahlen, bevor ich nicht an Bord war.

»Gib mir wenigstens 100 Dollar für meine Arbeit, sonst kann ich heute nacht nicht mal irgendwo schlafen.«

Ich hatte vorgehabt, seine Zeche bei Mama Roberta zu übernehmen. Jetzt aber wurde ich stur.

»Ich zahle keinen Cruzado. Um neun Uhr morgen früh sehe ich mir das Boot erst mal an.«

Ich zahlte meine Guaraná und ließ ihn sitzen.

Er revanchierte sich prompt. Am anderen Morgen ließ er mich sitzen.

Als ich mich selbst zur ›Isabella III‹ durchfragen wollte, stellte ich fest, daß niemand im Hafen Gloria sie kannte.

Mit allem hatte ich gerechnet: daß der Preis überhöht wäre, daß sie nach der Anzahlung das Weite suchten, daß wir wegen technischer Probleme nicht wegkämen – aber daß es nicht einmal das Schiff gab, fand ich geradezu einen starkstieligen Oberhammer, und ich klopfte mir im stillen auf die Schulter, daß ich ihm gestern abend nichts spendiert hatte.

Der alte Krämer, der seinen Tante-Emma-Laden direkt an der Hochwasser-Linie des Hafens betrieb und von dem man sagte, daß er jedes schwimmende Vehikel bis runter zum treibenden Brett kannte, hatte noch nie von einer ›Isabella III‹ gehört.

»Auch nicht ›Isabella‹ oder ›I‹ oder ›II‹. Die Boote, die hier anlegen, heißen alle anders.«

Er unterbrach sich kurz, um einem kleinen Steppke von fünf Jahren eine halbe Coca Cola in einen Plastikbeutel zu schütten.

»Außer-Haus-Verkauf«, grinste er und wandte sich wieder mir zu. »Kann ich dir irgendwie helfen? Wohin willst du denn?«

Sicher hätte er mir mit seinem Wissen helfen können. Aber ich wagte nicht, ihn zu fragen, ob er ein Boot wisse, das mich zu den Yanomami bringen könnte. Dafür war er mir zu fremd, und von ihm, als quasi lebender Zeitung Glorias, hätten es im Handumdrehen sehr schnell alle möglichen Leute erfahren können, und ich log: »Ich erwartete einen deutschen Freund mit der ›Isabella III‹. Er wollte aus Santarem hierher kommen. Eigentlich sollte er schon gestern abend hier gelandet sein.«

Der Alte wollte mir wirklich helfen.

»Nein, bestimmt nicht. Aber wenn du Deutsche suchst, geh doch mal rüber an die Kais im Zollhafen. Da baut gerade der Moacir ein großes Touristenboot. Er kennt alle Deutschen hier in der Stadt. Er spricht selbst deutsch.«

Der Zollhafen war schnell erreicht. Und tatsächlich bastelte dort ein großer stattlicher Mann, mit dem Aussehen eines Karibik-Bewohners, an einem prachtvollen zweigeschossigen Boot. Ein paar Leute gingen ihm zur Hand. Sie sägten, hobelten und paßten Bretter ein. Das Schiff erhielt den letzten Schliff.

»Hallo, willkommen an Bord«, rief Moacir laut zu mir herüber. Offenbar sehe ich typisch deutsch aus. »Komm an Bord.«

Stolz, wie alle Schiffsbesitzer, zeigte er mir sein Fahrzeug. Überall duftete es nach frischem Holz. Da gab es mehrere Doppelkabinen mit Klimaanlage, eine schnuckelige Kombüse, einen gemütlichen Aufenthaltsraum mit Bibliothek und Fernseher, ein überdachtes Freideck und – Seltenheit auf brasilianischen Flußschiffen – pro Kabine eine eigene Dusche und Toilette.

Moacir war ganz unkompliziert. Anders als beim Alten in Gloria sprach ich mein Anliegen frei aus.

»Den Catrimani hoch zu den Yanomami? Ich selbst kann dir da nicht helfen. In einer Woche habe ich meine Jungfernfahrt, und ich bin voll ausverkauft. Aber ich wäre auch unnötig teuer für dich. Was du brauchst, ist ein Alu-Boot mit Außenborder. Und bis zum Catrimani läßt du dich von einem Bier-Floß den Rio Branco hinaufziehen. Fast jede Woche fährt eins von hier nach Boa Vista. Da sparst du sehr viel Benzin.«

Das klang ja recht gut. Während ich mir diesen Vorschlag überlegte, tippte mir Moacir plötzlich auf die Schulter und meinte: »Da fällt mir noch was ein. Vor ein paar Tagen lief hier ein Yanomami rum. Der wollte zurück zu seinem Dorf am Rio Deminí. Vielleicht kannst du ihn mitnehmen, und er hilft dir als Gegenleistung, in sein Gebiet zu gelangen.«

Ich war sprachlos.

»Du meinst, ein echter Yanomami vom Rio Deminí?«

»Ja. Wenn er nicht fantasiert hat, stimmt das.«

Nun, Manaus ist ein Dorf, trotz seiner 1,8 Millionen Einwohner. Hat man erst eine Spur, dann hat man bald auch den Verursacher der Spur.

Es dauerte nur zwei Tage, bis ich Raimundo traf. Jedenfalls nannte er sich hier so. Kein Yanomami verrät seinen richtigen Namen. Und er war tatsächlich ein echter Yanomami. Mitten in Manaus. Das hält man im Kopf nicht aus. Doch ehe es zu dieser Begegnung kam, kehrte Christina von ihrer Mission zurück.

Mit der Abendmaschine landete sie am GOMES-Aéroporto in Manaus. Ein Bus brachte sie ins Zentrum. Das Café Alemã wollte gerade schließen, als sie lachend den Raum betrat.

»Jetzt hab ich mir ein ehrliches Abendessen verdient«, gackerte sie drauflos. »Laß uns gleich nach nebenan ins ›Fiorentina‹ gehen. Ich brauche einen knackigen Salat und eine Sangria.«

Mir traten die Augen aus dem Schädel wie Herrn Basedow. Ich ließ Christina nicht aus den Augen. Bevor sie noch etwas sagte, wollte ich erraten, ob der Ausflug erfolgreich war oder ein Flop. Ihrem überdrehten Auftritt, ihrem übermütigen Lachen und der Forderung nach einem anständigen Abendbrot nach zu urteilen, war sie erfolgreich gewesen. Aber ich vermißte die Landkarte. Wie bei ihrem Abflug trug sie nichts als ihren Mini-Rucksack. Unmöglich, daß sie sie da noch reingequetscht hatte. Wenn ich mich recht entsann, war die Karte zwei bis drei Quadratmeter groß gewesen. Oder hatte sie sie aus Sicherheitsgründen per Post oder Kurier geschickt? Ich platzte vor Neugier. Aber Christina blieb hart.

»Erst das Essen, dann die Geschichte.«

»Sag wenigstens ja oder nein«, drängte ich. Aber da studierte sie schon die Speisekarte und orderte ihr ›Steak Fiorentina‹ und einen Liter Sangria mit zwei Gläsern. Ich hatte fast vergessen, mir selbst etwas auszusuchen, und sagte hastig: »O mesmo, dasselbe.«

Und während der Deckenventilator sich nach besten Kräften und der ihm zugebilligten Wattzahl zu drehen bemühte, begann sie mit ihrer Erzählung.

»Das war ein Tag! Ich habe schon lange nicht mehr so viel Neues und Aufregendes in so kurzer Zeit erlebt! Du mußt mir öfter solche Aufträge erteilen.«

›Mein Gott, haut die auf die Pauke‹, dachte ich.

»Nun fang endlich an und laß mich hier nicht so zappeln.«

Der Kellner brachte die Sangria. Einen Liter Rotwein, Zucker, Eisstücke und Orangenscheiben. Fast ein Fruchtsaft. Wir prosteten uns zu.

»Also«, nahm sie Anlauf. »Erst nachts um ein Uhr konnte ich fliegen und auch da nur per Warteliste. Um zwei Uhr landeten wir in Boa Vista. Während die anderen Fluggäste alle irgendein Ziel hatten und den Flughafen verließen, blieb ich dort. Auf der Balustrade im ersten Stock, von der aus man das Flugfeld überblicken kann, habe ich mir meinen Schlafsack ausgebreitet und mir ein bißchen Schlaf gegönnt. Aber auch das ging nicht ohne Störung, weil um drei Uhr eine Maschine nach Manaus ging und viele Angehörige von oben winken wollten.«

Um sieben Uhr, als es hell war, ging sie schließlich auf die Suche nach dem Eingang zum Tower. Wo er lag, erahnte sie in etwa, weil man ihn von der Balustrade aus sehen konnte.

»Er befand sich in der Mitte des Gebäudes, zum Flugfeld raus. Aber unten hockte ein Wächter. Er wirkte übermüdet. Ich gab mich auch müde und fragte: ›Bekommt man hier irgendwo einen Cafezinho?‹«

Christina holte zwei Cafezinho in der durchgehend geöffneten Wandelhallen-Bar und spendierte ihm einen davon. Das lockerte den Mann. Nach dem üblichen Wohin, Woher, Warum kam sie auf ihren Beruf zu sprechen.

»Ich bin Segellehrerin in Deutschland, und mein Traum wäre, auch noch einen Pilotenschein zu machen. Ich hörte, man könne das hier in Boa Vista sehr gut machen. Kennen Sie eine Flugschule?«

Natürlich kannte er keine.

»Ob die Leute im Tower das wissen?«

»Bestimmt.«

»Ob ich da mal kurz rauf und sie fragen darf?«

Sie durfte.

So gelangte Christina, im Grunde für einen Cafezinho, hinauf in den Tower. Mir als Mann hätte er das garantiert nicht so ohne weiteres gestattet.

»Guten Morgen, Senhores«, grüßte sie freundlich, »tudo bem? Alles okay?«

»Hallo! Guten Morgen«, antworteten die erfreut. »Ja. Alles okay.«

Zwei Männer taten hier Dienst. Der eine allerdings lag noch auf einer Pritsche. Er erhob sich gerade.

Christina verwickelte beide in ein Gespräch über Wetterkunde und Pilotenlizenzen. Und während der eine den Raum verließ, um das Frühstück zu besorgen, zeigte ihr der andere bereitwillig die verschiedensten Karten. Und dort, über dem Kartentisch, protzte, groß und unübersehbar, das Ziel ihres Besuches hier im Tower: die US-aeronautical chart von Roraima und Umland. Also Venezuela, Amazonas und die Guaianas. Und tatsächlich, im Indianerland, die vielen illegalen Landepisten! Punkt neben Punkt. Weit über hundert.

»Aber dann der Schock: Die Karte war nicht zu klauen. Sie war auf eine riesige Holzwand aufgeleimt.«

Krampfhaft überlegte Christina nun, wie sie dennoch an die Karte kommen könnte. Aber dieses Monstrum von der Wand zu bekommen, war ein hoffnungsloses Unterfangen. Die Karte wäre zerrissen, und man hätte es bemerkt. Bliebe vielleicht, sie abzuzeichnen. Aber das hätten die beiden Männer niemals zugelassen. Die Absicht wäre ihnen zu klar geworden.

»Da kam mir der Zufall zu Hilfe. Der andere Mann kehrte mit dem Frühstück zurück. Er setzte es auf dem Schreibtisch ab und schaltete das Radio ein. Und gleich der erste Sender präsentierte laut und rhythmisch Sambaklänge.

›Kannst du Samba tanzen?‹ fragte der eine der Männer.

Na klar konnte ich! Tanzen ist sowieso meine Leidenschaft. Also tanzten wir Samba.

›Mach mal ein Foto!‹ bat ich den Frühstücker und reichte ihm meine Kamera. Der drückte gern auf den Auslöser, und ich bewegte mich vor die Karte. Wegen der lauten Musik konnte ich später unbemerkt noch weitere Aufnahmen machen, nur von der Karte. Die Kamera hat eine Vollautomatik. Und als ich einmal ganz allein war, machte ich das absolute Foto: eine Nahaufnahme.«

Vor lauter Freude über ihren gelungenen Coup verschluckte sie sich an der Sangria und hustete die kostbare Flüssigkeit in die Serviette.

»Gegen acht Uhr trudelten die ersten Piloten ein. Sie grüßten kurz, füllten ein Formular aus, unterzeichneten es und verschwanden wieder.«

»Fliegen die alle nach Santa Rosa?« wollte Christina wissen. Denn alle Piloten gaben an, nach Santa Rosa zu fliegen.

»Nein«, antworteten die Männer im Tower und lachten ob Christinas Naivität. »Die fliegen zu den Goldsuchern. Aber das dürfen sie offiziell nicht. Also fliegen alle nach Santa Rosa. Das ist legal.«

Eins der Formulare konnte Christina ›mitgehen‹ lassen. Als Beleg gab sie es später der ›Gesellschaft für bedrohte Völker‹.

Als Christina hörte, daß sie ins Yanomami-Land flogen, fragte sie die Piloten, ob sie sie nicht auf einem Flug begleiten dürfe.

»Nein, wir sind randvoll beladen«, lehnte der eine ab. Ein anderer hielt seine Landepiste für zu gefährlich, und ein dritter wollte eintausend Dollar.

Und dann kam Antônio.

»Wenn es dich interessiert, komm mit. Aber es ist eng.«

Es war wirklich eng. Die kleine Maschine war voller Säcke mit Reis und Bohnen. Außerdem waren zwei Männer mit an Bord und irgendwo dazwischen dann Christina.

»Der Pilot orientierte sich an Flüssen und Bergen. Nach anderthalb Stunden waren wir im Zielgebiet, der Gebirgskette von Venezuela. Angestrengt blickte er nach unten. Dann endlich hatte er erspäht, was er suchte. Eine Lichtung. Die Schiebetür wurde aufgerissen, und immer, wenn der Pilot ›agora!‹ schrie, warfen die Männer Säcke aus der Maschine. Viele der Säcke stürzten in den Wald. Die beiden Männer, die den Abwurf erledigten, hatten keine Erfahrung. Sie waren Passagiere und keine Bombenwerfer. Der Pilot fluchte. Er mußte immer neue Anläufe nehmen, ehe die ganze Fracht unten war. Ich dachte, die müßten alle beim Aufprall zerplatzen. Aber der Pilot beruhigte mich.«

»Nein, das ist Erfahrungssache. Die Agentur hat alle Säcke vierfach verpackt.« Und zu den Abwerfern gewandt, befahl er: »Aber jetzt knallt die Tür wieder zu, schnallt euch fest, gleich landen wir.«

Auch geschlossen wirkte die Tür sehr klapperig. Sie vibrierte, und es zog wie Hechtsuppe. Wie Windstärke zwölfeinhalb. Die beiden Passagiere waren froh, daß sie den Job hinter sich gebracht hatten. Bei jedem Sack hatten sie das Gefühl gehabt, mithinauszustürzen.

»Da müssen wir jetzt runter«, deutete Antônio etwas später an, als sich vor ihnen eine winzige Schneise öffnete. »Schnallt euch so fest es geht. Ich muß ganz scharf bremsen.«

Auch er selbst spannte seinen Gurt bis zum Anschlag. Er bekreuzigte sich, Schweiß trat ihm auf die Stirn, seine Hände verkrallten sich am Steuer, und dann ging es, leicht wackelnd, hinunter. Er traf die Piste haargenau an der Anfangslinie, aber die Landung wirkte wie ein Crash. Denn im selben Moment trat Antônio auf die Bremse. Viel Zeit für den Haltevorgang blieb ihm nicht. Das Ende, der Wald, raste auf sie zu. Die Bahn war nicht eben. Sie war holperig und feucht. Die Maschine schlingerte. Es schien, als würde sie die Bäume links und rechts wegrasieren, aber dann stand sie still. Fünf Meter vor dem Wald. Antônio atmete sichtlich auf. Er war klatschnaß. Er löste den Gurt, öffnete das Fenster und schloß einen Moment dankbar die Augen. Dann bekreuzigte er sich erneut und gab den Befehl zum Aussteigen.

»Das schafft man nur, weil die Piste ziemlich steil bergan verläuft«, erklärte er Christina.

Den Neuankömmlingen schlug auffallend schwüle Luft entgegen. Aus den zwei Baracken neben dem Flugfeld kamen ein paar Männer herbei. Sie luden aus, was für sie bestimmt war.

Der Boß der Piste lud Christina spontan zu einer eisgekühlten Coca ein. Dankend nahm sie an und nutzte die kurze Gelegenheit, sich umzuschauen. Die Piste war noch neu. Sie befand sich im Bau. Am oberen Ende wurde sie weiter ausgebaut. Die Männer dort hatten ihre Arbeit kurz unterbrochen, um die blonde Gringa zu betrachten und zu erraten, für wen sie wohl bestimmt war. Aus dem umliegenden Wald drang der Lärm von Dieselmotoren: Goldsucher bei der Arbeit. Vor der Baracke spielten zwei Männer Domino. Sie ließen sich nicht stören und musterten Christina ohne jede Gefühlsäußerung aus den Augenwinkeln. Was sie dachten, konnte man nicht erraten, denn alle Männer trugen breitrandige Hüte. Ihre Augen lagen im Schatten.

Frauen gab es an dieser Piste nicht. Neben der Theke lag ein malariakranker Patient. Er drückte Antônio sein Fluggeld in die Hand, fünfzehn Gramm Gold, und mühte sich mehr recht als schlecht, allein ins Flugzeug einzusteigen. Dort streckte er sich gleich der Länge nach aus. Sein Kopf glühte vom Fieber. Sein Gesicht war abgezehrt und bleich.

Fünfzehn Minuten hatte der Aufenthalt gedauert. Dann ging's an den Rückflug. Durch das Gefälle der Piste kam die Maschine schnell auf Hochgeschwindigkeit. Von Anfang an gab der Pilot Vollgas. Am Ende der Startbahn mußte er bei dieser Beladung mindestens auf achtzig Kilometer pro Stunde beschleunigt haben, um abheben zu können. Eine noch so kleine Unentschlossenheit – und man würde in die Bäume rasen. Aber Antônio schaffte es. Er atmete auf.

»Siehst du da unten das Wrack?« sagte er zu Christina. »Die waren überladen. Zwei Tote und zwei Verletzte. Solche Wracks gibt es hier viele. Jede Woche schmiert mindestens einer ab.« Und nach einer Pause: »Die meisten warten ihre Maschinen nicht so, wie man es sollte. Sie fliegen bis zu dreimal täglich hier ins Gebiet, weil sie schnell Geld verdienen wollen. Mir reichen zwei Flüge pro Tag.«

Nach eineinviertel Stunden Flug über Wälder hörten die Bäume urplötzlich auf, und es begann die baumlose Ebene um Boa Vista. Die Landschaft sieht aus, als wäre sie früher ein gewaltiger See gewesen.

»Der Hobby-Archäologe Roland Stevenson aus Manaus meint, hier habe sich früher El Dorado befunden«, erklärte der Pilot. »Er hat auch glaubwürdige Beweise für seine Theorie. Zum Beispiel die Wasserstandslinien dort an den Talwänden.«

»Kann das denn sein? Dann muß es hier ja immense Mengen Gold gegeben haben«, fragte Christina.

»Wieso gegeben haben? Hier gibt es immer noch Gold. Was meinst du, wovon die vierhundert Flugzeuge und die einhundert Hubschrauber denn bezahlt werden? Von Gold, mein Mädchen. Keiner, der hier in Boa Vista und im Wald arbeitet, tut das umsonst. Alle verdienen reines Gold. Allein im letzten Jahr schätzt man den Gesamtfund hier auf einhundertachtzig Tonnen! Natürlich sind das nur sehr vage Schätzungen. Wer gibt schon beim Finanzamt an, wieviel er verdient? Und Quittungen gibt es hier nur bei der Bank. Ansonsten zählt der Handschlag.«

Christina muß wohl ein ungläubiges Gesicht gemacht haben,

denn freizügig bot er an: »Wenn du das nicht glaubst, kann ich dir in Boa Vista meinen Goldschatz zeigen.«

So geschah es denn später.

Nach neunzig Minuten Flugzeit war die Hauptstadt Roraimas erreicht. Aber man landete nicht auf dem internationalen Flugplatz, sondern ein paar Kilometer außerhalb auf einem Privatgelände.

»Unter der Woche ist es besser, auf einer der neuen Pisten außerhalb der Stadt zu landen. In Boa Vista hat es in letzter Zeit zu viele Kontrollen durch die Polizei gegeben. Man will uns die Arbeit im Indianerland vermiesen und verbieten. Letzte Woche hat die Polícia Federal sogar Zettel über den Pisten abgeworfen mit der Aufforderung, die Goldsucher sollen freiwillig herauskommen. Aber natürlich stört sich kaum jemand daran. Dort im Wald ist die Polizei nämlich machtlos. Man rollt einen Baumstamm auf die Piste, und schon kann niemand mehr landen. Höchstens noch mit dem Hubschrauber. Aber davon haben sie nur ganz wenige.« Und er fügte hinzu: »Wenn du mich fragst, geschieht das auch nur, um ausländische Proteste zu beruhigen. Im Ausland gibt es nämlich Leute, die meinen, die Goldsucher würden die Yanomami ausrotten.«

Antônio schloß seine Maschine ab und begab sich zu der kleinen Baracke am Rande der Rollbahn. Er gab dem Mann hinter dem Tisch sein Gold, um es wiegen zu lassen. Ja, es waren genau fünfzehn Gramm, die der Malariakranke ihm gegeben hatte. Damit konnte der seines Weges ziehen.

Christina und Antônio schwangen sich auf einen Pick-up, der sie geradewegs zu Antônios Haus brachte.

»Komm mit rein«, bot er an, »meine Haushälterin wird uns einen Kaffee machen, und währenddessen zeige ich dir mein Gold.«

Und stolz wie ein Sammler zauberte er aus einem Tresor eine verschraubbare Plastikdose von etwa drei Litern Inhalt. Sie war randvoll gefüllt und so schwer, daß man Mühe hatte, sie zu heben. Sie wog vierzig bis fünfzig Kilo.

»Und dies hier ist etwas ganz Besonderes«, strahlte Antônio. Dabei fingerte er ein winziges Stück Papier aus der Golddose, entfaltete es behutsam und hielt es Christina entgegen. »Weißt du, was das hier ist?«

»Nein. Ein Stein, in dem sich eine Pepita de ouro, ein Nugget, befindet?«

Antônio lächelte. »Nein, das ist ein Diamant. Ein echter Rohdiamant. Die gibt es auch bei den Yanomami.«

Als Christina mir ihre Geschichte zu Ende erzählt hatte, war ich zunächst sprachlos. Und ich war auch ein bißchen neidisch. Sie hatte an einem Tag mehr erreicht, als ich in einem ganzen Monat. Warum hatten es Frauen nur immer so leicht? Das Leben war ungerecht, und damit mußte man sich wohl abfinden.

»Du kannst dich doch wirklich nicht beklagen«, tröstete mich Christina. »Deine Erlebnisse füllen schon elf Bücher und meine noch keins.«

»Da hast du auch wieder recht. Aber schließlich hast du das Leben noch vor dir, während ich allmählich zum Abschluß komme. Du bist zweiunddreißig und ich fünfundfünfzig.«

»Nun lenk mal nicht vom Wesentlichen ab. Es ist doch klar, daß wir ab jetzt die Reise zu den Yanomami zu zweit machen. Oder?«

Die Strategie

Die Frage war: Wie konnte man sich unter die Goldsucher mischen, ohne sie mißtrauisch zu machen, und was müßte man tun, damit auch die Indianer uns als Freunde akzeptieren?

Von der richtigen Lösung dieser Aufgabe hing alles ab. Erfolg oder Mißerfolg. Lange grübelten wir hin und her. Was sollte es schon für Tätigkeiten geben, die uns sowohl bei den einen als auch bei den anderen beliebt machen könnten, wo doch diese beiden Parteien miteinander verfeindet waren?

Als ich alleine loswollte, war noch alles klar. Ich wollte mich nur auf indianischer Seite aufhalten. Das konnten wir natürlich auch zu zweit. Aber Christina wollte unbedingt auch die Goldsucher kennenlernen, während ich Angst hatte, es könnten mich einige wiedererkennen. Selbst wenn wir mein altes Goldgebiet um Baiano Formiga mieden, bestand die Gefahr, als Indianerfreund entlarvt zu werden. Goldsucher sind auf ständiger Wanderschaft. Die Leute von Baiano Formiga konnten überall sein. Und auch aus anderem Grunde wollte ich die Goldsucher meiden. Der Film, der während meiner letzten Reise entstanden war, war inzwischen fast ein dutzendmal von kleinen, mutigen TV-Sendern Brasiliens gesendet worden. Die beiden großen staatlich-loyalen Anstalten ›Manchete‹ und ›O Globo‹ hatten ihn ignoriert, obwohl sie ihn vom ›ZDF‹ kostenlos bekommen hätten.

Daß er nun doch und so häufig ausgestrahlt worden war, verdankten wie ›Greenpeace‹. Die Umweltschützer aus Hamburg waren von dem Streifen so begeistert, daß sie zehntausend Mark für portugiesische Kopien spendierten, die dann in Brasilien verteilt wurden an Journalisten, Politiker und Umweltschützer…

Aber schließlich kam die zündende Idee. Ein Freund der brasilianischen Menschenrechtsorganisation CCPY (Comissão pela Criação do Parque Yanomami) hatte sie: ›Geht doch als Malariahelfer!‹

Wir spürten sofort: Das war genau das Richtige! Als Malariahelfer waren wir willkommen bei den Siedlern, die an den Flüssen wohnten, bei den Indianern und bei den Goldsuchern. Blieb nur noch ein Problem: Wie wird man Malariahelfer?

»Das ist nicht weiter schwer«, wußte unser Informant. »Ihr kennt doch die Gesundheitsbehörde SUCAM und deren Mitarbeiter, die bis in die letzten Winkel der Wälder fahren, um alle Siedlerhütten mit DDT gegen Malariamücken zu spritzen und Tabletten gegen Malaria zu verteilen. Das sind zumeist ganz einfache Leute aus der Bevölkerung, die in kurzen Lehrgängen auf ihre Tätigkeit vorbereitet werden. Es sind also nicht etwa Ärzte oder Krankenschwestern. Ihr müßtet versuchen, an so einem Lehrgang teilzunehmen.«

Anderntags stand Christina beim Ministério de Saúde in Manaus auf der Matte. Spontan hatte sie sich bereit erklärt, an einem Lehrgang teilzunehmen. Ihr medizinisches Vorwissen würde sicher nützlich sein. Sie hatte im Rahmen ihres Sportstudiums in Kiel als Hauptfach Sportmedizin und separat vier Semester Naturheilkunde belegt.

Die halblangen blonden Haare frisch gewaschen und – traditionell – mit einem rosa Stirntuch gebändigt, in weißer Baumwollbluse, Minirock und Sandalen – so betrat sie auf gut Glück einen gerade offenstehenden Raum. Vier Männer und eine Frau in weißen Kitteln waren damit beschäftigt, Flußkarten zu zeichnen und alle Anrainerhäuser der Flüsse darin zu vermerken und zu numerieren. In einem dazugehörigen Buch wurde notiert, welche Krankheiten man dort festgestellt und was man dagegen unternommen hatte. Die Spitzenreiter waren Malaria und Würmer.

»Guten Morgen. Ich bin hier zu Gast aus Deutschland. Können Sie mir sagen, wo ich den Chef des Hauses antreffe?«

»Sie meinen Dr. Chagas?«

»Ja, genau, den meine ich.«

So erfuhr sie dessen Namen und konnte ihn persönlich ansprechen. Einer der Männer begleitete sie in die erste Etage und führte sie zu ihm. Dr. José Chagas, klein, drahtig und Brillenträger, hieß Christina herzlich willkommen. Während er sich eine Zigarette an der anderen anzündete, trug Christina ihm ihr Anliegen vor.

›Andere von der Malaria befreien und selbst an Nikotin zugrundegehen‹, dachte sie.

Sie habe ein Medizinstudium begonnen, sei aber noch unschlüssig bezüglich einer Spezialisierung. Nun habe sie hier in Amazonien soviel Malaria gesehen, daß sie sich mit dem Gedanken trüge, sich auf Tropenmedizin und da wieder auf Malaria zu spezialisieren. Ob es wohl die Möglichkeit gäbe, hier vor Ort mal eine Woche kostenlos in das Metier hineinzuschnuppern?

Dr. Chagas zeigte sich über den Besuch offensichtlich erfreut. Welcher Spezialist wäre das nicht, wenn jemand auftaucht, der sich für genau seine Lieblingssparte interessiert.

»Selbstverständlich können Sie das. Sie können gern sofort anfangen.«

Ausgerüstet mit einem weißen Kittel, wurde Christina ins Parterre, ins Labor, begleitet.

Dort fand sich sogar jemand, der leidlich gut englisch sprach, was die Kommunikation um einiges erleichterte. Man zeigte ihr Schautafeln, die den Zyklus der Malaria verdeutlichten, sie lernte ›Dicke Tropfen‹ anfertigen und mikroskopieren. Arbeit gab es reichlich. Patienten aus Manaus warteten geduldig auf langen Bänken, und das Untersuchungsmaterial aus dem Umland füllte viele Kartons. Zwischendurch eine kleine Stärkung in der Kantine, und ehe sie es sich versah, war es siebzehn Uhr. Feierabend.

Das lief eine Woche. Obwohl der Tagesablauf immer der gleiche war, gab es jeden Tag etwas Neues, was das Wissen abrundete. Abends trug sie alles Gelernte in ein speziell dafür angelegtes Malariaheft ein.

Zwei wesentliche Dinge stellten sich im Verlauf der Woche heraus. Von den drei Sorten Malaria kamen hier nur die Vivax und Falciparum vor. Es genügte also, sich auf diese beiden Sorten zu beschränken. Selbst dann, wenn man als ›Arbeiter vor Ort‹ kein Mikroskop zur Hand hatte, um die Diagnose zu stellen, gab es Pauschalbehandlungsmethoden. Tabellen gaben in diesem Falle Auskunft darüber, welche Mengen Chloroquina und Primaquina an wie vielen Tagen zu verabreichen waren. Gegen die neuen chloroquinresistenten Mückenstämme bei den Goldsuchern im Indianergebiet gab es ›Lariam‹, ein neues, sehr aggressives und sehr teures Medikament.

Als Christina zum Abschied erklärte, sie wolle versuchen, als selbstgestellte Einstiegsarbeit die Häufigkeit der Malaria unter den Goldsuchern und Siedlern zu ermitteln, war Dr. Chagas ganz begeistert.

»Das ist eine Aufgabe, um die sich unser Landesministerium gerade in Brasilia bemüht. Vielleicht können Sie erste Erkundigungen anstellen. Vielleicht sollten Sie diesbezüglich meinen Kollegen bei der SUCAM in Boa Vista aufsuchen. Ich gebe Ihnen ein Empfehlungsschreiben mit. Und wenn Sie sich die Arbeit zutrauen, lasse ich Ihnen ein Paket mit Tabletten für zweihundert Behandlungen fertigmachen.«

Christina war rundherum zufrieden. Das war mehr, als wir je erhofft hatten. Aber Chagas gab ihr noch mehr.

»Nehmen Sie auch dieses T-Shirt, die Tasche und die Mütze – die typische SUCAM-Uniform – sie sind ein persönliches Geschenk von mir.«

Ich war derweil nicht untätig gewesen. Ich hatte Raimundo, den Stadt-Yanomami, gefunden. Zementbepudert schleppte er in glühender Tageshitze schwere staubige Säcke aus einem Vorratsschuppen zur Zementmischmaschine an der neuen Kaimauer. Andere Arbeiter holten Sand aus dem Fluß, und LKWs karrten Kiesel für die Betonmischungen heran.

Ja, Manaus bekam eine Hafenmauer, damit das Hochwasser keine Chance mehr hätte, sich am schrägen Ufer in die Altstadt hochzulecken. Das Wasser sollte dort bleiben, wo es hingehört: ins Flußbett. Gleichzeitig wollte man etwas Baugrund dazugewinnen. Die Mauer war ziemlich weit in Richtung Fluß, fort von der bisherigen Uferkante, hingesetzt worden. Dafür wurde das ansteigende Ufer aufgeschüttet. Auf dem so gewonnenen Neuland hatte sich ein großer bunter Obst- und Gemüsemarkt etabliert. Das kunterbunte Gedränge und Geschiebe der Armada von Flußbooten war damit ebenfalls weiter abgedrängt worden.

Raimundo sprach leidlich gut portugiesisch. Er war überrascht, gezielt und mit seinem Wahlnamen angesprochen zu werden. Sein bisheriger Bekanntenkreis, Gelegenheitsarbeiter wie er, beschränkte sich auf ein paar junge Brasilianer hier im Hafengebäude. Ein Fremder hatte sich noch nie für ihn interessiert.

»Gleich habe ich Feierabend. Dann können wir sprechen.«

Ich verdrückte mich in irgendeinen Schatten und gönnte mir eine Coco gelado, eine eisgekühlte Kokosnußmilch, direkt aus der halbreif geernteten Kokosnuß.

Schließlich kam Raimundo. Er hatte noch schnell ein Bad genommen, sich ein frisches T-Shirt angezogen und die schwarzen Haare gekämmt. Seine staubigen Shorts hatte er ein paarmal durchs Wasser geschwenkt und dann wieder angezogen. Er besaß nur dieses eine Paar.

»Magst du auch eine Kokosmilch?« fragte ich ihn.

»Ja. Oder lieber eine Fanta. Die sieht so gut aus.«

Ich stellte mich zunächst, so gut es ging, vor und sagte ihm, daß ich zu den Yanomami wolle, daß ich Davi Kopenawa Yanomami kenne und warum ich dahin wolle und vor allem, ob er einen guten Weg wisse, um an den FUNAI-Posten, dem sogenannten Indianerschutzdienst, vorbeizukommen.

Da leuchteten seine Augen, und er sagte: »Ich will auch zurück zu meinem Dorf. Wir können zusammen gehen. Ich bringe dich hin. Es liegt in der Nähe des Rio Deminí. Davi ist mein Häuptling.«

Mein Herz schlug Purzelbäume. Deminí, Rio Toototobí, das war exakt das Gebiet, in dem Adalberto Santos die Morde erlebt hatte. Und dorthin wollte Raimundo!

»Wie kommst du überhaupt hierher?« wollte ich natürlich wissen.

Er schien die Frage nicht ganz verstanden zu haben. Ich wiederholte sie.

»Zu Fuß.«

»Vom Deminí nach Manaus zu Fuß?«

»Nein. Vom Deminí bis zum Rio Branco. Dort habe ich auf ein Schiff gewartet, und das hat mich mitgenommen.«

»Wie kamst du denn auf die Idee, das zu tun? Haben dich die Goldsucher vertrieben?«

»Nein. Bei uns gibt es kein Gold. Aber man hat eine Straße zu uns gebaut. Die Perimetral Norte. Mit den Autos der Arbeiter bin ich vor langer Zeit das erste Mal an den Rio Branco gekommen. Aber alle sprachen von Manaus. Das sei noch sehr weit. Viele Tage mit dem Schiff. Doch in Manaus gäbe es alles zu kaufen, was man wolle: Hemden, Angelhaken, Messer, Gewehre, Nudeln, Reis... Und als unser Tushaua, Davi Yanomami, uns das bestätigte, bin ich nach Manaus gegangen. Vor vielen Monden ein erstes Mal und jetzt ein zweites Mal. Aber jetzt will ich zurück.«

»Gefällt es dir denn hier?«

»Ja und nein. Es gibt so viele Dinge hier zu tauschen. Vieles, was die Yanomami nie gekannt haben. Aber zum Tauschen braucht man

Geld. Es ist schwer, an Geld ranzukommen. Aber nun habe ich etwas. Das ist das Gute an der Stadt. Aber auf der anderen Seite gibt es hier viel zuviele Menschen und viel Raub. Man muß immer aufpassen. Deshalb will ich wieder zurück. Ich habe viele neue Sachen gegen mein Geld getauscht. Die bringe ich in mein Dorf.«

Ein Yanomami, dem die Stadt gefällt, war mir noch nie begegnet. Aber auf Raimundo traf das zum Teil zu. Er hatte sich hier eingelebt. Tagsüber arbeitete er im Zement, und nachts schlief er auf einem Boot. Das kostete nichts, weil er es gleichzeitig bewachte.

»Wie bewachst du es denn? Hast du eine Waffe, hast du Pfeile?«

»Nein, ich habe nur ein Messer. Aber wenn ich rufe, kommen mir die anderen Männer auf den anderen Schiffen zu Hilfe. Auf jedem Schiff paßt einer auf.«

»Wieviel bezahlen dir die Leute denn fürs Säcketragen?«

Diese Frage interessierte mich besonders, weil Yanomami nicht in unserem arithmetischen Sinne rechnen können. Sie kennen nur die Zahlwörter eins und zwei. Was darüber hinausgeht, heißt viel oder gar viel-viel.

»Das weiß ich nicht. Ich kriege immer dasselbe Geld wie die anderen. Und wenn ich etwas dafür kaufen will, kommt Paulito mit, ein Freund. Der kennt das Geld.«

Wir aßen noch jeder ein halbes Hähnchen. Raimundo streute sich Mengen von Maniok drüber und Ketchup. Er lachte zufrieden.

»Das war gut. Wenn du in meinem Dorf bist, bekommst du auch zu essen, bis du satt bist.«

Raimundos Idee war es, mit einem Bierfloß drei bis vier Wochen lang den Branco hochzufahren und sich dabei von Fisch zu ernähren. Dort, wo die Perimetral Norte auf den Fluß trifft, wollte er dann zu Fuß weiter.

»Ist das nicht sehr weit? Ist es nicht besser, man fährt den Rio Deminí hoch?«

»Das weiß ich nicht. Den Weg kenne ich nicht.«

Christina und ich schauten uns die Karten an und kamen schnell überein, Raimundo über die Perimetral Norte zu begleiten. Den mühseligen Weg mit dem Schiff konnten wir uns allerdings ersparen. Es gibt einen Bus von Manaus nach Boa Vista. Zehn Kilometer hinter Caracaraí läßt man sich absetzen. Dort beginnt die Perimetral Norte, auch BR 210 genannt. Ihr Bau mitten durchs Indianer-Gebiet hatte heftige Proteste im In- und Ausland ausgelöst. Die Straße sollte den Weg zu den Bodenschätzen erschließen und die nördlichste Ost-West-Verbindung durch Brasilien Richtung Kolumbien werden. Der Bau wurde schließlich eingestellt, aber die Pläne zur Vollendung des Projekts liegen immer noch in irgendwelchen Schubladen.

In drei Tagen wollten wir los.

»Dann fahre ich schon morgen mit dem Bus nach Boa Vista«, entschied sich Christina. »Vielleicht kann ich bei der SUCAM dort oben auch noch etwas erreichen.«

Was das sein könnte, wußten wir selbst nicht. Aber ein Versuch konnte nicht schaden.

Wir verabredeten uns an einem bestimmten Tag morgens an der Kreuzung zur Perimetral.

»Hoffentlich findest du uns«, argwöhnte ich. Christina lachte nur.

»Mach's kurz: Nenn mir Zeit und Koordinaten, und ich bin zur Stelle.«

Christina suchte sich gleich nach ihrer Ankunft in Boa Vista eine Unterkunft. Die Zeiten, wo alles wegen des Goldbooms ausgebucht war, waren vorüber. Sie kam im ›Eusébio‹, einem Goldsucher-Hotel der gehobenen Mittelklasse, unter.

Gleich nach dem Frühstück begab sie sich zur SUCAM. Aber leider war der Chef der Behörde nicht anwesend.

Um die Zeit sinnvoll zu nutzen, nahm sie die Gelegenheit wahr, den Bischof Dom Aldo zu besuchen. Dom Aldo gilt als der größte Menschenrechtskämpfer in Nordbrasilien. Er war kürzlich erst von der Goldgräbergewerkschaft des Altino Machado und der des Baixinho gewissermaßen ›zum Abschuß‹ freigegeben worden, woraufhin über einhundert bewaffnete Garimpeiros, Goldsucher, seine Residenz im Zentrum der Stadt zu stürmen versucht hatten.

Daß Dom Aldo noch lebt, verdankte er dem rechtzeitigen Eingreifen der Militärpolizei. Sie bewachte ihn seit dem Vorfall rund um die Uhr. Insider sind aber überzeugt, daß die Militärpolizei ihn viel lieber selbst umbringen würde.

Trotzdem war Bischof Dom Aldo, wie immer, betont gelassen.

»Sie haben sicher ganz andere Probleme«, entschuldigte sich

Christina, »aber daß Sie so massiv bedroht werden, das habe ich nicht gewußt.«

»Sie brauchen sich nicht zu entschuldigen. Das ist beinahe mein täglich Brot.« Und mit einer Handbewegung deutete er auf die neuesten Zeitungen auf seinem Tisch.

Da griff Justizminister Danielo Ramos die Kirche an, indem er drei immer zu Diensten bereite Indianer zitierte, die behauptet hätten, die Kirche wolle die Goldsucher nur deshalb raushaben, damit sie mit Hilfe der Yanomami das Gold für sich bergen könne (›A Crítica‹, Manaus, 12.2.1990). Im übrigen hätten die Missionare mit den Indianern Kinder gezeugt. Der Beweis wäre eindeutig: Einige Indianerkinder hätten blaue Augen.

Und vor einer Woche, am 5.2.1990, ebenfalls in der ›A Crítica‹, gab General Santa Cruz bekannt, die Yanomami stürben nicht an von Goldsuchern eingeschleppter Malaria, sondern an einer von Affen übertragenen Krankheit, die es immer schon gegeben hätte.

Der Besuch beim Bischof war entschieden erfolgreicher als der bei der SUCAM. Eine seiner besten Krankenschwestern, Florença, war gerade auf Urlaub in Boa Vista. Seit zehn Jahren betreute sie die Yanomami auf den verschiedensten Stationen der katholischen Consolata-Mission. Sie spricht nicht nur yanomami, sondern auch englisch.

Florença ist groß und kräftig. Ihre Hände gleichen Schaufeln, die einerseits mühelos einen mittleren Baum entwurzeln könnten und die andererseits mit viel Feingefühl ein Kind, das fühlbar falsch im Mutterleib liegt, in die richtige Geburtslage manipulieren konnten.

Wenn sie von ihrer Arbeit sprach, dann leuchteten ihre Augen, dann spürte man die Vollblut-Krankenschwester mit der unbezahlbaren Erfahrung. Dann konnten dieselben Hände einen Floh streicheln.

Christina zeigte ihr die Behandlungstabelle der SUCAM. Florença sah sie an und sagte: »Die kenne ich. Die kannst du nur auf die sogenannte Zivilisation anwenden. Ein Indianer würde daran sterben. Du darfst ihnen nur genau die Hälfte geben und den Kindern ein Viertel. Und ›Lariam‹ darfst du Indianern *niemals* geben.«

Währenddessen saßen Raimundo und ich im Bus von Manaus nach Norden. Verglichen mit den Stadtbussen waren die Reisebusse sauber, und sie wirkten TÜV-gerecht gewartet. Die Plätze waren numeriert und ließen sich in eine bequeme Liegeposition bringen. Es gab keine Stehplätze. Für jedes Gepäckstück, das im Gepäckschacht verstaut wurde, gab es eine Kontrollnummer. Fast herrschte hier ›deutsche‹ Ordnung.

Pünktlich um neunzehn Uhr verließ der Wagen den Rodoviário, den Busbahnhof.

Das Fahrzeug war ausverkauft. Die meisten der vierzig Passagiere schienen Goldsucher zu sein. Arme Teufel, die gerade ein Hemd auf dem Leib trugen und eine Plastiktüte oder einen Karton mit Reiseproviant in den Händen. Irgendwo, gut versteckt, mußte jeder auch mindestens den Gegenwert von zehn Gramm Gold bei sich tragen. Sonst nahm ihn kein Pilot mit ins Zielgebiet.

Alle zwei Stunden war Halt. Pinkelpause. Mitunter wurde auch an Imbißbuden gehalten. Es gab gekochte Eier und selbstgebackenen Topfkuchen sowie kalte Getränke und Kaffee. Wenn man sich umschaute, konnte man kaum glauben, daß hier, genau wegen dieser Straße, der BR 174, in den 80er Jahren die Atroari-Waimeri-Indianer hingemetzelt worden waren.

An den Wänden Wahlparolen. Die Wahlplakate mit dem Konterfei des Gouverneurs Romero Jucá machten mir klar, daß sich hier seit dem Völkermord an den Atroari-Waimeri nichts geändert hatte. Romero Jucá zählte zu den leitenden Köpfen der Yanomami-Ausrottung. Er war es, der entgegen der brasilianischen Verfassung die Invasion der fünfundsechzigtausend Goldsucher ermöglicht hatte – in seiner Eigenschaft als Präsident der FUNAI.

Vor Caracaraí brachte uns und den Bus eine Seilfähre ans andere Ufer des Rio Branco, und hinter Caracaraí wurden wir abgesetzt. Unser Treffpunkt.

Auch Christina war pünktlich zur Stelle. Sie war von Boa Vista hierher getrampt. Wir schnallten uns unsere Rucksäcke um und marschierten los.

Die Perimetral Norte, die BR 210, ist eine Staubpiste. Sie ist kaum befahren, weil sie eine Sackgasse ist. Die wenigen Siedler verlieren sich in der Weite der Landschaft. Dennoch hatten wir Glück. Ein Siedler, der Schweine in Boa Vista verkauft hatte, hielt und nahm uns mit.

Damit er nicht mißtrauisch würde, gaben wir an, zum FUNAI-Posten zu wollen. Das war legal. Er fand das auch völlig normal und setzte uns vor einem Gattertor ab. Es sah aus wie der Eingang zu einer Farm.

»Da müßt ihr durch und dann immer geradeaus. Irgendwann kommt ihr hin.«

Er verabschiedete sich, bog ab und verschwand in einer roten Staubwolke.

Wir passierten das Tor und folgten der gewundenen Straße. Aber schon nach zweihundert Metern endete sie an einem sauberen kleinen Fluß. Von einem zum anderen Ufer war ein Drahtseil gespannt, an dem man einen schwimmenden Ponton über den Fluß ziehen konnte. Der Ponton war groß genug, um ein Auto zu tragen.

Wir hatten ein erfrischendes Bad genommen und gingen weiter. Christina mit ihrem kleinen Rucksack und der großen SUCAM-Umhängetasche, Raimundo mit einem geschulterten einfachen Sack, der all seinen Verdienst und Reichtum der letzten Wochen enthielt und ich mit meinem wasserdichten Kanisterrucksack und dem Überlebensgürtel. Für einen kurzen Marsch war das alles nicht schwer. Aber wir würden über eine Woche unterwegs sein, und da drückt jedes überschüssige Kilo.

Jetzt wurde die weitere Straße eng. Nur noch Platz für ein Auto. Von beiden Seiten versuchte der Urwald, die schmale Schneise zu schließen, aber es gelang ihm nicht, weil die fleißigen Haumesser der gelegentlichen Autofahrer ihn in Schach hielten und immer wieder zurückstutzten.

Die Straße war gut, aber heiß. Wir gingen hintereinander und sprachen wenig. Der Schweiß lief uns in Strömen die Beine hinab. Nur Raimundo blieb trocken. Seine Kondition ließ auch dann nicht nach, als er jedem von uns einen Teil der Last abnahm.

Obwohl ich meine Turnschuhe mit großen Löchern im Oberleder zu Sandalen umgearbeitet und sie damit luftig gemacht hatte, stellte sich sehr bald mein altes Übel ein: Ich bekam Blasen. Die schwere Last und die durch die Hitze und Feuchtigkeit aufgeweichte Haut ließen die Blasen wie Champignons auf der Kuhweide gedeihen.

Neidvoll sah ich Raimundo barfuß dahineilen und Christina ihm mühelos folgend, in Turnschuhen, die für mein Empfinden unmöglich eng waren. Aber der liebe Gott hat offenbar seine Günstlinge, denen er bessere Füße auf den Lebensweg mitgegeben hat.

Auf ihre Turnschuhe schwor sie: »Schließlich habe ich dafür zwei Mark auf einem Flohmarkt bezahlt. Die haben sich seit Jahren bewährt.«

Uns allen waren die vielen Bäche, Flüsse und klaren Tümpel willkommen, die die Straße kreuzten oder säumten. Sie waren nicht nur herrlich kühl, sondern auch voller Fische. An einem davon machten wir unser erstes Camp. Wir verlegten es außerhalb des Sichtbereichs der Straße und auf die Seite, zu der der Wind blies, damit nicht etwa unser Feuerrauch Neugierige herbeilockte.

Ich kühlte meine rohfleischigen Füße und verklebte sie mit Lassoband. Inzwischen hatten Christina und Raimundo bereits die drei Hängematten gespannt. Über die Matten kamen zunächst die Moskitonetze und dann die Regenplanen. Der Boden unter den Schlafstätten wurde sorgfältig von allem gesäubert, an dem man sich verletzen konnte, und schließlich wurde das allabendliche Feuer entfacht. Ich kümmerte mich um ausreichende Mengen Brennholz. Das war nicht schwer, denn überall ragten abgestorbene Äste in die Luft, die, luftgetrocknet, gutes Brennmaterial garantierten.

Christina erprobte ihre Angel. Sie bestand aus einem Brettchen, dicker Sehne, etwas Blei und sechsfach verdrehtem Blumendraht als unzerbeißbarem Vorfach. Ihre beiden während des Marsches gefangenen Heuschrecken waren schnell abgebissen, und Ersatzköder waren nicht in Sicht.

Als Raimundo das sah, blickte er sich kurz um, pflückte dann ein paar rote Beeren von einem Strauch, spickte damit die Angelhakenspitze, und schwupp – hatten wir den ersten Fisch. Vier wurden es insgesamt. Dann hatte sich das unter ihnen herumgesprochen, und sie mieden unsere Angel.

Raimundo war das zuwenig. Er durchstreifte noch mal die Büsche und schleppte wenige Minuten später eine kleine Landschildkröte an, die er zerlegte und sich briet.

Als schließlich Ruhe ins Lager eingekehrt war, öffnete Raimundo stolz seinen Jutesack und breitete seine gesamten Schätze vor sich aus. Er tat das sehr langsam und so, als zählte er jedes Teil noch einmal nach. Wie jemand, der seine ganze Weihnachtsbescherung noch einmal mustert. Interessiert schauten wir uns seinen Besitz an: zwei mittelgroße Messer, eine Plastiktasse, zwei T-Shirts, eine Angelsehne, eine Dose voll Angelhaken, einen Kamm, ein Paket Omo, eine Plastiktüte Salz, ein Paar Chinesensandalen, ein Tütchen Perlen, eine Mütze, ein Feuerzeug, ein Haumesser, eine Wäscheleine, Schießpulver, Schrot, Blei, Zündhütchen, mindestens drei Kilo Kautabak und – nicht zu vergessen – seine bereits aufgespannte rote Baumwollhängematte.

Für diese Schätze hatte er den weiten Weg unternommen, war fünf Monate von zu Hause fortgewesen und kehrte nun zufrieden heim. Wir lernten an diesem Abend, unsere Wertmaßstäbe zu relativieren. Die Dinge, die Raimundo sich in Manaus erarbeitet hatte, waren für ihn von unvorstellbarem Wert. Denn alles das gab es im Yanomami-Land nicht.

Morgens gab es nur einen Kaffee, und dann ging's weiter. Hätte man nicht so schwer zu schleppen gehabt, hätte man die Schönheit des Weges sicherlich doppelt genossen. Papageien krächzten aus hohen hohlen Bäumen, Affen kreuzten die Straße, Schlangen glitten ins Wasser, ein Ozelot, der gerade von der einen zur anderen Straßenseite huschen wollte, sprang erschrocken zurück ins Dickicht, und vier Fischotter führten ihre Schwimmkünste vor.

Und dann unvermittelt der Schreck!

»FUNAI«, sagte Raimundo, als wir um eine Kurve bogen und vor uns, auf offener Fläche, das Gebäude auftauchte. Jetzt noch in die Büsche zu jumpen, wäre nicht mehr möglich und sogar verdächtig gewesen. Wir standen hier mitten auf dem Präsentierteller. Die Fenster des Gebäudes lagen genau in unsere Richtung.

Ich war sauer.

»Wir wollten die FUNAI doch unter allen Umständen umgehen!« warf ich Raimundo vor. »Der Posten sollte uns keinesfalls sehen.«

Raimundo irritierte das nicht.

»Er ist doch gar nicht da. Türen und Fenster sind geschlossen, das Auto ist fort. Der FUNAI-Mann ist jeden Tag im Gold am Catrimani. Der kommt nur abends.«

Wir atmeten hörbar auf. Eine winzige Unvorsichtigkeit und unsere Exkursion wäre beendet. Das Spinnennetz von Antennen auf dem Dach des Hauses und quer über den freien Platz wirkte unheimlich und heimtückisch. Am liebsten hätte ich sie gleich außer Betrieb gesetzt. Obwohl sie mir noch nichts getan hatten, spähte ich nach verwundbaren Stellen, und sehr schnell hatte ich auch eine entdeckt: die, wo die Verbindungsleitung von den Antennen zu den Radios ins Haus verlief. Das dafür nötige Sabotagematerial hatte ich diesmal in meinem Überlebensgürtel. Es war für die Funkstationen bei den Goldsuchern gedacht: ein kleiner Seitenschneider, um das Kabel zu durchtrennen und schwarzes Lassoband, um den Schnitt zu kaschieren. Aber hier war das tatsächlich nicht nötig. Das Haus war wie ausgestorben. Fast wirkte es verwahrlost. Berge von Müll, verrostete Maschinen aus der Straßenbauzeit und ein altes Autowrack zeugten aber davon, daß hier früher mehr losgewesen sein mußte.

Aber dann, gleich neben dem Haus, ein palmgedecktes Dach, unter dem plötzlich zwanzig Indianer hervorquollen. Sie hatten uns erspäht und Raimundo erkannt und umringten uns wie die neu eingetroffene Tageszeitung.

Unsere spontane Freude, auf die ersten Indianer gestoßen zu sein, legte sich schnell. Diese Gruppe von Männern und Kindern wirkte verwahrlost. Es waren nicht so sehr die zerfetzten Plastiksandalen an den Füßen, die zerrissenen Hemden auf den Leibern, sondern vor allem ihre Unsauberkeit. Alle wirkten verschmutzt, krank, apathisch. Fliegen umkreisten ihre triefenden Nasen, ihre Wunden und Geschwüre. Dieser Eindruck verstärkte sich noch, als der Begrüßungsrausch verebbt war und die meisten sich wieder desinteressiert in ihre Hängematten legten. Sie boten das typische Bild entwurzelter Menschen – nicht mehr vollblütige Ureinwohner und noch längst nicht Vertreter der sozial untersten Kategorie der Brasilianer. Lethargische Bettler. Ihrem ständigen Betteln nachzugeben erschien mir nicht ratsam.

»Laß uns lieber weitergehen«, drängte ich deshalb Raimundo, obwohl mir sonst die kleinste Pause recht war. Jeden Moment fürchtete ich das Auftauchen des FUNAI-Funktionärs. Womöglich kam er heute unerwartet früher nach Hause.

Endlich war Raimundo all seinen Begrüßungszeremonien und -verpflichtungen nachgekommen.

Von seiner dicken klebrigen Stange Kautabak schnitt er dünne Scheiben ab und gab sie den Männern, die sie wortlos entgegennahmen. Ein Dankeschön kennen die Yanomami nicht. Wer mehr hat, gibt ab. Als das Schlimmste unter ihnen gilt es, geizig zu sein. Das wollte ich mir auch nicht nachsagen lassen. Ich gab den Kindern eine Tüte Bonbons und der Gemeinschaft ein Stück Seife. Besonders die

Seife löste helles Entzücken aus. Aber nicht so sehr als Reinigungsmittel, sondern als Duftspender. Ganze Trauben von Männern und Kindern beugten die Köpfe darüber und vergruben ihre Nasen in den Duft. Schließlich gingen wir los.

Raimundo hatte sich aus einem Streifen extrem elastischer Baumrinde einen Stirn-Tragegurt für seinen Jutesack gemacht. Damit waren seine Hände jetzt frei. Und die brauchte er auch. Denn seit der FUNAI-Station trug er einen Bogen und drei Pfeile sowie einen Köcher mit vergifteten Ersatz-Pfeilspitzen.

»Hast du das eingetauscht?« wollte ich wissen.

»Nein«, wunderte er sich über die Frage, »das ist meine Jagdwaffe. Ich hatte sie hier aufbewahrt.«

Sie hatte im Dachgebälk gelegen. Sorgfältig hatte er die drei Zwei-Meter-Pfeile ans Auge gehalten, um zu kontrollieren, ob sie noch schnurgerade waren. Ein paarmal bog er an ihnen herum, erwärmte sie über einer Feuerglut, bis er zufrieden war.

Die Pfeile waren die drei typischen der Yanomami. Der eine verfügte nur über eine glatte Spitze und ähnelte einem Nagel. Er wird für Vögel benutzt. Der andere sah fast genauso aus, hatte aber einen Widerhaken. Ihn verwenden sie für Fische und Affen. Und der dritte schließlich hatte eine flache breite Holzklinge. Sie war sogar an der Spitze vergiftet und wird für die Jagd auf den Tapir und die Pekaris verwendet. Sie galt auch als Kriegswaffe. Sie verursacht große Wunden und ist zu vergleichen mit einer großkalibrigen Waffe unserer Welt.

Von Anfang an fiel Raimundo in einen flotten Marschschritt. Ich hatte Mühe, mitzuhalten. Meine verdammten Blasen bekamen Junge, und ich humpelte mehr, als ich ging. Im stillen fragte ich mich, wie ich in diesem Zustand bis Venezuela kommen wollte, wo ich doch heute erst den zweiten von zwanzig geschätzten Tagen unterwegs war. Aber schon wie bei meinem Deutschlandmarsch (siehe Buch ›Yanomámi, Überleben im Urwald‹) erlebte ich, daß der Schmerz nach einigen tausend Metern nachließ und er sich mal auf den rechten und dann auf den linken Fuß verlagerte.

Hätten wir erst Raimundos Dorf erreicht, würde ich mir ein paar Tage Rast gönnen. Meine Turnschuhe erhielten zusätzliche Löcher und die Füße ein paar Lagen Lassoband. Wie eine zweite Haut. Das half mehr recht als schlecht.

Wir passierten halsbrecherische Brücken, bei denen man sich fragte, wie sie überhaupt von einem Auto überquert werden konnten, und wir kamen ans erste Shabono, das erste Indianerdorf. Es lag unmittelbar an der Straße, und man merkte gleich, auch diese Bewohner hatten sich bereits ans Betteln gewöhnt. Fast täglich kam hier mindestens ein Fahrzeug der Goldsucher vorbei oder eines der Missionare der Mission am Catrimani.

Von den Padres wußten wir, daß sie grundsätzlich an jedem Dorf anhielten. Es war nicht üblich, grußlos vorbeizurauschen. Immer mußte man für einen kleinen Plausch Zeit haben. Sie verteilten auch schon mal kleine Geschenke. Aber prinzipiell wurde nichts verschenkt, sondern getauscht. Die Indianer sollten erkennen, daß ihre Handarbeiten wie Körbe, Hängematten, Pfeile für uns einen Wert darstellten, für den sie eine Gegenleistung erwarten durften. Und diese Denkweise, so die Padres, habe sich schon gut gefestigt.

Wir waren noch keine zehn Minuten im Dorf, als eine Gruppe Männer von einer erfolgreichen Jagd zurückkehrte. Sie hatten einen Tapir erbeutet. Umkreist von den Hunden und umringt von sämtlichen Kindern, zerlegten sie ihn augenblicklich und teilten das Fleisch in familiengerechte Portionen.

Selbst uns bedachte man mit einem soliden Happen des Tapirs, was uns verpflichtete, dem Tushaua, dem Häuptling, ein kleines Gegengeschenk zu offerieren: Wir gaben ihm ein Messer.

Das Fleisch sah so lecker aus, daß wir es am liebsten gleich gebraten und verzehrt hätten. Aber Raimundo hatte es bereits in mehrere Lagen Palmblätter gewickelt und bestimmte: »Für heute abend.«

Unser Weitermarsch wurde von Motorengeräuschen unterbrochen.

»Wer ist das?« wollten wir aufgeregt von Raimundo wissen.

Der hielt inne, horchte noch mal ganz gezielt und meinte: »FUNAI, Garimpeiros.«

Blitzschnell verdrückten wir uns in die Büsche und versuchten, mindestens hundert Meter tief in den Wald zu gelangen, damit wir auf jeden Fall außer Sichtweite wären. Raimundo blieb jedoch näher am Weg. Er wollte sich vergewissern, ob er recht hatte.

Der Wagen war noch nicht auf unserer Höhe, als er plötzlich

stoppte. Wir hörten eine Männerstimme, und sofort rutschte uns das Herz in die Hose. Die genaue Richtung war schwer auszumachen, weil die Straße gewunden verlief.

»Verdammt«, fluchte ich leise zu Christina hin, »da hat sich Raimundo ihnen prompt präsentiert, statt im Versteck zu bleiben.«

»Was sollen wir machen?« flüsterte Christina zurück. »Sollen wir tiefer in den Wald?«

Im ersten Augenblick schien es mir auch das einzig wahre. Aber im zweiten Moment war mir auch klar, daß sie uns sehr schnell gehabt hätten. Unser Gelände ging nämlich abschüssig in einen Sumpf über. Irgendwo wären unserer Flucht Grenzen gesetzt. Letztlich waren wir auf die Straße angewiesen. Die Männer brauchten nur zu warten, während einer mit dem Auto weiterfuhr und so tat, als wäre die Luft rein. Sie würden ihre Tricks haben.

Ich sagte: »Laß uns lieber so tun, als wollten wir ein Lager vorbereiten. Wenn sie uns fragen, was wir hier machen, können wir ja behaupten, Gold waschen zu wollen.«

Etwas Besseres fiel mir so schnell nicht ein. Uns den FUNAI-Funktionären als Malariahelfer zu präsentieren, erschien mir auf jeden Fall zu riskant. Über Funk könnte er sich schnell vergewissern, daß wir logen. Denn hier waren wir in Roraima und nicht in Amazonien. Hier war Boa Vista zuständig und nicht Manaus. Hier herrschten Bürgerkrieg und der kriminelle Gouverneur Romero Jucá.

Dieser Sorgen wurden wir aber schnell enthoben, als Raimundo vor uns auftauchte. Er war also gar nicht an der Straße gewesen, und die Stimmen galten womöglich nicht uns.

»Das sind der FUNAI-Mann und zwei Garimpeiros. Sie holen Fische.«

Wir atmeten auf. Genausogut hätten sie auf unsere Straßenseite kommen und nach Fischen Ausschau halten können.

»Kommt mal mit«, winkte uns Raimundo zu sich. »Laßt das Gepäck hier stehen.«

Parallel zur Straße schlichen wir etwa hundert Meter den Stimmen entgegen. Jetzt machten wir auch andere Stimmen aus. Die von Frauen und die von Kindern. Indianer. Und schließlich sahen wir sie auch. Sie standen bis zu den Knien im Wasser eines Baches, der sich träge an uns vorbei zu ihnen durch den Wald wand und durch zwei gewaltige Wellblechrohre unter der Straße durchgeführt wurde. Über den Rohren, auf der Straße, standen drei Männer. Jeder trug einen schweren Revolver. Das fiel vor allem deshalb auf, weil sie in Kraftprotzmanier beide Hände mit den Daumen hinter den Gürteln verhakt hatten und breitbeinig dastanden, wie in Wildwest-Filmen.

Einige der Frauen reichten den Männern soeben drei Bündel Fische hinauf. Diese bückten sich und nahmen sie entgegen. Fachmännisch nahmen sie sie in Augenschein und waren offensichtlich damit zufrieden, denn sie legten sie auf ihren Pritschenwagen, schwangen sich selbst hinauf – und weiter ging's.

Für die Indianer schien das Gewohnheit zu sein. Das Auto war noch nicht einmal angefahren, da tobten sie bereits alle wieder im Wasser. Während ein paar Kinder mit ihren Beinen vor den Wellblechrohren herumplanschten, um den Fischen den Fluchtweg zu versperren, sah man jetzt, daß die Frauen ein etwa drei Meter langes Stück Maschendraht kreuz und quer durch das Wasser zogen und es immer wieder heraushoben. Und jedes Mal zappelten mehrere Fische darin. Die kleine tümpelartige Vertiefung vor den Rohren schien mit Fischen voll zu sein.

Die zappelnden Tiere wurden ans Ufer geworfen, wo mehrere Mädchen sie flink aufsammelten und in Körbe warfen.

Wir warteten, bis wir von dem Auto nichts mehr hörten. Dann kehrten wir zu unserem Gepäck zurück, nahmen es auf, gingen zur Straße und dann zu den Frauen.

Neugierig hielten sie in ihrer Arbeit inne und musterten vor allem Christina. Raimundo gab ihnen ein paar Erklärungen. Wissensdurstig bekundete Christina ihr Interesse, mitzufischen, und ehe sie es recht begriff, hatte man sie lachend ins Wasser gezerrt und ihr das Drahtgeflecht in die Hände gedrückt, womit sie immer noch mehr Fische aus diesem unerschöpflichen Vorrat hervorzauberte.

Endlich hatte man genug. Die Kiepenkörbe waren gestrichen voll. Sie wurden gut mit Blättern zugedeckt. Dann nahm man ein abschließendes Bad.

Aber bevor sie den Heimweg antraten, hatten sich zwei ältere Frauen vor Christina gestellt. Die blonden Haare hatten es ihnen angetan. Jede ließ sie durch ihre Hände gleiten. Christina revanchierte sich und begutachtete dafür ihre schwarzen Haare und die Stäbchen, die einige in den Lippen und der Nase als Schmuck trugen. Für alle war es ein guter Grund zu Heiterkeit und Ausgelassenheit. Auch Raimundo nutzte die günstige Gelegenheit, die blonden Haare genau in Augenschein zu nehmen.

Dann gingen wir weiter, nun auch noch mit einem Bündel Fischen beladen. Entsprechend gut war das Abendbrot.

An einem idyllischen See hatten wir haltgemacht. Die Fische gab es vorweg, den Tapirbraten hinterher. Wir konnten uns nicht beklagen. Nach dem, was wir in diesen zwei Tagen gesehen hatten, wirkte hier alles wie im Urzustand – trotz der Straße, trotz der Goldsucher, trotz der verheerenden Masern- und Grippeepidemien, die die Straßenarbeiter vor Jahren unter den Yanomami ausgelöst hatten.

Jedenfalls hatten die Frauen vor den Goldsuchern keine Angst gezeigt, und der Wald schien voll von Tieren. Sogar zwei Otter spielten wieder in geringer Distanz von uns ohne Scheu ihr Liebesspiel, ehe das Dunkel der Nacht sie verschluckte. Dafür setzte im selben Moment das Konzert der Frösche und das Gebrüll der Guaribaaffen ein.

Eine Woche dauerte der erste Wegteil. Mal war die Straße völlig zugewachsen, mal sah sie aus wie neu, und kein Pflänzchen bedeckte die Fahrbahn. So, als hätte jemand Unkrautvertilger gesprüht. Befahrbar war sie nur bis zum Rio Catrimani. Die Brücken danach waren zerstört.

Am Rio Catrimani hörten wir zur Rechten sehr nah und deutlich die Motoren der Goldwäscher. Von fünfzehn schwimmenden Flößen aus wurde mit Hilfe starker Motoren und über dicke Rohre der Flußsand hochgepumpt und maschinell-mechanisch und mit Quecksilber auf Goldstaub abgesucht.

Dieses Schürfunternehmen war eines der typischen Glanzstücke der FUNAI. Über alle Gesetze hinweg hatte der FUNAI-Chef Elias Pessoa dem Unternehmer Severino im Oktober 1988 erlaubt, auf dem Catrimani mit vier Flößen nach Gold zu baggern. War dies schon schlimm genug, so erhob er auch keine Einwände, als Severino mit fünfzehn Balsas und zweihundertfünfzig Garimpeiros antrat und den klaren Fluß in einen Schlammstrom verwandelte. Die hier lebenden zweihundert Yanomami mußten sehen, wo sie nun ihr

Trink- und Waschwasser herbekamen. Aber unter den weißen Verschwörern lief nicht nur das Goldwaschen komplikationslos. Auch eine Hand wusch die andere. Die FUNAI erhielt ihren soliden Gewinnanteil. Dieser Deal funktionierte bis in die Gegenwart, Februar 1990, als wir dort waren.

Um ihnen nicht zu nahe zu kommen, baten wir Raimundo, uns weiter flußabwärts zu führen, vor allem, als sich die Straße gabelte. ›Missão Catrimani‹ verkündete nach wenigen hundert Metern ein Schild.

Nun war guter Rat teuer. Es wäre verlockend gewesen, hier hallo und guten Tag zu sagen und sich zu einem europäischen Abendmahl einladen zu lassen. So richtig mit Brot, Fruchtsaft, Pudding, Salat und Meßwein. Aber das mußten wir uns verkneifen, wußten wir doch gut genug, daß man sich ohne Erlaubnis der FUNAI hier nicht aufhalten durfte und die Behörden geradezu darauf lauerten, einen erneuten Vorwand zu finden, die Mission zu schließen.

Es wäre nicht das erste Mal. Als 1987 der Goldrausch einsetzte und die Goldsucher mit Motorbooten wie Heuschrecken den Fluß hinaufdrängten, da wurde auch kurzerhand die Mission Catrimani von FUNAI und Militärpolizei beschlagnahmt, zum Teil zerstört, geplündert und in Brand gesetzt.

Es hatte Dom Aldo einen langen Rechtsstreit durch mehrere Instanzen gekostet, ehe man ihm und seinen Leuten am 24. 11. 1988 die Wiederaufnahme der Missionsarbeit erlaubte. Was mir persönlich am meisten am Geist dieser Mission gefiel, war, daß sie im Verlaufe ihrer fünfundzwanzigjährigen Arbeit nie direkt versucht hat, die Indianer zu »evangelisieren«, wie Bruder Giovanni Saffírio es einmal formuliert hat.

»Wir wollen durch unseren Lebens- und Arbeitsstil wirken, nicht durch Missionierung.«

Und nicht nur das. Die Brüder des Consolata-Ordens wissen genau, daß die Indianer ihre Identität nur wahren können, wenn sie auch ihre Religion unangetastet behalten. Man nenne mir andere Missionare, die so denken!

Damit stehen sie im krassen Widerspruch zu den evangelischen Fanatikern der New Tribes Missionen, zu denen wir auch noch gelangen sollten. Ich sage das unparteiisch. Denn ich gehöre keiner Religion an.

Im großen Bogen und mit im Munde zusammenlaufendem Wasser beim Anblick der Obstbäume, umgingen und beäugten wir das kleine Dorfidyll mit Flugpiste und Indianer-Maloca.

Unweit der Bootsanlegestelle durchschwammen wir den Fluß. Er ist hier tief und fließt schnell. Man mußte die Strömung berücksichtigen, um nicht in die unterhalb der Mission gelegenen Katarakte abgetrieben zu werden.

Als wir uns noch einmal zur Mission umblickten, lasen wir ein großes Schild:

Yanomami urihi!
Caça não
pesca não
roça não

Indianergebiet!
Keine Jagd
Kein Fischfang
Keine Rodung

Von Catrimani zu Davi ging man noch zweieinhalb Tage. Dann öffnete sich der Wald unerwartet, und die Straße wurde regelrecht zur ›Autobahn‹: die Landepiste des Dorfes. Das anfangs noch sehr hohe Gras wich kurzgeschorenem, der eigentlichen Start- und Landefläche.

Die Piste war wie ein Damm hoch aufgeschüttet. Auch hier kreuzte ein Bach unter der Straße, auch hier bot ein kristallklarer Tümpel seine Gastfreundschaft an, die wir nur allzu gern annahmen, als Raimundo uns zu einem Bad aufforderte. Das kühle Wasser sollte unseren Durst löschen, uns erfrischen und säubern, damit wir nicht so verstaubt bei Davi eintrafen. Auch Indianer nutzen die letzte Gelegenheit zur Reinigung, bevor sie das Dorf der Gastgeber betreten.

Das Gelände seitlich der Piste war sumpfig. Überall zwitscherte, huschte, piepte, sprang, glitt und planschte etwas. Aber nicht alle Geräusche wurden von Tieren verursacht. Eine Schar Kinder hatte uns längst erspäht und betrachtete uns neugierig durchs hohe Gras.

Wir winkten sie heran, aber sie blieben scheu auf Distanz. Erst als ich einen lila Teddybär hervorholte und mit ihm eine Art Puppentheater vorführte, faßten sie Mut und kamen zaghaft näher. Vor allem, als Raimundo sie dazu ermunterte. Als ich mangels sprachlicher Kontaktmöglichkeiten dann die Mundharmonika in Aktion setzte, war der Bann gebrochen. Jeder wollte darauf spielen.

Die Krönung der Darbietung war aber Christinas Einlage mit dem Ohrenziehen.

»Paßt mal alle auf!« begann sie auf deutsch. Sie setzte sich im Schneidersitz vor die Kinder, und alle starrten sie erwartungsvoll an, als hätten sie sie verstanden. Mit einem leichten Ruck zog sie ihr rechtes Ohr vom Kopf weg, also nach rechts, und ließ im selben Moment ihre Zunge kurz hervorschnellen, ebenfalls nach rechts. Das wiederholte sie mit dem linken Ohr. Jetzt schnellte die Zunge nach links. Nach einer kurzen Pause zog sie beide Ohren seitwärts, und die Zunge schoß nur kurz und geradeaus raus und rein – immer so lange, wie sie an den Ohren zog.

Den Kindern gefiel das Spiel. Ein etwa neunjähriges Mädchen hatte es als erstes begriffen, und erregt diskutierten sie das Phänomen. Eines war ihnen noch nicht ganz klar: War das bei dieser Frau so von Natur aus oder war das ein Gag? Sie probierten es an sich selbst, und unter allgemeinem großem Gelächter war man sich einig: Es ist ein Spiel.

Da forderte Christina sie auf, an ihr herumzuziehen. Und als sie nun das rechte Ohr zerrten, passierte genau das Gegenteil: Die Zunge sauste nach links.

Im ersten Moment war der kleine ziehende Junge richtig erschrocken. Hatte er etwas falsch gemacht? Das ältere Mädchen versuchte es und zeigte es ihm noch mal: »So macht man das!« Aber wieder gehorchte die Zunge nicht und erschien seitenverkehrt.

Bis sie den Spaß vollends begriffen hatten und sich vor Freude unentwegt gegenseitig an den Ohren rissen und dabei immer neue Kapriolen erfanden.

Bei Davi

»Hilfe! Ein Menschenaffe!«

Der kleine Junge nahm die Beine in die Hand und flüchtete sich hinter seine Mutter.

»Nein, das ist ein weißer Mann, ein Besucher«, beruhigte sie ihren Sohn und versuchte, ihn nach vorn zu locken.

Doch der Junge weigerte sich standhaft.

»Guck doch. Die Haare auf der Brust, an den Beinen und im Gesicht!«

»Nein, glaub mir, das ist ein Gast. Sieh doch die anderen Kinder. Denen tut er doch auch nichts.«

»Aber dann ist es ein zahmer Affe.«

Der Kleine hatte recht. Ich hätte mich ruhig mal wieder rasieren können.

Die anderen Kinder, die Ohrenzipper, waren uns vorangeeilt und hatten die Kunde im Dorf verbreitet: »Wir bekommen Besuch.«

Und dann zogen wir ein. Allen voran Raimundo. Er war so frisch wie eh und je. Wie in Manaus, wie während des ganzen Marsches – geradeso, als wäre er uns, voll ausgeruht, nur mal eben zwanzig Meter entgegengekommen.

Ihm folgte Christina. Ein bißchen langsamer zwar, aber ebenfalls gut in Form. Leistungssportlerin. Sportlehrerin.

Und dann ich: Opa, Schlußlicht, auf allen Beinen hinkend, wie auf Stelzen. Auf Blasen.

Davi hatte uns kommen sehen. Er stand auf und kam uns entgegen und begrüßte uns nach Art der Weißen.

Wir kannten ihn von früher. Seine anderen zehn Besucher, Indianer, ließ er einen Moment allein. Sie hockten im Kreis andächtig um ihn herum. Vor ihnen hatte Davi eine drei mal drei Meter große Landkarte ausgebreitet, die er ihnen zu erklären versuchte. Ein unwirkliches Bild. Hier die Krieger, nackt, mit hochgebundenem Penis, und dort mehrere aeronautical charts, die ich schon vom Tower und Christinas Coup kannte, und auf der anderen Seite der zur Zeit einzige politisch relevante Yanomami-Führer Davi Kopenawa Yanomami, Träger des UNO-Umweltpreises Global 2000.

»Hier ist unser Dorf.«

Er zeigte und markierte es mit einem Bleistift.

»Der Berg, den wir da vorne sehen«, er wies über die Bananenstauden hinweg, »liegt hier.« Zweites Bleistiftzeichen. Der Berg, den er meinte, war gut zu erkennen. Es war ein steiler, runder hoher Felsbuckel in Richtung Venezuela. Unten war er bewachsen. Oben bot er nackten Fels. So wie Davi das erklärte, war es gut zu verstehen. Sowohl für seine Männer, die weder lesen und schreiben noch portugiesisch konnten, als auch für uns, die wir kein yanomami sprachen.

»Hier liegt *dein* Dorf«, sprach Davi einen der Männer an. »Und dort *deines*«, bedeutete er dessen Nachbarn. »Und dieses alles ist Yanomami-Gebiet.«

Das war deutlich zu erkennen. Es war rot umrandet. 9,4 Millionen Hektar. So groß wie die Schweiz.

»Und nun hat der Oberste Häuptling der Brasilianer, José Sarney, entschieden, daß es *sein* Land sein wird. Er und seine Leute dürfen damit machen, was sie wollen. Sie dürfen hierherkommen und uns alles wegnehmen. Sie dürfen die Bäume fällen, die Tiere jagen, die Fische fangen und uns vertreiben. Sie dürfen die Erde aufwühlen, wie ihr das zum Teil bei euch erlebt habt, und sie dürfen nach Gold suchen.«

Er ließ seine Worte wirken und fuhr dann fort:

»Er sagt, wie seien keine Brasilianer. Dabei waren wir die allerersten Brasilianer. Wir waren schon hier, als sie unser Land noch gar nicht kannten. Aber weil wir nicht so sind wie er, sind wir eben keine Brasilianer. Oder haben wir schon mal einen Weißen gezwungen, so werden zu müssen, wie wir es sind? Nein, sage ich euch, das haben wir nicht. Noch nie hat das ein Indianer getan.«

»Nein«, murmelten die Männer.

»Er ärgert sich, daß wir so anders sind und viel zufriedener als alle seine Leute, obwohl er denen täglich sagt, wie gut sein System ist, das sie Kapitalismus nennen.«

Dann erklärte er ihnen, was das ist: Kapitalismus. Das dauerte natürlich lange.

Wir hatten Glück, eine Dolmetscherin gefunden zu haben. Gleich nach unserem Einzug ins Dorf hatte sie uns in gutem Englisch begrüßt und sich als die Krankenschwester des Ortes vorgestellt. Sie heiße Decca. Von Haus aus sei sie eine Mischung aus Macuxi-Indianer und Engländer. Dieser britsche Herr aus Guayana habe ihre Mutter, die Macuxi-Indianerin, geheiratet. Sie sei bereits in den USA und Kanada gewesen.

Davi konnte fortfahren.

»Das einzige, das er uns gelassen hat, sind diese neunzehn kleinen Waldinseln. Er sagt, das ist genug für so wenige Indianer.«

Und immer noch fassungslos, obwohl er das seit Wochen wußte, deutet Davi auf neunzehn kleine grüne Kreise, dreißig Prozent des Urlandes.

Zu uns hin sagte er: »Das ist nicht ausreichend, damit unser Volk überleben kann. Wir brauchen den ganzen Wald, seine Tiere und seine Pflanzen, um zu leben. Was Sarney uns gelassen hat, sind Hühnerställe, nichts weiter als Hühnerställe, wie die Weißen sie haben. Denn bei uns gibt es nicht einmal so was. Unsere Hühner laufen frei herum. Aber warum sagt er das, das mit den neunzehn Inseln, dieser Präsident Sarney? Damit er zu unseren Freunden in Brasilien und der Welt sagen kann, er sei gerecht. Er denke an die Weißen genauso fürsorglich wie an die Indianer. Sarney ist ein Betrüger.«

Und Davi erinnerte sich empört einer anderen Geschichte.

»Ich habe schon manches Mal mit José Sarney gesprochen. Und immer hat er gesagt, er will uns helfen. Aber immer hat er gelogen. Einmal sagte er: ›Wenn ihr in einem kleineren Wald Hunger leiden müßt, erprobt mal unser weißes Zaubermittel. Es wächst überall, wo ausreichend Wasser vorhanden ist, und macht alle Leute satt. Sieh dir an, wie viele Menschen in unseren Städten leben. Sie alle haben überhaupt keinen Wald. Und dennoch sind sie satt.‹ Und dann schenkte er uns einen Sack Reissamen und lachte auch noch stolz! Das mußt du dir mal vorstellen! Wir sollen Reispflanzer werden, damit er den Wald besetzen kann. Das ist der Präsident Brasiliens!«

Die Empörung stand Davi ins Gesicht geschrieben. Ich versuchte, ihn zu trösten.

»Im März tritt ja ein neuer Staatspräsident sein Amt an, Fernando Collor. Er hat gesagt, er wolle den Yanomami das versprochene Reservat geben. Glaubst du ihm?«

Davi schaute mich an, als zweifle er an meinem Geisteszustand. Dann wandte er sich wieder seinen Leuten zu.

Im Weggehen murmelte er: »Welcher amerikanische Staatsmann

war schon je wirklich auf seiten der Indianer? Keiner in Nord und keiner in Süd.«

Und ehe er sich vollends wieder seinen Geschäften zuwandte, wiederholte er eines seiner bekannten Zitate:

»Mein Land ist das letzte, in das ihr eindringt. Es ist die letzte Invasion. Zuerst leidet der Indianer, dann wird auch der Weiße leiden. Und dann wird der Krieg auch ihn vernichten.«

Aus einem der Häuser eilte Fatima herbei, seine Frau. Sie brachte den Männern einen großen Krug Ananassaft. Aber nicht aus frischen Früchten, sondern aus der Tüte und mit Wasser angerührt. Die Zivilisation mit ihrer Bequemlichkeit hatte auch hier Einzug gehalten. Bei ihrem Anblick fiel mir ein, daß ich für die beiden mein Buch ›Die letzte Jagd‹ mitgebracht hatte, in dem auch ein Foto von Davis Familie ist. Ich gab es ihnen als Gastgeschenk. Noch einmal unterbrach Davi die Sitzung mit seinen Leuten. Interessiert schaute er es sich an, erklärte seinen Männern die Bilder, sagte etwas zu Fatima, und die holte schnurstracks aus dem Haus ein zweites Exemplar meines Buches. Und vorn, deutlich und unübersehbar, sogar eine persönliche Widmung von mir für Davi! Da war also das Buch, das ich ihm über Claudia Andujar, der Chefin der CCPY, ›Kommission zur Gründung des Yanomami-Parks‹, zugedacht hatte, tatsächlich hierhergelangt! Respekt und Dank!

Tütenananassaftgestärkt ging die Sitzung weiter. Decca übersetzte für uns. Sie war froh, sich richtig nützlich machen zu können.

»Ich weiß«, begann er seine Rede, »daß viele Goldsucher arm sind. Sie kommen nicht, um uns zu töten. Aber dennoch dürft ihr sie nicht unterstützen. Besucht sie nicht an ihren Landepisten. Immer wieder kommt es gerade dort zu tödlichen Zusammenstößen. Aber vor allem gehen von ihnen die vielen Krankheiten aus, die uns töten. Ihr wißt, wie viele Leute wir verloren haben, als sie hier die Straße bauten! Ihr wißt, wie viele Leute bei euch krank sind und sterben, seit ihr sie an den Pisten besucht.«

Er gönnte sich eine kleine Atempause und nahm einen Schluck Saft. Dann fuhr er fort.

»Warum gebt ihr ihnen das Fleisch des Mutum, um dafür Nudeln zu bekommen? Wir brauchen keine Nudeln. Die Yanomami haben immer gut von dem leben können, das ihnen der Wald gab.«

Hier wurde er von einem der Umstehenden unterbrochen.

»Du kannst gut reden, denn du hast genug Nudeln. Du hast deine ganze Vorratskammer voll.«

Die anderen nickten und bestätigten die Worte des Sprechers.

»Ja, du hast alles, was die Goldsucher haben, von deinen brasilianischen Freunden. Wir haben nichts. Wir bekommen nur etwas über die Goldsucher.«

Davi war etwas irritiert.

»Ihr wißt, ich arbeite für die FUNAI. Und für diese Arbeit bekomme ich Geld. Und weil Geld nur Papier ist und für die Yanomami keinen Wert hat, lasse ich mir dafür Nudeln, Reis, Omo und die anderen Dinge, die ich dort im Lagerraum habe, geben. Vieles schenken mir auch meine Freunde in den Städten. Ich war schon bei den Staatsoberhäuptern von Frankreich und England. Ich habe in New York und in Washington gesprochen. Ihr wißt, daß ich häufig Besucher aus aller Welt bekomme. Heute sind wieder zwei eingetroffen.«

Er deutete auf uns.

»Für sie muß ich solche Lebensmittel vorrätig haben. Wenn ich in ihren Ländern bin, geben sie mir auch immer reichlich zu essen. Ich mußte nie dafür bezahlen. Auch euch gebe ich immer von diesen Sachen ab. Bei jedem Besuch und immer genug, damit ihr auf eurem Rückweg nie hungern müßt.«

Stolz sagte er zu uns:

»Ich war auch bei Prinz Philipp in England. Der hat mir ständig zu essen gegeben. Er ist ein guter Gastgeber, überhaupt nicht geizig.«

Natürlich gab es noch viele Einwendungen seitens seiner Leute. So einfach ließ man die Argumente nicht gelten. Sie machten uns deutlich, daß Davi einen schweren Stand hatte. Ein gewisser Neid war unverkennbar.

»Wir müssen lernen, zusammenzuhalten. Es geht um unser Leben. Noch nie waren die Yanomami so bedroht wie heute. Wir müssen versuchen, alte Feindschaften zu begraben. Nur einig sind wir stark. Und wir stehen nicht ganz allein. Immer mehr Freunde in aller Welt versuchen, uns zu helfen. Da ist es einfach wichtig, daß wir selbst uns einig sind. Nichts schadet uns mehr als Zwietracht und Neid. Ich denke an meinen Namensvetter Davi aus dem Norden des Yanomami-Landes, der sich für ein paar Kilo Zucker von den Politikern kaufen läßt. Er forderte im Fernsehen mehr Goldsucher in sein Gebiet, damit er endlich den Anschluß an die Zivilisation bekäme.«

Davi ließ die Worte wirken. Dann fuhr er fort.

»Der sogenannte Anschluß an die Zivilisation bedeutet nur eins für uns: unsere Ausrottung. Wenn wir das alle verstanden haben, sollte jeder versuchen, die Botschaft weiterzutragen und Feinde dazu zu bringen, Frieden zu schließen. Ich jedenfalls fange morgen an, eine Schule zu bauen. Wir brauchen aber auch eigene Krankenstationen und ein Funkgerät. Wir müssen von der FUNAI unabhängig werden. Sie hat uns nie geholfen. Sie ist nicht auf seiten der Indianer, sondern auf seiten der Politiker. Ich weiß das, denn nur weil es ihr Image in der Welt hebt, haben sie mich zu einem FUNAI-Bediensteten gemacht, dem einzigen, der yanomami spricht. Sonst haben sie kein ehrliches Interesse an uns. Wir brauchen eine eigene Schule, damit wir lernen, wie wir überleben können. Wir müssen portugiesisch können, damit wir uns ohne parteiische Dolmetscher mit den Brasilianern unterhalten können. Wir müssen lernen zu rechnen, damit wir nicht übervorteilt werden, und wir müssen lernen, wie man mit Krankheiten fertig wird, die für uns neu sind. Vor allem wollen wir das alles auch mit unserer eigenen Sprache erlernen. Es gibt viel zu viele Wörter in yanomami, die der Weiße gar nicht kennt.«

Seine Rede endete mit einem Appell.

»Wir sind Brasilianer wie alle Brasilianer. Aber in ihren Augen sind wir Kinder, denen man einen Vormund (Anmerkung R. N.: die FUNAI) geben muß. Wir sind zu respektieren, wie sie selbst respektiert werden möchten. Ich habe nichts gegen die Goldsucher, ich bin aber gegen das Goldsuchen, weil es die Flüsse vergiftet und tote Landschaften hinterläßt, in denen ein Indianer nicht mehr leben kann. Gott gab die Erde den Menschen, um darauf zu leben, aber nicht, um sie zu verkaufen und zu zerstören. Ich will jedenfalls nicht länger warten. Bis zu unserem Fest sind es noch einige Tage hin. Laßt uns die Zeit nutzen und morgen mit dem Bau der Schule beginnen.«

Die Männer waren einverstanden. Die Versammlung war beendet.

Ich habe das Ganze hier in deutscher Denk- und Sprachart wiedergegeben. Etwa so, wie Decca es uns übersetzt hat. Die Yanomami haben natürlich eine ganz andere Art zu diskutieren als wir, aber vielleicht habe ich dennoch das Wesentliche richtig getroffen.

Nun wendete sich Davi uns zu.

»Dies hier ist meine Heimat.« Mit einer Armbewegung beschrieb er einen großen Kreis um sich selbst, und wir sahen zunächst eine schöne geschlossene Maloca, das typische Mehrfamilienhaus. Dann war da, aus Straßenbauer-Zeiten, ein Haus mit mehreren Zimmern: Küche, zwei Wohnzimmer, ein Schul- und Versammlungsraum und der Vorratsraum.

Ein weiteres Gebäude bot, nebeneinander, fünf einfache Räume für Gäste. Vor dem Haus verlief ein schmales Sonnendach. In einem der Räume waren wir untergebracht. Das Gepäck lag auf dem Betonfußboden, die Hängematten hatten wir quer durch den Raum gespannt.

Hinter unserem Haus stand ein Plumpsklo. Als Papier dienten alte Zementsäcke. Rauh, aber wirksam. Die Yanomami bevorzugten für ihre diesbezüglichen Geschäfte die umgebende Natur: üppige Bananengärten.

»Und das dort ist die Krankenstation, in der Decca arbeitet. Ihr könnt mal mitkommen.«

Deccas Behandlungsraum war klein und einfach. Sie hatte zwar überraschend viele Medikamente, aber nicht einmal ein Mikroskop. Aber was ihr an Technik fehlte, ersetzte sie mit Wissen. Sie machte einen gut informierten Eindruck.

Davi zeigte uns die beiden anderen Räume, ein ›Büro‹ und ein Liegezimmer. Wir folgten ihm. Unerwartet stellte er sein linkes Bein auf einen wackeligen Hocker und rückte beides ins abendliche Sonnenlicht. Jetzt erst sahen wir an seiner Wade eine tiefe Schnittwunde. Sie war vernäht und gut verheilt.

»Ich habe mich vor einigen Tagen mit dem Haumesser verletzt. Ich habe mir das mit vier Stichen vernäht. Jetzt kann ich die Fäden ziehen.« Er bepinselte die Stelle mit orangefarbenem Desinfektionsmittel, nahm eine spitze Schere und eine Pinzette und – schwupp, waren die Fäden gezogen.

»Ihr müßt mich jetzt entschuldigen«, verabschiedete er sich dann. »Ich muß noch den kleinen Tapir baden und füttern.«

Und fünf Minuten später sah man ihn fröhlich mit einem schäferhundgroßen Tapirbaby im klaren Bach unterhalb der Küche planschen und es mit Bananen füttern.

Kaum zu glauben, daß derselbe Mann schon einen guten Teil Europas kannte, auf hoher politischer Ebene Reden gehalten hatte und von vielen Staatschefs persönlich empfangen worden war. Jeder hatte ihm bestmögliche Hilfe zugesagt. Aber immer hatten sich die Zusagen als nicht ausreichend erwiesen.

Decca sah sich bei der Gelegenheit unseres Besuches meine rohen Fußsohlen an. Sie säuberte sie, schnitt tote Haut fort, versalbte sie und bepflasterte alles locker.

Draußen warteten indes viele andere Patienten. Für sie war das ein allabendlich wiederkehrendes Ritual. Markt für die einen, Fernsehen für die anderen.

Die Mütter – Männer sah ich hier keine – hockten einzeln und in Zweiergruppen im Halbkreis vor der Tür und ließen sich nichts entgehen. Kleine Kinder klammerten sich an sie. Die einen ängstlich, die meisten fröhlich.

»Von achtzig Einwohnern haben hier dreißig Malaria. Ich kenne sie alle. Über jeden habe ich eine Karteikarte angelegt, damit ich genau weiß, ob er oder sie ihre täglichen Malaria-Dosen genommen haben«, erklärte uns Decca ihr Arbeitssystem.

Plötzlich lachte sie und wies auf einen Jungen.

»Seht ihr den Jungen dort?«

Sie deutete auf einen etwa vierzehnjährigen Burschen, der sich auf einen Stock stützte. Er stand etwas abseits unter einem Limonenbaum.

»Ihm fehlt ein Fuß. Könnt ihr das sehen?«

Ja, wir konnten. Das eine Bein war barfuß, das andere ohne Fuß. Es steckte in einem Schuh.

»Das ist eine Prothese, die die Missionare in Catrimani für den Jungen angefertigt haben.«

Und dann erzählte sie, daß der Junge vor zwei Jahren von einer Schlange gebissen worden war. Aber erst nach vier Tagen meldete er sich in der Krankenstation. Da war der Schaden am Fuß bereits so groß, daß man ihn amputieren mußte. Das erfolgte natürlich nicht in Catrimani, sondern in Boa Vista. Man hatte ihn und zwei, drei Angehörige eigens dorthin geflogen. Die Operation verlief glücklich.

Das Bein konnte gerettet werden. Die Eltern aber befürchteten, der Junge könne sich nicht mehr allein durchs Leben schlagen.

»Was soll ein Indianer mit nur einem Fuß?« hatten sie gejammert. »Er kann nicht laufen, er kann nicht jagen. Er ist wehrlos.«

»Nein«, hatten die Missionare sie getröstet, »wir machen ihm einen Kunstfuß. Eines Tages kann er damit genauso auf die Jagd gehen wie eh und je.«

Das hatten die Eltern dann erfreut zur Kenntnis genommen. Aber das noch viel größere Problem war für sie: »Wo bleibt der amputierte Fuß? Den müssen wir mitnehmen und verbrennen«, forderten sie. Die Yanomami essen aus religiösen Gründen die Knochenasche ihrer Verstorbenen. Sie glauben, in den Knochen befänden sich die Seele und die Kraft des Menschen, und die soll nicht in den Lüften herumirren und bösen Geistern ausgeliefert sein. Durch den Verzehr wollen sie die Seele in sich aufnehmen und weiterleben lassen.

Deshalb die Frage nach dem Fuß. Die Ärzte wollten ihn ›entsorgen‹, wie das so üblich sei. Die FUNAI, wie sollte sie auch anders, fand es absurd und plädierte ebenfalls für Vernichtung. Aber vor allem die Frauen des Dorfes, als sie davon erfuhren, bestanden auf Rückführung des Fußes. Schließlich einigte man sich doch auf ›staatliche Entsorgung‹, als die Angehörigen ›einsahen‹, daß sich die Seele des Jungen nicht in dem Fuß befinden konnte, weil der sich ja noch, und dazu inzwischen wieder quietschvergnügt, seines Lebens erfreute.

»Oder schau dort. Der kleine Mongoloide«, sagte Decca. »Das wirst du sonst bei den Yanomami nie finden. Normalerweise wird jeder irgendwie Mißgebildete gleich bei der Geburt getötet. Einige Mütter halten ihnen Mund und Nase zu, andere legen ihnen einen Baumstamm über den Hals und setzen sich drauf. Bis die Kinder tot sind. Für Behinderte ist im Regenwald kein Platz. Der Überlebenskampf ist zu hart. Jeder muß allein durchkommen. Aber hier bei dem Mongoloiden hatte die Mutter das nicht rechtzeitig erkannt. Sie hatte ihm bereits die Brust gegeben. Und wenn ein Kind einmal Muttermilch getrunken hat, dann töten sie es nicht mehr.«

Decca wußte viel aus dem Yanomami-Alltag zu berichten, aber jetzt, da der Tag sich neigte, sagte sie zu Christina: »Durch euren Besuch bin ich gar nicht dazu gekommen, Fische zu fangen, willst du mit an den See kommen?«

Mich fragte sie nicht. Ich humpelte wie ein Invalide. Schnell hängte sich Decca eine Tasche um, und beide beeilten sich, noch etwas Eßbares zu fangen.

Nach eineinhalb Stunden, es war schon dunkel, kamen sie zurück. Christina war vollauf begeistert: »Rüdiger, die Decca ist die reinste Waldläuferin. In diesen eineinhalb Stunden haben wir nicht nur sechs Fische gefangen. Ich hätte einen Baby-Alligator mit der Hand greifen können, ich bin fast auf eine Schlange getreten und habe noch eine andere entwischen sehen, und wir haben einen Tapir gesehen. Decca hat in ihrer Umhängetasche alles, was sie zur Jagd braucht: Leine, Haken, Köder, Messer und sogar einen schweren Revolver. Damit hat sie, stell dir das vor, letzte Woche einen Jaguar erlegt.«

Davi bestätigte das später. Sonst hätte ich es nicht geglaubt.

Der Tod der Malariakranken

Ganz unvermittelt hörten wir ein großes Wehklagen. Im ersten Moment konnten wir das Geräusch gar nicht einordnen. Aber dann kamen immer mehr Menschen aus der Maloca heraus, und da sah man es deutlich: sie weinten. Bei einigen wirkte es wie eine Pflichtübung, bei anderen war es herzergreifend. Nur die kleinen Kinder waren unentschlossen – sie orientierten sich an den Eltern.

Die Ursache wurde uns klar, als ein Mann ins Freie trat, der ein Paket aus frischen Blättern auf dem Rücken trug. Alle Blicke richteten sich auf ihn, und als er die Startbahn kreuzte und auf den gegenüberliegenden Wald zuhielt, folgten ihm die Indianer im Gänsemarsch.

Auch Davi kam aus seinem Haus und fügte sich in die lange Reihe ein. Er wischte sich mit den Händen die Augen. Er trauerte leise.

Wir wollten uns an die Prozession anhängen, aber viele der Mitziehenden bedeuteten uns, zurückzubleiben. Schweren Herzens fügten wir uns ihren Wünschen und respektierten ihre Trauer. Aber innerlich kribbelte es, der folgenden Zeremonie beizuwohnen. Ich nahm an, daß der Leichnam, der sich in dem Blätterpaket befand, verbrannt würde.

»Nein, der wird nicht verbrannt. Den legen sie hoch in einen Baum. Nach knapp vier Wochen holen sie ihn wieder runter. Dann ist das Fleisch verwest, und dann erst verbrennen sie den Rest«, belehrte uns Decca, die ebenfalls zu Hause geblieben war.

Von ihr erfuhren wir auch, was geschehen war: Eine alte Frau war soeben der Malaria erlegen.

»Es war ihre dritte Malaria. Ihr werdet sie bei eurem Rundgang durch die Maloca nicht gesehen haben. Ihre Hängematte war mit Bananenblättern gegen den Rest der Gemeinschaft abgeschirmt. Sie war zum Skelett abgemagert und wog nicht mehr als ein Kind.«

Es sei bereits der dritte Fall in diesem Monat.

»Die Malaria ist eine Katastrophe. Wie zu Zeiten des Straßenbaus: da haben einige Dörfer über fünfzig Prozent ihrer Bewohner an Grippe und Masern eingebüßt.«

Und dann bot sie an: »Wenn ihr wollt, gehen wir in der Zwischenzeit zum Fischen. Ich kann ja auf vieles verzichten – nur nicht auf Fische.«

Gern nahmen wir ihr Angebot an, zumal es nur zwanzig Minuten bis zu ihrem Paradies zu gehen war – das Äußerste, was ich meinen Blasen zumuten wollte. Sie sollten nicht unnötig langsam heilen, indem ich sie täglich erneut strapazierte, denn wir wollten weiter zum Rio Tootobí. Dafür wollte ich fit sein.

Doch am See, in ihrem Paradies, wartete Decca mit einer Überraschung auf.

»Seht ihr da oben das, was so aussieht wie ein großes Vogelnest?«

»Ja«, antwortete Christina. »Haben die Kinder sich da eine Bude gebaut?«

Decca schüttelte den Kopf.

»Nein, dort haben sie einen anderen Toten aufgebahrt. Es ist ein Mann vom Rio Tootobí. Er war vor ein paar Wochen hier zu Besuch und ist dann gestorben. In wenigen Tagen wird er abgenommen und verbrannt. Dann werden, genau zum Vollmond, seine Angehörigen vom Tootobí kommen und die Knochenasche abholen.«

Inzwischen waren wir näher herangekommen, und als wir wegen des sumpfigen Geländes einen Bogen schlagen mußten, hatten wir urplötzlich einen unglaublichen Verwesungsgeruch in der Nase. Jetzt hätten wir den Leichnam mühelos auch ohne Deccas Hilfe gefunden.

Und selbst ohne meine Hörgeräte vernahm ich nun das Summen und Brummen unzähliger Fliegen, die die Gelegenheit wahrnahmen, ihre Eier dort oben ins Fleisch zu legen. Gleichzeitig tropfte es vom Baum herunter. Das Fleisch hatte sich ›verflüssigt‹. Um den Baum herum schwirrten vereinzelt kleine Vögel. Sie pickten sich etwas vom Boden und suchten damit das Weite. Bei näherem Hinsehen sahen wir, was sie sich dort holten: Es waren einige der wimmelnden Fliegenmaden.

Diesmal machten wir doch ein Foto. Aber dann sahen wir zu, daß wir schnell fortkamen. Der Appetit auf Fisch war uns vergangen.

»Stellt euch vor: In drei Tagen muß da jemand rauf und das brodelnde Paket an einer Liane runterlassen. Die, die ein Hemd besitzen, binden es sich vor die Nase. Die anderen müssen ohne Atemschutz mit dem Geruch fertig werden. Sie müssen dann das Paket in frische Blätter umpacken und zur Verbrennungsfeier tragen.«

Mir drehte sich der Magen um bei dem Gedanken, aber ich erinnerte mich, daß ja auch bei uns viele Leute eine vergleichbare Arbeit tun müssen: bei der Bergung stark verwester Leichen, bei Obduktionen und Transporten. Ich kannte einen Beerdigungsunternehmer, dessen Sargfahrzeug durch den Transport einer in Auflösung befindlichen Leiche unverkäuflich geworden war. Der Gestank war bis in die letzte Ritze gedrungen und mit noch so wirksamen Duftstoffen nicht wieder zu tilgen.

Und in Eritrea hatte ich erlebt, wie man nach vierzehn Tagen in glühender Sonne einen erbeuteten Panzerwagen öffnete. Die beiden toten äthiopischen Soldaten darin hatten mit ihrem Abschiedsgeruch das technisch noch einwandfreie Fahrzeug für die Eritreer unbrauchbar gemacht.

Decca wußte noch mehr zu berichten.

»Wenn sie eine Frau auspacken, die noch ihre Haut auf den Knochen hat, dann sind sie davon überzeugt, daß diese Frau in ihrem Leben untreu gewesen ist. Eine ordentlich verweste Frau hingegen war stets eine brave Frau.«

Dann schob sie schmunzelnd nach: »Dabei kenne ich kaum eine, die nicht mindestens ein- bis zweimal ein außereheliches Verhältnis gehabt hätte.«

»A propos eheliches/uneheliches Verhältnis – wie läuft das eigentlich mit dem ehelichen Geschlechtsverkehr? Kennst du dich da aus?«

Wir sahen eine günstige Gelegenheit, eine Insiderin auszufragen.

»Ja, ich glaube schon. Sie tun es selten in der Maloca. Normalerweise lieben sie sich im Wald. Aber das ist jedes Mal eine kurze Angelegenheit. Ausgedehnte Liebesspiele kennen sie nicht. Was jedoch ziemlich öffentlich passiert, sind Vergewaltigungen unverheirateter Frauen durch mehrere, meist junge Leute. Das darf man jedoch nicht gleichsetzen mit einer Vergewaltigung in unseren Kulturkreisen. Es hat hier eine völlig andere Wertung. Und schon gar nicht würde sich ein Yanomami eine weiße Frau mit Gewalt nehmen.«

Als wir ins Dorf zurückkehrten, war es schon dunkel. Die Bewohner gingen längst wieder ihren gewohnten Tätigkeiten nach. Wir setzten uns noch auf einen eisgekühlten Limonensaft vor Deccas Tür. Sie hatte einen Kühlschrank, der mit Gas betrieben wurde.

»Wie überall haben es die Männer auch hier erheblich besser als die Frauen«, brachte sie das angefangene Gespräch zu Ende. »Sie können nicht nur mehrere Frauen haben, sie dürfen auch an denen ihrer Brüder teilhaben und sie gar ganz übernehmen, wenn die Brüder sterben.«

Die Verbrennung

Ein Schuß zerriß die Stille. Kerzengerade saß ich in der Hängematte und überlegte panisch, was das gewesen sein könnte. Ich hatte halb geschlafen und mußte erst in die Wirklichkeit zurückfinden. Im selben Moment setzte ein lautes Johlen, Trillern und Rufen ein.

Jetzt war ich hellwach. Ich war in Davis Heimatdorf. Vom Wald her hatten sich mit dem Schuß unsere Gäste aus Tootobí angekündigt, und Davis Leute hatten mit Begrüßungsrufen geantwortet.

Es dauerte noch fünf Minuten, ehe die Gäste das große Rund des Shabono betraten. Gebückt kamen sie durch eine der niedrigen Öffnungen herein, gingen, ohne irgend jemanden eines Blickes zu würdigen, zur Platzmitte und stellten sich dort nebeneinander auf. Jeder trug Bogen und Pfeile und eine Kiepe aus Palmblättern. Den Anführer zierte ein großer Jaguarzahn an einem Halsband. Er war als einziger schwarz bemalt, das Zeichen der Trauer. Alle hatten ihre Kopfhaare mit dem klebrigen Saft eines Blattes betupft und darauf die weißen Daunen des Harpye-Greifvogels geheftet. Es sah aus, als hätten sie weiße Badehauben auf. Davis Leute blieben scheinbar gleichgültig in ihren Matten liegen. Manche schaukelten hin und her, als ginge sie das gar nichts an.

Endlich stand Davi auf, schritt auf sie zu und wies jedem einen Platz bei einer Familie seines Dorfes an.

Auch wir Dorfbewohner hatten uns, bevor ich eingenickt war, geschminkt. Allerdings rot, mit dem Samen der Urucú-Pflanze: Punkte, Kreise, Wellenlinien. Je nach Geschmack und künstlerischer Veranlagung.

Die Gastgeber halfen den ihnen zugewiesenen Gästen, die Hängematten zu spannen. Dann legten sich alle hinein.

Kaum hatten sie es sich darin gemütlich gemacht, als die Bewirtung begann. Man bot ihnen zunächst gebackene Kartoffelbananen und kredenzte dann lecker-süffiges, süßsaures Bananenkompott. Der Hauptgang bestand aus Fleisch. Seit Tagen schon schwelte es auf robusten Holzrosten in einem Meter Höhe über ständig kokelndem Glutfeuer, immer im Wirkungsbereich von Rauch und Hitze, den einzigen Konservierungsmitteln der Yanomami.

Äußerlich war das Fleisch nicht nach unserem Geschmack. Es waren die eigens für dieses Fest gejagten Tiere. Man hatte sie nur ausgenommen und seitdem – teilweise seit zehn Tagen – dem Feuer ausgesetzt. Also mit Haut und Haaren, Schnabel und Federn. Auch eine Menge Fische waren geräuchert worden. Heute morgen erst hatte man alle Tiere in großen Kesseln mit heißem Wasser aufgekocht. Nicht alle Fleischhappen rochen noch einwandfrei. Wegen der hohen Lufttemperatur und -feuchtigkeit setzt die Verwesung extrem schnell ein.

Als sie lange genug gekocht hatten, fischte man die pechschwarzen, zum Teil bis zur Unkenntlichkeit verkohlten und nun dampfenden Tiere aus dem Wasser und legte sie auf einen Teppich aus Bananenblättern. Ein Familienoberhaupt, bewaffnet mit einer Machete, machte sich an die Zer- und Verteilung der Kostbarkeiten.

Es schien, als hätte jede Familie des Dorfes einen Abgeordneten am Fleischberg sitzen, damit man keine zufällig vergäße. Genau war das jedoch nicht auszumachen, denn zwischen jedem und allem wieselten Kinder und Hunde herum. Den Hunden lief der Geifer aus dem Mund, aber keiner wagte es, auch nur einen Krümel zu stibitzen, wußten sie doch, daß sie dann bös geschlagen oder gar mit glühenden Holzscheiten traktiert würden. Erfahrungssache. Wie die Frauen, die man beim Fremdgehen erwischte. Da war man ebenfalls nicht zimperlich.

Der Verteiler betrachtete zunächst den gesamten Fleischberg und dann die einzelnen Stücke. Er wog sie sachkundig in der Hand, nahm eine Vorsortierung vor, vergewisserte sich noch einmal kurz der Anzahl der zu beglückenden Familien und begann dann mit dem endgültigen Zerhacken, mit der Feinarbeit. Jetzt, wo die kohlrabenschwarze Kruste durchtrennt war, kam herrliches Fleisch zum Vorschein. Uns lief das Wasser im Mund zusammen – besonders beim Mutum, Pekari und Tapir.

Jeder erhielt von allem etwas. Es bildeten sich etwa zwanzig Haufen, die zunehmend anwuchsen. Unsere Ration wurde zu der von Davi gelegt. Alle schauten schweigend, aber mit großen Augen zu.

Irgendwann begann einer der Ankömmlinge mit dem Begrüßungsritual. Er und Davi erzählten sich – im Wechselgesang – das Neueste aus aller Welt. Ein stundenwährendes Ritual.

Nach und nach berichteten auch andere Gäste ihren Gastgeberfamilien, und damit dem Dorf, was sie für mitteilenswert empfanden. So wurde es schließlich Abend.

Seit genau einem Tag befanden wir uns in Davis eigentlichem Heimatdorf. Es lag nur drei Kilometer von der Piste entfernt, mitten im Wald, wie es sich für ein Yanomami-Dorf auch gehört und im Gegensatz zur Maloca an der Piste, die völlig geschlossen war, war diese in der Mitte offen. Man hatte, nach Süden hin, einen freien Blick auf den schon erwähnten, barhäuptigen Felsberg.

»Wir bekommen morgen Besuch aus Tootobí, und dann wollen wir ein Fest feiern«, hatte Davi uns gestern aus heiterem Himmel an der Piste mitgeteilt. »Nehmt eure Sachen und folgt den Leuten.«

Tatsächlich: Beinahe hätten wir es gar nicht mitbekommen (Yanomami verabschieden sich nicht), daß immer mehr Leute mit Sack und Pack die Maloca an der Piste verließen. Wir hatten uns angeschlossen. Vor uns, hochbepackt mit ihrem ganzen ›Haushalt‹ und zwei Kindern, eilte Fatima, Davis Frau. Fast hätten wir sie nicht wiedererkannt. Trug sie an der Piste konsequent ein Kleid, so hatte sie nun den üblichen Lendenschurz angelegt.

Davis Dorf war groß und sauber und in gutem Zustand. Nur die senkrechte niedrige Außenwand war teilweise mit Wellblech geflickt. Er hatte uns einen Platz neben den herrlich roten Hängematten seiner Familie angeboten, zusammen mit Decca.

»Ich bin gern hier«, gestand sie lächelnd. »Hier habe ich meine Patienten alle unter Kontrolle. Hier kann sich niemand drücken.«

Ihr größtes Problem sei nämlich, die Patienten auch dann in ihre Sprechstunde zu kriegen, wenn sie sich wieder wohl fühlen, wenn sie glauben, dann auch keine Medizin mehr nehmen zu müssen.

»Und gerade bei einer Malariabehandlung oder einer mit Antibiotika ist die Fortsetzung der Kur von ausschlaggebender Bedeutung«, sagte sie.

»Wenn ich die Sprache nicht könnte und nicht die volle Unterstützung Davis hätte, wäre die Arbeit kaum zu schaffen. Er beruhigt die Leute, wenn sie ängstlich sind. Er vertritt mich im Urlaub. Er informiert mich, wenn sie auf Wanderschaft gehen, und er und seine Schamanen helfen mir, wenn der Glaube an die Kräfte der Schamanen zusätzlich zum Medikament benötigt wird.«

»Woher weiß Davi das denn alles?« fragte Christina interessiert nach. »Es ist ja erstaunlich, was der Mann alles drauf hat.«

»Das kann ich dir sagen«, erwiderte Decca. »Er ist ja am Tootobí groß geworden. Und er hat alles bei der ›New Tribes Mission‹ gelernt.«

»Ist er denen freundschaftlich zugetan?«, mischte ich mich ein. Mir war diese Missionsgruppe zutiefst unsympathisch. Ich kannte sie als fanatisch missionarisch. Die Religion der Yanomami und viele Indianersitten waren für sie heidnisch. Und damit war das etwas, das man ändern mußte. Das Gegenteil also von Padre Saffírio und den Consolata-Leuten.

Für ›New Tribes‹-Leute ist es zum Beispiel auch völlig unverständlich, wie der amerikanische Anthropologe Kenneth Good eine Yanomami-Frau heiraten konnte! Für sie offenbar ein Akt wider jegliche ›Rassenwürde‹. Und als geradezu skandalös empfand ich es, daß die ›New Tribes Mission‹ die ihnen bekanntgewordenen Übergriffe der Goldsucher an Indianern nie an die Öffentlichkeit brachte, um nicht bei Väterchen Staat anzuecken und deswegen womöglich die Missionsrechte zu verlieren.

Aber Decca konnte mich beruhigen.

»Dafür ist Davi viel zu intelligent. Er hat sich, als er das durchschaute, strikt von ihnen getrennt.«

»Sagt mal«, meinte sie unvermittelt, »warum interessiert ihr euch denn eigentlich für die Yanomami? Ihr habt doch in Europa genügend eigene Probleme.«

»Das kann ich dir sagen, Decca«, erwiderte ich. »Mich fasziniert ihre Lebensweise, die nicht Fortschritt und Eroberung und ›machet untertan‹ heißt, sondern die ausgerichtet ist auf Harmonie mit der Natur. Leben mit dem Status quo. Nie würden die Indianer der Erde an die Substanz gehen wie wir, sondern sie leben nur von ihren Erträgen. Und damit kämen sie auch in tausend Jahren noch klar.«

Ich machte eine nachdenkliche Pause. Dann fuhr ich fort.

»Im Vergleich mit den Yanomami ist mir meine eigene Lebensform bewußt geworden: die des Fortschrittsdenkens, des Reichtumanhäufens, der Nimmersattheit. Ich habe begriffen, daß all das, all dieser Wohlstand, zu Lasten der Erde ging und zu Lasten unserer Kinder. Mit dieser Habgier und Rücksichtslosigkeit bereiten wir unseren Selbstmord systematisch vor. Guck dir das Leben hier an, und vergleich es mit dem in den slumüberladenen Städten unserer Welt. Das Erstaunliche für mich ist, daß wir die drohende Katastrophe erkannt haben, aber nicht entsprechend reagieren. Es ist mir klargeworden, daß die weise Mutter Natur sich da eine Sicherung vorbehalten hat, damit kein Lebewesen zu übermächtig wird. Katastrophen werden uns auf ein erträgliches Maß reduzieren. Eine Monokultur Mensch kann sich der Rest der Natur gar nicht erlauben. Er wird zuschlagen mit Klimaveränderungen, Kriegen und Verwüstungen.«

»Mir mußt du das nicht erklären«, warf Decca ein.

»Na gut. Als ich diesen Unterschied der indianischen und weißen Lebensform erlebte und gleichzeitig sah, wie man die Yanomami in jeder Weise auszurotten versuchte, fing mein Engagement an. Das war nie geplant. Das hätte ich mir nie vorher träumen lassen.«

Es entstand eine kleine Pause, weil ich mir gerade jenen entscheidenden Moment meines Lebens vor Augen führte.

»Ja – aber glaubst du wirklich, daß du je etwas erreichen wirst? Seit fünfhundert Jahren hat man alle Urvölker dieses Kontinents ausgerottet. Die Yanomami sind nun der Schlußpunkt.«

»Darüber denke ich auch oft nach. Aber *nichts* zu tun, würde den Untergang nur beschleunigen. Resignation ist Mithilfe an der Vernichtung. In Europa jedenfalls sind die Yanomami längst ein fester Begriff geworden. Daß das so ist, geht sicher auch auf meine Publikationen zurück. Als ich die Yanomami kennenlernte, waren sie in Deutschland eine unbekannte Vokabel. Heute sind sie eines der Hauptthemen bei ›Greenpeace‹ und dem ›World Wide Fund for Nature‹ (WWF), obwohl diese Organisationen früher strikt nur für Naturschutzgebiete *ohne* Menschen waren. Sie und andere haben erkannt, daß der Indianer den Wald noch nie zerstört hat. Er ist ein harmonischer Teil des Waldes. Oder nimm ›amnesty international‹. Ihr selbstgesetztes Ziel war die Betreuung politisch Verfolgter. Jetzt haben sie eigens für die Yanomami ihre Statuten geändert und kämpfen auch für die Yanomami. Wenn das nicht Anlässe zur Hoffnung sind, müßte ich blind sein.«

»Ich glaube dennoch nicht daran«, klagte Decca.

Ich konnte sie verstehen. Aber Leute mit dem Motto ›daran können wir ja sowieso nichts ändern‹ gibt es viel zu viele. Deshalb erwiderte ich: »Wenn man die fünfhundertjährige Geschichte Amerikas nimmt, muß ich dir recht geben. Aber manchmal passieren auch Wunder. Hättest du gedacht, daß sich in der Sowjetunion je ein Gesinnungswandel vollziehen würde, oder daß in Deutschland auf friedlichem Wege die Mauer fallen würde? Ich jedenfalls hätte das nie geglaubt.«

»Ja, aber wenn du so was von Indianerrettung in Brasilien laut sagst, legen sie dich um. Chico Mendes war nur ein spektakuläres Beispiel. Es gibt Hunderte, die nie so publik wurden.«

»Genau das ist mir klar. Deshalb meine ich, daß Druck aus dem Ausland viel bewirken kann. Finanzieller Druck und der einer großen Öffentlichkeit. Brasilianer, die sich engagieren, sind erpreßbar und deshalb nur bedingt engagementfähig. Um so mehr muß man die bewundern, die trotzdem aktiv sind. Denk an Dom Aldo, Erwin Kräutler, die CCPY und andere. Vor denen ziehe ich wirklich den Hut.«

Die Sonne neigte sich. Das Dampfen des Waldes ließ nach. Die Tiere begaben sich zur Ruhe. Die Nachttiere waren noch nicht erwacht. Als Mensch, der in diesem Klima nicht aufgewachsen ist, empfindet man die abendliche Abkühlung als Wohltat.

Raimundo, der seit unserer Ankunft am Air strip verschwunden war, tauchte unerwartet wieder auf. Jetzt nicht mehr als Stadt-Yanomami, sondern als perfekter Waldmann. Er war kaum wiederzuerkennen.

»Hallo, Raimundo«, grüßte ihn Christina.

»Hallo Christina, hallo Rudiwe«, gab er zurück. So nannten mich hier alle. Männer erhalten das Anhängsel »we« an den Namen. Aber für mehr als den Gruß hatte er keine Zeit. Er und ein Helfer hatten gerade ein Stück Baumstamm hereingeschleppt. Er war etwa hundertzwanzig Zentimeter lang und maß dreißig Zentimeter im Durchmesser. Sie legten den Baumstamm in ihrem ›Haus‹, wie sie selbst ihren Wohnbereich im großen Rund des Shabono nennen, ab. Mit der Machete schlugen sie der Länge nach eine fünf Zentimeter dicke Scheibe ab. Damit der Stamm nicht fortrollte, sicherten sie ihn seitlich mit Holzsplittern. Mit Hilfe teilweise verbrannter Holzscheite bugsierten sie eine schmale Kette von Glutstückchen auf die begradigte Längsfläche. Dort glimmte die Glut weiter und fraß sich ins Innere des Stammes. Während der eine mehrfach Glut nachlegte, fächerte der andere ihr den nötigen Sauerstoff zu.

Ausgebranntes Holz wurde beiseitegeschabt. Langsam sackte die

Glut tiefer und schuf einen Innenraum. Aus dem Stamm wurde ein kleines Boot, nein, ein Trog, ein Mörsergefäß. Das Verblüffende war die Präzision der Handarbeit. Die Außenwandung schien ganz gleichmäßig fünf Zentimeter stark zu sein. Der Vorgang mochte anderthalb Stunden gedauert haben. Ich nahm mir augenblicklich vor, in Deutschland auf gleiche Weise ein Boot zu bauen.

Der zweite Mann hatte, als er keine Glut mehr nachzureichen brauchte, damit begonnen, zwei Stößel zu schnitzen. Sie waren armdick und so groß wie die Yanomami selbst: etwa anderthalb Meter. Sie wurden entrindet und unten präzise halbkugelartig rund geschnitzt. Obwohl die Männer nur simple ›Küchenmesser‹ dazu verwendeten, präsentierte sich das Resultat wie mit Schmirgelpapier poliert. Immer wieder betrachteten sie schließlich beide kritisch ihre Arbeit.

›Hier noch eine Idee dünner und da noch ein Hauch weniger‹, schienen sie zu denken, wenn sie immer noch einen Span abschabten.

Inzwischen war es Nacht geworden. Mit zunehmender Dunkelheit flammten immer mehr Feuer bei den einzelnen Familien auf. Vom Berg aus mußte es aussehen wie ein gewaltiger, auf der Erde liegender Kronleuchter. Einer der Momente, in denen man sich fragt, warum Menschen verschiedener Lebensweisen sich nicht gegenseitig respektieren und zum Vorteil aller voneinander lernen können.

Plötzlich dann wieder dieses Weinen. Wegen der Dunkelheit konnten wir die Herkunft nicht ausmachen. War da erneut jemand gestorben? Aber Decca belehrte uns eines anderen.

»Seht ihr die Frau dort?« Sie wies unbemerkt auf eine Person, die gerade vorbeiging. Auf dem Rücken eine Kiepe aus frischen Palmzweigen. »Sie bringt den Toten aus dem Baum.«

Einmal schritt die Frau das gesamte Dorfrund ab. In der Hand hielt sie einen leeren Flaschenkürbis – die Urne für die Knochenasche.

Irgendwo hatte sie den gut verschnürten Korb abgesetzt. Im selben Moment begann die Dorfgemeinschaft zu singen. Ein trauriges Lied, eine rhythmische, klagende Melodie. Sie währte zehn Stunden lang, ohne Unterbrechung. In unserer Welt würde man sagen: eine Super-Maxi-Single. Längst waren wir entschlummert, in den Schlaf gesungen.

Morgens, bei Sonnenaufgang, erstarb die Melodie. Nicht schlagartig, sondern allmählich. Von der Ruhe wachten wir auf.

Und so wurden wir Zeugen eines weiteren Zeremoniells. Man hatte im Dorfzentrum einen großen Holzstoß aus dicken Holzklaftern gestapelt, in den man die Knochen des Verstorbenen hineingegeben hatte. Dann wurde der Stoß in Brand gesetzt. Er brannte schnell und lichterloh. Nur wenige Männer saßen drumherum, unter anderem Davi. Es dauerte genau fünfundvierzig Minuten. Dann war alles erloschen. Jeder Knochen – und war er noch so klein – wurde behutsam aus der Asche genommen und in den gestern vorbereiteten Mörser gegeben.

Dann begann das Pulverisieren. Nicht etwa stampfend, sondern sehr behutsam drückend und drehend, wurden die Knochen in feines schwarzes Pulver verwandelt.

Sobald es fein genug erschien, wurde es mit den Händen aus dem Trog in ein hauchfeinmaschiges Sieb aus zähen Lianenfasern geschöpft. Was nicht durch dessen Maschen fiel, wurde erneut gestampft. Nie berührten die Stößel die Erde. Sie wurden entweder auf einen Laubteppich gelegt oder in den Händen gehalten.

Schließlich war die Arbeit vollendet. Die Asche wurde in den Kürbis geschüttet. Kein Stäubchen ging verloren. Das Gefäß wurde verkorkt und in ein passendes kleines Körbchen gegeben. Zu guter Letzt wurde es vernäht. So konnte sich kein böser Geist mehr der Seele bemächtigen. Später würde man diese Asche mit viel Bananensuppe vermischen und gemeinsam verzehren. Danach würde niemand mehr den Namen des Toten erwähnen. Würde man den Yanomami nach diesem Fest ein Foto des Verstorbenen zeigen, würde man sie in große Konfusion stürzen.

Dieser Brauch kommt übrigens den Goldsuchern sehr gelegen. Wird man nicht gerade Augenzeuge ihrer Morde an Indianern oder findet man die toten Indianer nicht, dann wird es schwer, die Untaten zu beweisen. Wenn es irgend geht, werden die überlebenden Indios ihre getöteten Angehörigen mitnehmen und ihnen, in der ihnen heiligen Art und Weise, die letzte Ehre erweisen. Die Goldsucher können Untersuchungskommissionen, so selten es sie gibt, dreist ins Gesicht lachen und die Taten leugnen. Die Indianer werden die Namen und die Anzahl nicht nennen.

Nun wurde nur noch ›klar Schiff‹ gemacht. Raimundo zermuste im Trog zehn Bananen und verdünnte sie mit Wasser. Mit dieser Bananensuppe à la nouvelle cuisine, alles naturbelassen, wurde der gesamte Trog ausgespült, bis das letzte Aschestäubchen in der Fruchtsuppe gebunden war. Dann schleckten die Männer den Behälter leer. Zuletzt wurde er zerhackt und verbrannt. Die Asche des Feuers wurde in ein Loch gestreut, das man auf dem Dorfplatz gegraben hatte. Das Loch wurde zugeschüttet, die eingefüllte Erde immer wieder gewässert und mit dem Stößel festgestampft. Das Aschepaket hatte ›Jaguarzahn‹ an sich genommen. Er würde es nach Tootobí heimtragen. Es handelte sich bei dem Toten um einen seiner Angehörigen.

Zu den Goldsuchern

Sie erwischte mich wie ein Keulenschlag. Genau am Bach streckte sie mich nieder. Die Indianer bedeuteten mir mit einer Handbewegung: Da vorne! Da ist ein Bach. Ich wankte hin, ließ mich einfach ins Wasser fallen und suchte Kühlung. Mein Körper glühte, als wäre er schon jetzt dabei, durch Eigenerhitzung meine Knochenasche vorzubereiten. Der Schweiß strömte nur so vom Körper. Gleichzeitig klapperte ich wie die Mühle am rauschenden Bach. Die Beine knickten ein und hier im Bach nun vollends zusammen.

Mir war alles egal. Ich wälzte mich im kühlen flachen Wasser und hatte nur noch einen Wunsch: schlafen, schlafen, nichts als schlafen und in Ruhe gelassen werden.

Das kühle Wasser tat mir gut. Ich kuschelte mich hinein wie in ein bequemes Bett, den Kopf am Ufer auf den Arm gelegt.

Ob die Indianer weitergingen, interessierte mich nicht. Ich würde den Weg auch ohne sie finden. Sonst brauchte ich nur nach Westen zu wandern. Nicht mehr weit von hier mußte der Rio Tootobí sein, unser Ziel.

In diesem Zustand fanden mich Christina und Mario, einer der elf Indianer, mit denen wir seit neun Tagen von Davis Dorf aus unterwegs waren.

Daß ich fehlte, hatte Christina erst in Tootos Maloca gemerkt: Nicht immer waren wir alle in Sichtweite hintereinanderhermarschiert. Manchmal hatten sich zwei oder drei Gruppen gebildet. So hatte sie gedacht, ich sei bei den anderen.

»Was ist denn mit dir los?« hörte ich ihre Stimme von weitem.

»Laß mich schlafen«, gab ich von mir und drehte mich auf die andere Seite.

»Der hat Malaria«, vernahm ich wieder Christina und wunderte mich, von wem sie wohl redete.

Etwas später war mein Fieberanfall vorüber. Ich sah ein wenig klarer und erinnerte mich, was passiert war. Immer häufiger hatte ich an diesem letzten Wandertag Wasser gebraucht, um noch mithalten zu können. Während ich ständig klatschnaß geschwitzt war, erschienen mir die anderen normal trocken.

Gegen drei Uhr hielt ich es nicht mehr aus. Um überhaupt noch Schritt halten zu können, nahm ich eine Captagon aus dem Überlebensgürtel. Die sechste in meinem Leben. Und zwei Melhoral, eine brasilianische Kopfschmerztablette, die mir gut bekam.

Nur wenige Minuten später fühlte ich mich tatsächlich wieder auf dem Damm. Leichtfüßig schleppte ich mein Gepäck und hielt mühelos Schritt mit der Gruppe. Aber dann, gegen siebzehn Uhr, erwischte es mich voll zum zweitenmal. Nun lag ich hier, schlammbesudelt.

Nach langem Zureden kam ich auf die Beine. Christina und Mario hatten mir sämtliches Gepäck abgenommen.

»Es ist wirklich nicht mehr weit. Noch eine halbe Stunde etwa.«

Das gab den Ausschlag. Eine halbe Stunde – die würde ich noch bis zu Häuptling Tooto schaffen.

Und so war es. Mehr torkelnd als gehend tappte ich in das große Rund seines Shabonos.

»Leg dich schnell in meine Hängematte«, bot Christina an.

Ich plumpste hinein und schlief auf der Stelle. Vom Dorf hatte ich nur vage Eindrücke mitbekommen. Aber ich fühlte mich geborgen.

Als ich das erste Mal wach wurde, fühlte ich eine Kühlung am Kopf. Ich öffnete die Augen und sah Christina mit Tuch und Wasser meine Stirn betupfen. Das tat unsagbar gut.

»Soll ich dir diesen Fisch braten?« erbot sie sich.

Aber ich lehnte ab.

»Der ist ganz frisch. Unmittelbar vor der Maloca fließt der Fluß.«

»Gib mir lieber die Lariam«, bat ich, »und eine Kopfschmerztablette.«

Mir war klar: ich hatte eine faustdicke Malaria. Und das, obwohl ich regelmäßig sowohl Resochin wie Fansidar genommen hatte, und obwohl wir nie ohne Netze schliefen. Aber bei der hohen Quote Malariakranker war die Ansteckungsgefahr eben entsprechend höher. Und nun hatte es mich erwischt.

Die Gefahr hier im Goldgebiet war, daß die herkömmlichen Mittel nicht mehr ausreichten. Die Malariamücke hatte eine Resistenz gegen unser Resochinblut entwickelt. Jetzt mußten stärkere Geschütze aufgefahren werden.

Wir wußten das und hatten mehrere Rationen Lariam mitgenommen.

Christina reichte mir drei dieser Power-Tabletten.

»In sechs bis acht Stunden wecke ich dich. Dann kriegst du noch mal zwei und morgen früh eine letzte«, hörte ich sie den Beipackzettel vorlesen.

Ich schluckte meine Dosis und schlief auf der Stelle ein. In der Nacht erwachte ich vor Kälte. Ich zitterte, daß die Maloca mitbebte. Bestimmt würde ich die anderen wecken, wenn ich weiter so vibrierte.

Vor allem mußte ich zur Toilette. Am liebsten hätte ich durch die Netzhängematte hindurchgemacht. Letzte Reste meiner Erziehung bewegten mich, aufzustehen. Aber das war leichter gesagt als getan. Gut, daß die Matte nur flach über dem Boden gespannt war. Ich rollte mich raus und wollte vors Dorf. Aber die Beine machten nicht mit. Also kroch ich auf allen vieren in Richtung offenes Dorfrund, drei Meter neben der Hängematte.

Völlig erschöpft von dieser kleinen Anstrengung hockte ich nun da und umklammerte einen der Dach-Stützpfähle. Trotz meiner auf fast null reduzierten Denkfähigkeit sagte ich mir, daß ich doch unmöglich hier meine Notdurft verrichten könne. Aber es gab kein Gefäß, und der Ausgang lag fünfzehn Meter entfernt. Bis dahin schaffte ich es nie. Also ließ ich den Dingen ihren Lauf. Ich tat es aus Scham so leise, daß ich keinen Laut vernahm. Doch es kam wie Wasser und entsprechend muß es geplätschert haben. Jedenfalls erfuhr ich später, daß das ganze Dorf zugeschaut hatte. Der Häuptling reichte Christina am nächsten Morgen ein Stück Blech und einen Piassava-Besen.

»Mach das mal weg.«

Die Tabletten hatten geholfen. Die Malaria schien vorüber. Aber ich fühlte mich hundeelend und blieb liegen.

Christina kam.

»Tootos Leute gehen heute zu einem Fest zu Verwandten im Norden, Richtung Goldsucher. Wenn du dich wieder stark genug fühlst, sollen wir nachkommen. Zwei Männer bleiben extra hier. Sie führen uns.«

Ich hatte das Marschtempo der Indianer in noch allzu frischer Erinnerung und unterdrückte den Ehrgeiz, mit ihnen Schritt zu halten. Also sagte ich: »Uns läuft ja nichts weg. Laß uns mal zwei Tage ausspannen. Dann bin ich wieder okay.«

Christina sah mich an. Sie lächelte und meinte: »So gefällst du mir schon erheblich besser. Gestern abend dachte ich, du würdest sterben. Du warst nicht mehr wiederzuerkennen.«

»Hoffentlich hast du ein Foto gemacht«, erwiderte ich, schon wieder etwas munterer. Sie hatte nicht, und mit solchen Leuten unternahm ich eine Reise! Aber das wurde sehr bald wieder zur Nebensache. Ich schlief ein. Tief und fest.

Als ich aufwachte, saß Christina da schon wieder oder immer noch mit ihrem nassen Lappen.

»Geh du schon mit den Indianern mit«, schlug ich vor. »Ich komme übermorgen nach.«

Aber Christina hatte andere Pläne.

»Mir ist die Pause ganz recht. Ich werde mal zu den ›New Tribes‹-Leuten gehen und gucken, ob das stimmt, was Norberto gesagt hat.«

»Ja, richtig«, erinnerte ich mich müde. »Da war doch noch was zu klären. Ich hatte es im Moment völlig vergessen.«

Und nachdem Christina sich bei einem Bad im Tootobí frischgemacht hatte, hängte sie ihre SUCAM-Tasche um und ließ sich den Weg zur Mission zeigen.

Mit zunehmender Ausgeruhtheit ließ ich in meinem Kopf noch einmal die letzten neun Tage Revue passieren.

Da war vor allem anfangs, vor dem Abmarsch von Davi, dessen heftiger Streit mit Norberto, einem der Tootobí-Häuptlinge, und mit Decca, seiner Krankenschwester.

Nach der Totenfeier, am Nachmittag, hatte Norberto vor Davi und seinen Leuten, wie es bei den Yanomami üblich ist, wenn sie etwas klären wollen, eine Rede gehalten. Er beklagte sich darüber, daß alle Dörfer an seinem Fluß stark unter Malaria litten und daß es schon viele Tote gegeben hätte. Er brauche Medizin von Davi, weil die ›New Tribes Mission‹ ihnen nichts mehr gäbe.

Davi wiederholte in seiner Antwort, daß sie die Malaria von den Goldsuchern hätten und sie diese Leute strikt meiden sollten.

»Und die Tabletten allein helfen wenig, wenn man sie nicht ganz gewissenhaft einnimmt. Genau nach Vorschrift. Man darf damit vor allem nicht aufhören, wenn die Krankheit vorüber zu sein scheint. Sonst hilft es gar nichts, und beim nächstenmal wird es noch schlimmer.«

Danach hatte dann Decca Davi an die Seite genommen. Obwohl beide yanomami sprachen, wickelten sie ihren Disput in portugiesisch ab. Sofort dachten wir, es handele sich um uns. Aber es ging um Norbertos Forderung nach Medizin. Davi hatte sich konsequent geweigert, ihm etwas zu geben, weil sie die Behandlung stets nach ersten Heilungssymptomen abgebrochen hatten. Daraufhin erbot sich Decca, mitzumarschieren und zwei Wochen lang die Behandlung durchzuführen.

»Nein«, beharrte Davi. »Du mußt hier bleiben. Ich muß nach Brasilia. Ich habe keine Lust, ihnen immer wieder dasselbe zu sagen.«

Decca war empört.

»Das sind deine Verwandten. Gib ihnen die Tabletten.«

Ohne weiter auf Davi zu hören, fand sie eine Lösung: sie gab Christina eine Klinikpackung Tabletten zu treuen Händen.

»Das reicht für dreißig Behandlungen. Die Mengen und Zeitintervalle habe ich hier noch einmal aufgeschrieben.«

Dann waren wir losmarschiert. Davi hatte alle, ungeachtet des Disputs, mit reichlich Proviant versorgt und ihnen auch rote Wolle, Perlen und Messer gegeben.

Hochbeladen machten wir uns auf den Weg. Wir freuten uns, daß es weiterging. Aber sehr weit kamen wir an diesem Tag nicht. Die Lasten waren schwer. Sie drückten und mußten umgepackt werden. Was möglich war, wurde gegessen. Erst am dritten Tag hatten sie sich in ihren Standard-Eilschritt hineingefunden. Ab jetzt hatten wir Mühe, mitzuhalten, und wir empfanden es als unübertreffliche Wohltat, wenn das Nachtlager gebaut wurde. Aber die Nächte schienen kurz, oder wir waren besonders erschöpft. Viel eher, als es uns recht war, dämmerte der Morgen. Dann ging es weiter. Ohne Frühstück.

Es war immer dasselbe Ritual. Mit überraschender Schnelligkeit waren die Wandernachtlager, Tapirís, jeweils abgebrochen, das Gepäck geschultert und los ging es. Oft fingen wir uns einen Rüffel ein, weil wir zu langsam waren. Zähneputzen und ähnliche Spielereien konnten wir als Relikt vergangener Zeiten abhaken.

Zwei, drei der erfahrenen Männer brachen meist schon als Vortrupp auf. In kleinen Gruppen hätten sie eher Jagdglück. Trotz der prallvollen Kiepen sind Indianer permanent auf Nahrungssuche. Jedes Tier wird mitgenommen, jede reife Frucht geerntet. Sie kletterten ameisenübersäte Stämme hinauf, um deren Kronen abzuschlagen, die voller kirschenähnlicher Früchte waren. Sie ließen unvermittelt ihr Gepäck stehen und verfolgten Pekaris. Manchmal kamen sie erst wieder nach zwei Stunden zurück, und meist hatten sie eines der Wildschweine erlegt.

Wenn unmittelbar neben uns, quasi in letzter Sekunde, ein Vogel hochschwirrte, dann hatte er da ein Nest. Die Eier wurden gleich verzehrt – auch dann, wenn sie schon angebrütet waren, wie jene Krokodileier an einem See. Sie wickelten sie in Blätter, legten sie kurz in die Glut und schlürften sie mit Behagen.

Wir folgten mit dem Haupttrupp. Dazu zählten auch zwei Jugendliche. Mit ihrem Wissen um den Wald, ihrer Geschicklichkeit beim Klettern, ihrer Ausdauer und vor allem Schnelligkeit beim Gehen, standen sie den Alten in nichts nach. Sie hatten lediglich etwas weniger Gepäck zu tragen.

Insgesamt waren wir vierzehn Personen. Höchstens fünf bekam man davon zu sehen. So weit gingen wir auseinander.

Das ›Ritual‹ begann mit einem Wink Norbertos – ihm waren wir anvertraut – »Los, geht voran!« Wie oft hatten wir das schon durchexerziert! Und wie oft mußten wir uns nach kurzer Zeit umgruppieren! Die Indianer wissen, daß der Weiße nicht mit ihnen Schritt halten kann. Deshalb lassen sie ihn vorweglaufen. Sie richten sich dann nach seinem Schneckentempo. Aber Norbertos Befehl war für uns unabänderlich.

Also gingen wir voran. Der Vorteil des Schrittmachers: Er bestimmt das Tempo und – in unserem Falle – man entwickelt allmählich einen Blick für die meist kaum auszumachenden Indianerpfade. Das erschien besonders mir sehr wertvoll. Es verlieh einem mehr Sicherheit im Wald, machte unabhängig und vermittelte die Illusion, man wäre selbst schon ein kleiner Indianer.

Aber dieses Glücksgefühl währte meist nicht lang. Eine Stunde, solange man frisch war, war der Weg klar und deutlich auszumachen. Oft ist sein einziges Erkennungszeichen nur das etwas zertretene, abgefallene Laub. Wenn's hochkommt, sind da abgeschnittene Äste. Das war dann schon fast wie auf der Autobahn. Dieses alles nun spielte sich im steten grünlichen Halbdunkel des Waldes ab, ein Dämmerlicht, das zusätzlich ermüdet.

Jedenfalls kostete ein Marsch doch immer mehr geistigen Aufwand und Energie, als man es beim Start erwartet hatte. Irgendwann schlug der Weg einen kleinen Haken, den man nicht bemerkt hatte. Man ging in die falsche Richtung durch das lichte Unterholz, bis man nach wenigen Metern merkte: ›Ende, Sackgasse – das kann's nicht gewesen sein.‹ Man schaute links, schaute rechts, aber kein Ausweg aus dem Labyrinth war zu sehen. Dann schaute man zurück und sah – da standen sie alle, aufgereiht wie zum Appell und warteten auf einen. Sie standen genau an der Stelle, wo man sich verlaufen hatte. Sie riefen nicht etwa ›Hallo, hier entlang‹, sie warteten geduldig. Auch zweimal, zehnmal. So wurde man nervös. Man hielt den Zug auf, und was sie dachten, war einem klar, auch wenn keiner sprach. Man wollte sich nicht blamieren, wurde immer hektischer und verlief sich nun bei jeder sich bietenden Gelegenheit. Schließlich wurde es einem zu blöd und man brummte sie an: »Sag' doch gleich Bescheid, wenn ich falsch gehe« oder »Geh' du doch voran«.

Schließlich übernahmen sie die Führung. Man war glücklich. Jetzt brauchte man sich nur noch an ihre Fersen zu heften und konnte sich geistig entspannen. Aber dann bemerkte man, daß diese Fersen Fersengeld gaben. Sie tippelten bedeutend schneller, als man selbst den Schritt vorgegeben hatte, und schließlich schaffte man nicht einmal das – sie liefen einem davon. Und das mit ihren viel kürzeren Beinen und den schwereren Lasten.

Blieb einem nichts als der Trost: ›Na, Burschen, kommt ihr mal nach Deutschland. Dann packe ich euch in mein Auto und gurke von Hamburg nach München und irgendwann in der Nacht wieder zurück. Und ich werde euch nicht mit einer Silbe verraten, wonach ich mich orientiert habe. Und dann werdet ihr es sein, die da staunen, und *ich* bin der King‹ – Phantasien eines Ohnmächtigen.

Hatte man die Männer schließlich aus den Augen verloren, hieß es: nur keine Panik, wieder den Nehbergschen Langsamtrott einlegen und selbst suchen.

Spätestens nach einer Stunde Alleingehens stieß ich meist auf sie. Sie hatten mich vermißt und gewartet. Und sie hatten die Zeit genutzt, sich auszuruhen. Wollte ich mich nun zu ihnen setzen, sprangen sie auf die Beine: »Weiter! Ende der Pause.« Ich war immer der Benachteiligte. Von wegen Pause!

Ganz selten gab's auch eine angenehme Überraschung. Dann war bereits um vierzehn Uhr Camp. Ich erinnere mich an ein besonders idyllisches Lager. Es lag an einem Flußufer auf einer Anhöhe. Die Umgebung war gerodet und grasbestanden. Ein Palmdach bot Unterschlupf und ersparte das Bauen der Tapirís. Limonenbäume, die prall voller Früchte hingen, und das saubere Flußwasser luden zu coolem Drink und Bad ein.

Die Vorhut hatte längst ein Feuer entfacht und schleppte die ersten Fische heran: Siesta.

In der Nähe die Reste einer abgestürzten Sportmaschine. Den Motor und alles Brauchbare hatte längst jemand demontiert und abtransportiert. Sicherlich der Siedler, der in der Trockenzeit unter diesem Dach wohnte und dann Gummi, Paranüsse und Piassava sammelte.

Mit wenigen geschickten Handgriffen hatten sie ein Stück Aluminiumblech, Reste des Flügels, zu einem Topf geformt. So hatte man die Auswahl zwischen Flugzeug-Kochfisch und Stock-Bratfisch.

Es war noch hell, als zwei fremde Gäste sich zu uns gesellten. Hätten wir sie nicht kommen sehen, sie wären kaum aufgefallen. Sie begrüßten uns nicht, sondern waren plötzlich da. Zwei andere Indianer auf dem Durchmarsch.

Der eine fiel mir auf, weil er einen jungen Hund trug. Der kleine Knirps hatte sich völlig müde gelaufen und diverse Zecken und Sandflöhe eingefangen. Wir befreiten ihn von den Quälgeistern und bürsteten ihn. Irgendwie fühlten wir uns mit ihm solidarisch – geschundene Wanderer.

Der Hund leckte uns die Hände. Vorm Schlafen legten wir ihn zurück zu seinem Besitzer. Der saß, weltentrückt, in der Hängematte und verpackte gerade sorgfältig vier (!) rote Glasperlen. Dafür hatte Norberto ihm soeben das Tier abgekauft. Also reichten wir das Tier weiter an Norberto.

Das und vieles mehr kreiste mir in Tootos Dorf durch den malariaumnebelten Kopf, als Christina mit einem Mann auftauchte. Er trug einen Beutel und ein Haumesser. Er war groß, kräftig und barfuß. An den Beinen hatte er viele Narben und Schorfstellen. Seine Füße hätten einem Grizzly alle Ehre gemacht. Sie waren vom Schöpfer sicherlich zum Feststampfen von Großflächen gedacht. Statt dessen wirkte der Eigentümer dieser Füße hier als Missionar. Das spürte ich, noch ehe er den Mund aufgemacht hatte.

»Das ist Claudino von der ›New Tribes Mission‹«, stellte Christina ihn vor.

Ich kannte die Striktheit dieser Missionare, wenn sich Unbefugte im Yanomami-Gebiet aufhielten. Sie machten sofort bei der FUNAI Meldung, um sich ihre missionarischen ›Schürfrechte‹ an den Indianern auf alle Fälle zu sichern und servil ihre Loyalität zu bekunden.

Deshalb spielte ich den völlig Erschöpften, kaum, daß ich mich zur Begrüßung rührte. So was Krankes, hoffte ich, würde man nicht einfach fortjagen. Was wäre man denn sonst für ein Christ?

»Gut«, hörte ich Claudino sagen, »der Anfall geht vorüber. Dann verlassen Sie sofort unser Gebiet. Und um die indianischen Patienten werde ich mich gleich anschließend kümmern. Leben Sie wohl!«

Ich sagte nichts. Schließlich hatte ich ja einen ›Anfall‹. Ich war froh, als ich ihn mit seinen erdbebenverursachenden Füßen davonstampfen sah.

Christina begleitete ihn hinaus und kam dann zurück.

»Ein unnahbarer Typ. Er ließ mich nicht mal in die Mission. Statt ›Guten Tag‹ zu sagen, waren seine Begrüßungsworte: ›Haben Sie eine FUNAI-Erlaubnis?‹«

»Ich arbeite für die SUCAM«, hatte Christina geantwortet und auf die Tasche geklopft, »und ich bin hier nur, weil ich bei Davi hörte, hier gäbe es Malaria und die Mission weigere sich, sie zu behandeln.«

»Das ist völliger Quatsch. Wir gehen lediglich nicht mehr in die Dörfer. Die Indianer können ja jederzeit herkommen. Aber statt dessen laufen sie lieber tagelang zu den Goldsuchern.«

Christina merkte, sie hatte in ein Wespennest gestochen. Angriff ist die beste Verteidigung. Deshalb fuhr sie fort: »Ich war eben in Norbertos Dorf. Da liegen Leute, die können gar nicht kommen. Die sind fix und fertig, und außerdem wissen *Sie* genau wie ich, daß es nicht damit getan ist, den Indianern soundso viele Tabletten in die Hand zu geben und ihnen gute Besserung zu wünschen. Dann kann man sich die Behandlung gleich sparen.«

Claudino kam ins Schleudern, nahm sich seinen Beutel mit Medikamenten, schulterte das Haumesser und kam mit zu Norbertos Dorf, das auf dem Weg zu Tootos verlassenem Dorf und mir lag.

Norberto, der eigentlich einen guten Draht zu Christina hatte (›Das einzige, was mir an dir nicht gefällt, sind deine langen Haare.

Schneide sie dir ab, wie die Yanomami-Frauen.‹), war jedenfalls nicht bereit gewesen, sie zur Mission zu begleiten.

»Ich mag die Mission nicht«, war sein Kurzkommentar, »auch wenn ich da einmal schreiben gelernt habe.«

Dennoch hing in seiner Maloca, groß wie ein Handtuch und unübersehbar, die biblische Geschichte in gezeichneten bunten Bildern. Mindestens zwölf Seiten waren es, die den guten alten und täglich mißbrauchten lieben Gott zeigten, in seiner unerschöpflichen Geduld und seiner Großmut, lächelnd, auf goldenem Thron, mit goldener Krone und vielen flatternden Engelchen um ihn herum.

Als Christina diese Bilderbibel schon auf dem Hinweg zur Mission begutachtet hatte, hatte sich Norberto neben sie gestellt. Er wies auf die Krone und sagte: »Ouro, Gold.« Dann fragte er: »Brauchen die Weißen das Gold für ihren Gott?«

Wir waren uns einig, daß wir schnell von hier fortmußten. Auf dem letzten Wegabschnitt zu den Goldsuchern würde uns kein FUNAI-Funktionär zu folgen wagen. Hier jedoch waren wir vor ihnen nicht sicher. Das Dorf lag zu nah bei der Mission.

»Es sind eben Fanatiker. Aber immerhin hat er mir versprochen, die Geschenke, die wir Tooto, Norberto und den anderen fürs Tragen versprochen haben, mit einem ›New Tribes Mission‹-Flugzeug von Manaus schicken zu können.«

Wir stärkten uns mit einer letzten Bananensuppe, packten unsere Siebensachen und folgten Tootos Spuren zum Dorf der Feier im Norden. Obwohl der gesagt hatte, der Weg sei unverkennbar deutlich und unverfehlbar, waren wir froh, auf die beiden Begleiter Mario und Francisco zurückgreifen zu können, die er uns dagelassen hatte. Ohne sie hätten wir uns verlaufen. Wir waren noch längst nicht waldfit.

Trotz des ›nahen‹ Weges benötigten wir knapp zwei Tage. Eine Maloca, auf die wir trafen, war klein, alt und brüchig. Überall regnete es durch, überall stauten sich Pfützen. An einigen Stellen war das Dach mit Resten der typischen blauen Plastikplanen der Goldsucher geflickt. Wir näherten uns deren Gebiet. Hier war die Grenzstation.

Im Dorf herrschte reges Treiben. Es war völlig überfüllt mit Gästen und nicht mehr möglich, einen trockenen Platz für unsere Hängematten zu finden. Wir mußten uns damit begnügen, sie übereinander und über einer Pfütze zu spannen und uns mit unseren Regenplanen gegen die Löcher im Dach zu sichern.

»Das reinste Malaria-Brutnest«, vermuteten wir. Und wir sollten recht behalten. Mindestens zehn Patienten lagen apathisch und mit hohem Fieber in ihren Matten.

»Eigentlich hoffnungslos, sie zu behandeln, wenn man nicht zwei Wochen hierbleiben kann«, klagte Christina.

Doch Not macht erfinderisch. So kam ihr die Idee, die einzelnen Tagesdosen der Tabletten in winzige Alufolie-Päckchen zu packen und der Reihe nach, wie Wäsche auf der Leine, unter den Hängematten der Patienten anzubinden, verbunden mit wiederholten Anordnungen an die Angehörigen, sich um die regelmäßige Einnahme zu kümmern. Wir hatten nicht die Illusion, daß sie es taten, auch wenn sie es alle versicherten. Aber in unserer Situation schien es noch das Beste, das wir machen konnten. Drei Tage lang konnten wir die Aktion noch selbst kontrollieren und solange klappte sie auch.

Dann ging es weiter nach Norden. Diesmal war es tatsächlich ein deutlicher Weg. Ganz unverkennbar: Hier fand ein reger Verkehr statt. Es vergingen auch kaum vier Stunden, in denen einem nicht zwei oder mehr Indianer begegneten, die von den Goldpisten zurückkehrten und die alle irgend etwas bei sich trugen, das sie eingetauscht hatten: eine Schirmmütze, ein Kilo Reis. Sogar Norberto kam uns entgegen. Er hatte den Besuch in unserer letzten Maloca gleich zu einem Abstecher an die Pisten genutzt und einen Liter Salatöl erstanden. Davis Rat, sich von den Garimpeiros fernzuhalten, befolgte niemand.

»Du hast ja immer noch deine langen Haare«, wandte er sich scheinbar betrübt an Christina. Dabei suchte er wohl hauptsächlich einen Grund, die Haare anzufassen.

»Ja«, lachte sie zurück. »Du hast mir ja auch noch nicht verraten, wie dein richtiger Name ist. Kein Indianer heißt Norberto.«

Er überlegte kurz. Dann lachte er verschmitzt. Er zupfte ein Stück Papier aus unserem Gepäck, erbat einen Schreibstift und malte in ungelenken Buchstaben seinen Namen darauf: SHORIWE. Er deckte das Wort sorgfältig mit den Händen gegen fremde Blicke ab, ließ es sie kurz lesen und hielt ihr sofort den Mund zu, damit sie ihn nicht laut ausspreche. Und im selben Moment zerknüllte er das Papier und steckte es ein.

Christina versprach ihm im Spaß als Gegenleistung, ihre Haare zu kürzen, und schenkte ihm schon mal eine Strähne.

Daß den Indianern bislang noch das Eigentumsdenken und Profitstreben unserer Welt fremd ist, bekommt dem Wald gut. Er wird nicht überstrapaziert. Ein kleines Quantum von Menschen entnimmt ihm lediglich seinen Tagesbedarf. Darüber hinaus muß ihnen der Wald nur noch Baumaterial für die Holz- und Laubhäuser, die Kiepen, Hängematten, das Küchengeschirr und die Waffen geben. Alles, was diese Werte ausmacht, ist organisch, und der Wald holt sich das sehr bald zurück. Seine Luftfeuchtigkeit und der natürliche Verschleiß sorgen dafür. Der Lebensstil der Indianer, der des zeitweisen Wanderns, läßt größere Besitztümer nicht zu. Mehr als jeder auf seinem Rücken, inklusive der Kleinkinder, tragen kann, ist deshalb kaum bei einer Familie zu finden.

Dennoch sind sie empfänglich für Einflüsse von außen. Sie lieben Messer, Angelhaken, Äxte, rote Hängematten und rote Perlen. Aber niemand könnte etwas horten und mehr Reichtum anhäufen als sein Nachbar. Solange jemand etwas doppelt hat und ein anderer das nicht besitzt, muß er abgeben. Wenn wir mit 500 Angelhaken in einem Dorf eintrafen, dann wanderten wir in der Regel nur noch mit einem einzigen weiter. Die übrigen 499 hatte die Dorfgemeinschaft für sich beansprucht. Protest half da wenig. Man mußte sich fügen. Schließlich profitierten wir auch von ihrem Besitz, den Bananen und dem Wildbret. Wir konnten uns bedienen, ohne unbedingt fragen zu müssen. Und so hielten sie es eben auch mit unseren Angelhaken. Argumentierte man, daß hier ja keine 499 (viele-viele) Personen wohnten, sondern nur 100 (viele), so daß uns fünf Haken pro Person zugestanden hätten, stieß man auf absolutes Unverständnis. Jeder der Bewohner hatte einen erhalten. Den Rest verwaltete der Häuptling. Er schenkte sie seinen Besuchern oder nahm sie als Gastgeschenke mit, wenn er selbst irgendwann Verwandte besuchte.

Mit den Yanomami das Rechnen anzufangen, war ohnehin aussichtslos. Sie können nicht bis drei zählen. Ihr Vokabular ist erschöpft mit den Zahlwörtern eins und zwei. Was darüber hinaus geht, ist ›viel‹, und was noch mehr ist, Regentropfen beim Gewitter, ist ›viel viel‹.

Sowohl das Eigentumsdenken als auch ihr Verständnis von sozialer Gerechtigkeit bescherten uns hin und wieder unerwartete Situationen.

Da hatte ich zum Beispiel zwei Strümpfe. Die hatte ich bitter nötig, weil ich mir sonst die Füße sehr schnell wundlief. Aber ich hatte immerhin zwei, und einer der Yanomami befand, daß ich somit einen zuviel hatte. Er zog ihn sich an und ging fort, ohne ein Wort darüber zu verlieren. Ich eilte hinterher, aber sein Argument war unschlagbar: Ich hätte doch noch einen, meinen persönlichen, den habe er noch gar nicht angetastet, also sei alles in Ordnung. Denn das letzte persönliche Stück rührt kein Yanomami je an.

Mit Bleichgesichtsargumenten war hier nicht weiterzukommen. Ich versuchte es mit Tricks. Ich zog mir den Strumpf als Handschuh über die Faust und reckte sie sichtbar hoch. So, als würde mir das irgendwelche Glücksgefühle bescheren. Der Indio folgte meinem Beispiel und fand das genauso interessant, wie den Strumpf am Fuß zu tragen. Da ich meinen Strumpf auf der Faust behielt, tat er das auch. Aber im Laufe des Tages störte ihn die Socke. Sie behinderte ihn beim Arbeiten. Mich schien sie nicht zu beeinträchtigen. Er mußte sie häufig beiseite legen, während ich meine stur übergestülpt ließ. Endlich verlor er das Interesse an dem hinderlichen Ding, und für ein Stückchen Kautabak konnte ich den Strumpf zurückerwerben.

Mit ihrem Unvermögen, Zahlen über zwei auszudrücken, hatten wir zum Beispiel dann Probleme, wenn es hieß: »Wir wandern zum nächsten Dorf.« »Wie viele Tage brauchen wir denn dafür?« war meist unsere erste Frage. Als eingefleischter Germane will man schließlich disponieren. Normalerweise erhielt man die Antwort: »Viele Tage«, weil die Dörfer weit auseinanderlagen. »Also mehr als zwei«, fluchten wir unbefriedigt. Denn nun ergab sich die Frage: »Wie viele Bananen sollen wir mitnehmen?« Einerseits wollten wir genügend mitnehmen, andererseits nicht zu viele schleppen. Aber eine genauere Auskunft als ›viele Tage‹ konnte uns niemand geben.

Da entdeckten wir, daß sie sich am Abend des ersten Wandertages ein kleines Stöckchen abbrachen, es von der Rinde befreiten und es pro abendliches Camp mit einer seitlichen Kerbe versahen.

Erreichte man zehn Tage später das Dorf, markierten sie das Stöckchen mit einem Kringel.

Auf dem Rückweg schnitzten sie weiter. Jetzt erhielt der Stab auf der anderen, der glatten Seite, eine Gegenkerbe. So wußten sie optisch immer, wie weit es noch zu laufen war. Die Kerben verrieten ihnen, wann Halbzeit war und wie viele Tage Restmarschzeit verblieben. Nur, daß sie dafür keine Bezeichnung hatten.

Waren es aber nur noch zwei Tage, dann protzten sie mit ihren Vokabeln herum. Von allen Seiten rief man es uns immer wieder und unaufgefordert zu: »He, Alemão, nur noch zwei Tage!« oder »Nur noch ein Tag! Morgen sind wir zu Hause.«

Anfangs war dieses Phänomen für mich ein Novum, wie es mich bei anderen Völkern erstaunt hatte, wenn sie Bilder oder Zeichnungen nicht lesen konnten. Mitunter erzählte ich diese Erfahrung auf Vorträgen und einmal auch in Ostfriesland.

»Das wundert dich?« fragte mich ein älterer Zuhörer. »Das ist bei uns doch nicht anders. Auch von uns Ostfriesen sagt man, wir könnten nicht bis drei zählen. Aber denk man nur nicht, daß wir uns nicht auch zu helfen wüßten. Wir haben zwar nicht das Kerbenstöckchen deiner Ya-ya-ya, wie heißen die doch gleich? aber wir helfen uns anders: Wenn einem Ostfriesen drei Leute entgegenkommen, dann sagt der: ›Na, ihr beiden, noch einen mitgebracht?‹«

Als Fremder im Regenwald und im Zusammensein mit den Yanomami erfährt man immer wieder sehr schnell die eigenen Leistungsgrenzen. Man ist ihnen in vielfacher Weise unterlegen. Der Indianer folgert daraus, daß alle Weißen deshalb unfähig seien und sie ihnen haushoch überlegen. Sie verkennen dabei, wie viele dieser Weißen es gibt und daß diese, in ihren Ländern, durchaus lebensfähig und letztlich den Indianern haushoch überlegen sind. Jedenfalls in Sachen High-Tech, Waffen und Rücksichtslosigkeit. Unter anderem durch diese Fehleinschätzung und die damit verbundene Gefahr wird ihr Untergang beschleunigt werden. Würde ihnen die Gefahr bewußt, könnten sie ihr anders begegnen. Sei es durch Vereinigung der zum Teil verfeindeten Nachbardörfer oder durch das Erlernen des Portugiesischen, um in unserer Welt klarzukommen.

In diesem Zusammenhang passierte mir einmal die folgende Geschichte.

Nach langem Bitten hatte mich eine Jägergruppe auf die Jagd mitgenommen. Immer wieder ermahnte mich der Führer, leise zu gehen und nicht auf Äste zu treten. Das tat ich auch, wenngleich es für einen ungeübten Waldläufer schwerer ist als für einen Indianer, der morsche Äste sogar unterm Laub erkennt.

Aber eigentlich hatte ich mich wacker geschlagen. Sechs Stunden waren wir bereits unterwegs. Bis der Führer zwei Affen sah und mir bedeutete, stehenzubleiben. Ich gehorchte und sah, wie er einen Pfeil auf den Boden legte und langsam zielte. Die Affen hatten uns noch nicht gesehen. Doch als er sie mit aller Besonnenheit und Präzision anvisierte, brach in mir das Foto-Jagdfieber durch. Welch eine Aufnahme: per Weitwinkel den Jäger im Vordergrund und die Affen im Baum. Die wollte ich mir nicht entgehen lassen. In jeder Sekunde konnte der Schuß losgehen. Während ich gleichzeitig die Kamera klar machte und einen Schritt zurücktrat, um beide Objekte im Bild zu haben, den Indianer und den Affen – da passierte es! Ich trat auf einen Ast, und es knackte unüberhörbar. Sogar die Affen hatten es mitbekommen und schauten runter. Und im selben Moment waren sie verschwunden. Der Pfeil des Häuptlings traf ins Leere. Entsprechend war sein Donnerwetter.

»Du Vollidiot«, mochte das auf deutsch geheißen haben, »mach bloß, daß du nach Hause kommst.«

Sein ausgestreckter Arm unterstrich den Befehl. Ich hielt es für das beste, ein schuldbewußtes Gesicht zu machen, die Klappe zu halten und mich zu fügen. Aber etwas mußte ich dann doch sagen: »Wo geht es denn überhaupt nach Hause?«

Sechs Stunden war ich im Gefolge der Männer und Jungen marschiert. Selten nur gab es einen erkennbaren Weg, nie hatte ich mir eine Richtung eingeprägt, weil ich annahm, wir kehrten auch gemeinsam wieder zurück. Und nun stand ich da wie in finsterer Nacht. Jede Richtung konnte die meine sein. Oder auch nicht.

Die Indianer schauten sich an und verständigten sich wortlos mit Blicken. Sonderlich überrascht schienen sie nicht zu sein. Demnach kannten sie das Problem schon. Der Häuptling blickte sich schweigend um. Dann gab er jemandem eine kurze Anweisung. Ich blickte ebenfalls zu diesem ›Jemand‹ und dachte sofort, der könne mit mir nichts zu tun haben, denn er war der absolut Allerjüngste in unserem Gefolge. Es war ein Kind, das mir gerade bis ans Ende meiner Beine reichte. Laß ihn vier oder fünf Jahre alt gewesen sein.

»Ja, Papi«, sagte der Knirps und trottete schon los. Papi gab mir einen unmißverständlichen Wink. Ich sollte dem Knirps folgen, er war mein Führer. Damit hatte Papi mir gleichzeitig ganz schön eins ausgewischt und eine Lehre erteilt. Ich ahnte sein diebisches Schmunzeln unter den unbeweglichen Gesichtszügen. Die Jägertruppe wandte sich ab, ging ihres Weges, und ich folgte dem Kleinen.

›Hoffentlich verliere ich ihn nicht aus den Augen‹, fürchtete ich schon. Er war so klein, daß er sich hinter jedem Blatt bequem hätte verstecken können. Er trippelte wie eine kleine Disney-Puppe mit Federwerksantrieb vor mir her, schaute weder nach rechts noch links, sondern starrte nur jeweils ein paar Meter vor sich hin, als sähe er dort ganz deutlich die Brotstückchen, die Hänsel dort als Wegmarkierung ausgeworfen hatte.

Zutreffenderweise kam ich mir regelrecht blöd vor. Es blieb mir nichts anderes übrig, als fein artig hinter Knirpsi herzutrotten, der unterdessen unverdrossen weitertippelte. Nur einmal gestattete er sich eine Pinkelpause von 21 Sekunden. Und plötzlich, nach fünf Stunden, standen wir wieder im Dorf. Für den Kleinen war der Pfad so deutlich wie eine Autobahn gewesen.

Die Bewohner waren völlig erstaunt. Was denn los sei, wollten sie wissen. Ob ich mich verletzt hätte, warum wir schon zurück seien, sie hätten uns erst morgen erwartet.

Der Knirps lag, ohne einen Tropfen Schweiß am Körper, in seiner kleinen Hängematte und sagte nur: »Vati war sauer, weil der Weiße nicht schleichen kann. Er hat die Affen vertrieben.«

Da war für die Umstehenden die Welt wieder in Ordnung. Sie lachten sich tot über meine Unfähigkeit und waren glücklich, daß ich ihnen einmal mehr bestätigt hatte, was sie immer schon gewußt hatten: Der Weiße ist unfähig, der Indianer der Größte.

Ich dachte, damit sei die Story abgeschlossen. Aber das war sie keineswegs. Andernabends kehrten die Jäger zurück. Sie waren reichlich mit Fleisch beladen. Noch bevor sie sich in ihre Hängematten warfen, berichteten sie dem vor Vergnügen quiekenden Auditorium, was ich doch für eine Oberschleiche wäre. Mit phantasievollen Gesten, die jedem Pantomimen zur Ehre gereicht hätten, erzählten sie mein Mißgeschick des langen und des breiten. Sogar des sooo breiten, daß der Affenakt zu einem stattlichen 15-Minuten-Epos anschwoll, statt der tatsächlichen einen Minute. Aber damit mußte ich leben, und ich dachte: ›So macht man also aus 'nem Furz ein Megakonzert.‹

Aber auch damit war meine Blamage noch längst nicht erledigt. Jedem Besucher wurde mein Mißgeschick als Schauspiel-Festival erneut vorgeführt. Kaum hatten Neuankömmlinge den Begrüßungsritus hinter sich gebracht, gegessen und sich ausgeruht, da kam die unvermeidliche Frage: »Wer ist denn das da, der mit der Glatze?«

»Ja«, erhielt er dann sinngemäß zur Antwort, »der nennt sich Alemão (Deutscher). Aber vergiß ihn, er ist zu allem zu blöd. Er kann nicht schleichen, er kann keine Spuren lesen, er findet keine Wege, er kann keine Tierstimmen erkennen, er kennt nur die wenigsten Pflanzen...«, und so zählten sie noch vieles mehr auf.

Ich ersetzte ihnen Radio und Fernsehen, und ich avancierte zum Dorftrottel. Immerhin, Trost Nummer zwei, verdiente ich mir so redlich und mühsam meine Kost und Logis. Aber innerlich wurmte mich der Zustand. Wer ist schon gern der Blödi des Dorfes? Ich sann auf Gegendarstellung. Irgend etwas wollte ich ihnen präsentieren, das meinen Ruf wiederherstellen würde.

Normalerweise führe ich dann so ganz locker und nebenbei das Feuerspucken vor. Mit diebischer Freude lauere ich auf den passenden Moment, wo sich jemand ein Pfeifchen, eine Zigarette oder ein Feuer anzünden möchte, und dem komme ich dann um genau eine Sekunde zuvor. Überall auf der Welt hatte das seine Wirkung gehabt. Doch für diese Show mangelte es mir an Petroleum. Krampfhaft überlegte ich, was ich sonst Verblüffendes zu bieten hätte. Meinen Seilzerschneide- und Da-ist-es-wieder-heile-Trick kannten sie schon. Das lockte keinen mehr von seinem Bananentopf fort. Es mußte etwas Imposantes sein. Und da hatte ich die Erleuchtung! Ich würde ihnen eine Combat-Schieß-Vorführung geben. Das ist jene Art von Verteidigungsschießen, bei dem man nicht erst lange über Kimme und Korn zielt, sondern nur noch zieht und abdrückt. Leser meiner Survival-Bücher wissen, daß man für diese Fertigkeit nur vier erlernbare Tricks wissen muß, und schon trifft man eine Handfläche auf fünf Meter Entfernung.

Genau das wollte ich den Yanomami jetzt demonstrieren. Ich besaß einen Revolver und reichlich Patronen.

Auf einen liegenden Baumstamm stellte ich fünf Holzscheite. Ich nahm bewußt nur fünf, obwohl ich sechs Kugeln im Revolver hatte. Sollte ich einmal danebenschießen, hätte ich immer noch einen Reserveschuß. Wichtig wäre, daß alles sauber weggeschossen war. Das machte einen besseren Eindruck. Und da sie ja nicht zählen konnten, würde der kleine Zahlentrick niemandem auffallen.

Das hatten sie eben davon, wenn sie meinten, es genüge, bis zwei zählen zu können. Stille Rache des ›zivilisierten‹ High-Tech-Menschen.

Das ganze Dorf beobachtete mich. Irgend etwas würde nun passieren. Das war ihnen klar. Warum sonst stellte Glatzi fünf Holzscheite auf.

Ich bat die Leute an die Seite, und ehe sie sich recht versahen, waren die Scheite weggeputzt, hatte ich sauberen Tisch gemacht.

Die Aufregung war groß. Alle redeten und gestikulierten wild durcheinander. Die Kinder quietschten vor Vergnügen. Das war alleroberste Sahne, das hatte man noch nicht gesehen. Glatzi war der Größte. Hundert lachende Gesichter waren mein Lohn. Die Ära ›Dorftrottel Nehberg‹ gehörte der Vergangenheit an. Meine Ehre war gerettet.

Der Häuptling erbat den Revolver. Ich reichte ihn ihm ungeladen. Ehrfürchtig ging er von Hand zu Hand. Er wurde gewendet und von allen Seiten betrachtet.

Dann kam wieder ein Besucher. Und wieder kam die Frage, wer denn das Bleichgesicht dort sei, und wieder führte man ihm meinen alten Lebenslauf vor. Ich war enttäuscht. Hatte meine Darbietung doch nichts bewirkt? Doch, sie hatte. Denn kaum war mein Mißgeschick durch und durch erzählt, da kam die Schießnummer. Ich sah es dem Häuptling sofort an, denn er mimte meine Bewegungen gekonnt nach. Fasziniert ließ ich kein Auge von ihm. Mit lässiger Armbewegung bat er, genau wie ich, die Leute an die Seite, und im selben Moment zog er einen imaginären Revolver. Es machte bum-bum-bum-bum-bum – und vom Baumstamm fielen, wie von Geisterhand, fünf kleine Kinder rückwärts auf den Boden.

Alle Umstehenden brüllten vor Vergnügen. Am meisten die Kinder selbst. Und ich hatte vorher gar nicht wahrgenommen, daß sie dort Platz genommen hatten und stellte nun überrascht fest, daß es genau fünf waren. Konnten die Burschen also doch zählen?

Wie dem auch sei: auf den Besucher blieb das nicht ohne Eindruck. Er, der portugiesisch sprach, kam zu mir.

»Na, da staunen deine Landsleute wohl, wie gut ich schießen kann, oder?« begrüßte ich ihn.

»Ja«, gestand er und bewirkte, daß meine Brust vor Stolz anschwoll.

»Du hast einen guten Revolver. Ist das eine Vollautomatik? Trifft die von selbst?«

Ich verneinte lebhaft.

»Das ist mein Können.«

Er eilte zu den anderen und setzte sie davon in Kenntnis. Dann kam er zurück.

»Sie glauben das nicht. Sie sagen, das müsse an der Waffe liegen. Sie sagen, du seiest ja erwiesenermaßen zu allem zu blöd.«

Ich war fassungslos. Das war ein schmerzhafter Sturz aus selbsterträumter himmlischer Höhe in höllische Tiefen.

Ich ließ mich in meine Hängematte plumpsen und beobachtete die Kinder, die längst schon wieder ihren gewohnten Spielen nachgingen. Sie hatten eine Liane an einen hohen Pfahl gebunden und spielten damit Karussell, indem sie sich daranhängten und nach kräftigem Anlauf um den Pfahl wirbeln ließen. Bei jeder Umdrehung wickelte sich die Liane mehr auf und wurde kürzer. Das Schönste schien für sie aber nicht das Herumschleudern zu sein, sondern der Moment, wenn die Liane sich vollends aufgewickelt hatte und sie mit ihren Körpern vor den Pfahl krachten. Das war genau das Richtige für ein junges Yanomami-Herz.

In der Falle

Alles hätte ich erwartet. Aber nicht das. Wir traten gerade aus dem Buschwerk auf die Landepiste und sahen nichts außer einem einzigen Gebäude. Keinen Goldsucher, kein Flugzeug. Dabei hatten wir vor einer Stunde noch deutlich zweimal Flugzeuge gehört und hier die allgemeine rege Aktivität erwartet. Nur ein zerfetztes Hemd flatterte als Wetterfahne an einem Mast neben dem Gebäude und bezeugte apathisch einen Rest Leben.

Und genau in dem Moment sagte jemand: »Hallo, Deutscher! Wie geht's?«

Ich fuhr herum, als sei ich auf eine Schlange getreten. Für mich war klar, daß man mich erwartet hatte. Die anderen lagen sicher noch alle versteckt in den Büschen. Computerschnell rekapitulierte und fühlte ich, ob ich meine Waffen griffbereit hatte. Ja, ich hatte. Der 38er-Revolver steckte in der Hosentasche und war vom Hemd verdeckt. Ein winzigkleiner, fünfschüssiger KK-Revolver, alles nichtrostend, in einem Geheimtäschchen hinter der Gürtelschnalle. Er war mein As für irgendein ›Manöver des letzten Augenblicks‹.

Aber als ich den Sprecher dann erblickte, konnte ich aufatmen. Sein Gesicht war freundlich, von Heimtücke keine Spur. Irgendwo hatte ich ihn schon mal gesehen. Aber in diesem Moment konnte ich ihn nicht unterbringen. Schon gar nicht erinnerte ich mich seines Namens. Bestimmt aber war es keine unangenehme Begegnung gewesen, denn dann begrüßte man sich nicht in diesem Tonfall, in dieser Weise. Ich spürte im zweiten Moment, ich war *nicht* erwartet worden. Das war einfach einer dieser unglaublichen Zufälle, oder ich sah überall Gespenster.

»Guten Tag, mein alter Freund«, zog ich mich aus der Affäre und umging seinen Namen. »Wie kommst du denn hierher?«

Das durfte ich getrost sagen, ohne meine Gedächtnislücke zu offenbaren. Denn hier hatte ich ihn ja keinesfalls zuvor getroffen.

»Tja, wie man hier so herkommt. Als die Polícia Federal Baiano Formiga geschlossen hatte, mußte ich mir was Neues suchen. Und da hörte ich, daß man hier in Novo Brasil gut Gold finden würde. Und so kam ich her.«

Ach, du liebe Zeit: Baiano Formiga – ausgerechnet diese kriminelle Piste, auf der vor zwei Jahren der Film ›Goldrausch in Amazonien‹ und das Buch ›Die letzte Jagd‹ entstanden waren!

Jedenfalls wußte ich ihn nun einzuordnen. Und da er das völlig arglos ausgesprochen hatte, werden ihm, einem einfachen Goldsucher, der ständig bis zu den Knien im Wasser steht, unsere ›Werke‹ gegen die Gold-Mafia ja nie zu Gesicht gekommen sein. Er war halt ein Goldsucher auf der üblichen Wanderschaft. Neu war die Mitteilung, daß Baiano Formiga geschlossen worden war.

Ich gestattete mir einen unsichtbaren Anflug von Genugtuung.

»Was treibt dich, was treibt euch her?« wollte er, mit Blick auf Christina, wissen.

»Sie arbeitet für die SUCAM und hat mit Malaria zu tun. Ich begleite sie. Wir sind Freunde.«

»Malaria? Da kannst du hier einen Volljob haben. Hier hat jeder zweite Malaria. Und wenn die eine Hälfte wieder gesund ist, hat die andere sie.«

Ich blickte mich suchend um. Kein Mensch, kein Motor.

»Du redest von so vielen Kranken. Wo sind die denn? Ich sehe hier nur tote Hose.«

»Da hast du recht. Hier lohnte das Graben nicht. Deshalb haben sie hinterm Berg eine neue Piste in Angriff genommen. Da ist mehr zu finden.« Er nickte mit dem Kopf in Richtung eines unmittelbar angrenzenden Bergkammes.

»Dahinter. Zwischen dem Berg und Venezuela.«

Als wir Venezuela hörten, horchten wir auf. Wenn es irgend möglich war, wollten wir versuchen, an die von Brasilianern auch dort inzwischen angelegten Pisten zu gelangen. Sie waren uns mit Constituinte, Rangel, Odair und Pão Grosso genannt worden. Um sie zu erreichen, flog man entweder direkt über die grüne Grenze, oder man ging fünf Tage lang und sehr mühsam zu Fuß von der Piste Raimundo Nenem II aus. Wir hofften sofort, es von hier aus zu schaffen, ohne den Umweg über Nenem II. Pfade gab es bestimmt. Wir brauchten nur gute Führer.

»Kann man von hier rüber nach Constituinte?« fragte Christina gleich, als sie das mitbekam. »Dort soll die Malaria besonders wüten. Ich soll die Zahl der Kranken erfassen und sie behandeln. Die SUCAM erwägt, hier in großem Stil zu helfen.«

Unser freundlicher Empfangschef lachte herzlich.

»Das wäre endlich mal eine gute Nachricht. Denn drüben in Novo Brasil II mußt du für eine Malariabehandlung mit Blutuntersuchung neun Gramm bezahlen.«

»Neun Gramm? Gibt es dort denn schon eine Apotheke?«

»Nein, das nicht. Aber Walter, der Dono da Pista, macht das nebenbei.«

»Gibt es denn so viel Gold, daß ihr das bezahlen könnt?«

»Eben nicht. Deshalb haben die meisten Schulden. Oder sie lassen gar nichts machen und hoffen, daß der Körper damit selbst fertig wird. Sie glauben, daß sie zwischen den Anfällen genügend Gold zusammenkriegen, um dann schnell rauszufliegen. Aber das klappt nie. Und wenn du mich fragst, da drüben an der neuen Piste gibt es genausowenig Gold wie hier.«

Wir hatten unser Gepäck wieder aufgenommen und schritten schräg über die Piste zum einzigen Haus. Unsere beiden Indianer saßen längst in dessen Schatten. Neben ihnen, auf ein vier Meter langes Brett genagelt, die frische Haut einer Anakonda. Sie sollte trocknen.

»Das ist meine«, sagte unser Pisten-Gastgeber stolz. »Die hat gestern ein Indianer geschossen. Ich habe sie ihm für einen Liter Speiseöl abgekauft.«

Scharen von Fliegen mühten sich gerade, ihre Eier in den kleinen Fleischresten unterzubringen. Aber die Sonne sabotierte die Versuche und ließ alles sehr schnell trocknen.

Ein Gong ertönte. Das heißt, jemand schlug auf ein Stück Eisenschiene, die an einem Draht neben dem Haus hing.

»Ihr kommt ja gerade richtig. Das Essen ist fertig.«

Das war mehr, als wir erwartet hatten: freie Kost. Oder besser: halbfreie Kost. Der Lohn, den man erwartete, waren Medikamente. Jeder hatte ein kleines Wehwehchen. Und wir hatten reichlich Medizin. Wir konnten freizügig abgeben.

Zu Tisch kamen, außer uns, vier Männer und die Köchin. Es gab, wie sollte es auch anders sein, Feijoada, das brasilianische Nationalgericht: Reis, Bohnen, Fleisch, Maniokmehl. Eigentlich gar nicht unser Geschmack, aber nach den Wochen der mal reichlichen und mal spärlichen Indianerkost aßen wir es mit großem Appetit.

Beim Cafezinho hinterher stellten sich auch die anderen vor. Sie waren am Ende der Piste, im Rio Tootobí, damit beschäftigt, ein abgestürztes Flugzeug zu bergen. Sie hatten sogar einen Helikopter zur Verfügung, mit dem nachmittags die Segmente der Maschine vors Haus geflogen wurden. Damit hatte der Pilot sein Pflichtsoll erfüllt. Eine Zigarette, ein kurzer Gruß – dann machte er sich davon.

Die beiden anderen Kameraden waren Mechaniker.

»In zwei Wochen fliegt die wieder«, stellten sie optimistisch fest, nachdem sie alles genau in Augenschein genommen hatten, und machten sich eifrig an die Arbeit, als würden sie nach Leistung bezahlt und nicht nach Stunden. Oder, als wäre es ihre eigene Maschine.

Romeo, wie unser Empfangschef sich inzwischen vorgestellt hatte, und Lisa, die Köchin, waren somit die Hüter dieser Piste.

»Was macht ihr denn hier, wenn doch das Goldsuchen eingestellt worden ist?« erkundigten wir uns. Ihre Jobs erschienen uns eine tote Investition.

»Das kann ich euch erklären. Die andere Piste ist noch im Bau. Sie ist zu kurz. Du kannst da zwar landen, aber starten geht nur mit fast leerer Maschine. Außer dem Piloten kann jeweils nur eine einzige Person mitfliegen. Deshalb kommen Goldsucher, die heim wollen, hier über den Berg. Die Maschinen machen hier Zwischenlandung. Von hier kann man nämlich ganz normal starten, sofern es nicht geregnet hat. Bei Regen ist allerdings alles Matsch, breiiger Lehm. Mein Job ist es, die Piste klar zu halten und das Funkgerät zu bedienen. Irgendwann wird diese Landebahn aber aufgegeben.«

Unsere beiden indianischen Begleiter hatte man in einem Nebenraum beköstigt, und sie aßen die Feijoada mit sichtbarem Heißhunger. Romeo bemerkte unseren Blick auf sie und meinte: »Anordnung vom Boß der Piste. Alle Indianer, die hier auftauchen, kriegen ihren Teller Reis. Auf diese Weise will er vermeiden, daß es Ärger mit ihnen gibt. Sie könnten leicht die ganze Station anzünden. Und da ist der gelegentliche Teller Reis billiger.«

Auch wir profitierten von der Anordnung. Es gab so reichlich, daß wir versucht waren, es in die Taschen zu stopfen. Der Rest wurde aber an die Hühner verfüttert, die sofort aus dem angrenzenden Tomatengarten herbeigeeilt kamen, als sie das klappernde Geräusch von Topf und Löffel vernahmen.

Der Weg über den Berg war uns von Romeo mit einer Stunde genannt worden. Lisa korrigierte: sie gehe zwei Stunden. Wahrscheinlich meinten beide den jeweiligen Weltrekord für Herren und Damen. Anders kann ich mir nicht erklären, warum wir über fünf harte Stunden brauchten. Am Gepäck konnte es nicht liegen. Zweimal begegneten uns kleine Gruppen von Garimpeiros, die ebenfalls schwer zu schleppen hatten. Sie hatten halt einen anderen Schritt am Leib. Oder die besseren Schuhe. Jeder trug hier Fußballschuhe. So richtige Fußballschuhe mit dicken Stollen darunter und Fußballkniestrümpfen darin.

Alles war lehmig und rutschig. Und alles war steil. Entweder bergauf oder bergab. ›Treppenstufen‹ von über einem Meter, viele hintereinander: mit den Füßen allein war dieser Weg nicht zu meistern. Man brauchte auch die Hände. Und man benötigte den Mund zum entlastenden Fluchen.

Immer wenn man hoffte, da vorne ist die Kammhöhe, ging's noch einmal erneut höher, und als es endlich hinab ging, war das nur die Verschnaufpause für den nächsten Anstieg.

Was uns hochhielt, war unsere Illusion, in ein bis zwei Herren- oder Damenstunden am Ziel zu sein, und es waren die kleinen, klaren Bachrinnsale, die unseren Weg kreuzten und die eiskaltes Wasser lieferten. Sie wirkten erfrischend wie eine Dusche oder ein Schlaf. Ich glaube sogar, wie beides zusammen. Ich spürte auch deutlich meine schlappe Kondition infolge der Malaria. Vielleicht haben wir nur deshalb den Weltrekord von einer Stunde nicht gebrochen.

Aber irgendwann war es soweit. Wir standen wieder auf einer Anhöhe, und eine fußbreite Rutschbahn wies talwärts. Wollte man eine Schußfahrt vermeiden, mußte man die biegsamen Bäumchen, die am Bahnrand um ihr junges Leben kämpften, beim Schopf pakken wie ein Rettungsseil.

Da hörten wir die Dieselmotoren der Goldwäscher. Waren sie auch weit entfernt, man vernahm sie unverkennbar: tuck-tuck-tuck...

»Garimpeiros!« klärten uns die beiden Indianer auf.

»Sim, ja«, bedankten wir uns für die Information.

Besonders mir war dieses beständige Tuckern bekannt und wirkte jetzt wie eine Heimatmelodie. Wie viele Tage hatte ich damit schon gelebt! Wie hatte ich das harte Los der Goldsucher verstehen und respektieren und die Skrupellosigkeit der Hintermänner hassen gelernt!

»Goldsucher!« rief ich Christina zu, die jetzt erst auf dem Hügel erschien.

Erleichterung zeigte sich auch auf ihrem Gesicht. Sie hatte besonders schwer zu schleppen. Wegen meiner Minuskondition hatte sie darauf bestanden, mir einen Teil meines Gepäcks abzunehmen.

Glücklich gönnten wir uns eine kurze Verschnaufpause. Wir freuten uns im stillen auf den neuen Reiseabschnitt. Ahnten wir doch nicht, daß wir hier eine neue Variante mafioser Skrupellosigkeit kennenlernen sollten.

Unterbrochen nur von den Aufenthalten in den Malocas und dem Tag an der Piste Novo Brasil, hatten wir uns in den letzten Wochen immer nur im grünen Halbdunkel des Waldes bewegt und reichlich Gelegenheit gehabt, die Perfektion der Schöpfung kennenzulernen. Wir hatten oft darüber gesprochen, daß man Artenvielfalt und gegenseitige Abhängigkeiten nirgends auf der Welt besser beobachten könne als gerade im tropischen Regenwald. Man liegt in seiner Hängematte und beobachtet die Umgebung. Da sind die Bäume, die einem Schatten gewähren und damit angenehme Kühle.

Da sind die millionenfachen Blätter des Baumes, die den herabstürzenden Regen großflächig unter sich aufteilen und ihm so ermöglichen, schneller zu verdunsten und die, zusammen mit dem Humus, verhindern, daß die Wassermassen, wie in einer Wüste, alle zur gleichen Zeit auf einen Punkt fallen und mit ihren gewaltigen Kräften den Boden fortwaschen.

Man sieht Pflanzen in harmonischer Symbiose, und man beobachtet auch deren Kampf ums nackte Leben. Sie werden gewürgt von baumgleichen Lianen, sie sind übersät mit Schmarotzern, und sie bieten Tieren aller Gattungen Quartier – aber jeder muß ständig auf der Hut sein. Der Platz im Urwald ist eng, das Streben zum Licht gewaltig, wer oben ist, erstickt den anderen. Jede Pflanze muß sich ihren Standort hart erkämpfen. Erbarmen gibt es im Regenwald nicht. Nur der Bessere siegt. Kampf ums Dasein.

Obwohl dieser Kampf in der Wüste genauso stattfindet – hier im Wald nimmt man ihn bewußter wahr. Man ist viel intensiver in den Kampf eingebunden.

Da genügte der Blick aus der Hängematte durch das Mosquiteiro, und man sah und hörte die zahllosen Mücken, die sich ihre Ration Blut holen wollten. Und eine einzige von ihnen genügte, einem die Malaria zu verpassen, oder das Gelbfieber. Und das war nur ein Beispiel von vielen! Nie habe ich meinen Körper sich mehr zur Wehr setzend erlebt als im Regenwald. Ohne Tabletten und über längere Zeit würde der Wald mich auffressen. Schon ein Vierteljahr absoluter Konfrontation mit ihm hinterließ deutliche Spuren. Ich bin halt ein Stadtmensch.

Und dieser Stadtmensch stand abrupt an der Grenze dieser perfekten Schöpfungswelt und blickte in das Gegenteil: das durch Menschen verursachte Chaos, die Vorarbeit zum Weltuntergang, die Verhöhnung der Schöpfung, die maßlose Selbstüberschätzung der Spezies homo sapiens. Gebannt starrten wir auf dieses Szenario.

Christina meinte: »Für mich das Unfaßbarste an der Umweltzerstörung ist, daß ausgerechnet die, die ständig von Schöpfung und Gott reden, am meisten dazu beitragen, daß dessen Schöpfung zunichte gemacht wird. Nämlich die Kirchen. Und zwar mit ihrer Devise vom ›Vermehret euch und machet euch die Welt untertan‹ und ihrer Unfähigkeit, sich aktuellen Erkenntnissen, wie der Gefahr durch Überbevölkerung, anzupassen. Ich habe die Konsequenz gezogen und bin unter anderem deshalb aus der katholischen Kirche ausgetreten.«

Unsere beiden Indianer waren nicht zum erstenmal hier. Sie kannten die Szenerie. Nur einen Augenblick verharrten sie an der Schwelle zwischen Himmel und Hölle und trabten weiter. Aber Indianer, die das zum *ersten* Male sehen, sind fassungslos.

»Die Weißen ziehen ihrer eigenen Mutter Erde, die sie immer ernährt hat, bei lebendigem Leibe die Haut vom Körper!« sagen sie und fragen sich, warum?

Daß da Jagd auf Gold gemacht wird, können sie sich nicht denken. Denn man sieht es nicht. Es ist staubfein in dieser Region. Allenfalls grieskorngroß.

Mir fiel wieder Häuptling Norbertos Frage ein: »Braucht ihr das Gold für den goldenen Thron und die Krone eures Gottes?«

»Ja«, würde ich ihm antworten müssen. Und ich müßte daran denken, daß wir daheim mit unserer Natur kaum weniger frevelhaft umgehen. Die Müllkippe Nordsee ist nur ein bescheidenes Beispiel.

Wir erreichen den ersten Garimpo, das erste Goldcamp. Da sind die gefällten Bäume, die man mit Motorsägen in tragbare Scheiben geschnitten hat, um sie leichter beiseite rollen zu können. Und da ist der Barranco, das Schürfloch. Es ist etwa zwanzig mal zwanzig Meter groß, und drei Männer mühen sich, mit einem Hochdruckwasserstrahl, angetrieben durch einen Dieselmotor, diese vierhundert Quadratmeter Erde zu zerfetzen. Der Strahl ist scharf wie ein Schneidbrenner. Keine Baumwurzel hat gegen ihn eine Chance. Sie wird kurz unter Beschuß genommen, und schon fliegen die Erdfetzen und Gesteinsbrocken meterweit, und sie liegt frei.

Ist die dünne Pflanzenrestdecke erst zerrissen, wird sie von Pumpen durch Fünfzehn-Zentimeter-Rohre in den angrenzenden Bach gejagt. Weg damit!

Unter dem Humus kommt eine Sandschicht zutage. Sie ist es, auf die man es abgesehen hat. Sie ist goldhaltig. Das haben Prospektoren, die vor Wochen mit dem Hubschrauber hier waren, erkundet. Sie haben viele kleine Probegrabungen vorgenommen und ihrem Boß das Resultat vorgelegt. Der hat es für rentabel befunden, und damit setzte der Sturm auf dieses Tal ein.

Das in dünnflüssige Schlammsuppe verwandelte, goldhaltige Erdreich wird ebenfalls abgepumpt. Aber es wird nicht sofort in den Fluß geleitet, sondern muß einen Umweg auf sich nehmen. Man läßt es über eine zwanzigstufige Holztreppe laufen, die ein bestimmtes Gefälle hat. Etwa fünfundvierzig Grad. Damit ist die Fallgeschwindigkeit des Wassers festgelegt. Unter die Treppenstufen hat man ein Sack- und Drahtgeflecht geklemmt.

Da Gold rund zwanzigmal so schwer ist wie Wasser, verfängt sich ein Teil – man schätzt dreißig Prozent – des Goldes in den toten Winkeln der Treppenstufen in jenem Geflecht. Die Strömungskraft des Wassers kann es dort nur noch schwer entfernen. Dennoch gehen schätzungsweise siebzig Prozent verloren.

Auf diese Weise wird der Barranco auf drei Meter Tiefe ausgespült. Tiefer gibt es meist kein Gold. Die Arbeit im Loch ist beendet. Sie kann drei Wochen gedauert haben, wenn man fleißig war und von morgens bis abends im Wasser gestanden hat. Man sieht's der Haut an. Sie hat Falten und ist totenweiß.

In bestimmten Intervallen wird zwischendurch das Wasser abgestellt. Man löst die Treppenstufen und bröselt das, was sich in dem

Draht- und Sackmaterial an Erdreich gefangen hat, in eine Tonne: das Kernmaterial. Wenn überhaupt, befindet sich das Gold in dieser Masse. Aber nur selten erblickt man bereits jetzt etwas mit bloßem Auge. Es ist zu fein.

Für viele Goldsucher, mit ihrer Spielermentalität, der reizvollste, spannendste Moment.

»Was schätzt du?« fragen sie sich gegenseitig, und jeder gibt auf gut Glück seinen Tip ab.

»Bestimmt nicht mehr als hundert Gramm«, jammert der eine, dessen Meinung durch seinen chronisch knurrenden Magen beeinflußt sein mag, den er schon so lange nicht mehr nach eigenem Geschmack füllen konnte.

»Du spinnst ja«, sagt der andere, Optimist und Frohnatur oder Freund von Außenseiter-Wetten. Oder einfach das erste Mal hier und noch immer im Bann dessen, was die Agentur ihm vom Reichtum ins Ohr geflüstert hat. Seine Prognose: »Das ist ein sattes Kilo.«

Die Entscheidung, wieviel es denn wirklich ist, fällt erst nach weiterer Vorarbeit. Die Tonne mit dem Kernmaterial wird an den Fluß gewuchtet. Jeder der drei Partner ist zugegen, wenn die Stunde der Wahrheit schlägt. Nicht nur aus Neugier. Auch aus anderen Gründen. Es wäre die beste Möglichkeit, während des gesamten Schürfprozesses ein mögliches Nugget, eine Pepita de ouro, beiseitezustecken. Diese Versuchung ist groß, denn ein greifbares Körnchen von der Größe eines Stopfnadelöhrs wiegt schon ein bis zwei Gramm, unter Armen ein Vermögen. Das Gramm wurde damals mit zehn Dollar gehandelt.

Als Versteck dient alles: Ein Loch im Absatz des Schuhs oder ein Minitäschchen im Saum des Sombreros, um nur zwei Möglichkeiten zu nennen.

Das schnellste und sicherste ist das Verschlucken. Spätestens nach drei Tagen, meist schneller, scheidet der Körper es wieder aus. Bis dahin muß man seine Notdurft immer in Wassernähe und gut verborgen verrichten und die Exkremente sehr ›sensibel‹ durchwaschen, um das Körnchen wiederzufinden.

Dann kann man es in ein feines Röhrchen verfrachten und ins Gesäß, in den Dickdarm drücken. Bei jedem Stuhlgang kommt es als erstes wieder zutage. Man muß es also jedes Mal erneut verstauen, bis man in Sicherheit ist.

Immer wieder hatten wir Goldsucher und Bosse befragt, ob Diebstahl häufig sei. Und alle waren sich darin einig, daß es die Ausnahme wäre. Denn im Entdeckungsfalle gibt es nur eine einzige Strafe: den Tod.

»Ich habe mal so einen erwischt«, berichtete mir ein Goldsucher, der sich Jojo nannte. Er hieß eigentlich José. Da er jedoch stotterte, stellte er sich meist vor: »Ich heiße Jo-Jo-Jo-sé.«

Das war den meisten zu lang. So ließen sie's bei den ersten beiden Silben: Jojo. Josés gab es ohnehin reichlich, mehr als Gold, und so wußte man doch wenigstens gleich, welcher gemeint war. Bei den anderen mußte man immer hinzufügen José, der Amazonienser oder José, der Paulista. Mit Jojo war das einfacher, und er fand es auch okay so.

Zum Thema ›Darmversteck‹ gab er folgende Geschichte preis: »Ich saß selbst irgendwo im Busch und ›mußte‹ mal. Da seh' ich meinen Companheiro Augusto mit einem Korb Geschirr aus der Küche an den Fluß kommen. Ich denk noch ›wieso macht der für die Köchin den Abwasch, die hat doch selbst Zeit genug‹, da stellt er alles am Wasser ab, und ich denk wieder ›vielleicht will er sich 'ne Gratisnummer bei ihr verdienen.‹ Aber dann kam ich aus dem Staunen nicht mehr raus. Da kackt der Typ direkt dorthin, wo er den Abwasch abgestellt hat. Ich denk noch ›alte Drecksau‹, denk ich noch, ›und von dem Geschirr soll ich nachher essen‹, als er die Scheiße mit den Händen aufnimmt und in ein Sieb gibt, das beim Abwaschgeschirr lag. Tja – und dann passierte er seine ganze Scheiße fein säuberlich von Hand durch dieses Sieb.«

Der Erzähler grinste und genoß den Ekelschauer bei seinen Zuhörern. Dann fuhr er fort.

»Mein erster Gedanke war, ihn anzubrüllen, welch eine perverse Drecksau er wäre. Und dann sehe ich, wie er fündig wurde. Er puhlte etwas aus dem Sieb, wusch es ab und legte es unter einen Stein. Da war mir klar, was er machte: Er hatte eine Pepita ausgeschissen!

Ich mir die Hose hochgerissen, rüber zu unserem Zelt, den beiden anderen Bescheid gesagt, also der Köchin, dem Gerente, dem Grubenchef, und eine Minute später waren wir bei ihm am Fluß. Ihr könnt euch sicher Augustos blödes Gesicht vorstellen, als wir da auftauchten. Ich sah gleich, er hatte seine Waffe nicht dabei. Also konnten wir uns Zeit lassen. Er hatte uns wohl im letzten Moment kommen gehört und pfiff ein Liedchen. Das Sieb klopfte er auf einem Stein aus, als habe er es gerade saubergemacht. Er legte es in die Sonne zum Trocknen. Genau wie es die Köchin immer machte.

›Kannst du dir denken, warum wir kommen?‹ fragte ich ihn.

›Nee‹, sagte er.

›Es stinkt hier so nach Scheiße.‹

Er schnupperte und sagte: ›Jetzt riech' ich das auch. Muß hier wohl einer hingemacht haben.‹

›Ja, stimmt‹, geb ich ihm recht, ›du hast hier selbst hingeschissen, und jetzt wäschst du unsere Teller, von denen wir essen sollen.‹

Alle waren ruhig, und die beiden anderen dachten, das war's also, was Jojo uns zeigen wollte. Ich ließ sie 'n Moment in dem Glauben, aber dann sagte ich – und hob das Sieb auf – ›das stinkt mir ganz besonders, findste nich' auch?‹«

Jojo genoß seine Geschichte. Bestimmt hatte er sie schon oft erzählt. Aber immerhin befand ich mich unter den Zuhörern, und ich hatte gefragt, ob man Gold klauen könne oder ob das Schürfsystem ›sicher‹ sei. Ich kannte sie also noch nicht.

Schließlich fuhr Jojo fort.

»Unser Ex-Kumpel wurde blaß. Oder rot. Ich weiß es nicht mehr. Jedenfalls wußte er ja sofort, daß ich was gesehen hatte. Aber er war nicht blöd. Wahrscheinlich hatte er sich für den Fall die Ausrede schon lange zurechtgelegt. Bestimmt hat er das also schon öfter gemacht. Sonst kommt man gar nicht auf so was, was er dann sagte. Er sagte nämlich: ›Du hast recht. Tut mir leid. Ich hatte das Gefühl, daß ich Würmer habe. Ich hab' nämlich manchmal Blut im Stuhl. Aber als ich keine großen Würmer darin entdecken konnte, habe ich den Stuhl durchs Sieb gedrückt, wegen der kleinen. Scheint aber okay. Ich hab' keine gefunden.‹ ›Natürlich hast du was gefunden. Und ich fürchte, daß wir gleich noch sehr viel Blut sehen werden und ein zweites Sieb. Nämlich dich, deine zerschossene Leiche.‹

Meine beiden Kumpels hatten gesehen, daß ich meinen 32er in die Hand genommen hatte, und unser Vorarbeiter tat es mir sofort gleich. Jetzt wußte er, daß es hier nicht um das Scheißsieb ging. Es ging ums Klauen, und jetzt war er zuständig, denn er war dem Dono do Garimpo verantwortlich. Er war sogar mit ihm verwandt.

Ich hob also langsam den Stein hoch, und da lagen zwei Pepitinhas de ouro, zwei kleine Nuggets von insgesamt zweieinhalb Gramm. Wir haben sie anschließend gewogen. In genau diesem Moment sprang mein Scheiß-Exkumpel auf und wollte weglaufen. Da schoß unser Vorarbeiter ihn nieder. Eigentlich viel zu schade für so einen. Den hätten wir gern viel länger in die Mangel genommen. Aber das passierte alles sehr schnell. Und nun war er tot.«

Und zu mir gewandt, ergänzte Jojo: »Das ist der einzige Fall, den ich selbst kennengelernt habe.«

»Weißt du noch, wie der Vorarbeiter hieß?« horchte ich ihn aus.

»Nein«, sagte er wie aus der Pistole geschossen, und ich wußte, daß er gelogen hatte. »Und selbst wenn ich es wüßte, was nutzt das? Hier hat jeder seinen Spitznamen. Keiner kommt unter seinem richtigen Namen her. Falls es mal Probleme gibt unter Kumpels oder mit den Affen (gängige Bezeichnung für Indianer), dann können sie dir nie an die Karre. Aber es war, das weiß ich natürlich, bei Jeremias I (Piste). Ist aber schon über ein Jahr her.«

Damit das Waschsystem auch weiterhin sicher bliebe, saß also immer das gesamte Trio einträchtig und fiebernd nebeneinander am Fluß und begann mit der Feinarbeit. Das heißt, jeder nahm eine Handvoll des goldverdächtigen Schlammes und gab ihn in seine Panela, die nach unten spitz zugearbeitete, runde Goldwäscherpfanne.

Sie wurde bis zur Hälfte mit Wasser gefüllt, das dann langsam durch Schleudern in Rotation versetzt wurde. Immer schneller und schneller, bis der Schlamm mitdrehte. Schließlich schwappten das erste Wasser und das Leichteste des Schlammes über die Pfannenkante zurück in den Fluß. Unten, in der Spitze der Schüssel, verblieb das Schwerere: die Steinchen und, eventuell, Gold. Noch immer konnte man kaum etwas sehen – so fein ist es. Deshalb geben sie jetzt einen halben Teelöffel Quecksilber hinzu. Das Ganze wird von Hand kräftig mit dem Schlammrest verrührt.

Man muß wissen, daß Quecksilber auf Gold wirkt wie ein Magnet auf Eisen. Es bindet jedes Stäubchen an sich und ballt sich anschließend sofort zu einer Kugel zusammen. Die fischt man heraus und gibt sie in ein Gefäß.

Ist der gesamte Schlamm auf diese Weise entgoldet worden, ist die Arbeit beendet. Nach außen gelassen, aber innerlich fiebernd, geht man in seine Unterkunft.

Dort hat die Köchin längst für ein reichlich glühendes Feuer gesorgt. Das Quecksilber-Goldgemisch wird in eine Pfanne geschüttet und erhitzt.

Sofort beginnt das Quecksilber zu verdunsten. Es entweicht in die Atmosphäre. Was schließlich zurückbleibt, ist die Goldschlacke, ist der Lohn der harten Fron. Noch bevor man es wiegen wird, weiß jetzt jeder, wieviel es etwa sein wird. Meist ist es weniger, als man erhofft hat.

Dann wird geteilt. Die kleine Goldwaage ist in jedem Zelt vorhanden. Als erstes werden siebzig Prozent beiseite gepackt. Sie gehören unantastbar dem Halbgott, dem Mafioso, dem Dono da Pista. Sie gehören ihm dafür, daß er den Garimpeiros das Arbeiten überhaupt ermöglicht hat. Er hat Politiker und Polizei korrumpiert, muß seine Pistoleiros bezahlen, die für ›Recht und Ordnung‹ sorgen, und er hat die Maschinen gestellt und das tägliche Essen spendiert – so billig es sei, denn im allgemeinen sind es Bohnen, Reis und Cafezinho.

Die verbleibenden dreißig Prozent teilen sich die Goldsucher. Die Köchin ist vollwertige Partnerin. Sie hat die Crew während der Arbeit bekocht und ihr die Wäsche saubergehalten. Nachts hat sie häufig noch Gold nebenbei verdient, mit Prostitution. Es sei denn, sie ›gehört‹ dem Vorarbeiter. Jedenfalls wohnt sie stets, uneinsehbar, in einem rundum geschlossenen Plastik-›Haus‹, während die Goldsucher im Freien unter einer blauen Regenplane leben.

Die dreißig Prozent werden sofort geteilt und ausgezahlt. Es steht nun jedem frei, in die nächste Runde einzusteigen oder weiterzuwandern. Der Lohn, den ich selbst einmal in drei Wochen Schufterei erarbeitet hatte, betrug knapp sechs Gramm – nur, damit die Leser einen quantitativen Eindruck gewinnen.

Natürlich kann das auch mehr sein: zweihundert bis fünfhundert Gramm. Erlebt habe ich es bei keiner Gruppe, erzählt wird aber von noch viel größeren Anteilen.

Diese typische Welt des Goldsuchers, die ich zur Genüge aus eigener Erfahrung kannte, lag jetzt vor uns. Neben dem Barranco, auf einer sanften Anhöhe und dadurch relativ trocken, das blaue Plastikdach mit Hängematten, Kochstelle, Tisch.

Nachdem unsere indianischen Begleiter bereits grußlos vorbeigegangen waren, wußte man hier sofort, daß wir nichts Böses im Schilde führten. Die drei Schrotflinten blieben am Rande der Grube, an einen

Baumstumpf gelehnt, stehen. Nur der Vorarbeiter, der nicht im Wasser stand, trug seinen Revolver einsatzbereit in Handhöhe am Gürtel.

Für uns sprach auch, daß wir von Novo Brasil I kamen – also quasi als durchgecheckt betrachtet werden durften.

An den nächsten Barrancos das ähnliche Bild: Neugier, guten Tag, woher, wohin – und man ging weiter, wobei ›ging‹ nicht mehr der richtige Ausdruck war. Der Weg am Ufer des Flusses wurde zunehmend unbegehbar. Schmieriger Lehm, jetzt bis zu den Knien. Wir begriffen, warum hier jeder Fußballschuhe trug. Wir mit unseren Turnschuhen kamen uns vor wie Autos ohne Spikes, die einen Eisberg hinaufwollten.

Selbst eine Prostituierte, von Kopf bis Knie auf Attraktion getrimmt, trug unterhalb der Knie Fußballschuhe und -socken und kämpfte sich tapfer und gekonnt durch den zähen Brei. Sie hatte wie wir dasselbe Ziel: die Piste. Vielleicht Heimaturlaub nach harter Feldarbeit. Vielleicht ganz simpel auf Promotion-Rundgang durchs Garimpo.

Die Barrancos waren alle taufrisch. Es gab sie in jedem Stadium. Vom Fällen des ersten Baumes bis zum Verlassen der ausgelutschten Grube, die sich mit Wasser füllte und Malariamücken neue ideale Brutstätten bot.

Längst wurden die Kahlschläge tagsüber auch von den Piumfliegen heimgesucht. Sie suchen das Licht, den Schatten meiden sie. Nachdem das Dunkel des Waldes durch die Rodungen geschwunden war und sich eine helle Schneise vom Tootobí in die Täler der Zuflußbäche gebildet hatte, da waren auch sie sogleich mitgewandert und machten die tägliche Arbeit im Wasser zur besonderen Qual. Man bemerkt sie nicht, diese Piumfliegen, denn sie sind so klein wie die Essigfliegen bei uns. Man nimmt sie auch nicht wahr, wenn sie zustechen, denn ihre Werkzeuge sind ganz fein. Aber die Wirkung ihrer Stiche bemerkt man sehr wohl. Zwei Wochen lang jucken die roten Einstichpunkte, vor allem abends, wenn der Körper zur Ruhe kommt, wenn man schlafen will. Die Haut sieht oft wie 40er-Schmirgelpapier aus. Denn wenn sie kommen, kommen sie wolkenweise. Ich hatte schon drei- bis fünftausend solcher Stiche gleichzeitig. Man kratzt sich wund, und nicht selten verursacht man damit schlimme Sekundärinfektionen.

Wer auch immer zu uns herübergrüßte, dem verkündeten Christina, auf ihre SUCAM-Tasche pochend, und ich, lässig an meine SUCAM-Schirmmütze tippend, daß man ab morgen bei Christina an der Piste eine Malariabehandlung haben könnte.

Wir gewannen den Eindruck, daß unser Angebot eine Zauberparole war. Begeisterte Zurkenntnisnahme und dreimal sogar die Einladung zum obligatorischen Cafezinho, obwohl die Männer oft selbst nur das Notwendigste zum Leben besaßen. Ihre Unterkünfte stellten das absolute Existenzminimum dar.

Schließlich und endlich nahm der Lehmpfad ein Ende. Ein letzter Fünfundvierzig-Grad-Anstieg und vor uns breitete sich eine saubere Landebahn aus: Pista Novo Brasil II im Bundesland Amazonas, an der Grenze zum Bundesland Roraima. Ein illegales Unternehmen, gegen die brasilianische Verfassung, mitten im Indianer-Schutzgebiet, und nur eine von über einhundertzwanzig insgesamt.

Aber noch nicht fertig, noch im Bau. Man sah es sofort. Die gefällten Bäume waren frisch, der Pistenboden wurde noch gestampft, Motorsägen erweiterten die Schneise und verlängerten sie, und Männer schleppten zugespitzte Baumstämme zum Ende der Bahn, um damit und mit zähen Lianen zwei Spundwände durch das Tal zu rammen – die Verlängerung der Landetrasse. Wenn die Spundwände gesetzt wären und verflochten, würde man sie mit Erdreich auffüllen und die Rollbahn von derzeit einhundertfünfzig Metern auf vierhundert Meter verlängern. Aber das würde noch Zeit erfordern. Das Tal war lang und tief. Da mußte viel Erdreich bewegt werden. Und alles, auch wirklich alles, geschah von Hand: Jeder Axthieb, jeder Machetenschlag, jedes Setzloch für die Spundpfähle, jede Schaufel Erde, eben alles. Eine Ameisenarbeit.

Auf den seitlichen Kahlschlägen neben der Piste befanden sich die Unterkünfte der Goldsucher und der Pistenarbeiter und zwei erste Baracken: das Hauptquartier mit einem Laden und die Cantina mit einer ›Freudenstube‹.

Die Bosse Walter und Zezito erwarteten uns. Sie standen vor ihrer Baracke. Romeo von Novo Brasil I hatte über Funk Nachricht gegeben. Beide standen erwartungsvoll vor ihrem Domizil und zwangen sich Lächeln und ein ›Boa tarde‹ ab.

Wir erwiderten es.

»Wir arbeiten für die SUCAM«, begann ich. »Christina« – und damit wies ich auf sie – »soll vor allem im Norden von hier, in Venezuela, Häufigkeit und Arten der Malaria feststellen. Die SUCAM und das Ministério da Saúde wollen die Malariabekämpfung auch in diesen Regionen vorantreiben.«

Mit einem Nebensatz fügte ich noch hinzu, ich sei Chirurg auf Urlaub und begleite sie mehr als Packesel und aus allgemeinem Berufsinteresse. Anschließend müsse ich wieder nach Deutschland.

Mit dem ›Chirurgen‹ wollte ich zweierlei bezwecken. Es sollte mein Ansehen steigern, aber gleichzeitig verhindern, daß mir jeder sein Wehwehchen klagte und ich ernsthaft in Aktion treten mußte. Schließlich sind Chirurgen als ›Aufschneider‹ bekannt, und wer läßt sich schon unnötig mit dem Messer am Leib herumfummeln? Sollte wirklich etwas Größeres anliegen, würde ich auf fehlendes Instrumentarium verweisen können und an die Profis in Manaus überweisen. Und käme jemand mit Kleinkram wie Schnittwunden, so würde ich das noch auf die Reihe bekommen. Das hatte ich schließlich im Hafenkrankenhaus Hamburg gelernt (siehe mein Buch ›Medizin-Survival‹).

Ausweisen wollten wir uns nicht. Die Uniform und Tasche sollten den beiden genügen. Es sei denn, sie hätten unüblicherweise gefragt. Und das taten sie nicht. Sie boten uns unter ihrem Vordach zwei Pfosten an, an die wir die Hängematten spannen konnten und erkundigten sich nach unserem Weg.

»Wie seid ihr denn hergekommen? Doch nicht alles zu Fuß?«

»Nein«, erwiderte Christina. »Das meiste mit dem Boot. Den Deminí hoch. Doch an der Einmündung des Tootobí in den Deminí wurde unsere Dolmetscherin Matilda krank, Blinddarmentzündung. Sie mußte auf der Stelle mit dem Boot zurück ins Hospital nach Barcelos am Rio Negro. Wir sind dann zu Fuß weiter.«

Immer wieder hatten wir uns diese Version zurechtgelegt. Sie sollte die Diskrepanz überbrücken, die zwischen unserer wichtigen Aufgabe und unseren nicht genügend perfekten portugiesischen Sprachkenntnissen bestand. Wohl kaum würde die SUCAM sonst jemandem eine solche Arbeit anvertrauen. Freunde hatten uns übrigens ein entsprechendes Legitimationspapier, ein Empfehlungsschreiben, ausgestellt. Christina wollte es gelegentlich ›achtlos‹ offen liegen lassen.

»Und wenn jemand«, warf ich ein, »bis in die letzten Siedlungen zu Fuß Hilfe bringt, dann ist es doch die SUCAM, oder?«

Sie nickten. Aber mehr notgedrungen. So ganz gelegen kamen wir ihnen nicht. Erst später erfuhren wir, daß es bei ihnen eine Mischung aus berufsüblichem Mißtrauen und Konkurrenzneid war.

Christinas unbefangene Art, mit der sie sich sofort ans Spannen der Hängematten machte, ließ ihre Sorgen schließlich zu unseren Gunsten verebben.

»Ich sah auf dem Weg hierher, daß es auch hier viele Malariaprobleme gibt. Wenn es Ihnen nichts ausmacht, würde ich Ihren Leuten morgen gern helfen. Mir genügen ein Tisch, ein Stuhl – dann könnte ich hier, zwischen unseren Hängematten, die ›Praxis‹ aufmachen.«

Walter war einverstanden.

»Ein Tisch steht in der Küche, einen Stuhl habe ich in meinem Zimmer.«

Inzwischen hatte sich eine stattliche Zahl Neugieriger eingefunden. Wie eine Epidemie hatte es sich herumgesprochen, daß da eine neue ›Doutora‹ von der SUCAM eingetroffen sei, die kostenlose Malariatabletten verteilen werde. Morgen um neun Uhr wollten sie alle zur Stelle sein.

»Hey, Frau Doktor, darf ich Sie zu einem kalten Bier einladen?« rief ein offenbar zu den Bossen zählender Mittvierziger aus dem schattigen Vorbau der Cantina herüber.

»Ich bin keine Ärztin, ich studiere noch«, rief Christina lächelnd zurück. »Laden Sie mich dann trotzdem ein?«

»Aber ich darf doch ›Frau Doktor‹ sagen? Oder ich sage ›Doktor Christina‹, in Ordnung?«

»Laß mir 'n Schluck drin«, raunte ich ihr im Weggehen zu.

Aber da grölte Baiano Fabiano, wie er sich vorstellte, bereits in Spendierlaune rüber: »Das gilt auch für dich, Doktor.«

Und tatsächlich hatte er bereits drei Dosen Bier auf dem Tisch stehen. Die Dose à ein Gramm Gold, mein teuerstes Bier.

Wir genossen das Getränk und die Gelegenheit, wieder auf einem Stuhl vor einem Tisch zu sitzen. Und Baiano genoß es, den Menschen, den Spendablen heraushängen zu lassen.

»Noch ein Bier?« fragte er.

Aber da stand es längst vor uns. Schon wieder zwei Gramm Gold für die Deutschen. Teure Zeche, rechnete ich.

Einige klapperdürre Goldsucher sahen uns scheinbar unbemerkt zu. Ihre Blicke galten sicher in gleicher Weise Christina wie den Bieren, die für sie unerreichbar waren.

»Die warten alle auf Diesel«, erklärte Baiano mit Blick auf sie. »Unser Diesel ist alle. Seit dieser neue Präsident, dieser Fernando Collor, vor ein paar Tagen sein Amt angetreten hat, ist in Brasilien der Teufel los.«

»Wieso?« fragten wir. »Wie ist er denn? Ist er gut für euer Land?«

Er umging die Antwort.

»Als allererstes hat er einen totalen Lohn- und Preisstop verfügt. Daraufhin fielen der Wert des Dollars und des Goldes um die Hälfte, und entsprechend kletterten die Preise für Diesel.«

»Ich denke, er hat einen Preisstop verfügt.«

»Ja, aber der gilt doch nicht auf dem Schwarzmarkt. Die Piloten haben jedenfalls alle erhöht. Ein Flug kostet über zweitausend Dollar.«

Die dritte Runde Bier rollte an. Ich schwitzte soeben die erste redlich wieder aus.

»Das ist gut gemeint, Baiano. Aber mir reicht's. Und außerdem, bei den Preisen muß man sparen.«

»Ach, was. Wenn Baiano einen ausgibt, kann er sich das auch erlauben. Was schätzt ihr wohl, wieviel Gold ich besitze?«

Puh – hatte er nicht eine leichtere Aufgabe?

»Na, los – wieviel Gold besitzt Baiano?«

Als wir immer noch zwischen drei und fünfzehn Kilo schwankten, brüllte er es laut heraus: »Da kommt ihr sowieso nicht drauf. Baiano hat siebenundzwanzig Kilo! Hättet ihr das geraten?«

Stolz schüttete er sich seine x-te Dose Bier in den Kopf, und wir machten ihm die Freude, überzeugt zu verneinen.

»Was, soviel? Niemals wären wir darauf gekommen.«

Er lachte geschmeichelt.

»Das ist aber noch nicht alles. Was meint ihr, wo ich das Gold habe?« setzte er seiner Selbstdarstellung noch einen drauf.

»Du hast es vergraben«, sagte ich spontan. »Alle Schatzsucher vergraben ihren Besitz. Schließlich liest man ja Bücher und weiß das.«

»Falsch!« posaunte er, daß die ausgelaugten Zuhörer jenseits des Cantina-Geländers nur so klapperten. Sicher überschlugen sie in ihren Köpfen, angefeuert von ihren hungrigen Mägen, wie viele Mahlzeiten man dafür hier in der Kantine kaufen könnte. Sofern sie des Rechnens fähig waren – viele von ihnen waren Analphabeten – würden sie es kaum fassen können. Für siebenundzwanzig Kilo Gold erhielte man hier in Walters Restaurant 27000 Teller Bohnenpampe. Vielleicht sogar hundert mehr. Walter würde bei solchen Mengen wohl Rabatt geben. In Wirklichkeit würde er jedoch zwei Eimer Wasser mehr in die Suppe schütten.

»Falsch!« wiederholte Baiano noch einmal. »Aber ihr braucht gar nicht weiterzuraten, denn ich würde es euch ja doch nicht sagen. Dieses Versteck kennt nämlich kein Mensch auf dieser Welt. Nur ich. Erst wenn ich tot bin, erfährt mein Enkel, wo es ist. Ich habe es im Testament aufgeschrieben.«

»Warum bist du denn dann noch hier? Du kannst doch alles kaufen und dich zur Ruhe setzen.«

Er lachte, daß der Schaum des Bieres vor Schreck zerplatzte.

»Ich und zur Ruhe setzen? Ein Mann in meinem Alter? Weißt du, wann ich mich zur Ruhe setze?«

Er stand auf, stampfte den Erdboden wie ein Elefant im Paarungsrausch und grölte: »Wenn ich siebenundachtzig Kilo zusammen habe. Siebenundachtzig Kilo! Bis ich soviel Gold habe, wie ich selbst wiege.«

Dann sprang er auf.

»Gleich kommen die Nachrichten. Mal sehen, was der Presidente da Republica sich heute Neues hat einfallen lassen.«

Er eilte zum Portugiesen Rafael, der in Walters Haus einen Laden betrieb. Dieser Händler war ein komischer Typ. Kein Lächeln, immer denselben Gesichtsausdruck und dieselbe Art, am Türpfosten zu stehen und die Umgebung zu mustern. Wie anderswo Tratschtanten, die, auf Kissen gestützt, aus ihren Fenstern Nachbarn beobachten.

Sein Sortiment war bescheiden, seine Preise waren es keinesfalls. Ein Kilo Zucker: ein Gramm Gold. Drei Dosen Ölsardinen aus seiner portugiesischen Heimat (bei ›Aldi‹ in Deutschland mit 1,98 DM gehandelt): ein Gramm. Und so ging es weiter. Angeschrieben wurde bei Rafael nicht. Cash oder gar nichts. Mehrfach beobachtete Christina aus ihrer Hängematte, wie ausgemergelte Garimpeiros um ein Kilo Reis baten, auf Kredit – er würdigte sie nicht mal eines Blickes. Entweder bohrte er dann in der Nase oder spuckte nach draußen, oder er fütterte demonstrativ seine freilaufenden Hühner – mit Reis.

Was bei Rafael allerdings gratis war, das war Radio- und Funkhören. Immer zu den Nachrichten, wenn Zezito um 18 Uhr das Stromaggregat angeworfen hatte, strömten alle Männer der Piste zusammen. Dann wurde es gemütlich. Egal, wie abgebrannt einige von ihnen waren, sie hatten alle blitzsaubere Kleidung an. Rafaels Radiostunde war der Gottesdienst der Piste, war der tägliche Markt. Mitunter machte Rafael noch ein kleines Extrageschäft: wenn jemand seine Fußballschuhe in Zahlung gab, um sich hundert Gramm Reis zu gönnen. Die wog er sorgsam ab und schüttete sie in eine aus Zeitungspapier aufgedrehte Spitztüte. Für ein zehntel Gramm Gold! Die Tüte übrigens war umsonst. Ich will Rafael nicht raffgieriger machen, als er war. Aber bestimmt wurde er genauso von seinen Gönnern und Bossen Walter und Zezito gemolken. Eine Hand wusch die andere. Hier war nichts gratis.

Vorm Radio plötzlich helle Aufregung und Entrüstung. Hatte Rafael etwa doch die Tüte mitgewogen? Hatte ein Mann dem andern Gold geklaut? Oder hatte Raffi aus Versehen Gold an die Hühner verfüttert, statt Müllers Langkornreis?

Nein, nichts von alledem. Es war viel schlimmer. Alle schrien durcheinander. Man verstand sein eigenes Wort nicht mehr. Bis Baiano sich zu uns durchgearbeitet hatte: »Das muß man sich mal vorstellen!!!« bebte er. »Da war dieser neue Staatspräsident heute mit allen seinen Ministern im Yanomami-Land. Drei Pisten hat er sich angesehen, viele andere hat er überflogen. Und dann hat er 'ne Rede gehalten und gesagt, er werde das Gebiet von den Garimpeiros befreien, es sei unantastbares Indianerland. Und seinem Polizeichef, Romeu Tuma, hat er Anweisung gegeben, unverzüglich mit den Sprengungen der Pisten zu beginnen. Nur einige sollen erhalten bleiben, für die medizinische Versorgung der Indianer. Es ist ein Skandal.«

Ohne Gute-Nacht-Kuß verschwand er in die Dunkelheit.

Wir jubilierten. Natürlich nur innerlich. Sollte Collor de Mello wirklich das Gegenteil seines Vorgängers José Sarney sein? Kaum wagten wir es zu hoffen. Wenn es so war, konnten wir eigentlich morgen unseren Rückflug buchen. Vor Glück und wegen des Lärms der Goldsucher konnten wir lange nicht einschlafen.

Wach wurden wir, als Rafael den morgendlichen Reis unter sein Federvieh verteilte. Obwohl er mit der Frühstücksration nicht kleinlich war, gackerten und stritten sie heftig um jedes Korn. Allerdings hielt uns das Federvieh auch alle Ameisen vom Hals.

Um Punkt neun Uhr eröffnete Christina ihre Praxis. Walter selbst hatte ihr den Tisch und Stuhl auf die ›Terrasse‹ gestellt und Zezito, ganz Cavalheiro, stellte einen zweiten Stuhl für die Patienten dazu.

Christina hatte sich ein Heft angelegt, um über jeden Patienten Buch zu führen. Zusammen mit diversen Tabellen, Fragebogen, ihrem Tagebuch und Dokumenten, sah das mal schon ganz schön imposant und professionell aus. Daneben plazierte sie die Medikamente, einen Krug Wasser und ein Glas für die Schlucke Wasser zum Einnehmen der Tabletten.

Das alles war schon beeindruckend. Aber am beglückendsten war die lange Schlange der Wartenden! Immer wieder mußte Christina sie bitten: »Einen Moment noch. Um neun Uhr. Ich bin noch nicht ganz fertig.«

Aber Eile hatte niemand, denn so was hatte es noch nie und an keiner Piste gegeben. Das war die absolute Unerhörtheit, allererste Obersahne. Das wollte man sich nicht entgehen lassen und schon gar nicht die kostenlose Medizin, die einen, kaufte man sie bei Walter, zum Bettler machte. Walter ließ sich das Schauspiel auch nicht entgehen. Er hatte seine Hängematte rausgehängt und es sich, zusammen mit seiner Frau, darin gemütlich gemacht. Er hatte den Logenplatz. Während er uns betont gelangweilt beobachtete, las seine Frau ihm aus der Bibel vor. Jawohl – aus der Heiligen Schrift. Mit einem Ohr hörte er ihr sogar zu. Anders konnte ich mir sonst nicht erklären, warum er mit einer Hand an seinem goldenen Kreuz spielte, das er um den Hals trug.

Auch Zezito hatte plötzlich in der Nähe zu tun. Offenbar war er richtig aufgeregt, denn alle dreißig Sekunden faßte seine rechte Hand zum Revolverholster und zupfte es etwas höher. Eine sinnlose Arbeit. Es war zu locker umgeschnallt, um in der höheren Position verharren zu können. Es rutschte im selben Augenblick wieder tiefer. Wenn er weniger aufgeregt war, pflegte Zezito diese Bewegung nur alle sechzig Sekunden auszuführen.

Nur Raffi-Rafael blieb hinter seiner Theke und übte sich im Einhalten seines monotonen Gesichtsausdrucks.

»So«, eröffnete Christina ihre Praxis, »wer war der erste?«

Ein Mann um die Fünfunddreißig, den Hut in der Hand, meldete sich. Er stand auch gleich vornean.

»Bitte, setzen Sie sich.«

Der Mann quetschte sich auf die vorderste Kante des Stuhls und drehte seinen Hut zwischen den Händen.

»Was fehlt Ihnen?«

Christina gab sich locker und professionell. Sie hatte sich ein SUCAM-T-Shirt angezogen und noch das Stethoskop und ein Thermometer auf den Tisch gelegt. In Wirklichkeit war sie sehr aufgeregt, denn sie fühlte sich von all den Blicken und dem staunenden Schweigen regelrecht dauergeröntgt.

Andächtig und respektvoll musterten alle den eindrucksvollen Tisch. Ich beschränkte mich aufs Fotografieren und lenkte mich damit von der eigenen Nervosität ab. Der Auftritt war eine echte Hauptnummer. Selbst für Christina war es aufregend, obwohl sie sich mit Straßentheater in allen Hauptstädten Europas schon manche Mark verdient hatte und Publikum gewohnt war.

»Ich habe Malaria.«

So, wie der Mann da saß, stimmte das. Er wirkte saftlos, ergeben.

»Wie äußert sich das?«

»Ich habe Kopfschmerzen und fühle mich schlapp.«

»Wann etwa hatten Sie den ersten und wann den letzten Anfall?«

Die Fragen hatte Christina sich nach einem Leitfaden der SUCAM aufgeschrieben. Es ging dann damit weiter, ob er früher bereits mit Malaria zu tun hatte, welche Art der Malaria es war und welche Medikamente er bekommen habe. Die meisten Patienten wußten genau, welche der beiden hier üblichen Malarias sie gehabt hatten, weil sie sie sich in den Städten zugezogen hatten und dort exakte Untersuchungen angestellt worden waren.

War es die harmlosere Vivax?

Oder war es die gefährliche Falciparum?

Hatte er Leber- oder Milzvergrößerungen?

Vorsichtig tastete sie die Männer ab. Bei einigen maß sie Fieber. Die Ergebnisse wurden notiert.

Christina ließ sich Zeit. Eine gute Ärztin, ein guter Arzt, gibt nicht einfach das Medikament, schreit ›der nächste‹ und schiebt als soziales Zugeständnis allenfalls noch ein ›bitte‹ nach. Gute Ärzte sind auch gute Schauspieler. Sie fragen, sie befassen sich mit dir, sie machen dir Hoffnungen, wo es gar keine mehr gibt, sie schwindeln, um dich aufzurichten, weil es oft der Glaube ist, der Berge versetzt und nicht ihr Können, sie geben Placebos und lassen dich die teure Medizin bezahlen, und sie denken unentwegt an ihren Stundensatz, wohlhabende Privatpatienten und Kassenabrechnungen. Ärzte, die umsonst arbeiten oder die nur bei Erfolg kassieren, sind so selten wie U-Bahnen zum Nulltarif. Wir jedoch arbeiteten derzeit zum Nulltarif.

Für Walter muß das besonders interessant gewesen sein. Er hatte nicht nur vierzehn Jahre als Apotheker in Santarem gearbeitet, sondern er besaß sogar ein Mikroskop. Es stand in seinem Wohnzimmer, drei Meter von Christina entfernt. Er konnte, wenn der Patient sich im Fieberanfall Blut abnehmen ließ, genaue Diagnosen liefern. Und die kosteten drei Gramm. Geholfen war dem Patienten mit dieser Diagnose nicht. Denn letztlich verabreichte Walter – das erfuhren wir alles später – die gleichen Tabletten wie Christina und genau nach demselben SUCAM-Schema. Es gab nur einen Unterschied: Seine Tabletten kosteten sechs Gramm. Die komplette Behandlung also neun Gramm.

Auch Walters Tabletten waren eigentlich kostenlos. Er hatte sie, wie wir, von der SUCAM. Daß sie nicht verkauft werden durften, war auf den Packungen unübersehbar zu lesen. Aber das störte Walter nicht. Als Apotheker hatte er Mengen an Gratistabletten gehortet. Er hatte sie ausgepackt und in anderes Papier gewickelt. Die Packungen, die wir später bei ihm entdeckten, waren längst über das Verfalldatum hinaus. Durch das Umpacken hatte er sie zu neuem Leben erweckt. Er verstand seinen Beruf.

Und nun lag er da, schaukelte sanft, lauschte den nicht enden wollenden Bibelversen und stellte fest, daß seine ›Kollegin‹ Christina auch ohne Mikroskop stets zur selben Therapie gelangte.

Letztlich bekam jeder Malariakranke dieselbe Dosis und einen handgeschriebenen Notizzettel mit der Einnahmeanordnung.

Die Goldsucher waren glücklich. Sie bedankten sich herzlich, drückten Christina die Hand. Einer legte ihr ein Nugget von zwei Gramm hin, das sie ihm sofort zurückgab.

»Ich brauche kein Gold. Meinen Lohn gibt mir die SUCAM. Ich wünsche dir eine baldige Genesung.«

Für Walter blieb in dem Moment bestimmt eine Uhr stehen. Es war das erste Mal, daß er seine Frau mit leichtem Rippenstoß von ihrer heiligen Lesung abbrachte. Wie konnte jemand Gold zurückweisen?!

Natürlich kamen auch andere Patienten, ohne akute Malaria. Sie wollten einfach die günstige Gelegenheit nutzen und sich vorsorglich eindecken. Auch solche wurden bedient. Damit sie nicht doppelt und dreifach kamen, wurden sie mit ihren Pisten-Spitznamen in Christinas Buch vermerkt.

Andere hatten außerdem Geschwüre, Verletzungen durch die Haumesser und Würmer. Und es gab zwei Fälle von Leishmaniose, bei denen Christina nur den Rat geben konnte, sich schnellstens in klinische Behandlung nach Boa Vista oder – besser – Manaus zu begeben. Gegen diese bösartige Krankheit hatten wir nichts dabei.

Leishmaniose wird von einer Mücke übertragen und verursacht tiefe runde Wundkrater, die ständig größer werden und zum Tod führen, wenn sie nicht konsequent behandelt werden.

Bei Geschwüren und Schnittwunden wirkten bereits Zugsalbe, antibiotische Cremes oder Puder oder Desinfektionstinkturen. Dazu ein Verband und zwei Melhoral-Schmerztabletten (die bei Walter mit einem Gramm zu Buche schlugen) als Extrageschenk.

Als Christina Feierabend machte, hatte sie vierunddreißig Patienten versorgt. Am zweiten Tag waren es sogar vierundfünfzig. Wegen des Ansturms hatte sie ihr Fragenschema vereinfacht.

Am dritten Tag passierte es dann.

Christina wollte ihren Dienst wie üblich um neun Uhr antreten. Sie wunderte sich – heute standen weder Tisch noch Stuhl für sie bereit, und Walter bat sie an die Seite.

»Ich glaube, du hast genug behandelt. Nach meiner Schätzung hast du alle Patienten erfaßt. Ich sehe hier in deinem Heft, es waren achtundachtzig. Das ist viel mehr, als hier wirklich krank sind, denn hier sind nur zweihundert Personen tätig. Die meisten wollen absahnen, weil du alles umsonst machst. Oder sie kommen her, weil sie auf Diesel warten und Langeweile haben. Wer jetzt noch kommt, ist ein Simulant. Wir lassen den Tisch heute in der Küche.«

Das hieß im Klartext: Arbeitsverbot. Walter hatte die Nase voll. Er sah sich ruiniert. Und komisch: Als hätte er recht, stand heute niemand vor der ›Praxis‹. Er und Zezito waren die Bosse. Nichts lief hier ohne sie.

Christina gab sich gelassen.

»Du hast recht. An anderen Pisten warten sicher noch dringendere Fälle. Hier bin ich durch.«

Und um abzulenken und zu beschwichtigen, erkundigte sie sich nach einer Möglichkeit, Venezuela anzusteuern. Egal, wen man diesbezüglich fragte: auch gegen Bezahlung war niemand bereit, mitzugehen. Das venezolanische Militär hatte in einem Blitzschlag die Pisten angegriffen und geräumt. Im Moment wagte sich niemand rüber. Für mich ein Beweis, daß man mit konsequenter Härte dem Goldspuk beikommen konnte. In Brasilien hieße das: den Nachschub sperren und alles beschlagnahmen, was man dann noch im Yanomami-Gebiet antrifft. Vom Flugzeug bis zur Hängematte.

Heute, am dritten Tag auf Novo Brasil II, war es nicht so heiß wie die Vortage. Es regnete. Die Piste wurde schlüpfrig. Nur mißmutig trugen die Pistenbauer ihre Sandsäcke ans Ende der Bahn, um den Sand in die Tiefe zu kippen und das Tal zu füllen.

Die Goldsucher jedoch – also nicht die ›Straßenarbeiter‹ – machten Pause. Sie dösten in ihren Hängematten und warteten auf Sonne und Diesel. Überraschend vielen schien der Regen nichts auszumachen. Sie flanierten die Landebahn rauf und runter, wie andere die Einkaufspromenaden abwandern.

Jetzt, zur Arbeitslosigkeit verdammt, hielten wir es für das Beste, nach Boa Vista zu fliegen und woanders einen neuen Einstieg zu versuchen. Von hier zu einer Nachbarpiste zu gehen erschien uns nutzlos. Zu deutlich war Walters Protesthaltung gegen uns. Er würde die ›Kollegen‹ an den Pisten vorwarnen.

Deshalb hatten wir ihn gebeten, uns für den nächsten Tag einen Flug zu reservieren. Er hatte sofort zugesagt.

»Weil ihr hier kostenlos gearbeitet habt, ist der Flug umsonst.«

Spontan schenkte Christina ihm zehn Sets Malariatabletten – für Walter ein Wert von sechzig Gramm, mit mikroskopischer Untersuchung neunzig Gramm. Dafür lächelte er sogar wieder.

Als Christina ihn nach wenigen Minuten in seinem Zimmer aufsuchte, um sich nach der Ankunft der nächsten Maschine zu erkundigen, war er bereits fleißig am Umpacken der Tabletten in neutrales Papier, ohne die Aufschrift ›Verkauf verboten‹.

»Vielleicht morgen nachmittag«, antwortete er. »Aber wir haben noch keinen genauen Termin. Komm heute abend um 19 Uhr in Rafaels Laden. Dann ist unsere Funkzeit mit der Agentur in Boa Vista.«

Damit war das wichtigste erledigt. Wir schlossen uns den Bummlern auf der Piste an. Einhundertfünfzig Meter bergab, einhundertfünfzig Meter bergauf, rauf und runter und nicht zu schnell.

Die Männer grüßten überschwenglich freundlich.

»Hallo, Christina. Nochmals schönen Dank für dies hier« (wobei sie die Tabletten hochhielten), oder sogar: »Guck mal, mein Geschwür ist über Nacht aufgegangen. Deine Zugsalbe hat gut geholfen.«

Das tat Christina gut. Sie sah sich das Monster von Furunkel an und sagte: »Es ist besser, wenn ich dir das neu versorge und wieder verbinde. Komm mal mit rüber zu Walters Haus.«

»Nein«, sagte der Mann da schnell und aufgeregt. »Das geht nicht. Walter hat uns das verboten. Keiner darf mehr kommen. Guck dir all die Leute an. Die wollten eigentlich zu dir.«

Nun war alles klar. Sicher hatte Walter diese Begegnung beobachtet. Sie sagte zu dem Mann: »Dann machen wir das so: Wir verabschieden uns und gehen unserer Wege. In der Mittagspause hole ich neues Verbandszeug für drei Tage und stecke dir das zu, wenn es dunkel ist. Am Tag hat der Wald hier zu viele Augen. Wollen wir sagen um 19 Uhr am Ende der Piste, bei der Wetterfahne?«

»Das können wir machen. Aber du kannst es auch im Lager meines Freundes Orlando abgeben. Er wohnt da vorne am Bach, hundert Meter von der Piste, genau da, wo ein gefällter Baum als Brücke über den Bach dient. Dann hätte ich die Sachen schon früher.«

So machten wir es. Nach dem Mittagessen, das wir zu der Zeit noch gratis erhielten und das für (uns) Bosse gut und mit Fleisch und frischen Tomaten bestückt war, legten wir uns in die Matten. Das war normal, das taten viele. So fiel es nicht auf, als Christina sich Ichtolan und Mull aus ihrer Tasche nahm und in ihrer Hose verschwinden ließ.

Um 15 Uhr bummelten wir erneut auf der Promenade, machten hier Konversation und dort ein Pläuschchen, und plötzlich waren wir im Wald verschwunden, auf dem Pfad zu Orlando.

Orlando erwartete uns bereits. Er war gerade damit beschäftigt, zwanzig klitzekleine Fischlein von der Größe einer Ölsardine im Fötus-Stadium in einen Topf mit Wasser zu geben.

»Unser Mittagessen«, lachte er dennoch. »Natürlich kommt da noch Reis dazu. Aber für sechs Männer ist das wenig.«

Ohne viel Worte zu machen, steckte Christina die Mitbringsel zwischen die Blätter des Daches. Orlando nickte und widmete sich der Suppe.

»Die Fische waren hier im Bach. Wir haben ihn mit einem Moskitonetz trichterförmig abgesperrt und sie hineingetrieben.«

Und dann wickelte er noch ein Päckchen aus frischen Blättern aus und förderte etwa hundert orangefarbene, pflaumengroße Früchte zutage.

»Das sind Cajá-Früchte. Wir haben sie im Wald gesammelt. Die gibt's zum Nachtisch.«

In genau diesem Augenblick kam ein Mann über die Brücke, den Baumstamm. Mit einer Hand hielt er sich an der Liane fest, die als Geländer diente. In der anderen hielt er eine große Eidechse.

»Hey«, rief er von weitem, »ich habe noch etwas Fleisch für die Suppe.«

Er grüßte uns, legte die Eidechse neben die Cajás und trabte davon.

Wir hielten das für einen Witz. Nicht aber Orlando. Er nahm das Tier mit einem Griff aus und warf es ansonsten komplett in die Suppe. Eine ärmliche Suppe für viele Hungrige. Ich wollte ihnen spontan etwas von unseren Vorräten abgeben.

»Mensch«, sagte ich zu Christina, »wir haben ja noch ein Medikament vergessen. Ich laufe schnell und hole es.«

Dabei blinzelte ich ihr zu und eilte davon. Aus unserem Gepäck nahm ich zwei Dosen Ölsardinen, etwas Kaffee, Zucker und ein Kilo Müsli und brachte es Orlando. Er bedankte sich überschwenglich und küßte eine kleine, abgegriffene Bibel, die in seiner Hängematte lag. Allen Ernstes wollte er uns zum Essen einladen. Es wurde Zeit, sich zu verabschieden.

Wir balancierten gerade über die Brücke, als Christina ganz aufgeregt flüsterte: »Bleib mal stehen und tu so, als wenn du da unten im Bach etwas betrachtest.«

Ich spürte gleich, daß sie etwas Besonderes zu berichten hatte und blieb neugierig stehen. Das wackelige Lianengeländer hielt mich im

Gleichgewicht. Vielleicht könnte ich es gebrauchen, so spannend klang das.

Sie schaute mich aber nur an und sagte: »Ja, halt dich gut fest. Ich bin einer gewaltigen Sache auf die Spur gekommen. Mehr sage ich jetzt nicht. Laß uns weitergehen, falls uns jemand beobachtet. Ich erzähle es dir an der Piste, wo wir nicht so auffallen. Du wirst es nicht glauben.«

Ihr Mitteilungsfieber übertrug sich schlagartig auf mich. Ich mußte mich beherrschen, um nicht durch Eile aufzufallen. Eile war hier nicht üblich. Also bummelten wir gemächlich an eine Stelle, die sowohl im Schatten als auch im Blickfeld aller lag. Wir betrachteten meine Kamera und gaben uns technisch-diskutierend. In Wirklichkeit sagte ich nichts. Und Christina fing an.

»Sitzt du gut?« begann sie.

»Bestens, fang endlich an.«

»Das wirst du auch nötig haben.«

»Mich haut heute nichts um.«

»Das, was ich erfahren habe, haut dich doch um.«

»Versuch's doch.«

Sie machte eine letzte, mir gerade noch zumutbare Pause. Dann sah sie mich geradewegs an und flüsterte: »An dieser Piste werden fünfzig weiße Sklaven gehalten.«

Mir war sofort hundertprozentig klar, daß das stimmte. Die Art und Weise, *wie* sie das gesagt hatte, ließ keinen Raum für irgendwelche blöden Späße.

»Hat Orlando das gesagt?«

»Ja, er ist einer von ihnen.«

»Wie kann das denn angehen? Wenn ich hier Sklave wäre, würde ich morgen durch die Wälder verschwinden.«

»Das habe ich ihm auch gesagt. Aber das wagen höchstens fünf von ihnen. Die anderen sind alle nicht walderfahren. Es sind Leute aus den Städten, das erste Mal im Wald. Außerdem könnten niemals alle fünfzig auf einmal fliehen. Dann würden sie auffallen. Und wenn sie nacheinander fliehen würden, würden Walter, Zezito und Baiano härtere Maßnahmen ergreifen, sie hier zu binden.«

»Baiano gehört auch dazu?«

»Ja. Er ist der Chef. Ihm unterstehen die Pistenbauer, und genau das sind die Sklaven. Die Goldsucher selbst sind meist frei.«

»Sie können doch in kleinen Gruppen auf verschiedenen Wegen fliehen.«

»Ja. Aber sie haben auch Angst vor den Indianern. Es hat um Novo Brasil I schon ein paar Tote gegeben. Außerdem sind es von hier eineinhalb Flugstunden bis Boa Vista. Die Leute haben weder Nahrung, noch Waffen, noch Erfahrung im Wald, noch Kondition. Sie sind völlig am Ende. Nur noch drei besitzen überhaupt ein Haumesser. Sie haben alles gegen Eßbares eingetauscht.«

Ich blickte mich um. Das war tatsächlich eine Wahnsinnsnachricht. Aber niemand hatte unsere Aufregung bemerkt.

Jetzt sah ich die armen Teufel, die da die Schubkarren wuchteten oder Sandsäcke schleppten, in ganz anderem Licht. Dann fragte ich weiter: »Wie ist so was denn heutzutage möglich? Wie wird man Sklave? Das sind doch erwachsene Menschen.«

»Das konnte Orlando mir glaubwürdig erklären. Alle, die er näher kennt, wohnen in den Favelas, den Elendsvierteln der Großstädte. Es sind die Ärmsten, es sind die Leute, die unter dem Existenzminimum leben, Menschen, die nichts mehr zu verlieren haben, arbeitslos, hungrig, Analphabeten, kinderreich, obdachlos und ohne jede Perspektive. Und dann kommt plötzlich so ein Anwerber und sagt: ›Hey, Kumpel, willst du dir nicht 'ne Stange Geld verdienen?‹

›Ja‹, sagen alle, ›wie denn?‹

›Komm ins Garimpo von Roraima, ins neue El Dorado.‹

›Ins Gold? Ich kenne genügend Leute, die da waren. Keiner hat dort Gewinn gemacht. Die Preise haben den Lohn aufgefressen. Manche sind an Malaria gestorben, einige sind ermordet worden, aber reich ist keiner zurückgekehrt.‹

›Moment, Moment‹, sagt dann der Anwerber, ›habe ich gesagt als Garimpeiro? Ich habe gesagt ins Garimpo, ins Gold, und damit meine ich, daß ich einen Job für dich als Pistenarbeiter hätte. Das heißt also, du machst Erdarbeiten. Dabei findest du gar kein Gold. Und weil das so ist, kriegst du einen Festlohn. Und du wirst staunen, wieviel das ist: du kriegst ein Gramm pro Tag und Essen! Schlafen mußt du im Wald. Also, die Hängematte und ein Dach mußt du selbst mitbringen.‹

Und dann haben sie gerechnet: ein Gramm pro Tag – das sind dreißig Gramm im Monat, das sind zweimal dreißig Gramm, ach ja, sechzig Gramm in zwei Monaten, usw. Das sind im halben Jahr, das sind in einem Jahr...

Es ist nicht schwer, sich vorzustellen, wie viele Männer dann zusagten. Sie sagen um so leichter zu, wenn diese Vermittlung nichts kostet. Wo sollte da der Haken liegen?«

Ich unterbrach Christina.

»Gerade das hätte sie doch warnen müssen. Wer tut in solchen Kreisen schon etwas umsonst? Wenn er also nichts von den Angeworbenen verlangte, bekam er seinen Lohn von den Gold-Bossen. Ist doch klar.«

»Uns vielleicht. Aber versetz dich in die Lage dieser Desperados. Sie klammern sich an jeden Strohhalm.«

»Okay. Erzähl weiter.«

»Ja. Und dann kommen sie hierher und haben erst einmal zehn Gramm Schulden für den Flug, die der Boß ausgelegt hat. Und damit stecken sie bereits voll in der Falle. Denn jeder weiß, daß er unter keinen Umständen frei ist, solange er auch nur noch ein Zehntelgramm Schulden hat. Verschwindet er dennoch, ist er vogelfrei. Sofort verständigen sich die Pistenbosse untereinander und wehe, der Gesuchte taucht irgendwo auf – dann ist er dran.«

»Na, gut. In zehn Tagen könnte er mit seiner Arbeit die zehn Gramm zurückzahlen und wäre dann frei.«

»Hab' ich auch gesagt. Aber da beginnt die Teufelei. Um zurückzukehren, benötigen sie ein Guthaben von fünfzehn Gramm für den Rückflug.«

»Wieso fünfzehn Gramm? Ich denke zehn Gramm?«

»Hab' ich auch gedacht. Aber Rückflüge kosten fünfzehn Gramm. Zehn Gramm kassiert der Pilot und fünf Gramm nimmt Zezito als Startgeld! Und auf diese fünfzehn Gramm Guthaben kommen sie nie. Denn nun fangen sie mit der Arbeit an, und die ist hart, wie du siehst.«

Ich konnte nur nicken. Ich wollte nicht den ganzen Tag Sandsäcke schleppen oder die wrackgleichen Schubkarren bewegen, und dazwischen dann immer diesen Baiano, der sie antreibt, erleben.

»So was macht verständlicherweise hungrig. Aber macht ja nichts, denken alle. Wir haben ja vereinbart ›mit Kost‹. Und die gibt es dann auch. Aber nun kommt die Überraschung: Die Kost besteht nur aus einem Teller Reis und Bohnen. Ohne Nachschlag, ohne Frühstück, ohne Abendessen. Wer mehr will, muß löhnen. Jeden Teller Reis mit einem Gramm. Damit ist der Tageslohn futsch. Du bleibst in den Schulden. Wenn dann noch eine Malaria dazu kommt, wird es erneut teuer. Du kennst Walters Preise.«

Wir waren still geworden. Eine unfaßbare Situation. Aber es war uns sofort klar, daß wir etwas unternehmen würden, um den Baianos den Spaß zu verderben. Noch aber hatten wir keine zündende Idee.

Nach außen gaben wir uns so wie immer. Abends gingen wir zu unserem Treff bei Rafaels Funk, umringt von vielen anderen Goldsuchern.

Walter und Zezito bedienten das Funkgerät und suchten Kontakt mit Plínio, dem Agenten in Boa Vista. Die Vorführung war typisch. Ich erlebte sie noch öfter.

»Bitte, Ruhe jetzt, wir versuchen, Plínio zu erreichen.«

Grabesstille unter den Anwesenden, Höllenlärm im Funkgerät. Quietschen, Rauschen, überlagerte Frequenzen, Pfeifen, Jaulen, auf- und abschwankende Lautstärken – das Übliche.

Und immer wieder dazwischen Walter.

»Boa Vista, Boa Vista, Agência Plínio. Hier ist Novo Brasil. Bitte, kommen.«

Walters Frau drückte ihm demonstrativ die Daumen. Hoffentlich klappt es heute, sagten die Daumen. Interessant, was solche Finger mitteilen können. Zwei Tage war der Kontakt tot gewesen. Zezito musterte Christina, ich den Kaufmann. Er packte schon das Frühstück für die Hühner: eine Tüte Reis, die normalerweise ein Gramm erbracht hätte. So aber womöglich fünf Eier gleich fünf Gramm! Raffi war ja Geschäftsmann. Echter Tierfreund. Jemand sagte ›Psst!‹ und Walter nahm den nächsten Anlauf.

Endlich klappte es. Ich verstand zwar nur ›Bahnhof‹, aber das allgemeine Murmeln zeigte an, daß eine der Stimmen im Äther Plínios war.

»Hallo, Plínio, hallo, Plínio, hier ist Novo Brasil II. Kannst du uns verstehen?«

»Hier ist Plínio, alles positivo.«

»Plínio, was ist los. Wir warten auf Diesel. Die Arbeit liegt still. Seit fünf Tagen hatten wir kein Flugzeug.«

»Ich weiß. Tut mir leid. Hier ist die Hölle los. Der Goldpreis ist im Keller, der Dieselpreis entsprechend hoch. Ein Flug kostet jetzt vierhundert Gramm statt zweihundert. Wieviel Gold habt ihr? Könnt ihr das bezahlen?«

»Nein. Wir haben nur einhundertfünfundsiebzig Gramm. Und wie sollen wir mehr zusammenbekommen, wenn wir keinen Dieseltreibstoff haben? Hier an der Piste stehen zweihundert leere Kanister und alle Maschinen still.«

»Wie gesagt, tut mir leid, was soll ich machen?«

Da mischte sich Walters Frau ein – beherzt und christlich, wie sie war.

»Wir brauchen vor allem Bohnen und Reis. Unsere Männer haben Hunger. Die Reserven sind verbraucht. Das Öl ist beinahe Nebensache.«

Beifälliges Murmeln unter den Garimpeiros. Möge Gott diese Frau in den Himmel aufnehmen! Einer klatschte. Die anderen hätten wohl auch gern. Aber sie wagten es nicht. Ihre Hände blieben auf halber Strecke ratlos in der Luft stehen. Als wollten sie plötzlich sagen: ›Was kann man schon machen?‹

Genau in diese Lücke hinein grölte jemand: »Jawohl, Senhora, Hunger! Die Männer haben Hunger, Hunger, Hunger...«

Der da so grölte, war Baiano. Ausgerechnet er, der Sklavenhalter! Aber nun klatschten doch mehrere, und selbstgefällig hob er die Arme, um den Applaus zu stoppen.

»Okay, positivo, alles verstanden. Ich werde mir Gold bei Eduardo zu leihen versuchen. Wenn wir genug zusammenhaben, kommt die Maschine. Morgen klappt das aber auf keinen Fall. Ich fürchte, wir müssen mit allem teurer werden.«

Ende. Ruhe. Enttäuschung bei den Garimpeiros.

Noch lange diskutierten die Garimpeiros, ehe Zezito gegen 21 Uhr den Generator abstellte und es in Novo Brasil II dunkel wurde.

Das Flugzeug am anderen Tag kam wirklich nicht. Zweimal hörten wir eins. Baiano schrie am lautesten: »Avião! Avião!« und alle Männer stürzten zur Piste – aber beide Maschinen flogen in großer Höhe zu ganz anderen Zielen.

»Ich gucke mir das nur noch zwei Tage an. Dann fliege ich nach Boa Vista und werde höchstpersönlich eine Maschine hierherbringen. Voll mit Lebensmitteln. Und alles bezahlt mit meinem persönlichen Gold. Jawoll!« verkündete er lauthals in alle Richtungen.

»So was kann man mit meinen Leuten nicht machen«, bekräftigte er, um noch einen draufzusetzen. Aber wohl kaum einer glaubte ihm.

Doch Baiano machte ernst. Nach drei Tagen traf eine Maschine ein. Sie brachte Diesel und Reis für Walters Leute. Bevor sie wieder abflog, stieg Baiano ein, in der Hand eine elegante Sporttasche.

»Das wollen wir doch mal sehen«, sagte er zu den Umstehenden, »ob Baiano seine Leute hungern läßt.«

Stieg ein und ward dort nie wieder gesehen.

Hin und wieder trafen in den folgenden Tagen Maschinen für Walter ein. Jedesmal durfte eine Person mit rausfliegen. Wir waren nie dabei.

Sobald eine Maschine landete, erschien Zezito auf der Bildfläche. Der Frachtverkehr war sein Zuständigkeitsbereich. Er zupfte so oft an seinem Colt, daß er ihn schließlich einfach umklammert hielt, wie jemand, der sich die flatternden Haare nicht ständig aus dem Gesicht streichen will, und sie mit einem Stirnband bändigt.

Dachten wir jedesmal, wir dürften jetzt einsteigen, stopfte er immer wieder eine andere Person hinein, ohne uns eines Blickes zu würdigen, geschweige denn, eine Erklärung abzugeben. Dabei hatte Walter mir vorher noch beschieden: »Mach dein Gepäck fertig.«

Als wir feststellten, daß tatsächlich immer nur eine Person ausgeflogen wurde, entschieden Christina und ich, daß ich zuerst gehen sollte.

»Als Frau komme ich hier allemal weg. Und du kannst mir notfalls von Boa Vista aus besser helfen als ich dir.«

Zu jenem Zeitpunkt sah es tatsächlich so aus, als genösse Christina allerseits Sympathie und Respekt.

Etwas Hoffnung keimte auf, als ein Pilot viermal eine Person nach Novo Brasil I flog, um dann mit allen vieren heimzufliegen. Dort hatte er ja die längere Piste. Von dort kriegte er so viel speed, wie er für vier Personen benötigte.

»Warum machen das nicht alle so?« fragte ich Walter.

Der zuckte die Schultern. »Das entscheidet Zezito.«

Aber Zezito gab sich unnahbar. Dieser Vierer-Flug blieb die Ausnahme.

Orlando gab mir schließlich den entscheidenden Tip.

»Gib ihm Geld. Ich meine nicht die fünf Gramm Startgebühr, sondern fünf bis zehn Gramm extra.«

Ich kratzte zusammen, was ich hatte, und tatsächlich – am siebten Tag kam ich raus. Ich hatte ihm unter vier Augen achtzig Dollar in die Hand gedrückt.

»Für Christina und mich«, hatte ich dazu gesagt. Und er antwortete: »Legal, okay, du fliegst mit der nächsten Maschine, und Christina kommt mit der übernächsten.«

Für ihn war das Geschenk von doppeltem Wert. Er hatte achtzig Dollar und war mit Christina allein.

Himmel und Hölle

Daß er so gedacht haben konnte, wurde mir jeden Tag klarer, als ich in Boa Vista zum dritten Mal vergeblich am Flugplatz Cajirí war, um Christina abzuholen. Cajirí gehört zu einer ganzen Kette neuer kleiner Landepisten im Umkreis von Boa Vista. Sie liegen auf Privatbesitz und sind entstanden, nachdem es auf dem Aéroporto Internacional mehrfach öffentlichkeitswirksame Kontrollen und Unannehmlichkeiten durch die Polícia Federal gegeben hatte. Hier, dreißig Kilometer von Boa Vista, schien man unantastbar.

Christina war jetzt zwölf Tage in Novo Brasil II. Wann jeweils eine Maschine eintraf, erfragte ich beim Agenten Plínio in der Rua Mário Homen de Melo. Am ersten Tag kam eine Prostituierte, am zweiten ein Malariakranker, am dritten ein mir unbekannter Goldsucher.

Enttäuscht, besorgt und fest entschlossen, Zezito & Co. das Handwerk zu legen, ging ich in mein Stammlokal, eine strohgedeckte Pizzeria in der Rua Barroso. Dort saß man angenehm luftig im Freien, dort gab es vollmundige Sucos de cupuaçú, und nur dort erhielt man Pizzen, die gut schmeckten. Sie waren nicht, wie bei der Konkurrenz, halbrohe Teiglinge, die mit irgend etwas Ominösem bedeckt waren, sondern hier hatte die Pizza einen leckeren und durchgebackenen Teigboden, dessen Röststoffe allein mich schon begeisterten. Die Füllung, parmegiano e tomatos, betrachtete ich beinahe als großzügige Zugabe – so gut schmeckte allein der Teig, und so freute ich mich schon nachmittags aufs Abendbrot.

Ich nahm an einem wackeligen, aber sauberen Tisch Platz.

»Wie immer?« fragte der Kellner im Halbdunkel der Strohhütte.

»Ja. Wie immer«, antwortete ich.

Das hieß, als erstes brachte er den frisch im Starmix geschlagenen Cupuaçú-Saft nebst Strohhalm. Eine wahre Gaumenorgie.

Ich war der erste Gast. Aber bald würde sich der Laden füllen. Und da kam er auch schon – der nächste Gast. Er blickte durch den Raum, als wählte er einen Tisch aus, und entschied sich für den hinter mir.

Im Vorbeigehen zuckte ich kurz zusammen. Den kannte ich

doch, ach ja, er grüßte, das war doch der Goldsucher, der heute aus Novo Brasil II eingetroffen war. Genau. Ich hatte ihn statt Christina aussteigen sehen. Na, der war wohl auch froh, daß er mal wieder nach Herzenslust essen konnte!

Er nahm am Nebentisch Platz und bestellte nur einen Suco de limão, einen Limonensaft und erkundigte sich nach der Toilette. Während der Kellner sich aufmachte, den Saft zu ordern, stand der Goldsucher auf und schritt langsam an mir vorbei zur Toilette.

Noch einmal grüßte er still zu mir her, um sicherzugehen, daß ich ihn wiedererkannte. Und im Weitergehen schob er mir einen Brief auf den Tisch.

»Für Sie, von Christina«, flüsterte er.

Ich fiel fast vom Stuhl. Das war eine Überraschung! ›Von Christina‹ hätte er sich ersparen können, denn der dicke, klein zusammengefaltete Brief trug einwandfrei ihre Hand- und ihre Unterschrift.

Hastig entfaltete ich ihn, rückte mir das Teelicht näher.

Was ich da las, haute mich um. Sie wurde tatsächlich zurückgehalten. Es war also kein Zufall, daß andere vor ihr ausgeflogen worden waren.

Sie hoffte, daß der Garimpeiro mir den Brief geben würde und ich von Boa Vista aus erfolgreich helfen könne. Sie wolle aber nur noch bis Sonntag, den 1. April (1990) bleiben. Dann würde sie zu Fuß zu Tooto zurücklaufen.

Puh – das war ein Abendbrot! Ich hatte den Zettel gerade ein zweites Mal gelesen, als der Goldsucher von der Toilette zurückkehrte.

Im Kommen fummelte er sich eine Zigarettenschachtel aus der Hemdtasche, fingerte sich einen der Sargnägel heraus und bat mich um Feuer.

Ich bin zwar Nichtraucher, aber ich habe stets Feuer dabei. Aus Platzgründen aber kein Feuerzeug, sondern ein Streichholzheftchen, das in meinem Portemonnaie steckt. Deshalb dauerte meine Gefälligkeitsaktion einen Augenblick länger als üblich – für den Goldsucher ein paar Sekunden mehr Gelegenheit, mir noch zuzuraunen: »Vorhin, am Flugfeld, waren zu viele von Plínios Leuten. Dann war ich bei dir im Hotel, und deine Zimmernachbarn sagten mir, du seist wohl hier. Gut, daß es geklappt hat. Ich fliege mit der

Nachmittagsmaschine nach Manaus. Ich werde Christinas Rat befolgen und ins Tropen-Hospital gehen. Ich habe Leishmaniose. Sie meinte, das in Boa Vista könne sie mir keinesfalls empfehlen.«

»Wie bist du denn rausgekommen?« wollte ich noch wissen.

»Ich habe Zezito ein Extrageld gegeben und auf meine Krankheit verwiesen. Aber ausschlaggebend war wohl, daß ich aus demselben Ort komme wie er. Wir sind beide aus Imperatriz. Er will nicht, daß seine wahre Identität bekannt wird. In Wirklichkeit heißt er José Rodriguez da Silva und wohnt in der Rua Sergipe 996. Ich kenne die Familie genau.«

»Aber das Wichtigste ist dies«, raunte er mir noch zu, »du sollst dringend versuchen, sie anzurufen, und zwar morgen um 17 Uhr und nicht über Walters Gerät, sondern über das von Nilo.«

»Wer ist denn Nilo?«

»Nilo gehört zu den verlassenen Leuten von Baiano. Er hat ein eigenes Gerät und sendet immer um 17 Uhr. Aber pünktlich, haben sie beide gesagt.«

Ich bedankte mich für die Information und den Brief und er für das Feuer. Dann nahm er wieder an seinem Tisch Platz. Wenn das keine Neuigkeiten waren! Vor Aufregung bemerkte ich gar nicht, wie gut die Pizza wieder einmal schmeckte.

Grübelnd schlenderte ich durch die Straßen. Vieles hatte sich in Boa Vista seit dem letzten Mal verändert. In Roraimas Hauptstadt herrschte Krisenstimmung. Der kriminelle Gouverneur Romero Jucá war von Collor abgesetzt worden. Ein gewisser Pinto hatte seinen Platz eingenommen, für Kenner der Szene das ›kleinere Übel‹. Jucá will nun Senator in Brasilia werden. Auch auf der Goldladen-Meile, wo 1989 noch Aufkäufer neben Aufkäufer gesessen hatte, war jetzt jeder zweite Laden leer. Von vielen Mauern und Gebäuden grüßten Graffiti wie:

›Tod Romero Jucá‹
›Yanomami já, genocídio não‹
›SOS Yanomamy‹
›VIVA Yanomamy‹
›Yanomamy já, garimpo não‹
›Vida para os Yanomamy‹.

Oder Zeichnungen, auf denen ein Panzer auf eine Maloca schießt. Der Panzer war rot durchkreuzt.

Und tagsüber hatte ich sogar ein Auto gesehen, das ein sauber geschriebenes Schild auf dem Dach spazierenfuhr:

›SOS Garimpo‹. Ich frohlockte.

Aber auch an der Bevölkerung merkte man den Umbruch. Ich fühlte mich nicht mehr so mißtrauisch beobachtet, so feindselig beäugt. Ich fühlte mich ungleich wohler als damals.

»Lassen Sie sich davon nicht täuschen«, warnte mich ein alter Mitstreiter, der Bischof Dom Aldo, jedoch. »Verschwunden sind nur die große Masse der Goldsucher und ein paar kleine Mitverdiener. Der harte Kern ist geblieben. In Roraima herrscht Bürgerkrieg gegen die Indianer. Viele Goldsucher haben sich zum Beispiel in die Macuxí-Gebiete begeben und zerstören nun dort alles.«

Daß er – wie immer – recht hatte, sollte ich bald zu spüren bekommen. Im Augenblick fühlte ich mich, verglichen mit Nova Brasil II, wie im Himmel.

Das änderte sich schlagartig, als ich am nächsten Vormittag einen Papierladen betrat, der auch Fotokopien anfertigte. Ich wollte Christinas Brief duplizieren und verteilen, weil er mir als ein wichtiges Dokument erschien.

Der Laden war schmal wie ein Handtuch und dunkel. Aber er war gut frequentiert, denn er war konkurrenzlos und lag in der Hauptstraße. Gerade lief meine Kopie durch, und der Gerätebediener schrieb großartig die Rechnung über umgerechnet zehn Pfennige, als mich jemand von hinten ansprach.

»Brauchen Sie auch eine Fotokopie?«

Ich drehte mich um und sah den Piloten, der mich vor vier Tagen rausgeflogen hatte.

»Hallo«, sagte ich und spielte den Erfreuten. Aber sein Gesicht blieb ohne Reaktion.

»Ich habe Sie gestern im Fernsehen gesehen.«

»Was haben Sie?«

Ich konnte mich nur verhört haben.

»Ja. Im Kanal ›Educação‹. Da lief der Film, wie Sie als Goldsucher im Garimpo gearbeitet haben. Sie sind gar kein Arzt, Sie sind Journalist.«

Ich war wie vor den Kopf geschlagen. Der Mann mußte die Wahrheit sagen, sonst hätte er das niemals wissen können. Da war also jener Film, den die zwei staatlichen Sender abgelehnt hatten, ausgerechnet gestern wieder einmal (insgesamt sollte er bis dahin bereits zwölfmal in Kleinsendern gelaufen sein) ausgestrahlt worden. Wäre ich jetzt noch im Wald gewesen, und der Pilot hätte mich dort wiedererkannt, wäre mein Leben vielleicht anders verlaufen. Vielleicht wäre ich dann auch Pistenarbeiter.

Was sollte ich machen? Ich gab mich locker und meinte: »Nein, das stimmt schon. Ich bin Chirurg. Aber mitunter publiziere ich auch.«

Der Pilot ließ sich nicht täuschen.

»Das stimmt nicht. Ich habe es zuerst auch nicht glauben wollen, aber ich habe dich durchschaut. Ich habe jedenfalls allen meinen Freunden Bescheid gegeben. Heute sehen wir uns den zweiten Teil an.«

(Der Fünfundvierzig-Minuten-Streifen war in fünf Teile zerstükkelt worden.)

»Na dann viel Spaß!« gab ich mich weiter unbeirrt und verließ den Laden.

Innerlich war ich in Panik. Was würde jetzt mit Christina geschehen? Und wie sollte ich heute abend bei Plínio noch ans Radio dürfen?

Als erstes ging ich zur Post und gab Christinas Brief mit einem Begleittext und per Einschreiben nach Deutschland auf, damit er irgendwo sicher wäre.

Dann rief ich die Deutsche Botschaft in Brasilia an, Herrn Zettel.

»Das ist schlimm«, sagte der. »Wenn ich einen Rat geben darf: Verlassen Sie sofort Boa Vista. Sie sind aufs äußerste gefährdet. Man wird genügend Gründe finden, Sie festzuhalten. Gründe, bei denen uns die Hände gebunden sind.«

»Zum Beispiel?«

»Zum Beispiel ›illegaler Aufenthalt im Militär-Sperrgebiet‹. Ich könnte Ihnen noch ein Dutzend aufzählen.«

»Wenn ich von hier fortgehe, kommt Christina nie mehr raus.«

»Das müssen wir abwarten. Ich werde hier sofort eine Krisensitzung einberufen. Wie auch immer Sie sich entscheiden: Halten Sie mich ständig auf dem laufenden. Sie können mich jederzeit anrufen. Auch nachts. Und sonst gleich morgen früh um neun Uhr.«

Daß er so eifrig war, verdankte ich Hans-Dietrich Genscher, unserem damaligen Außenminister. Er hatte Anweisung gegeben, mich zu bemuttern.

Nun, das war beruhigend. Die Warnung nahm ich ernst, aber natürlich hielt ich sie auch für eine Pflichtübung Zettels. Ich konnte Zettel verstehen, er mußte mich verstehen. Ich blieb.

Eine gute Chance rechnete ich mir aus, wenn Plínio noch nichts von dem Film erfahren hatte. Ich mußte es drauf ankommen lassen. Aber eines stand sogleich fest: es mußte mich jemand begleiten. Allein traute ich mich nicht mehr in sein Haus. Er brauchte nur eine Tür zuzuschlagen, und schon wäre ich im Nachteil.

Die Zeit drängte. ›Um Punkt siebzehn Uhr‹ hatte Christina geschrieben. Da war es wichtig, das zu beachten.

Doch wen auch immer von meinen Helfern ich fragte, ob er bereit sei, mich zu begleiten – jeder wich aus. Jeder hatte einen unaufschiebbaren Termin. Inzwischen war es 16.45 Uhr.

Mein allerletzter Ausweg war der Bischof. Er hielt gerade seinen Nachmittagsschlaf. Die Haushälterin weckte ihn, und zwei Minuten später kam er, sich die schlohweißen Haare mit der Hand ordnend, die Treppe herunter.

Mit wenigen Worten erklärte ich die Situation. Dann fragte ich: »Können Sie mir einen Ihrer Leibwächter der Militärpolizei mitgeben? Das würde sicher einen gewaltigen Eindruck auf Plínio machen.«

Dom Aldo schüttelte den Kopf.

»Das geht nicht. Die müssen ausschließlich bei mir bleiben.«

Ich hatte es erwartet. Kaum wagte ich die nächste Frage zu stellen. Aber sowohl Christinas Bedrängnis als auch die tickende Uhr ließen es mich dann doch sagen: »Und wenn Sie selbst mitkämen? Dann würden die beiden uns automatisch begleiten.«

Der Bischof zögerte keinen Augenblick.

»Das ist eine gute Idee.« Und zu seiner Haushälterin gewandt sagte er: »Ich muß mal eben etwas in der Stadt erledigen. Um sechs Uhr bin ich zurück.«

Schon waren wir draußen. Eine kurze Erklärung auch zu den beiden Militärpolizisten, und ab ging's, eskortiert vom Militär-Jeep, zu

Plínio. Um 17.05 Uhr bremsten wir vor seinem Haus Nr. 1801. Sicher dachte er im ersten Moment, er würde verhaftet. Ich hätte es ihm gegönnt, diesem kriminellen, undurchsichtigen, feisten Typ. Aber der Bischof sorgte sofort für eine ausgeglichene Atmosphäre.

»Ich habe Senhor Rüdiger nur eben mitgenommen. Er möchte mit Christina auf Novo Brasil sprechen. Das geht doch, oder?«

»Na klar«, atmete Plínio auf. »Wir haben gerade Kontakt bekommen.«

Um 17.08 Uhr hatte ich Christina dran. Sie wartete schon seit einer Stunde sehnsüchtig neben Nilo, dem Pistenfunker. Die Verbindung war schlecht. Ich bat um die Erlaubnis, deutsch sprechen zu dürfen. Natürlich erlaubte Plínio das. Man war doch Cavalheiro, oder?

So konnten wir uns ungestört unterhalten.

»Ich versuche, es ganz kurz zu machen, falls die Verbindung unterbrochen wird«, hörte ich Christina sagen. Damit nahm sie mir die Worte aus dem Mund. Eile war geboten. Sicher war sicher.

»Also, paß auf. Der Obersklave (damit meinte sie Orlando, dessen Namen sie nicht aussprechen durfte) und neun andere Männer haben einen Hilferuf an den neuen Justizmann(minister) und den Umweltsekretär (José Lutzenberger) verfaßt. Zehn Männer haben ihn unterzeichnet. Sie erklären ihre Situation und bitten, herausgeholt zu werden. Den Brief wollte ich mitnehmen, als ich anderntags fliegen sollte. Ich saß schon in der Maschine. Da kam Zezito und zerrte mich raus. Du hättest ihn nicht wiedererkannt. Ich sagte: ›Warum?‹ Er meinte: ›Du wirst schon wissen, warum.‹ ›Nein. Wann kann ich denn fliegen?‹ ›Vielleicht morgen. Vielleicht in vier Wochen.‹ Er lachte nur und ließ mich stehen.

Ich fürchtete, daß es mit dem Brief zusammenhing. Deshalb habe ich ihn gleich aus dem Schuh herausgenommen und auf dem Plumpsklo in einer Ritze versteckt. Da kann ich ihn jederzeit wieder rausholen. Denn wenn sie ihn finden, wird das für die Unterzeichner ein böses Ende nehmen.«

Manchmal unterbrach sich Christina, um sich zu vergewissern, ob alles verständlich war. Dann ging's schnell weiter. Derweil plauschte Bischof Dom Aldo über die heilige Kommunion einer gemeinsamen jungen Bekannten. Boa Vista war eben ein Dorf.

»Kaum war das Flugzeug fort, wurde Zezito deutlicher. Er forderte den Brief. Ich stellte mich dumm. Walter und er durchsuchten daraufhin mein Gepäck. Ganz genau, bis ins Detail. Du glaubst gar nicht, wie froh ich war, daß der Brief weg war.

Der Obersklave ließ mir später beim Abendbrot ausrichten, jemand habe sie verpfiffen. Einer von denen, die er gefragt hatte, die aber nicht den Mut hatten, mitzuunterzeichnen. Ist nur schwer zu beweisen. Habe dem Obersklaven geraten, nur ganz schnell einen Ersatzbrief zu schreiben. Einen harmlosen, den ich dann finden lassen würde. So setzte er einen zweiten auf, an seinen Schwager, einen Kaufmann in Olinda. Er bat ihn um 15 Gramm Gold Kredit, damit er den Rückflug bezahlen könne.

Bei einer erneuten, diesmal heimlichen Gepäckdurchsuchung haben sie ihn gefunden, gelesen und wieder reingetan. Ich hatte mir ein Zeichen daran gemacht.

Ich dachte, nun sei alles okay. Aber Zezito glaubte natürlich dem Denunzianten. Jedenfalls komme ich hier nicht fort.

Ab sofort muß ich auch mein Essen bezahlen. Pro Mahlzeit zehn Dollar = ein Gramm. Ich habe noch 160 Dollar. Als ich Zezito meine schmale Kasse zeigte, lachte er und meinte, für ›fleißige Frauen‹ gäbe es hier viel Geld zu verdienen und zeigte auf Francisca, die tagsüber das Restaurant schmeißt und nachts fünfgrammweise dazuverdient. Ich weiß das, weil wir uns darüber unterhalten haben. Sie braucht das Geld für ihren Sohn, der einen Tumor hat. Der Sohn arbeitet auch hier. Du weißt doch, dieser Blasse, Stille, der ihr immer beim Abwasch hilft.

Kurz und gut – hier ist Krieg. Nicht nur gegen mich. Gestern hätten sich beinahe zwei betrunkene Goldsucher erschossen, ein anderer wollte sich ans startende Flugzeug hängen, um rauszukommen, und Baianos Männer haben gemeutert, weil sie nun nicht mal mehr die eine Mahlzeit kriegen. Zezito wagt sich nicht mehr allein aus dem Haus. Zwei Leibwächter sind ständig um ihn rum.«

»Okay«, unterbrach ich sie, »was soll ich machen?«

Kurz erklärte ich ihr die Sache mit dem Film im TV und daß die deutsche Botschaft informiert sei.

»Ich warte noch genau bis Sonntag, den 1. April. Am 2. werde ich versuchen, zu Fuß zu Tooto zu gelangen. Das sind vier Tage. Er gibt mir sicher sein Boot. Das mit dem Riß. Ich habe reichlich Mullbinde und Teersalbe. Damit kriege ich das Boot dicht. Er wird mir auch einen Mann mitgeben, der mich bis zum ersten Siedler am Rio Deminí bringt.«

»Einverstanden. Denk aber daran, daß du im Wald gefährdeter bist als an der Piste. An der Piste wird Zezito nichts wagen. Da sind zu viele Zeugen. Aber im Wald sind seine Häscher allein mit dir.«

»Der Obersklave wird mitkommen. Außerdem habe ich den 32er Revolver. Den vermutet keiner bei mir. Eine Leibesvisitation haben sie noch nicht gewagt. Anscheinend schützt mich das Empfehlungsschreiben des Gesundheitsministeriums. Sie versuchen, mich zu zermürben. Und die Flucht ohne dich trauen sie mir nicht zu.«

»In Ordnung. Ich höre ja morgen, was Zettel sagt. Morgen abend rufe ich noch mal an, wenn es geht.«

»Ja, noch was. Wenn du den Rückflug durchsetzen kannst – ich komme nur mit dem Obersklaven. Wenn ich ihn hierlasse, ist er ein toter Mann. Zezito ahnt, daß er dahintersteckt.«

Wir verabschiedeten uns.

Ich bat den Bischof, gleich und verbindlich, für morgen einen Termin zu vereinbaren. Plínio sagte zu. Selbstverständlich.

Erleichtert atmete ich auf, als wir im Auto saßen und weiterfuhren. Die Sache wurde spannend. Aber ich mußte auf der Hut sein.

Ich begab mich zurück ins Hotel. Einer von denen, die mich immer wieder ihrer unbedingten Hilfsbereitschaft versichert hatten, der mich jedoch heute ›wegen eines wichtigen Termins‹ nicht zu Plínio hatte begleiten können, saß dort vergnügt beim Abendbrot.

Die halbe Nacht lag ich wach, überlegte mir Auswege.

Um Punkt neun Uhr rief ich Zettel an. Er war sofort am Apparat.

»Die Sache ist die«, begann er. »Man ist uneingeschränkt der Meinung, daß Sie sofort aus Roraima raus müssen. Unabhängig davon haben wir heute nacht die Polícia Federal, die Bundespolizei informiert. Sie hat sich bereiterklärt, Frau Haverkamp herauszuholen. Am besten, Sie melden sich bei der Polícia Federal in Boa Vista. Zuständig ist der Agent Madeira, Telefon 2245114/5979. Und denken Sie daran, hinterlassen Sie immer eine Nachricht, wo Sie sich befinden. Wie kann ich Sie notfalls erreichen?«

Ich nannte ihm meinen Vertrauensmann. Dann hängte ich ein und begab mich schnurstracks zur Polícia Federal.

Das unscheinbare flache Gebäude lag nur wenige Quadras, Häuserblocks, entfernt. Hinge da nicht dieses Schild, wehte da nicht die brasilianische Flagge, und wären da nicht die zahllosen Antennen, man hätte nie das Hauptquartier der allgefürchteten Bundespolizei vermutet.

Bundespolizei-Agent Madeira gähnte und reckte sich. Er wußte sicher viel. Aber unseren Fall vernahm er zum ersten Mal. Lange und vor allem ungeduldig saß ich auf der Wartebank. Ohne jegliches erkennbares Interesse beschied man mir dann gegen elf Uhr: »Das geht klar. Wir holen sie nachher raus.«

»Kann ich mit und die Befreiung dokumentieren?«

»Nein. Das geht keinesfalls. Erstens fliegen wir von Jeremias aus und nicht von hier. Zweitens: Haben Sie eine FUNAI-Erlaubnis?«

»Ist das so wichtig? Ich bin doch in Ihrer Begleitung, und ich kenne keinen der 65000 Goldsucher, der eine FUNAI-Erlaubnis hätte.«

»Ich glaube, daß Sie das nichts angeht. Die Goldsucher sind Brasilianer. Sie sind ein Tourist. Sie dürfen am Strand liegen und Eis essen.«

Bautz. Da merkte man gleich, woher der Wind wehte. Bei mir kam Skepsis auf.

Abends hatten andere Leute Dienst. Keiner kannte den Vorgang, obwohl die Dienststelle kaum größer war als drei Frittenbuden zur Hochsaison. Na gut – vielleicht fiel der Fall ja unter ›streng geheim‹. Endlich tauchte dann doch jemand auf, der mir im Vorbeigehen sagte: »Wir konnten nicht landen. Es regnete.«

»Ist Regen für einen Hubschrauber ein Hindernis?«

Meine Frage bremste den Eiligen.

»Das müssen Sie den Piloten fragen. Jedenfalls haben wir verschärfte Sicherheitsbestimmungen erhalten, nachdem letzte Woche ein Helicopter mit vier Leuten abgestürzt ist.«

Am anderen Tag lag es an der Força Aérea Brasileira, der FAB, der brasilianischen Luftwaffe. ›Sie konnte keinen Hubschrauber abzweigen‹, und dann, am dritten Tag, eröffnete man mir, sehr verstimmt: »Was wollen Sie denn schon wieder? Wir waren gestern abend doch noch da. Aber es gab weder eine Frau namens Christina, noch eine, die blond war, noch hatte irgend jemand von ihr gehört.«

Er hätte mich auch fragen können, wie ich hier ohne Visum in die Sowjetunion gelangt sei – die Frage hätte mich nicht mehr überrascht. Kaum, daß er noch bereit war, sich meinen Einwand anzuhören, das könne gar nicht sein, dann sei man eben an der falschen Piste gewesen.

»Ich habe das immer wieder betont. Es gibt *zwei* Novo Brasil. Die alte und die neue Piste. Die neue ist noch nicht so bekannt, aber sie liegt nur drei Flugminuten von der alten entfernt. Und außerdem habe ich vorgestern abend noch mit ihr gesprochen. Sie ist auf Novo Brasil II.«

Das gab den Ausschlag. Endlose Rückfragen ergaben schließlich: Man hatte Novo Brasil I angeflogen, und obwohl dort jedermann Christina kannte und der Funker Romeo sogar wegen azia, Magenübersäuerung, behandelt worden war, hatten alle die Bekanntschaft geleugnet.

Und noch einmal hatte ich Glück, beim zweiten Funktermin mit Christina. Plínio Coelho, der Boß, war nicht anwesend. Nur der Funker. Und der machte einen völlig unfeindlichen Eindruck: »Halloo, wie geht's, ist Christina noch nicht hier, Cafezinho gefällig?...«

Entweder führte er etwas im Schilde, oder er war einfach nett. Ich nahm das zweite an.

Er stellte den Kontakt zu Christina her. Ich konnte ihr den neuesten Stand durchgeben. Sie versprach, ihre Flucht aufzuschieben. Als ich ihr sagte, daß der Helikopter wegen Regens nicht habe landen können, war sie völlig irritiert: »Hier hat es seit zwei Tagen keinen Tropfen geregnet.«

Mir wurde klar – die Polícia Federal log.

Während ich noch weiter mit Christina sprach und sie sich über den immer dramatischeren Hunger an der Piste beklagte, erblickte ich im Büro des Funkers einen Stapel Säcke, mit einem dicken Filzer beschriftet ›Novo Brasil‹.

»Sag mal«, bat ich den Funker, »kann ich Christina ein Päckchen Lebensmittel zustellen? Kommt das garantiert an?«

Der Funker, als hätte ich ihn nach nichts weiter als der Uhrzeit gefragt: »Na klar. Gib her. Ich packe das in den Sack, der für Nilo, den Funker, bestimmt ist.«

Ich machte eine Blitzwende um einhundertachtzig Grad und sauste nach gegenüber in den Lebensmittelladen. In aller Hast raffte ich zusammen: Mehl, Öl, Milchpulver für Omeletts, Puddingpulver, Äpfel, Paranüsse, Ölsardinen, Tee, Zitronen, Kaffee und Kekse.

Während der Händler mir alles in einen Karton verstaute, legte ich ein paar Durchhalte-Zeilen für Christina dazu, die ich im Puddingpulver versteckte.

Damit es auch wirklich ankam, steckte ich dem Funker zwanzig Dollar zu.

Es kam an.

Christina später: »Du kannst dir gar nicht vorstellen, was das für ein Gefühl war, als Nilo plötzlich zu mir sagte: ›Hier, das ist für dich.‹ Ich habe mich sofort über alles hergemacht, zusammen mit Orlando und seinen Leuten. Ich hatte übrigens alle überflüssigen Ausrüstungsteile schon an seine Leute verteilt, damit ich auf der Flucht nur meinen kleinen Rucksack zu tragen hatte. Einige Klamotten konnten die Männer bei ›wohlhabenderen‹ Goldsuchern gegen Reis tauschen. Mit Orlando hatte ich mir seit Tagen unseren Restsack Müsli geteilt. Ich sagte ihm: ›Es ist wichtig, daß du ein paar Tage auf jedes Essen in der Kantine verzichten kannst. Dann hast du in nur fünf Tagen fünfzehneinhalb Gramm Gold, genug zum Ausfliegen.‹ Zehneinhalb hatte Orlando inzwischen schon als Guthaben.«

Nach dem Schock, daß Christina angeblich unbekannt sei, mußte ich mich zunächst stärken. Ich ging ins ›La Gondola‹ am Goldsucherplatz. Ein halbes Hähnchen, Salat, Limonensaft. Und die Zeitung von heute. Darin verkündete Präsident Collor, er werde der Korruption den Krieg erklären und seinem Land innerhalb von hundert Tagen zu Ansehen in aller Welt verhelfen.

José Lutzenberger, Collors wertvollste Vorzeigefigur, Brasiliens bekanntester und glaubwürdigster Umweltschützer, jetzt Staatssekretär für Umweltfragen: »Ich glaube, daß Collor es ehrlich mit meiner Ernennung meint. Sollte ich nur eine Alibifunktion ausüben dürfen, würde ich mein Amt niederlegen.« Und gerichtet an alle Garimpeiros: »Kommt raus aus den Wäldern. Es muß euch klarsein, daß nur die Piloten, die Prostituierten und die Goldbosse an Gold verdienen. Der kleine Mann stirbt an Malaria, oder er wird das Opfer von Verbrechen – Gewinn macht er nicht.«

Dann begab ich mich zu Dom Aldo. Er wußte immer Rat, auch diesmal.

»Inzwischen ist Ihr Goldrausch-Film fast komplett gelaufen. Es wird immer riskanter für Sie und Christina. Warum chartern Sie kein eigenes Flugzeug?«

Die Antwort lag auf der Hand: Das überstieg meine Mittel bei weitem. Aber auf der anderen Seite – was waren zweitausend Dollar wert, wenn Christina nun doch noch durch meine Unentschlossenheit etwas zustieße? Kann man damit leben? Hätte sie, im umgekehrten Fall, wenn ich in der Falle sitzen würde, um eintausend Dollar gefeilscht, wenn die Situation höchste Eile gebot? Ich war sicher, sie hätte nicht.

Aber dennoch hatte ich das Geld nicht zur Hand. Dom Aldo wollte es mir leihen. Das brachte mich auf die Idee, Zettel um Kredit anzugehen. Er sagte auf der Stelle zu. Noch in derselben Stunde rief Dom Aldo den Piloten Presidente an. Entweder hieß der so oder er war der Vorsitzende der Piloten-Vereinigung. Ich weiß es nicht. Telefon 2246412. Der witterte offenbar das Geschäft seines Lebens und forderte *viereinhalbtausend* Dollar! Dafür fliegt mich die Lufthansa von Frankfurt nach Rio und zurück und LTU sogar dreimal von Frankfurt nach Recife und zurück. Und alle beide inklusive Verpflegung, schmatz hoch drei.

Als ich definitiv absagte, ging er auf zweitausend Dollar runter. Das war okay. Das konnte ich zusammenbekommen. Tausend Dollar hatte ich bei mir, tausend würde mir Zettel leihen.

Morgens wollten wir uns bei der Polícia Federal treffen. Drei Beamte sollten mitkommen.

»Wir landen in Jeremias und nehmen zwei Kollegen mit, die das Gebiet kennen. Sie warten derweil in Jeremias. Es kann zu Schießereien kommen. Wir wollen kein unnötiges Risiko eingehen«, erklärten sie mir.

Ich raste nach Hause, packte Fotoapparat und mein Überlebenspaket ›Regenwald‹ zusammen und stand pünktlich auf der Matte.

Wer weniger pünktlich kam, war Presidente – er kam gar nicht. Rückfragen ergaben, er sei ›plötzlich verhindert‹.

Mir wurde das Ganze zu bunt. Ich weihte den Delgado Brito ein, warum Christina in Wirklichkeit zurückgehalten wurde. Nämlich wegen der Aufdeckung der Sklavenarbeit. Zu Brito hatte ich irgendwie Vertrauen.

Da horchte er auf.

»Das gibt der Sache ja eine ganz andere Bedeutung. Da muß ich unseren Chef, Dr. Josea, informieren. Das ist eine Nummer zu hoch für mich.«

Der Doktor blieb ruhiger als sein Delgado.

»In Ordnung. Wir werden sehen.«

Ich war's leid. Wenn sie Christina erst umgelegt hätten, wäre nur *ich* der Buhmann. Dann hieße es, ›warum hast du nicht?‹

Ich rief Horst Schüler vom ›Hamburger Abendblatt‹ an. Gleich am anderen Tage hatte er es auf Seite eins. Öffentlichkeit ist oft das beste Druckmittel, besonders bei Leuten, die lieber im Verborgenen mauscheln.

Der Artikel würde mehrere Fliegen mit einer Klappe fangen:

Er würde Christina helfen, den Gold-Mafiosi schaden, die Yanomami ins Gespräch bringen, den Sklaven zur Freiheit verhelfen und, wenn's hochkam, dazu beitragen, die Piste zu sprengen.

Über die Sklaven, bat ich ihn, möge er noch nichts berichten, bevor wir nicht Lutzenberger persönlich das Schreiben übergeben hätten. Horst Schüler, wie immer seit dreiundzwanzig Jahren guter Zusammenarbeit, hielt sich mit journalistischer Fairneß an die Vereinbarungen.

Am selben Tag, einem Montag, lag bereits ein Telefax des Abendblatt-Artikels auf dem Tisch des Dr. Josea. Der gab sich stinkesauer.

Agent Brito hatte endlich die zündende Idee, nachdem ich noch einmal von Plínios Agentur erzählt hatte.

»Was, hier gibt es eine Agentur, die mit Novo Brasil in Radio-Kontakt steht?«

»Ja, das erzähle ich doch bereits seit Tagen.«

»Dann lassen Sie uns da hinfahren.«

Drei Beamte und ich jumpten in den Peterwagen und mit Blau- und Rotlicht ging es mal wieder zu Plínio.

Brito ließ wirkungsvoll die Bremsen quietschen, und im selben Augenblick waren wir alle vier in Plínios Büro.

Ich spürte es deutlich: Langsam konnte der Goldboß mich nicht mehr ausstehen. Erst der Bischof, und nun die Polícia Federal. Was sollten denn nur die Nachbarn denken, wenn man es mit solch unterschiedlichen Institutionen zu tun hatte? Wo blieb denn da die Ehre des ehrbaren Goldhändlers?

Aber auf solche möglichen Feinfühligkeiten nahmen wir keine Rücksicht.

Brito: »Sind Sie Plínio Coelho?«

»Ja«, antwortete der und versuchte mit einem treuen Augenaufschlag den Redlichen hervorzukehren. Coelho heißt Kaninchen. Nomen est omen.

»Halten Sie auf Novo Brasil eine Deutsche namens Christina Haverkamp fest?«

»Nein.«

»Er lügt!!« mischte ich mich entrüstet ein. Am liebsten hätte ich seine Ohren auf Kaninchenlänge getrimmt. Aber weder sah Plínio mich noch hörte er mich.

»Sie ist freiwillig dort.«

»Warum darf sie nicht nach Boa Vista?«

»Sie darf. Aber sie hat ja kein Geld.«

»Sie hat Geld!« korrigierte ich, »sonst zahle ich das hier. Und für Orlando auch.«

Als das Kaninchen ›Geld‹ hörte, nahm es sogar mich zur Kenntnis. »Dann zahlen Sie es.«

Ich ließ mir eine Quittung geben. Brito bohrte weiter.

»Warum haben Sie sie also festgehalten?«

»Es gibt viele Gründe.« Und dann sprudelte er heraus: »Sie sind keine Ärzte, sie sind Spione, sie sprechen immer nur deutsch...«

Brito unterbrach ihn.

»Aber es sind Gäste unseres Landes. Sind wir uns einig, daß die Frau morgen abend um 18 Uhr hier vor dem Haus steht? Und Orlando ebenfalls.«

»Warum nicht? Die Passagen sind bezahlt. Die Frau ist um 18 Uhr hier. Orlando einen Tag später. Wir können immer nur eine Person ausfliegen.«

»Wenn Sie sich Ärger auf diplomatischer Ebene ersparen wollen, sollten Sie sich daran halten«, warnte Brito. »Senhor Rüdiger wird mich und den Doktor sofort informieren, wenn sie nicht da ist.«

Ich nickte zustimmend.

Christina war pünktlich zur Stelle. 17 Tage lagen jetzt hinter ihr. Sie war abgemagert, aber glücklich. Als sie vom Pickup sprang, ging ich auf sie zu und sagte leise: »Zeig keine Freude. Bleib ganz cool. Die Ärsche sollen nicht das Gefühl haben, daß sie uns in der Zange hatten.«

Wir feierten im ›La Gondola‹. Es wurde ein später Abend. Zum Schluß waren wir uns einig: Novo Brasil soll uns nie vergessen.

»Morgen gehen wir aufs Revier, und ich zeige Dr. Josea eine Kopie des Hilferufs an Cabral und Lutzenberger.«

»Aber ohne die Unterschriften. Sonst ist da die Hölle los«, warf ich gleich ein.

»Natürlich ohne. Und damit die uns hier nicht einen Strich durch die Rechnung machen, schicke ich eine zweite Kopie direkt an Lutzenberger mit der Bitte um einen Termin.«

Dr. Josea gab sich völlig verschlossen.

»Machen Sie ein Protokoll«, befahl er einem seiner Leute und verschwand.

»Wenn Orlando eingetroffen ist, soll er ebenfalls sofort kommen«, hieß es noch. Dann waren wir entlassen.

Orlando kam um dieselbe Uhrzeit wie gestern Christina. Er kletterte vom Wagen und griff sich sein bescheidenes Restbündel. Als er uns sah, bekreuzigte er sich dreimal, küßte Christina und drückte mir die Hände.

»Jetzt glaube ich, daß ich frei bin«, jubelte er.

Wir nahmen Orlando mit in unser Hotel und luden ihn zum Essen ein. Er verdrückte drei volle Portionen. Zwischen dem pausenlosen Kauen teilte er uns die Neuigkeiten mit.

»Ihr glaubt gar nicht, was nach dem Anruf von Plínio los war! Zezito wollte ja weder Christina noch mich rauslassen. ›Wer rauskommt, bestimme immer noch ich‹, schrie er und war besonders sauer, daß die ganze Piste mithörte. Denn als er sich stur stellte, hatte Plínio ihm gesagt, daß das böse Konsequenzen nach sich zöge. Polizeichef Dr. Josea selbst habe die Sache in die Hand genommen, und ihr Deutschen hättet wohl den ganz großen Draht nach Brasilia.«

Man spürte es: Orlando genoß, nach Wochen der Erniedrigung, die Niederlage und den ohnmächtigen Zorn seines Schmarotzers. Und ehrlich gesagt, wir auch.

»Dann hat Walter lange auf ihn eingeredet und am nächsten Tag – jetzt haltet euch fest! – hat er mir tatsächlich meine fünfzehneinhalb Gramm ausgezahlt. Noch nie zuvor hat einer unserer Leute auch nur ein einziges Gramm zu sehen gekriegt. Alles ging auf unser ›Konto‹, wie es immer hieß – und ich kriegte den Batzen bar auf die Hand.«

Damit wir es auch ja glaubten, zog er sein Amulett an einer Nylonsehne aus dem Hemdausschnitt und verriet: »Da sind sie drin!«

Während er unentwegt weiterkaute, fragte Christina: »Was hast du mit dem Gold vor?«

»Das ist schnell erklärt. Die fünfzehn Gramm gehören meinem Schwager. Er hatte mir damals den Hinflug ausgelegt.«

Goldsucherschicksal, dachten wir. Ein halbes Jahr Sklaverei, fast dabei draufgegangen und absolut null Gewinn.

»Das Schönste ist«, versicherte uns Orlando, »ich bin jetzt schuldenfrei. Ich kann jetzt gehen, wohin ich will.«

»Hast du schon ein Ziel?«

»Auf jeden Fall nie wieder ins Gold und zunächst nach Hause zu meiner Familie. Aber vorher rechne ich noch mit Novo Brasil ab. Morgen früh gehe ich zur Polícia Federal und werde solange Stunk machen, bis alle meine Kumpels raus sind.«

An diesem Abend gingen wir mit dem Gefühl zu Bett, genau richtig gehandelt zu haben und schmiedeten weitere Pläne. Unser hochgestecktes Ziel: die Räumung und Sprengung von Novo Brasil.

Wir saßen noch beim Frühstück im Hotel, als Orlando gegen zehn Uhr bereits von der Vernehmung bei der Polícia Federal zurückkehrte.

Schon beim Betreten des Speiseraumes machte er uns das Zeichen für ›alles okay‹ – den aus der Faust hochgereckten Daumen. Er strahlte übers ganze Gesicht.

»Walter und Zezito werden sich wundern. Ich habe voll ausgepackt. Meine Leute werden in den nächsten Tagen befreit.«

Na, wenn das keine guten Nachrichten waren! Die Goldinvestition für seinen Rückflug hatte sich gelohnt. Natürlich hatte ich auch Orlandos Hotelrechnung gezahlt. Im Eusébio erledigt man dergleichen übrigens schon bei der Anmeldung. Kredit ist ein häßliches Fremdwort. Eher huldigt man Lenins Devise vom ›Vertrauen ist gut, Kontrolle ist besser‹.

»Zeig mal das Protokoll her«, baten wir ihn.

Orlando schlug sich vor den Kopf.

»Ach du liebe Zeit! Das habe ich in der Aufregung ganz vergessen.«

»Dann flitz noch mal schnell hin und hole es, ehe das Ding abgeheftet ist. Hier ist das Geld fürs Taxi. Wir warten solange im Aufenthaltsraum.«

Orlando fand das unwichtig.

»Ist das für euch so bedeutend? Ich habe doch gesagt, was ich dort mitgeteilt habe.«

Ehrlich gesagt, wir wunderten uns über diese Antwort.

»Du weißt, wir wollen damit an die Öffentlichkeit gehen, und da zählen nur Dokumente. Wir sind nächste Woche vielleicht schon in Deutschland, du bist in Olinda – und dann ist alles viel schwieriger. Jetzt kostet es dich nur zehn Minuten.«

»Das ist richtig«, gab Orlando zu. »Hat Christina nicht Lust, dort schnell hinzufahren? Ich würde derweil gern meinen Freund anrufen, ob ich bei ihm wohnen kann.«

Wir merkten, Orlando sah die Polizei lieber von außen als von innen. Bei dem Ruf, den sie genoß, kein Wunder. Doch zu ihm sei man nett gewesen. Er müsse schnell aus dem Hotel raus, hatten sie ihm geraten. Er sei jetzt akut gefährdet, nie wisse man, ob nicht irgendwo bei der Polizei eine undichte Stelle sei und die Goldbosse ihm auflauern würden. Das sei ein guter Rat, leider könne man ihm keinen Leibwächter mitgeben, haha. So habe die Polizei zu ihm gesprochen. Für uns war das ein klarer Fall von Einschüchterung.

Christina also sofort ins Taxi und zur Polícia Federal. *Wenn* jemand das Protokoll bekäme, dann sie.

Kaum war Christina zur Tür hinaus, stürmte Orlando ans Telefon. Gleich darauf kam er zurück und sagte ganz aufgeregt: »Ich habe Glück gehabt. Mein Freund war zu Hause. Aber er wollte gerade mit seinem Boot zum Fischefangen auf den Rio Branco. Er kann mich bei sich unterbringen. Wir treffen uns in zehn Minuten an der Kirche. Ich will das schnell erledigen.«

Sprach's, nahm sein Bündel und eilte zur Tür. Ich blieb. Ich mußte auf Christina warten.

»Wie halten wir Kontakt? Wann sehen wir uns wieder? Wo wohnt dein Freund?«

Ich sprudelte die Fragen nur so raus, wie ein defekter Wasserhahn. Einen Moment zögerte er.

»Ich habe nur seine Telefonnummer. Sobald ich weiß, wo das ist, gebe ich euch hier Nachricht. Okay?«

»Okay und viel Glück.«

Ich wartete zwei Stunden. Langsam, aber sicher, wurde ich ungeduldig. Irgend etwas stimmte nicht.

Erst als Christina durch die Tür stürmte, sah ich meine Befürchtungen bestätigt. Ihre Blicke rasten durch den Aufenthaltsraum, sie blitzten jeden Winkel ab. Dann ließ sie sich erschöpft auf den Stuhl neben mir fallen.

Sie sah mir direkt in die Augen und sprach kein Wort. Sie nippte von meinem frischgepreßten Orangensaft. Dann platzte sie heraus: »Orlando hat uns angeschissen.«

Dabei wedelte sie mit der Protokoll-Kopie vor meinen Augen hin und her, als gälte es, eine Wolke von Piumfliegen zu verscheuchen.

»Er hat nicht nur uns verraten, sondern auch seine Kumpels in Novo Brasil, die armen Schweine, die jeder auf einen Löffel Nahrung pro Tag verzichtet haben, damit er satt wurde und kein Essen kaufen mußte, um auf das für die Ausreise erforderliche Guthaben von fünfzehn Gramm zu kommen. Alle die und die gesamte Sache hat er verraten.«

Sie konnte sich kaum wieder beruhigen.

»Selten habe ich mich so in einem Menschen getäuscht. Wo ist er?«

»Unser Orlando hat 'ne Fliege gemacht. Er verschwand, als du gerade zwei Minuten fort warst.«

»Das habe ich gewußt. Als ich dieses Protokoll las, war mir klar, warum er keine Kopie mitgebracht hatte.«

»Was steht denn da so Schlimmes drin?«

»Soll ich dir das in drei Sätzen sagen?«

»Ja.«

»Darin steht, daß sie alle *freiwillig* nach Novo Brasil gegangen sind und *jederzeit fort* konnten, es gab *ausreichend zu essen*, und er hat auf Heller und Pfennig seinen *Lohn ausgezahlt bekommen*.«

Mir blieb die Sprache weg – bis Christina entschlossen sagte: »Ich fahre sofort zu ihm. Ich will wissen, ob er das gesagt hat, ob sie ihn gezwungen haben, wie er dazu kommt...«

»Wir haben aber keine Adresse. Angeblich trifft er seinen Freund soeben in der Stadt, und der nennt ihm dann die Anschrift und versteckt ihn dort.«

»Wieso hat der keine Adresse? Hier steht sie doch dick und breit.«

Sie legte mir das Protokoll auf den Tisch, und da stand tatsächlich, er, Orlando Cardoso da Silva, vernommen von José Roberto Lopes

Caúla, Delgado de Polícia Federal, ausgewiesen durch Personalausweis, hatte am 3. April 1990 ausgesagt, daß er bei seinem Freund in der Rua Mário Homen de Melo 1336 wohnen wird.

»Dann nichts wie hin!« entschied ich.

Zur Rua Mário Homen de Melo war es nicht weit. Mit dem Taxi fünf Minuten. Ich kannte sie ja bereits zur Genüge, hatte doch Plínio hier seine Agentur.

So sehr wir und der Taxifahrer uns auch durchfragten – das Haus 1336 existierte nicht.

»Es war wohl die einzige Straße, die ihm so schnell einfiel, weil er dort abgesetzt worden war«, erinnerten wir uns.

Damit war Orlando für uns ›gestorben‹. Es war eine herbe Enttäuschung.

Als wir uns wieder beruhigt hatten, hatte Christina noch einen Nachschlag für mich.

»Weißt du, was das zur Folge hatte?«

»?«

»Ich wurde erneut vernommen. Man war regelrecht barsch. Warum wir für die SUCAM gearbeitet hätten, wir hätten doch nur ein Touristen-Visum.«

Sie bebte vor Wut.

»›Wir haben Tabletten verteilt, aber nicht gegen Bezahlung gearbeitet‹, erklärte ich den Beamten. Wir haben auch nie einen Pfennig Geld für die Medikamente angenommen. Alles war Ehrensache. Mich interessiert die Arbeit. Ich studiere Medizin und will mich vielleicht auf Tropenmedizin spezialisieren.‹

›Dann hätten Sie ein Arbeitsvisum gebraucht.‹

›Ich habe ja nicht gearbeitet.‹

›Sie haben nicht nur gearbeitet. Sie waren auch ohne Erlaubnis der FUNAI in einem Indianer-Schutzgebiet und außerdem in einem militärischen Sperrgebiet.‹«

Kurz und gut, ich mußte ebenfalls erneut zum Verhör. Diesmal erhielten wir *keine* Kopie des Protokolls. Begründung: »Wozu? Sie wissen doch, was Sie gesagt haben?«

Uns war völlig klar, daß wir jetzt die schlechteren Karten hatten. Der Wind war umgeschlagen. Zettel von der Deutschen Botschaft hatte recht behalten. Der einzige Unterschied zu seiner Prognose:

Wir liefen noch frei herum. Aber das konnte sich blitzschnell ändern.

Um Schlimmerem vorzubeugen und den Sklaven doch noch irgendwie zu helfen, eilten wir wieder zu Dom Aldo.

Auf der Steinmauer in seinem Vorgarten stießen wir auf einen alten Bekannten: Adalberto. Adalberto Santos, jenen Goldsucher, dessen Tagebuch ich in meinem Buch ›Die letzte Jagd‹ veröffentlicht hatte. Jenes Tagebuch, das von den Morden an den Indianern beim Vormarsch der Goldsucher Zeugnis gab. Als einige Zitate in dem brasilianischen Nachrichtenmagazin ›Isto é Senhor‹ erschienen, versuchte die Goldmafia, ihn auszuschalten. Daß er noch lebte, verdankte er Dom Aldo, der ihn versteckt hatte.

Mit unserem Geld, eintausenddreihundert Dollar, hatte Adalberto sich im Süden des Landes eine neue Existenz aufbauen wollen. Das hätte vollkommen ausgereicht, aber nun saß er auf der Mauer.

Adalberto war nicht wiederzuerkennen. Er wirkte heruntergekommen. Seine Garderobe war schmutzig, ihm fehlten drei Schneidezähne, und er war apathisch. Das Geld hatte er anderweitig ausgegeben.

»Sie wissen doch, wie das mit manchen Menschen ist, wenn sie Geld in die Hand bekommen«, erklärte mir der Bischof auf die entsprechende Frage, »sie geben es für alles mögliche aus. Von Adalberto haben wir uns inzwischen distanziert. Dennoch taucht er hier von Zeit zu Zeit auf. Er hat gemerkt, daß man mit der Masche ›Ich bin bedroht‹ Geld verdienen kann. Sie haben ihm damals Geld gegeben, und inzwischen kassiert er auch von Zeit zu Zeit von einer süddeutschen und einer schweizerischen Organisation Geld ab.«

Der zweite Flop des Tages also.

»Was würden Sie an unserer Stelle unternehmen?« fragten wir Dom Aldo und kamen wieder auf unser Thema zurück. »Wenn Orlando sich schon als Feigling und Verräter entpuppt hat, können doch nicht auch wir hier so einfach verschwinden.«

»Doch, *Sie* können es. Aber man muß die Brasilianer wie Orlando auch zu verstehen versuchen. Solche Leute können *nicht* fort ins Ausland, sie haben *nicht* den Beistand einer diplomatischen Vertretung, und sie sind viel leichter erpreßbar. Vor allem, wenn sie erst Familie haben. Und von solchen Repressalien wird reichlich Gebrauch gemacht. Ich kann Ihnen ein Lied davon singen.«

»Sie haben recht. Aber dennoch – was könnten wir noch tun, außer zu Lutzenberger zu gehen? Der Mann ist ja im Moment völlig überlaufen. Ich las gerade ein Zitat von ihm. Da sagte er, was ihn am meisten an seinem neuen Amt drücke, sei der Orkan der Glückwünsche seiner Freunde.«

»Ja. Es ist immer besser, mehrgleisig zu fahren. Was halten Sie denn davon, hier nebenan im Justizpalast beim Staatsanwalt eine Anzeige gegen die Betreiber von Novo Brasil aufzugeben? Wegen Sklaverei.«

Zunächst blieb mir die Spucke weg.

»Sie meinen, ich hätte bei den korrupten Behörden eine Chance?«

Dom Aldo wiegte sein weises, weißes Haupt.

»Versuchen kann man's ja. Und weil Sie Ausländer sind, ist es vielleicht besser, es als ›Bitte um eine Auskunft‹ zu formulieren. Eine Anzeige kann ja der Staatsanwalt selbst daraus machen.«

Gut. Das war ein Vorschlag. Umwerfend fanden wir ihn nicht. Von vornherein wirkte er aussichtslos. Aber ob er das wirklich war, konnte man definitiv erst sagen, wenn man es versucht und eine Abfuhr erteilt bekommen hatte. Also gingen wir rüber in den Justizpalast.

»Fragen Sie nach dem Staatsanwalt Antônio Ezequiel im Raum 84. Er ist von Collor eigens zur Bekämpfung des Filzes hier in Boa Vista eingesetzt worden. Dann wissen Sie gleich, wie ehrlich oder nicht solche politischen Schachzüge zu bewerten sind.«

Im Justizpalast herrschte Hektik. Lauter wichtige Leute mit Stapeln von Akten eilten hin und jagten her. Offensichtlich gab es viel Gerechtigkeit.

»Um was handelt es sich?« wollte die Vorzimmerdame wissen. Wir drucksten herum. Nannte man ihr jetzt den Grund, konnte sie womöglich entscheiden: ›Fällt unter Kleinviehmist. Uninteressant‹. Und dann stand man wieder vor der Tür.

»Wir sind Gäste Ihres Landes. Wir sind einer für Brasilien beschämenden hochkriminellen Angelegenheit auf die Spur gekommen und würden den Herrn Promotor um einen dringenden Rat bitten. Es dauert nur fünf Minuten.«

Appell an die Gastfreundschaft, um Rat bitten – die Dame schaute uns wohlwollend an, bat uns um ein wenig Geduld und oben in der Cafeteria Platz zu nehmen. Sie würde uns holen. Der Herr Staatsanwalt sei gerade im Prozeß gegen den Goldsucher, der im Alkoholrausch seinen Kameraden getötet, enthauptet und seiner Gliedmaßen mittels Machete beraubt hätte. Aber das Urteil, wahrscheinlich lebenslänglich, würde gleich verkündet. Dann sei der Herr Staatsanwalt frei. Sie würde uns dann holen.

Zwanzig Minuten später kam sie selbst herauf und bat uns, zu kommen.

»Machen Sie es wirklich kurz. Der Staatsanwalt erstickt in Arbeit.«

Sie klopfte an die Zimmertür, die daraufhin von innen geöffnet wurde. Ein Polizist leitete uns zum Nebenraum, der ebenfalls verschlossen war. Er klopfte dezent an den Türpfosten und Ezequiel persönlich öffnete.

Er hatte gerade seine Robe an einen Haken gehängt und sich ein frisches Hemd angezogen. Der Raum war klimatisiert, und auf dem Tisch stapelten sich Schnellhefter mit Vorgängen. Aber alles tipptopp sauber in Reih und Glied, keinerlei Unordnung, wie man es sonst so oft sah.

Ezequiel gab sich sehr reserviert. Ja bitte, um was es sich handele. Wir erklärten kurz die Situation und legten ihm die widersprüchlichen Schriftstücke des Orlando vor: den Hilferuf und das Protokoll. Wir seien Augenzeugen dafür, daß der Hilferuf der Wahrheit entspräche. Was wir machen sollten, die Männer in Novo Brasil setzten all ihre Hoffnung auf uns.

In professioneller Windeseile hatte er die beiden Papiere überflogen.

»Bitte zwei Fotokopien«, wies er seine Mitarbeiterin per Telefon an.

Er stempelte die Kopien und unterzeichnete sie. Somit wurden sie zu Zweit-Originalen. Die Originale gab er uns zurück. Wir wagten, das als gutes Zeichen zu werten.

Die ganze Zeit hatte er sonst nichts gesprochen. Seine Unnahbarkeit war unheimlich. Hoffentlich ging der Schuß nicht nach hinten los. Von wegen ›Einmischung in innere Angelegenheiten‹ und ›Wie kommen Sie denn ins Sperrgebiet?‹.

Aber Ezequiel sagte nichts dergleichen. Statt dessen telefonierte er. Am anderen Ende der Leitung, wir stürzten fast vom Hocker, unser Polícia Federal-Chef und ›Freund‹ Dr. Josea.

Verstanden wir auch nur die Hälfte, so war schnell klar, daß Dr. Josea die Leviten gelesen wurden. Und nicht zu knapp. Das Telefonat dauerte mindestens zwanzig Minuten. Die Art, wie Ezequiel das Gespräch beendete und den Hörer auflegte, machte deutlich, jetzt würde etwas passieren. Und mit Sicherheit zum Nachteil des Dr. Josea.

Die Sekretärin mußte erneut erscheinen. Sie lächelte uns zu. Eine halbe Stunde waren wir nun hier, statt fünf Minuten. Also hatte sie richtig entschieden. Wir hatten eine wichtige Angelegenheit vorzutragen gehabt.

»Bitte schicken Sie folgendes Telex an den Chef der Polícia Federal in Brasilia, Romeu Tuma.«

Und er diktierte ihr geradezu Musik für unsere Ohren.

Er, Ezequiel, sei von Collor als Sonderbeauftragter in Sachen Garimpo eingesetzt worden. Es sei ihm beweiserheblich zur Kenntnis gelangt, daß auf der illegal angelegten Piste Novo Brasil weiße Sklaven gehalten würden, die unter unzumutbaren Bedingungen arbeiten müßten.

»Leider erfahre ich von der hiesigen, dafür zuständigen Behörde keinerlei Unterstützung. Deshalb bitte ich Sie, sich in die Angelegenheit einzuschalten.«

Unter der Tischplatte seines Schreibtisches suchte ich Christinas Hände, um uns zu gratulieren. Wir jubelten innerlich, wie die Brasilianer beim Karneval äußerlich. Wir hatten gesiegt. Der Weg hatte sich gelohnt, Dom Aldos Tip war wieder einmal Gold wert gewesen. Wir hätten die Welt umarmen können. Wir glaubten wieder an Gerechtigkeit. Aber wie oft hatten wir auch erlebt, daß Hoffnungen sich urplötzlich in Luft auflösten, daß sie wie schillernde Seifenblasen zerplatzten.

Ezequiel enttäuschte uns nicht. Er gab uns sogar unaufgefordert eine Kopie des Telex und sagte: »Sie sollen in Ihrer Heimat nicht denken, daß es in Brasilien nur Korruption gibt. Es gibt auch Gerechtigkeit. Ich danke Ihnen, daß Sie zu mir gekommen sind.«

Dann entschuldigte er sich mit Blick auf die ungezählten Schnellhefter und dafür, daß er sich hinter mehreren Türen verschanzen müsse.

»Sicherheitsprobleme. Rufen Sie mich morgen früh gleich um neun Uhr wieder an.«

Am liebsten wären wir gelaufen. So leicht war uns zumute. Statt dessen sagte ich: »Laß uns noch ein Stück bolo, den selbstgebackenen Marmorkuchen von der Senhora in der Cafeteria essen und uns einen Kaffee gönnen. Viva Brasil!«

Statt Ezequiel anzurufen, zogen wir es vor, wieder persönlich hinzugehen, was er auch nicht beanstandete. Trotz Dringlichkeit hatte Tuma sich noch nicht gemeldet.

»Leider muß ich morgen für eine Woche nach Brasilia zu einer Tagung. Aber machen Sie sich keine Sorgen. Die Angelegenheit läuft.«

»Wie lange kann es denn mit Tumas Antwort möglicherweise dauern?«

»Das weiß ich nicht. Ich habe das Telex als ›dringend‹ abgefaßt. Kann sein heute, kann sein morgen.«

»Wenn Sie so lange fort sind, fürchte ich, geht für die Sklaven viel Zeit verloren.«

»Ach so, deshalb sorgen Sie sich. Das brauchen Sie nicht. Ich vergaß, Ihnen zu sagen, daß ich gestern, gleich nachdem Sie fort waren, Anweisung gegeben habe an die Polícia Federal in Jeremias, Novo Brasil zu besetzen und zu räumen. Die Männer sind bereits dort.«

Für Staatsanwaltverhältnisse sicher zu überschwenglich, aber aus vollem Herzen, bedankten wir uns bei Ezequiel und verabschiedeten uns.

Hinter uns drehten sich gleich wieder die Schlüssel in den Türen. Sicherheitsprobleme.

»Dann könnten wir ja eigentlich nach Brasilia zu Lutzi«, meinte Christina.

Ich war einverstanden. Es waren nur noch Kleinigkeiten zu erledigen, als ein Wagen der Polícia Federal vor unserem Domizil vorfuhr: Aufforderung zur dritten Vernehmung bei Dr. Josea. Morgen früh, neun Uhr. Dann war Ezequiel bereits in Brasilia. Josea bewies gutes Timing. Machtkampf unter Giganten. Er wollte uns zeigen, wer der Herr in Boa Vista war. Und das tat er anderntags.

Was ich hier noch wolle, raunzte er mich an. Christina sei frei, die andere Sache durch Orlando geklärt. Er wäre das leid. Was wir uns erlaubt hätten, reiche für fünf Jahre Gefängnis.

Er bugsierte uns in einen Vernehmungsraum, und wieder begann die Fragerei, diesmal wesentlich gründlicher. Ob ich schon mal in Roraima gewesen sei, ob ich journalistisch arbeite, zum Beispiel fürs Fernsehen, was ich mit der Kirche zu tun habe, für welche Organisation ich tätig sei...

Und wieder kamen die Slogans: Aufenthalt in militärischem Sperrgebiet, unerlaubtes Arbeiten, illegaler Journalismus, Mißachtung des Indianer- Schutzgebiets...

Wieder konnten wir uns nicht verkneifen zu spotten: »Wir haben viele Goldsucher gefragt, wo man diese Erlaubnis erhält. Keiner von ihnen hatte eine, und niemand konnte uns sagen, wo man sie erhält.«

Der Vernehmende ersparte sich und uns die Antwort. Er ließ uns seine Verachtung spüren. Unsere Gefühle schwankten zwischen Angst und Optimismus. Fünf Jahre Knast in Brasilien – das hielt selbst der Robusteste nicht aus. Und der war ich nicht. Noch immer saß mir die Malaria in den Knochen. Aber dann war da unsere Rükkendeckung Dr. Ezequiel. Spätestens in einer Woche wäre er aus Brasilia zurück. Spätestens dann würde er uns rausholen. Und zur Zeit wußten sowohl Dom Aldo als auch Zettel, daß wir wieder verhört wurden. Wir taten keinen Schritt mehr, ohne Nachrichten zu hinterlassen. Wir gingen nur noch zu zweit durch die Stadt und mieden die Dunkelheit.

Auch Horst Schüler hatten wir informiert.

»Jetzt kannst du die Sklavengeschichte bringen.«

Aber seine Antwort war: »Meine Kollegen glauben dir nicht. Die Deutsche Botschaft hat bei Rückfrage abgewiegelt. Es sei alles halb so schlimm.«

»Wir haben das alles schriftlich«, gab ich zu bedenken.

»Rüdiger, du weißt ja, wie das ist. Wer viel unternimmt, erlebt viel. Und wer viel Erfolg hat, hat automatisch viele Neider. Schreibtischleute können nicht begreifen, was ihr da gemacht habt. Sie blocken ab und damit basta. Ich kann nichts tun.«

Nun, das war enttäuschend, aber zunächst nicht zu ändern. Da hatten wir solche starken Beweise gegen die Mafia in der Hand – und man glaubte uns nicht. Aus Ignoranz. Aus Neid. Aus Arroganz.

Die Vernehmung dauerte drei Stunden. Dom Aldo sah uns schon in der Zelle. Bevor er Gott und die Welt alarmieren wollte, machte er sich die Mühe und schaute herein. Eskortiert von seinen zwei Leibwächtern tauchte er im Vorzimmer der Polícia Federal auf. Wir konnten ihn durch die Glasscheibe sehen. Als Vorwand hatte er irgendeine banale Frage, Zeit genug für uns, ihm das Alles-okay-Zeichen zu geben.

Er war genau im richtigen Moment erschienen. Eine halbe Stunde vorher kreisten unsere Gedanken noch um die möglichen fünf Jahre Gefängnis. Doch inzwischen war der Stand der Vernehmung weiter gediehen:

›Rüdiger Nehberg und Christina Haverkamp werden des Landes verwiesen. Sie haben Brasilien innerhalb einer Woche zu verlassen und zahlen eine Geldstrafe von (umgerechnet) einhundert Deutsche Mark.‹

Schon erstrahlte die Welt wieder in anderem Licht. Das war ein akzeptabler Tausch: fünf Jahre gegen Ausweisung.

Entsprechende Stempel in den Paß, und wir standen auf der Straße. Heute abend würden wir nach Brasilia fliegen und morgen dort José Lutzenberger treffen.

Ein letztes Abendessen sollte die Abschlußfeier sein. Die Maschine ging nachts um halb drei, eine unmögliche Zeit, aber die einzige, zu der man ad hoc Tickets bekam.

Da rief es laut über die Straße: »Hallo Christina, hallo Rudi!«

Fünf wild gestikulierende Männer stürmten zu uns herüber.

»Das sind ja Pistenarbeiter von Novo Brasil«, erklärte Christina.

Sie waren es tatsächlich, und sie schäumten über vor Freude und Neuigkeiten: »Zehn Leute von der Polícia Federal haben die Piste Novo Brasil besetzt. Gegen Walter, Zezito und den eigentlichen Boß im Hintergrund, einen gewissen Manoel Veloso aus Imperatriz, liegen Anzeigen vor. Sie mußten ihre Waffen abgeben und stehen unter Arrest. Sie dürfen die Piste nicht verlassen. Plötzlich gab's reichlich zu essen, die Preise wurden gesenkt, und alle erhielten ihren Lohn. Ihr hättet Zezito erleben müssen! Die Liebenswürdigkeit in Person. Wäre er immer so gewesen, hätte man die Arbeit aushalten können. Aber nun wollen alle weg. Kein einziger will mehr bleiben. Wir waren die ersten, die nach Jeremias ausgeflogen wurden. Ein Richter hat unsere Aussagen zu Protokoll genommen. Inzwischen sind die meisten anderen bestimmt auch schon raus.

Die Polizisten sagten, wenn alle raus seien, würde die Piste gesprengt.«

Am 10. April 1990 trafen wir morgens um acht Uhr mit dem Flug VG 910 der VARIG in Brasilia ein.

Die Sklavengeschichte mit allen verfügbaren Unterlagen sandten wir sofort an Claudia Andujar von der CCPY, die glaubwürdige Zentrale der Yanomami-Freunde in São Paulo. Zwei Jahre später fand sie Erwähnung in einer Rede des Davi Yanomami vor der Generalversammlung der UNO (siehe Anhang).

Teil II
Auf 120 Bambusrohren über den Atlantik

Am Ziel?

»Fünf Mil-li-o-nen Mark!« flüsterte ich ehrfürchtig. Dabei drückte ich Tilmans Hand so fest ich konnte und wiederholte die Summe noch einmal: »Fünf Millionen Deutsche Mark!«

Wir alle drei kamen uns vor wie Lottogewinner, die ihr Glück gar nicht fassen können und die es immer wieder vom anderen bestätigen lassen müssen, um es zu begreifen.

Wir – das waren Tilman Zülch, der Bundesvorsitzende der ›Gesellschaft für bedrohte Völker‹ in Göttingen, Christina Haverkamp und ich. Wir befanden uns im Fahrstuhl des Bundesministeriums für wirtschaftliche Zusammenarbeit in Bonn in der Karl-Marx-Straße und schwebten nicht nur auf Wolken, sondern vor allem von der zweiten Etage ins Erdgeschoß. Wir tauschten die Besucherlegitimationen gegen unsere deponierten Personalausweise und standen schließlich auf der Straße, sorgfältig beobachtet von diversen Videokameras.

»Hättest du das wirklich gedacht?« raffte sich Tilman zu einem ersten Satz auf.

»Ich hatte es gehofft, weil die Idee gut war«, antwortete Christina für mich. Sie mimte die Sachliche. Bestimmt wollte sie gleich wieder ihr Mathematikstudium zur Sprache bringen und etwas von berechenbarer Wahrscheinlichkeit zum besten geben. Aber sie verschonte uns damit und beschränkte sich im stillen mit der Berechnung von Zinsen und Zinseszinsen, die dem Projekt außerdem zugute kommen konnten.

»Ja«, pflichtete ihr Tilman bei, »die Idee war überzeugend. Ein stichhaltigeres Projekt wird man kaum finden können. Wenn man bedenkt, daß dafür ein Stück Regenwald von der Größe der Schweiz erhalten werden könnte, ist es sogar sehr preiswert«, fügte er hinzu und verglich offenbar Grundstückspreise von Göttingen, der Schweiz und Nordbrasilien miteinander.

Dabei war die Idee eher zufällig entstanden. Ich hatte von einem Sonderfond der Bundesregierung gehört, der der Erhaltung des tropischen Regenwaldes zugute kommen sollte. Eine viertel Milliarde Mark harrte ihrer sinnvollen Bestimmung. Das Geld sei da, hörte man in Naturschützerkreisen, aber es mangele an Vorschlägen, an Projekten, und außerdem sei eine solch geringe Summe von 250 Millionen ›eher ein Witz‹ als eine Möglichkeit, etwas zu bewirken. Nicht einmal ein Tropfen auf den heißen Stein sei das.

Da erinnerte ich mich einer Bestimmung der brasilianischen Verfassung, die ganz klar festlegte, daß ein Stück Land nicht veräußert oder verändert werden dürfe, solange dessen Urbevölkerung es bewohne. Genau das traf zu im Falle der Yanomami-Indianer. Solange der Kontinent anderweitig erobert und geplündert wurde, haben ausschließlich sie hier im Norden Brasiliens gelebt. Es war und ist ihr Land. Das steht nicht nur in der brasilianischen Verfassung, sondern es wurde inzwischen von mehreren Gerichten bis hin zum höchsten ausdrücklich bestätigt. Die maßgeblichen Politiker jedoch ignorierten alle Beschlüsse. Mit immer neuen Einwänden und Hinhaltemanövern versuchten sie, Zeit zu gewinnen. Da war das Gangsterstück des Präsidenten José Sarney – die Sache mit den neunzehn Waldinseln. Und da war die öffentlichkeitswirksame Sprengung von vierzehn der einhundertzwanzig illegalen Landepisten, mit der Fernando Collor, damaliger Machthaber, sich in Szene setzen wollte. Ein FUNAI-Präsident bezeichnete dies als Clownnummer des Jahres. Was Collor nämlich nicht zeigte, war, daß Sprengungen das ungeeignetste Mittel waren, der Eroberung des Yanomami-Landes durch die Goldsucher Einhalt zu gebieten. Nach drei Tagen waren die Krater von vielen fleißigen Sklavenhänden im Dienste der Goldmafia wieder fein säuberlich zugeschüttet und planiert worden. Natürlich diesmal unter Ausschluß der Öffentlichkeit. Wirklich durchgreifende Maßnahmen wären einzig der radikale Nachschubstop für die Goldsucher, die Konfiszierung allen Gerätes – vom Spaten bis zum Flugzeug – und drastische Strafen.

Die Taktik solcher Hinhalteaktionen war klar. Mit etwas Glück und Geduld würde sich das Yanomami-Problem von selbst lösen. Die Indianer würden sterben, sie würden ausgerottet. Infolge fortgesetzten Mordens zum einen, infolge eingeschleppter Krankheiten, vor allem unterlassener medizinischer Versorgung zum anderen und schließlich infolge der Vernichtung ihrer Lebensgrundlage in Form von Wild, Fisch und Plantagen.

Würde man nun die Yanomami mit einem engmaschigen Netz kleinster Krankenstationen drei Jahre lang betreuen, und würde man gleichzeitig dem Goldsucherspuk ein Ende bereiten, und würde man sie ferner solange auch mit Lebensmitteln versorgen, bis ihre Gärten und der Wald das wieder übernähmen, dann würde man sie vor Ausrottung bewahren, und ihr Waldgebiet bliebe unveräußerlich.

Dieser Idee konnten sich nach einem zweistündigen Gespräch bei Tee, Kaffee und Teegebäck der Ministerialdirektor Bernhard Schweiger und seine drei Berater anschließen.

»Drei Bedingungen sind jedoch an diese Geldvergabe geknüpft«, machte Dr. Schweiger noch einmal deutlich. »Ein Viertel dieser Summe müssen Sie selbst aufbringen, das Projekt muß von einer staatlichen brasilianischen Stelle getragen und die Mittel müssen angefordert werden, und eine honorige deutsche Organisation, die Erfahrung im Umgang mit derartigen Mitteln hat, muß die korrekte Durchführung garantieren.«

Das waren klare Konditionen. Das ›Eigengeld‹ sollte man eigentlich über ›Greenpeace‹, den ›WWF‹ und private Spender mühelos zusammenbringen können. Wußte ich doch aus Erfahrung, daß für konkrete Projekte, die den Spender überzeugen, Gelder lockerzumachen sind.

In Brasilien Interesse für dieses Angebot wecken zu können, schien mir am leichtesten, hörte man dort doch ständig die Klage, des Staates guter Wille, den Yanomami zu helfen, scheiterte lediglich am Geld. Aber mir war auch klar, daß die Gefahr immens groß war, daß diese Gelder der Korruption zum Opfer fallen könnten.

Deshalb war die Forderung der Kontrolle durch eine deutsche bewährte Institution verständlich und unumgänglich.

Dr. Schweiger hatte ›Miserior‹ vorgeschlagen. Christina griff den Vorschlag auf.

»Laß uns gleich bei ›Miserior‹ in Aachen anrufen und um einen Termin bitten.«

Als Sachverständigen hatte man uns Alfred Ruppert genannt.

»Das können wir machen«, sagte Tilman. »Aber es macht bestimmt einen besseren Eindruck, wenn wir vom Büro aus ›Miserior‹ offiziell anschreiben, statt uns gleich ans Telefon zu hängen.«

Das leuchtete allen ein.

»Aber wir könnten heute schon beim ›Roten Kreuz‹ und der ›Welthungerhilfe‹ nachfragen, ob sie in irgendeiner Weise mitwirken möchten«, beharrte Christina. »Beide sind hier in Bonn vertreten, und wo wir schon einmal hier sind...«

Schon lange nicht mehr hatte ich mich so zufrieden gefühlt wie an diesem Tag. Für mich war es die Ankunft am Ziel nach langer beschwerlicher Reise. Ich hatte das Bedürfnis, mich auszuruhen. Am liebsten schon gleich und gewissermaßen symbolisch. Wir gingen ins ›Churrasco‹ am Bonner Hauptbahnhof. Bei einem Salat ›soviel Sie mögen‹ und einem Liter fruchtiger Sangria ›feierten‹ wir das kleine Ereignis.

»Wenn das wirklich klappt, kann ich mich endlich einem anderen Thema zuwenden. Seit über zehn Jahren habe ich nichts anderes mehr von der Welt gesehen als Brasilien und die Yanomami«, resümierte ich. »Ich bin regelrecht einseitig geworden.«

Tilman wollte gerade wieder eine Gabel voll Salat zum Mund führen. Aber mitten in der Bewegung hielt er inne.

»Nur Brasilien hast du gesagt? Dann vergiß nicht deinen Marsch zum Papst und die Kurztrips zur UNO und der Weltbank. Man darf wohl sagen, daß du auch ohne die fünf Millionen einiges für die Yanomami in Bewegung gesetzt hast. Ich würde sagen, neunzig Prozent der Deutschen, die die Yanomami kennen, haben ursächlich durch dich davon erfahren. Bis auf ein paar Ethnologen hatte den Namen hier noch kaum jemand gehört.«

Das ging mir runter wie Salatöl. Es war tatsächlich schon einiges an Aktionen, TV-Filmen und Büchern zusammengekommen. Dazu kamen knapp zweitausend Vorträge, einhundert Kilo Zeitungsberichte, dreihundert Rundfunk-Interviews und drei Dutzend Talk-Shows.

»Nicht zu vergessen, die ›Kleine Anfrage‹ bei der Bundesregierung«, erinnerte Christina.

Ja, richtig. Aber sie ging nicht auf mein Konto. Das war die Idee des CDU-Bundestagsabgeordneten Michael von Schmude. Er hatte, zusammen mit einigen anderen Mitgliedern des Bundestages, den damaligen Gouverneur von Roraima, Romero Jucá, besucht und sich lediglich vorher bei mir über den Stand der Yanomami-Situation informiert. Dadurch hat er die Verschleierungstaktiken dieses Hauptdrahtziehers des Völkermordes sofort durchschaut, und er verfaßte dann die ›Kleine Anfrage‹.

Auf Schmudes Einladung hin übergab ich sie in seinem Beisein der Bundestagspräsidentin Rita Süßmuth, zusammen mit einem Rosenstrauß und einem Exemplar ›Die letzte Jagd‹.

Schmude hatte mir Laien damals klargemacht, was es mit den ›Kleinen Anfragen‹ auf sich habe: »Mindestens sechsundzwanzig Abgeordnete müssen sie stützen. In diesem Falle waren es, ohne daß ich groß darum gebeten hatte, dreiundfünfzig, und sie kamen aus allen Parteien. Mühelos hätte ich sogar hundert zusammenbekommen können.«

Ich erfuhr auch, daß ›Kleine Anfragen‹ normalerweise beliebte Mittel der Politik seien, sich selbst, gehörte man zur Koalition, offiziell loben zu lassen oder der Regierung eins auszuwischen, wenn die Anfrage aus der Opposition kam.

Kern der (An)fragen Schmudes war der, ob die Bundesregierung eine Möglichkeit sähe, auf Brasilien zur Einhaltung seiner Verfassung Druck auszuüben. Die Antwort: nein, leider nein, ›innere Angelegenheiten‹.

›Miserior‹ in Aachen gab uns postwendend einen Termin. Alfred Ruppert war unser Gesprächspartner. Schon die Art, wie er uns begrüßte, signalisierte die gleiche Wellenlänge. Sehr bald merkten wir im Gespräch, daß er sich in Brasilien hervorragend auskannte. Unsere Vertrauten vor Ort kannte er noch viel besser als wir, und unsere Freunde waren auch die seinen; eine solide Basis für eine konstruktive Zusammenarbeit. Alfred Ruppert war ein Experte, wie wir ihn uns nicht hätten besser wünschen können.

»Ihr habt recht«, sagte er sehr bald, »wenn wir das Projekt auf die Beine kriegen, würde es wirklich etwas bewegen. Ich denke, wir von ›Miserior‹ könnten den organisatorischen Teil der Aktion übernehmen. Ich werde das bald abklären.«

Doch leider hatten wir die Rechnung ohne den Wirt gemacht.

Die ›Gesellschaft für bedrohte Völker‹ hatte sowohl das brasilianische Gesundheitsministerium als auch das Umweltsekretariat des José Lutzenberger angeschrieben. Als die Antwort ausblieb, wiederholte sie das Angebot. Als jedoch auch daraufhin keine Reaktion erfolgte, wurde ich zornig. Ich überlegte weitere Aktionen. Niederlagen regen bekanntlich die Phantasie an, und wir organisierten mit der ›Gesellschaft für bedrohte Völker‹ eine Demonstration vor der Brasilianischen Botschaft in Bonn. Demokraten, die wir waren, hatten wir den Protest bei der Polizei angemeldet, und diese hatte uns mit rheinländischer Gastfreundschaft gegenüber des Botschaftsitzes in der Kennedyallee 74 ein ausreichend großes Stück Terrain reserviert. Mehrere Polizeibeamte eskortierten unsere Aktion und garantierten der Botschaft, daß wir ihre Zuwege nicht beeinträchtigten.

Mit unserer Protestaktion wollten wir Sympathien in der Bevölkerung wecken. Sie sollte Desinteressierte neugierig machen, Journalisten zum Schreiben anregen und über eine möglichst große Medienresonanz Brasiliens Politiker entlarven.

Wir offerierten den Passanten und Journalisten Tropenfruchtsäfte und Butterkuchen. Dorothee Silz aus Verl spendierte uns 500 (= 500 Jahre Columbus) rote Rosen, und es gab Luftballons mit folgender Aufschrift auf einem angehängten Zettel: ›Wußten Sie, daß in genau diesem Moment in Brasilien das letzte indianische Volk, die Yanomami, ausgerottet werden? Es informiert Sie darüber gern näher: die Brasilianische Botschaft in 5300 Bonn 2, Kennedyallee 74, und die ›Gesellschaft für bedrohte Völker‹ in 3400 Göttingen, Postfach 2024.‹

Das Haupt›schaustück‹ war jedoch ein langer, geschlossener Miet-Lkw. Er war mit Stühlen bestückt, die zwanzig Personen Platz boten. Ein kleiner Vortragsraum also, in dem wir zehnminütige Dia-Vorträge über die Ausrottung der Yanomami zeigten: Bilder, die die rücksichtslose Zerstörung ihres Urwaldes ebenso belegten wie die Kranken und die Toten. Dazu wurde jedem, den es interessierte, ein offener Brief an Präsident Collor in die Hand gedrückt.

Auch für die ausreichende ›Dekoration‹ war gesorgt. Da waren große Transparente am Auto, da waren zwei wunderschöne Pflanzengestecke, die die Vielfalt des Regenwaldes zeigen sollten, da war eine große brasilianische Flagge mit viel Trauerflor, und da war, last but not least, ein vier Meter langer morscher Baumstamm. Neben ihm lagen ein menschliches Skelett, eine Motorsäge und an den Restästen hingen Fischskelette und Goldtaler. Einige Fischreste waren bereits so mürbe und voll neuen Lebens (sprich Maden), daß wir sie nicht mehr hängen, sondern nur noch legen und zerfließen lassen konnten.

Daneben die Prognose der Cree-Indianer: ›Erst wenn der letzte Baum gerodet, der letzte Fisch gefangen, der letzte Fluß vergiftet worden ist, werdet ihr merken, daß man Geld nicht essen kann.‹ Das gleiche Schaustück hatten wir auch en miniature hergestellt. Die Fische waren aus Silberdraht, das Skelett aus Plastik und die Motorsäge konditormäßig aus Marzipan. Im Beisein von mehreren Journalisten überreichten wir es zum Abschluß der Demo einem Repräsentanten der Botschaft. Sichtbar unbehaglich nahm er es entgegen und sagte zu – was sollte er auch anderes tun? –, den offenen Brief nach Brasilia weiterzuleiten. Auch über diesen Kanal hörten wir nie wieder ein Wort.

Also waren wir noch lange nicht am Ziel.

Parallel zu dieser Taktik der Verzögerung und Ignoranz kam allmonatlich die Rundbrief-Information der ›Kommission zur Gründung des Yanomami-Parks‹ (CCPY). In betont sachlicher Weise setzte sie alle Freunde und Unterstützer der Yanomami vom jeweils aktuellen Stand der politischen Entwicklung in Brasilien in Kenntnis. Diese sogenannten ›Updates‹ lasen sich wie ein deprimierender Thriller. Sie bestätigten, was wir mit dem ignorierten BMZ-Angebot erlebt hatten und belegten, daß die Menschheit auch fünfhundert Jahre nach dem ersten Einmarsch der Weißen in Amerika nichts, absolut nichts dazugelernt hatte, daß Mord und Rücksichtslosigkeit die wahren Mittel unserer gepriesenen Zivilisation waren und blieben und daß auch die Kirche – jedenfalls deren höchste Führungsschicht – sich immer noch nicht aufraffen konnte, die beschämende Schattenseite des Christentums in Form von Zusammenarbeit mit den Machthabern – statt deutlicher Distanzierung von diesen – in ein besseres, christuswürdigeres Licht, zu rücken. Hier ein paar Stichworte aus den Updates:

März 1990 – Präsident Collor übernimmt die Regierung von José Sarney. Er verspricht, den Yanomami ihr Reservat zu geben und ordnet die Sprengung der illegalen Landepisten an. Aber nur vierzehn schafft die Polícia Federal bis Anfang Mai, obwohl Luftwaffe, Armee, FUNAI und die IBAMA (Umweltschutzbehörde) daran beteiligt sind. Dann mangelt es bereits an Geld, und außerdem beginnt die Regenzeit. (Die Goldsucher kennen solche Probleme nicht. Sie arbeiten auf Sklavenbasis umsonst, und Regen scheuen sie nicht. Wenige Tage nach der Sprengung waren die meisten Pisten repariert. Mein Vorschlag: Das Militär sollte bei den Goldsuchern in die Lehre gehen.)

In den folgenden Monaten: – Gesundheitsminister Alceni Guerra fürchtet, das ganze Volk der Yanomami würde ausgerottet, wenn nicht umgehend Hilfe eingesetzt werde.

– Die Zeitung ›Estado de Roraima‹ (2.8.90): ›Die FUNAI verfügt nicht einmal über ein Flugzeug, das kranke Indianer in die Casa do Indio bringen könnte, die im übrigen mehr einem Hühnerschlag ähnelt als einem Krankenhaus. Die Yanomami können weiteren leeren Versprechungen nicht mehr standhalten.‹

– Nach neunzig Tagen Collorscher Hinhaltetaktik, der Brief des Davi ›An alle Menschen der Erde‹, ein erschütternder Hilferuf. Er verhallt ohne jedes Echo aus Regierungskreisen. Davi droht, seinen UNO-Umweltpreis ›Global 2000‹ zurückzugeben, weil für die sinnlose Sprengung der Pisten mehr Geld ausgegeben wird, als zur Rettung seines Volkes nötig wäre.

– Der 7. Bundesgerichtshof erklärt Sarneys Neunzehn-Waldinsel-Kriminalstück für illegal, verfügt die sofortige Annullierung des Präsidentenerlasses und die Entfernung der Goldsucher. Keine Reaktion der Regierung.

– Um Aktivität vorzutäuschen, transportiert die Bundespolizei einige hundert Garimpeiros aus den Yanomamiwäldern in die illegalen, ebenfalls den Indianern gehörenden Gebiete, die Sarney zum Goldschürferterritorium erklärt hat. Von dort wandern sie sofort wieder ab in die Gebiete ihrer Wahl, dahin, wo man sie hergeholt hatte.

– Infolge des gefallenen Goldpreises ziehen einige tausend Goldsucher ab. Andere beginnen mit dem Abbau von Cassiterit, auch Zinnstein genannt, einem braunschwarzen Mineral.

– Verwüstung und Willkür halten an. Amazoniens Armeechef Rosa Cruz droht, er werde ganz Amazonien in ein Vietnam verwandeln, wenn Ausländer wie auch immer geartete Interessen in seinem Lande verfolgten.

– Untersuchungen der Haare kranker Yanomami ergeben einen um ein Drittel höheren Quecksilberanteil als von der WHO maximal zugelassen.

– Venezuelas Präsident Perez drückt gegenüber Collor seine tiefe Besorgnis darüber aus, daß immer mehr brasilianische Goldsucher die Grenze mißachten, nach Venezuela eindringen und dort verheerende Naturschäden anrichten. Collor verspricht Maßnahmen, aber es erfolgen keine.

– Statt dessen stürmen einhundert Goldsucher die ›befreiten‹ Pisten Jeremias, Paapiù und andere, rauben Lebensmittel und Diesel und zwingen die FUNAI-Bediensteten zur Flucht. Mit falschen Radiomeldungen führen sie die Polizei in die Irre und lassen Vergeltungsschläge der Polizei wirkungslos werden. Es wird offensichtlich, daß der Gewerkschaftsboß Altino Machado und seine Helfer die Situation so zuspitzen wollen, daß die Regierung das Gebiet aufgibt.

– Immer wieder fordert Umweltsekretär Lutzenberger drastischere Maßnahmen gegen die Goldsucher.

– Der Generalstaatsanwalt verlangt die Anwendung des Völkermordgesetzes, das zwölf bis dreißig Jahre Gefängnis vorsieht für die an der Yanomami-Ausrottung Verantwortlichen.

– Prinz Charles klagt Brasilien des Völkermordes an.

– Frühjahr '90: Die FUNAI wird entmachtet.

– Die medizinische Fürsorge obliegt jetzt dem Gesundheitsministerium. Es gründet die FNS, Fundação Nacional da Saùde. Auch die Erziehungs-, die Umwelt- und die Entwicklungsangelegenheiten wurden verlagert.

– Die FUNAI boykottiert weitere Arbeit aus Protest gegen die Entmachtung.

– 21. Juni 91: FUNAI-Präsident Cantido Guerreiro Guimarães wird gefeuert, und der glaubwürdigere Sidney Possuelo tritt das Amt an.

– Das Gesundheitsministerium teilt das Yanomami-Gebiet in achtzehn Zonen auf, die von verschiedenen, auch Nichtregierungs-Organisationen, verantwortlich betreut werden sollen. Leider fehlt es nach wie vor an Geld.

»Seit Mai '91«, so der Anthropologe Bruce Albert zu mir, als ich mich in Boa Vista aufhielt, »darf man wieder Hoffnung schöpfen. Es gibt sechs Stationen der Hilfsorganisation ›Ärzte der Welt‹ (›Médecins du Monde‹), und es werden mehr werden. Noch nie war die Situation der Yanomami so gut wie heute. Aber sie ist weit davon entfernt, ideal zu sein. Die Goldsucher müssen raus. Und selbst wenn sie raus sind, ist die Gefahr nicht gebannt. Schon jetzt warten sechsundzwanzig Bergbau-Unternehmen auf die Erteilung von Schürfrechten.«

– Venezuela macht ernst. Es kommt zu Verhaftungen und ersten Toten unter den eingedrungenen Goldsuchern. Das brasilianische Militär und die Goldgräber-Gewerkschaft nutzen die Chance, den Grenzkonflikt hochzuspielen. Sie wollen eine militärische Sperrzone statt Yanomami-Schutzgebiet.

– Präsident Collor ordnet die Demarkierung des Yanomami-Landes an. Sie ist eine Voraussetzung zur rechtsgültigen Schaffung des Reservats. Sie ist aber vor allem auch wieder eine Möglichkeit, sich der Welt rechtschaffen und demokratisch zu präsentieren und gleichzeitig nach Belieben Zeit zu schinden. Denn Demarkation bedeutet das Anlegen einer vier Meter breiten unterholzfreien Schneise rund ums Yanomami-Gebiet. Das kann man schnell machen, und das kann Jahre erfordern. Gründe für Verzögerungen gibt es genug. Sie haben Tradition: Regenzeit, Malaria, Veto des Militärs, Grenzkonflikt, fehlendes Geld...

Dabei liegen die Grenzen seit Jahren fest. Auf den Quadratzentimeter genau, sonst wäre die Parkgröße von 9,4 Millionen Hektar nicht festlegbar gewesen. Die einzig glaubwürdige Lösung wäre die sofortige Gründung des Yanomami-Reservats per Präsidentendekret. Das ginge von heute auf morgen.

– Und Gewerkschaftsboß Altino Machado (Flugzeugkennzeichen ›KIL‹), bei seiner Wahl zum Senator gescheitert, tönt in der Folha de São Paulo: ›Warum sollen die Indianer nicht sterben? Wir müssen schließlich alle einmal sterben.‹

Diese deprimierende Entwicklung wurde durch eine neue Reise Christinas ins Yanomami-Gebiet um erschütternde Nachrichten erweitert.

Zur Piste der sterbenden Indianer

Die gewaltige ›Buffalo‹ der brasilianischen Luftwaffe FAB, Forçes Aéreas Brasileiras, setzte hart auf der festgestampften Erdpiste von Auaris auf. Anders als die kleinen Pisten der Goldsucher war diese ungewöhnlich lang und breit. Hier könnten auch Linienmaschinen der ›VARIG‹ und ›Lufthansa‹ landen.

Als die Militärmaschine zum Stillstand gekommen war, wurde die gewaltige Heckklappe geöffnet. Christina und Alcida Ramos, eine brasilianische Anthropologin, stiegen aus. Hinter ihnen drängten die Soldaten ins Freie und begannen unverzüglich mit der Entladung der Kerosin-Fässer, mit denen das Treibstoffdepot von Auaris aufgefüllt werden sollte.

Sofort waren die Ankömmlinge von etwa zweihundert Indianern umringt. Einige waren traditionell unbekleidet, andere trugen einfache Kleidungsfetzen: Turnhosen, T-Shirts, China-Sandalen, Schirmmützen, Kleider vom Ramschtisch. Allen war eines gemeinsam: Sie waren erbärmlich abgemagert, sie hatten Hunger. Sie hatten die Ankunft von Lebensmitteln erwartet und mußten nun zu ihrer Enttäuschung erleben, daß nicht ein einziges Körnchen Maniok mitgekommen war, nur Kerosin. Die Soldaten waren hilflos. Einer verteilte seine letzten Zigaretten, der andere holte eine Kühltasche mit Sandwiches von Bord und verschenkte den Inhalt – ein Tropfen auf den heißen Stein. In Sekundenschnelle war auch der letzte Krümel verzehrt. Indianer, die die Verteilung von weitem beobachtet hatten, stürmten herbei. Aber es blieb ihnen nichts, als das Papier abzulekken, das vor ihnen schon andere vom letzten Nährstoff befreit hatten.

Christina blieb vor Entsetzen die Sprache weg. So schlimm hatte sie sich die Situation hier nicht vorgestellt. Noch gestern abend hatte sie in Boa Vista die Hälfte ihres Essens stehengelassen. Hier hätte sie damit Wunder wirken können. Wie blanker Zynismus klangen ihr die Worte des Dr. Mozart in den Ohren, der vor wenigen Tagen auf einem Gesundheitskongreß in Manaus vor internationalem Publikum verkündet hatte: »Die Malaria bei den Yanomami haben wir unter Kontrolle, und Hunger gibt es nicht. Im Urwald stellte er noch nie ein Problem dar.«

Das tat er sehr wohl. Die Bilder von Auaris erinnerten Christina an Szenen aus der Sahelzone, an Seuchen- und an Kriegsgebiete – und das alles nur eine Flugstunde von Boa Vista entfernt und obwohl ausreichende Gelder zur Überbrückung des Problems zur Verfügung standen. Die BMZ-Gelder waren nur ein Teil davon.

Gestern abend, beim Abendbrot, hatte Christina den entscheidenden Tip für diesen Flug erhalten. Von einem Insider, der genau wußte, was er sagte.

»Wenn du die Wirklichkeit erleben willst, sei morgen früh um halb sieben am Militärflughafen. Er liegt gleich neben dem internationalen. Von dort fliegt eine Buffalo der FAB nach Auaris. Der Pilot heißt Oswaldo. Gib dich als Ärztin aus, dann kannst du mitfliegen. Platz ist genug.«

So war Christina hierhergekommen. Im Gepäck ihre Kamera.

Alcida Ramos drängte: »Komm mit rüber zu den Ärzten von ›Médecins du Monde‹. Sie arbeiten dort in der Baracke. Die Maschine fliegt sofort zurück.«

Aber so weit brauchte Christina nicht zu gehen. Die französischen Krankenschwestern Isabelle und Françoise von den ›Médecins du Monde‹ sowie der Missionsleiter Paulo von der MEVA (Missionários Evangelistas da Amazônia), die an dieser Piste eine Mission unterhält, standen bereits an der anderen Seite der Maschine und redeten auf Oswaldo, den Piloten, ein. Sie wiesen auf zwei sterbende, skelettdürre Kinder in ihren Armen und baten: »Die müssen nach Boa Vista ins Hospital. Hier haben sie keine Überlebenschancen. Dort hat man das, was sie brauchen.«

Oswaldo schüttelte den Kopf.

»Ich habe schon mal gesagt: Das geht nicht. Ich habe nicht so viel Zeit, um mich in Boa Vista auch noch darum zu kümmern. Die Kinder bleiben hier und damit basta.«

Paulo machte seiner Empörung Luft. Aber da war Oswaldo längst davongestapft. Er warf die Motoren an und hob ab nach Boa Vista, ohne die Patienten, leer. Während Isabelle und Françoise die Sterbenden wieder in eine Hängematte rollten und sie zur Baracke trugen, schritt Paulo zum Store neben der Mission. Er öffnete das große Vorhängeschloß, und noch bevor er die Tür geöffnet hatte, waren sämtliche Indianer hier zusammengelaufen, um etwas von dem zu erhaschen, was nun verteilt wurde.

Paulo wuchtete einen Zentnersack Maniokmehl ins Freie und öffnete den Bindfadenverschluß. Dann trat er beiseite und gab ihn frei zum Sturm. Mit Händen und Kürbisschalen schaufelte jeder in sich hinein, was er erlangen konnte. Es wurde nicht gekaut, es wurde nur noch hineingeschüttet in den Mund und geschluckt. Paulo blieb nichts, als die beiseite zu drängen, die bereits einmal zugegriffen hatten und so den Nachdrängenden eine Chance zu geben.

In drei Minuten war der Sack leer. Die Alten und Kranken, die erst jetzt angehumpelt kamen, gingen leer aus. Sie knieten um den leeren Sack und pickten vereinzelte Krümel vom Erdboden.

»Hunger war im Urwald noch nie ein Problem«, wiederholte Christina laut vor sich hin und ergänzte: »Das stimmt. Solange wir Weißen den Urwald und seine Bewohner zufrieden ließen.«

In der Baracke der Ärzte war Hochbetrieb. Während die beiden Französinnen, die brasilianische Ärztin Yvonne und der El Salvadorianer Dr. Alfredo jeweils drei Patienten versorgten, standen, drängten, lagen, krochen und hockten draußen weitere hundert, die noch behandelt werden wollten.

Das Hauptübel: Malaria. Isabelle kam mit dem Mikroskopieren gar nicht mehr nach. Sie hatte vom angestrengten Gucken rote Augen. Aber keiner ließ sich seine Überforderung anmerken.

Ein Vater trug seinen sterbenden Jungen auf den Armen. Er war tagelang mit ihm durch den Wald gelaufen. Jeder sah, es war die letzte Lebensstunde des Kindes. Keiner der anderen Hilfsbedürftigen murrte, als der Vater ohne zu warten nach vorne ging und Françoise das Bündel leblosen Fleisches in die Arme legte.

Yvonne und die junge Französin wollten eine Infusion anlegen. Aber weder der Arm noch der Fuß ließen eine brauchbare Vene erkennen. Alles Haut und Knochen.

»Christina, halt du ihn, wir versuchen, die Halsvene zu finden«, baten Françoise und Yvonne.

Christina bettete den Kopf des Jungen auf ihren Schoß und Yvonne suchte hastig, aber gekonnt nach der Vene.

Keine der drei Frauen sprach ein Wort. Es war auch nicht nötig. Man arbeitete Hand in Hand. Aber nicht lange. Jede hatte es gespürt. Soeben war der letzte Funke Lebens aus dem Kind gewichen. Das ohnehin winzige Paket Mensch war in sich zusammengefallen. Es war tot und wirkte nun noch kleiner, noch zarter, noch hilfsbedürftiger. Dennoch bot Françoise an: »Wollen wir's schnell mit meinem Blut versuchen?«

Sie hatte Gruppe Null und hatte gestern und heute bereits einmal gespendet.

»Es hat keinen Zweck mehr. Und wenn du so weitermachst, müssen wir dich bald dazulegen«, sagte Yvonne.

Der Vater war dem Jungen nicht von der Seite gewichen. Die Reaktion der Frauen war ihm nicht entgangen, zumal er etwas Portugiesisch verstand. Fassungslos beugte er sich über den Jungen. Er weinte, daß seine Worte kaum zu verstehen waren.

»Ich bin zu langsam gegangen. Ich habe zu viele Pausen gemacht. Ich bin schuld«, klagte er sich an.

Als ob er noch in letzter Sekunde ein Wunder vollbringen könnte, ergriff er einen Eimer Wasser und überschüttete seinen Sohn. Aber vergeblich; der Kleine war tot und blieb tot.

Der Vater nahm ihn zärtlich in die Arme und drückte ihn an sich. Es war in diesem Moment ganz still in der kleinen hektischen Praxis geworden. Auch von draußen hörte man keinen Laut. Die Trauer hatte sich übertragen.

Christina begleitete ihn hinaus. Als er ihren Fotoapparat sah, verharrte er noch einmal. Er hielt ihr das Kind entgegen und wies mit dem Kopf auf die übrigen Patienten: »Mach ein Bild und zeig es deinen weißen Freunden.«

Die Behandlung der anderen Patienten ging weiter. Rund um die Uhr. Wenn sich nicht feststellen ließ, welche Art von Malaria der einzelne hatte, wurde mit Lariam behandelt. Es war derzeit das Allroundheilmittel. Es war nicht nur teuer, sondern auch stark. Für Indianer mußte es viel geringer dosiert werden. Aber wenigstens waren Medikamente reichlich vorhanden. Was fehlte, waren Lebensmittel.

»Ich habe vom Umwelt- und vom Wirtschaftsministerium meines Bundeslandes Schleswig-Holstein in Deutschland zehntausend Dollar. Aber sie liegen in Boa Vista«, verriet Christina Dr. Alfredo. »Sie sind extra für solche Notfälle vorgesehen. Ich möchte sie euch für Lebensmittel anbieten. Und außerdem habe ich von der Firma ›LaRoche‹ zweihundert Kilo Medikamente allererster Qualität mit. Die könnt ihr auch haben.«

Alfredo war hocherfreut.

»Das wäre eine wirksame Soforthilfe. Aber dennoch würde ich vorschlagen, das Geld Dr. Pinthon Oneron zu geben. Seit die medizinische Versorgung der Indianer nicht mehr der FUNAI obliegt, leitet er dieses Gebiet.«

Anderntags traf wieder ein Flugzeug ein. Diesmal kein Buffalo-Jumbo, sondern eine kleine Maschine. Auch sie brachte nur Enttäuschung. Statt Lebensmitteln wurde ein Sarg ausgeladen. Es war ein einfacher Sarg. Ein Brett, sechs Latten und Papier drumherum. Darin, auf ein paar frischen Blättern, ein totes Indianerkind. Es war in Boa Vista gestorben und sollte hier den Verwandten für die Bestattung übergeben werden. Das Kind kam aus der näheren Umgebung. Viele kannten es, und entsprechend groß war das Wehklagen.

Schließlich nahmen fünf Männer den Sarg und ihr bescheidenes Reisegepäck und trugen alles an den zwanzig Minuten entfernten Fluß. Christina hatte sich erboten, die Paddel zu tragen. Da drei der Männer etwas portugiesisch sprachen, kamen sie ins Gespräch.

»Man weiß in meinem Land, daß die Goldsucher euer Land zerstört und viel Unglück über euch gebracht haben. Aber was ich hier gesehen habe, übertrifft bei weitem, was ich mir vorgestellt habe. Ich habe einiges fotografiert und werde darüber berichten. Vielleicht bringt es euch Hilfe.«

Von Christina war das mehr als Trost oder als Konversation gedacht. Aber die Männer griffen ihre Anmerkung sofort auf.

»Ja, zeig es ihnen. Aber wenn die Hilfe nicht sehr schnell kommt, wird es sicher für alle zu spät sein.« Und nach einem Moment des Nachdenkens: »Komm doch mit in unser Dorf. Wir laden dich ein.«

Das Dorf war nach vier Stunden Paddeln erreicht. Aber es war leer.

»Unsere Leute sind in Auaris und hoffen auf Nahrung. Man hat sie uns versprochen. Wir sind nur hier, um die Kinder zu verbrennen.«

»Die Kinder?« fragte Christina, »ich sehe nur eins.«

»Nein, es sind zwei«, sagte der Älteste. Er hob das Papier des Sarges ein wenig an und deutete auf ein winziges Laubbündel, das zwischen den grünen Blättern, mit denen der Sarg ausgelegt war, nicht auffiel. Darin eingewickelt war ein zweiter Leichnam, ein Säugling.

Die übrigen Männer hatten derweil derbe Holzscheite aufgestapelt und ein Feuer entzündet. Obenauf hatten sie den Sarg und das Säuglingsbündel gelegt. Still standen sie um das Feuer.

»Fotografier' es und sag es deinen Leuten«, forderten sie Christina auf. Der Älteste machte sogar ein Foto von Christina.

Bevor die Flammen zur Glut zusammenbrachen, trugen zwei der Männer einen weiteren Leichnam herbei. Es war eine alte Frau, die in einem der Häuser gelegen hatte. Sie wurde nicht verbrannt. Sie wurde in zwei Metern Höhe am Waldesrand in den Bäumen aufgebahrt und mit Zweigen verdeckt.

Nach einer Woche flog Christina nach Boa Vista zurück.

»Die Türen des Flugzeuges hatten sich noch nicht ganz geöffnet, als einige Bundespolizisten auf mich zueilten und mich für verhaftet erklärten«, erinnerte sie sich.

Alcida Ramos hatte Pinthon Oneron, dem Leiter des neuen Gesundheitsprojekts, per Funk Meldung gemacht. Christina sei ›illegal‹ in Auaris, habe sich ›als Ärztin ausgegeben‹ und ›ein sterbendes Kind‹ sowie ›die heilige Zeremonie der Einäscherung von Leichen‹ fotografiert. Sie verschwieg, daß Christina sich nur dem Piloten gegenüber als Ärztin ausgegeben hatte, was mir, ein paar Monate später, von Isabelle, Françoise und Dr. Alfredo bestätigt wurde.

Christina: »Alcida Ramos mußte wohl so handeln, wollte sie ihre Vorzugsstellung als Anthropologin im Krisengebiet nicht einbüßen. Kein Wort hingegen war in diesem Zusammenhang von ihr über den katastrophalen Ernährungs- und Gesundheitszustand zu vernehmen gewesen. Ein lauter Aufschrei hätte ihr als CCPY-Mitglied besser gestanden.«

Die Polícia Federal fuhr mit Christina geradewegs in jenes Büro, in dem wir genau ein Jahr zuvor auf genau demselben Stuhl bereits einmal vernommen und des Landes verwiesen worden waren. Zu ihrem Glück hatte die gesamte Crew gewechselt. Auch Dr. Josea war hier nicht mehr tätig.

Das Verhör dauerte vier Stunden. Christina hatte beweisbar klargemacht, daß sie in Auaris gewesen sei, um sich persönlich ein Bild von der verheerenden Situation zu machen und ihre Hilfsgüter und Gelder bestimmungsgerecht anlegen zu können. Dr. Alfredo bestätigte ihre Aussagen, und nach vier Stunden wurde sie von der Polícia Federal unbehelligt freigelassen. Nicht einmal die Fotos hatte man ihr abgenommen, obwohl Dr. Pinthon Oneron darauf größten Wert gelegt hatte.

»Auf mich wirkte Oneron wie jemand, der einerseits seiner neuen Aufgabe gerecht werden wollte, aber andererseits auch Brasilia zu Diensten sein mußte«, erklärte Christina später vor der ›Gesellschaft für bedrohte Völker‹. »Seine Angst war, durch Horrormeldungen über Auaris negativ in die Schlagzeilen zu kommen, obwohl die Situation dort zu Lasten der alten FUNAI ging und nicht seines FNS.«

Wie sehr er zwischen gutem Willen und heimlicher Order aus Brasilia hin- und herschwankte, wurde Christina klar, als sie ihm die zehntausend Dollar für Lebensmittel anbot: »Solch schmutziges Geld nehme ich nicht.«

Christina war fassungslos. Sie suchte schließlich Dr. Alfredo von den ›Médecins du Monde‹ in seinem Haus in Boa Vista auf, als er auf Kurzurlaub aus dem Wald gekommen war.

»Für mich ist die Nichtannahme des Geldes Beihilfe zum Mord«, vertraute sie sich ihm an.

Dr. Alfredo nahm es im Beisein seiner Frau entgegen. Gemeinsam mit Isabelle und Françoise kauften sie unverzüglich Lebensmittel. Zwei Tage später traf die Flugzeugladung in Auaris ein.

Wenige Wochen später wurde Dr. Alfredo seines Postens enthoben und versetzt.

Die Idee mit dem Floß

Zwar neunzig Kilometer von zu Hause entfernt, aber dennoch alle Jahre wieder eine Reise wert: die ›Kieler Woche‹. Jeweils in der letzten Juniwoche gibt sich dort alles Besondere, Originelle, Maritime, Kreative und Animierende ein Stelldichein. Auf der sogenannten ›Kiel- und Spiellinie‹ am linken Ufer der Kieler Förde, unweit des Stadtzentrums, tummeln sich Erfinder, Imbißler, Akrobaten und das Norddeutsche Fernsehen in kunterbuntem Durcheinander.

Ob man sich unterhalten, einen frischen Bratfisch essen, seinen Mut testen, die verrücktesten muskelbetriebenen Schifflein sehen oder ausgeflippte Abenteuer-Kinderspiele kennenlernen möchte: hier ist man goldrichtig. Dazu und gratis: die Kulisse des Ostseehafens mit seinen Fährschiffen nach Skandinavien, den unzählbaren Segel- und Motoryachten, den liebevoll nachgebauten Oldtimern und den ›völkerverbindend‹ topgeflaggten Kriegsschiffen.

Das alles sog ich auch am 28. Juni 1991 gierig in mich hinein. Ein paarmal schon war ich auf dieser turbulenten Meile auf- und abgewandert, und immer wieder entdeckte ich Neues – und waren es nur die auffallend vielen ›Verrückten‹ im Publikum.

Doch dann streiften meine Augen unvermittelt ein Segelboot, das in der Förde auf und ab fuhr. Das war eigentlich nichts Ungewöhnliches, gab es davon doch hunderte. Auch war es weder auffällig schön noch besonders klein oder groß. Es fiel mir durch seine Segelbeschriftung auf. In großen Lettern stand da zu lesen: ›No nuclear ship to Kiel. Greenpeace.‹

Meine erste Reaktion war: ›Denen fällt auch nichts Neues mehr ein.‹ Immer wieder ›Segelschiff mit Protest‹. Aber schon im zweiten Moment mußte ich zugeben: Ich hatte es immerhin zur Kenntnis genommen.

Und in genau diesem Moment kam mir der Gedanke, noch einmal über den Atlantik zu fahren. Nicht wieder mit dem Tretboot, obwohl es startklar auf dem Rostocker ›Traditionsschiff‹ lag und auf einen Liebhaber wartete. (Der Erlös wäre für die ›Gesellschaft für bedrohte Völker‹.) Nein. Das wäre zu sehr der Abklatsch dessen, was ich bereits gemacht und abgehakt hatte. Das würde kaum Aufmerksamkeit erringen und allenfalls verhaltenes Gähnen auslösen. Nein, es müßte ein originelles Fahrzeug sein, das grundsätzlich einen gewissen Hinschauwert besäße, ein Hingucker also. Und dann könnte man dort auf einem Segel, genau wie ›Greenpeace‹ hier in Kiel, dick und breit das verkünden, was mir ein Anliegen war: Die anhaltende Vernichtung der Yanomami.

Vor lauter Schreck über diese Idee gönnte ich mir einen heißen Backfisch an der ›Bratfisch-Rutsche‹. Nicht nur, daß er exzellent schmeckte, er wurde zudem auf echtem Porzellan serviert, zwei Mark Pfand, die man im Abwäscher-Zelt zurückerstattet bekam. So was war mir sympathisch, denn es ersparte mir das schlechte Gewissen beim Wegwerfen von Papp- und Plastikgeschirr. Und ich fand mampfend ein paar Augenblicke der Muße, meine neue Idee zu verdauen. Hatte ich mir nicht damals ›geschworen‹, nie wieder so eine tödlich langweilige Tour wie die Tretboot-Tortur zu wiederholen? Oder machte sich mein Alter (56) bemerkbar, in dem Kreativität einer rentnerhaften Beschaulichkeit weicht und man lieber von der Vergangenheit redet, statt weiter aktiv in der Gegenwart mitzumischen? War nicht jede Wiederholung nur zweite Wahl? So jedenfalls hatte ich es mir immer selbst gesagt und nie dasselbe zweimal durchgeführt.

Nun, vielleicht lag's am Proteingehalt des Bratfisches, vielleicht am Moment der Muße oder doch daran, daß ich keine bessere Idee hatte: Ich würde noch einmal nach Brasilien fahren. Das stand jetzt fest. Im nächsten Jahr würden Hunderte von Oldtimern und Sportseglern den Atlantik überqueren und die Entdeckung des Kontinents durch Kolumbus feiern. Regatten würden stattfinden, sogar die Nachbildung der Santa Maria würde den Trip noch mal riskieren, wenngleich diesmal mit Satellitennavigation. Und eigens wegen der kontinentalen Feiern würde sogar die Olympiade in Barcelona ausgetragen. Überall in der alternativen Szene grübelte man über Gegenaktionen zur Jubelfeier nach, vielerorts wollte man Spektakuläres veranstalten, um derer zu gedenken, die keinen Grund zur Feier hatten: die Indianer.

Da hörte man von Büchern, Filmen und Ausstellungen, die das halbe Jahrtausend Völkermord aufarbeiten wollten, und da munkelte man etwas von Gegen-Olympiade und Versenkung der Santa Maria.

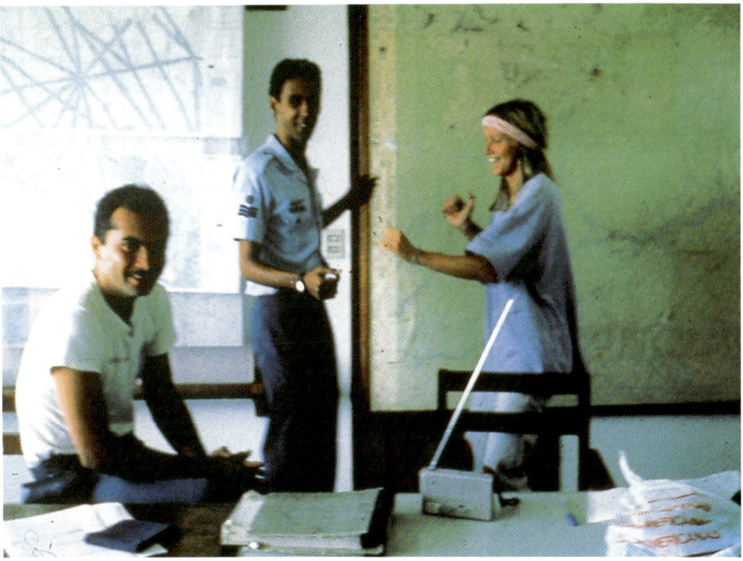

Christina vor der besagten Landkarte im Tower des Flughafens von Boa Vista

Die Sklaven beim Bau der Piste Novo Brasil II

Davi Kopenawa Yanomami, wichtigster Häuptling der Yanomami

Maniok wird gerieben und später zu Brotfladen verbacken.

Das Wasser wurde mit Pflanzengift durchsetzt, das die Fische betäubt. Man braucht sie nur noch einzusammeln. Nach einiger Zeit verliert das Gift seine Wirkung.

Hat man die Kinder auf seiner Seite, hat man auch die Erwachsenen auf seiner Seite.

Christina bei ihrer Ausbildung zur Malariahelferin im Gesundheitsministerium in Manaus.

Christina als Malariahelferin: Die Goldsucher standen Schlange … bis die Mafiosi ihr die Weiterarbeit untersagten.

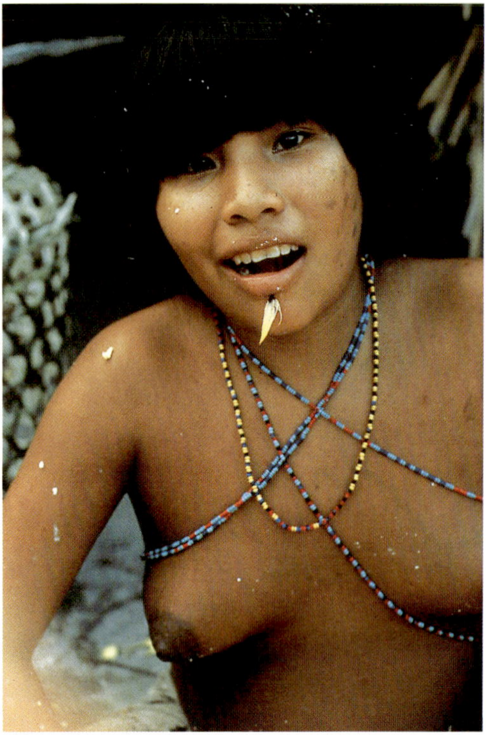

Yanomami-Frau

Yanomami-Spielzeug '94:
ein Hubschrauber

Unser Floß –
mitten im Schlick.

Jedes einzelne Segment der Bambusrohre mußte mit geschlossenporigem Schaum gefüllt werden – ein Sch...-Kompromiß.

Warum ist der Seegott
sooo ungerecht?

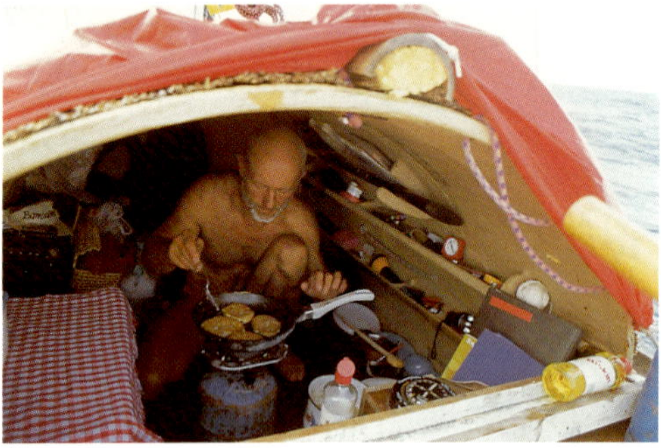

Kartoffelpuffer auf See

Der Kalender: 50 Tage
von Senegal nach Brasilien

24 qm Segel bewegten $4\frac{1}{2}$ Tonnen Floß mit beruhigendem Tempo. Es bildete sich sogar Fahrtschaum.

Rauschende Fahrt. Wir waren immer angeseilt.

Gegenüber des Weißen Hauses in Washington: Fünf führende Indianer-Persönlichkeiten bei ihren Reden

Ich würde mich, und das stand nun fest, auf eine erneute Atlantiküberquerung beschränken – nach dem Motto vieler anderer Aktionisten: Lieber Taten statt Warten! Und war es auch eine Wiederholung, so war es auf jeden Fall eine passende Aktion.

Die Frage war nur: Womit sollte ich rüber? Darüber nachzudenken hatte ich während der Rückfahrt nach Hamburg Zeit. Eines stand jedoch sogleich fest: Wenn ich es täte, müßte es noch in diesem Jahr geschehen. Die günstigen Monate zur Überquerung mit ungeeigneten Fahrzeugen waren die vom 1. November bis Ende März. So könnte ich den offiziellen Seglern sogar zuvorkommen, ihnen gewissermaßen die Schau stehlen und so auch am besten, als erster im Reigen der Schiffer, meine ›message‹ zur Sprache bringen. Würden erst all die anderen Anti-Aktionen laufen, ginge das Yanomami-Problem womöglich unter.

›Wie wäre es mit einem Floß?‹ überlegte ich. Es ist etwas Uriges, paßt zur rustikalen Bauweise alter Schiffe, ist seetauglich und kann originell gestaltet werden. Blieb die Frage nach dem Holz. Ein kurzer Anruf bei meinem alten Berater von ›Greenpeace‹, Gerhard Wallmeyer, sollte das klären.

»Das leichteste Holz ist nach wie vor Balsa-Holz.«

»Aber das kommt doch aus dem Regenwald.«

»Ja. Aber es wird inzwischen auf Plantagen nachgezüchtet. Das könntest du nehmen.«

Ja, Balsa könnten sie besorgen, sagten auch die Holzimporteure, aber keine dicken Stämme von achtzig Zentimetern Durchmesser. Das seien Urwald-Riesen. Ihr Plantagenholz sei bedeutend dünner.

Daß die dicken Stämme eine viele Monate, sogar Jahre währende Schwimmfähigkeit besaßen, wußte ich aus Manaus. Die schwimmenden Anlegestege für die Flußschiffe waren daraus gemacht. Die kleinen Stämme, so fürchtete ich, könnten sich zu schnell mit Wasser vollsaugen und untergehen. Es sei denn, ich imprägnierte sie gegen die Wasseraufnahme.

Bei all diesen Überlegungen verfiel ich plötzlich auf Bambus. Vor langer Zeit hatte ich bei einem Händler in Hamburg beinstarke Rohre gesehen. Ich wußte zwar nicht mehr seinen Namen, und er stand auch nicht im Branchenbuch, aber ich wußte noch, wo die Firma lag: nämlich auf einem Gewerbegelände in Hamburg-Altona am Friesenweg.

Zu meiner Beruhigung existierte sie noch, die Firma Schachtrupp. Und was noch wertvoller war: Sie hatten zwei Musterrohre da.

»Wenn Sie mehr wollen, müßte ich nur rechtzeitig Bescheid wissen. Die kommen aus Taiwan und haben mindestens acht Wochen Lieferzeit. Nächste Woche geht wieder ein Schiff ab. Da könnte ich einen Container voll ordern. Ich habe so was nicht vorrätig, weil es keine gängige Größe ist. Ich brauche das höchstens ab und zu für Dekorateure.«

Ich erzählte dem Inhaber, Helmut Thieß, von meinem Vorhaben. Er, selbst Segler, meldete gleich Zweifel an.

»Die platzen Ihnen innerhalb weniger Stunden. Sobald ich diese Rohre aus unseren klimatisierten Räumen in die Sonne lege, reißen sie. Dekorateuren empfehle ich deshalb, sie einmal mit der Kreissäge längs aufzuschneiden.«

»Aber dann läuft ja Wasser rein.«

»Allerdings.«

»Andererseits sind die Rohre so stabil, daß sie für mich ideal wären.«

»Ja, quer sind sie kaum zerbrechbar. Aber längs spalten sie.«

»Und wenn man sie umwickelt?«

»Kann ich nicht beurteilen. Habe ich noch nie gemacht. Geht jedenfalls viel Wickel bei drauf.«

Also doch Balsa? Ich nahm die zwei Bambus-Musterrohre mit. Sie waren sechs Meter lang und hatten am einen Ende acht Zentimeter und am anderen fünfzehn Zentimeter Durchmesser. Jedes wog maximal dreizehn Kilo. Ich fand sie wunderschön und so optimal geeignet, daß ich irgendeinen Weg finden mußte, ihnen das Platzen abzugewöhnen. Wenn nur nicht diese verdammte Lieferzeit wäre! Sollte etwas aus dem Plan werden, mußte ich schnell handeln.

»Die Chinesen brauchen auch noch ein paar Tage, um die Stämme zu fällen und über Feuer zu begradigen. Von Natur sind sie leicht gebogen. Und bei diesem Biegeprozeß gehen viele zu Bruch. Deshalb der Preis. Das Stück kostet 50,– DM.«

Ein weiterer Vorteil des Bambus war, daß er nicht mit der Idee des Naturschutzes kollidierte.

»Das Zeug wächst wie Unkraut«, erzählte Thieß. »Die wachsen pro Tag einen Meter.«

Das bestätigte auch ›Greenpeace‹. Also sprachen nicht nur die

Schönheit und Stabilität für Bambus, sondern es war auch unter naturschützerischen Aspekten unbedenklich.

Zu Hause teilte ich die zwei Rohre à sechs Meter in vier à drei Meter. Das eine versah ich mit Längsschnitt und warf es in den Teich. Es lief voll Wasser und schwebte mehr, als daß es schwamm. Es konnte nicht weiter belastet werden. Unbehandelt, davon mußte ich ausgehen, würden alle Rohre platzen, und dann ihre Funktion als Tragkörper einbüßen.

Versuch Nummer zwei war das umwickelte Rohr. Jedes Rohrsegment erhielt eine mehrfache Nylonsehnen-Umwicklung. Es platzte nicht. Aber ich fürchtete, daß das Wasser den kleinsten Haarriß nutzen würde oder die Taktik der Osmose, um schließlich doch durch das Holz hindurch einzuströmen. Ich vertraute dem Patent nicht, auch wenn es im Moment überzeugend wirkte. Beiden Bauweisen würde ich mich nicht über Monate anvertrauen.

Und dann kam mir die Idee mit dem Schaum. Ich erkundigte mich in einem Baubedarfsgeschäft.

»Ja, Schäume, die sich nicht mit Wasser vollsaugen, die gibt es. Das sind geschlossenporige aus Polyurethan, kurz PU-Schaum genannt.«

Ich nahm eine Zwei-Komponenten-Packung mit und machte zwei parallele Versuche.

Mit einer Säge trennte ich ein Segment des Bambusrohres ab, und zwar so, daß es seine beiden Querwandungen behielt. In eine bohrte ich ein zwei Zentimeter großes Loch. Dann rührte ich die Schaum-Mischung an. Von jeder Komponente die gleiche Menge. Vorsichtig ließ ich sie durch das Loch in das stehende Bambusrohr laufen.

›Vorsichtig dosieren‹, stand in der Anleitung, ›schäumt 1200 Prozent seines Flüssigkeitsvolumens auf. Beim Füllen geschlossener Behälter Öffnung zum Entweichen der Luft lassen.‹ Aufgeregt wartete ich ein bis zwei Minuten. Und dann kam es die Wandungen hochgekrabbelt wie kochende Milch. Was ich zuviel dosiert hatte, quoll oben raus. Nach zehn Minuten war alles vorbei. Der Schaum härtete aus. Den Überschuß konnte man abschneiden. Das Rohr war lückenlos gefüllt. Ich wog es, sicherte es mit einem Bindfaden gegen das Fortschwimmen und legte es ebenfalls in den Teich.

Mit dem verbliebenen flüssigen Schaum füllte ich mehrere Pappbecher. Nach der Aushärtung wog und beschriftete ich auch sie. Indem ich sie in ein wassergefülltes Gefäß drückte, errechnete ich ihr Volumen und schrieb das ebenfalls dazu. Einige zerbrach ich, um eine rauhere Oberfläche zu erreichen. Alle gab ich, zusammen mit einem schweren Stein, in ein Netz und versenkte sie im Wasser. Die ständigen Kontrollen während der nächsten Tage verliefen sehr zufriedenstellend. Weder war das ausgeschäumte Rohr auch nur um einen Millimeter gesunken, noch füllten sich die glatten Proben aus den Pappbechern. Nur die zerbrochenen Stücke hatten infolge ihrer oberflächlich zerstörten Zellenstruktur Wasser aufgenommen. Aber sie liefen nicht weiter voll. Die Wasseraufnahme beschränkte sich auf die Außenporen.

Irgendwann hatte ich auch Christina von dem Plan erzählt, um zu hören, ob sie mein Vorhaben als Wiederholung der Tretbootfahrt werten würde oder als zeitgemäße Möglichkeit, Brasiliens Indianerpolitik erneut öffentlich zu brandmarken. Statt dessen war ihr erster Satz: »Da komme ich mit!«

Zwar hatte sie die Idee damit gutgeheißen, aber ich stand mal wieder vor dem Problem, was Maggy, mein Eheweib, dazu sagen würde. Daß sie selbst nicht geneigt wäre, mitzufahren, dessen war ich mir sicher. Zu meiner Freude und Überraschung sagte sie ohne lange zu überlegen: »Sie ist die Qualifizierteste. Also macht es zusammen. Vielleicht erreicht ihr diesmal euer Ziel.«

Den Segen der ›Gesellschaft für bedrohte Völker‹, namentlich des Bundesvorsitzenden Tilman Zülch, hatte ich mir schon vorher eingeholt. Er und ›Greenpeace‹, so stellte es sich im Moment dar, würden das Unternehmen finanzieren. ›Greenpeace‹ sprang jedoch später ab.

Vor allem mußten die Rohre bestellt werden. Im Durchschnitt hatte jedes Rohr brutto vierzig Liter Volumen, wovon 13 Kilo Eigengewicht und etwa zwei Kilo Schaumgewicht, also 15 Kilo abzuziehen waren. Dann verblieben 25 Kilo Belastungsmöglichkeit pro Rohr.

Nachdem wir hin und her gerechnet hatten, wieviel Last wir insgesamt zu transportieren hätten, einigten wir uns auf einhundertzwanzig Rohre – das machte drei Tonnen Belastbarkeit aus. Allein die gefüllten Rohre wogen bereits 1,8 Tonnen.

Der Bambus wurde per Telefax in Taiwan geordert. Wir hatten beim Bambushändler ein Bündel Abfall-Angelrutenspitzen, ebenfalls aus Bambus, erhalten und bastelten uns ein maßstabsgerechtes Modell. Zunächst 1 : 10 für Versuche und dann ein weiteres im Maßstab 1:30, das wir zum Vorzeigen haben wollten.

Die Modellversuche waren sehr wertvoll. Sie machten uns mit dem Material vertraut und warnten uns sofort davor, Bambusrohre zu bündeln.

»Sie sind glatt wie Aale auf Kugellagern«, klagte ich Christina mein Leid. »Wir können sie nicht einfach zusammenbinden, wie man das mit Baumstämmen tun würde. Wir müssen hier mit Kunstharz und Glasfasergürteln arbeiten.«

Das leuchtete uns beiden ein. Lockerte sich nur ein einziges Rohr, würden die übrigen in alle Richtungen davonrutschen. Das lag zum einen an der glatten und runden Oberfläche der Rohre, dann daran, daß sie an den Segmentenden feine, erhabene Kanten aufwiesen, wodurch sie sich alle nur punktuell berührten – wie bei Kugellagern. Ich war mir sicher, der Erfinder des Kugellagers war ein Asiate, der viel mit Bambus zu tun hatte. Oder jemand, der ein China-Restaurant betrieb und von daher Bambus-Experte war.

Unsere Modelle bestanden aus fünf runden Bündeln, die wir verschieden anordneten. Mal hatten wir alle dicken Enden nach hinten verlegt, mal alle nach vorn, und dann wieder hatten wir sie parallel gepackt, das heißt, abwechselnd dick und dünn an jedes Ende. Die letzte Version, die symmetrische, schien uns die beste. Der Modell-Korpus lag wie eine Eins im Wasser und war auch bei großem Planschen nicht zu kentern.

Irgendwelche Ratschläge von Fachleuten konnten wir uns nicht einholen. Mit Bambus hatte niemand Erfahrung, was wieder den Reiz des Vorhabens erhöhte: Wir mußten selbst denken. Entsprechend schlaflos verliefen die Nächte. Ständig kamen neue Ideen. Die Versuchsflößchen erhielten einen Mast, Ausguck, eine Mastleiter, eine Reling, eine Hütte und Proviantkisten. Daß uns die Aufbauten von der See fortgerissen werden könnten, stand nicht zu befürchten. Diesbezüglich hatte ich meine Tretboot-Erfahrungen. Je flacher und quadratischer man auf dem Wasser lag, je tiefer der Schwerpunkt, desto ruhiger ritt man die Wellen ab. Unser Floß würde nur ein Rohr weit aus dem Wasser lugen. Es würde ständig naß sein und zunehmend glitschig werden, und alles war außerdem rund – man würde wie auf Eiern gehen. Aber dafür wäre das Ganze solide, stabil und unsinkbar. Eine Insel, ein Stück zuverlässiges Festland.

Da die Rohre nur à sechs Meter lieferbar waren, sollte die Oberfläche etwa sechs mal drei Meter dreißig groß werden. Um dem Fahrzeug seine plumpe Floßform zu nehmen, arrangierten wir das mittlere der fünf Bündel nach vorn – unser Bug. Die seitlichen waren stufenweise nach hinten angelegt. Der Korpus wirkte so wie eine überdimensionale Pfeilspitze.

Friedenstauben, Flaggen, Urwald-Stofftiere, Bananentrauben, Pflanzengestecke und viel ähnlicher Dekor sollten dem Auge ständig Neues und Freundliches bieten.

Und es mußte eine Bugfigur her. Als Ex-Konditor zauberte ich zunächst alles aus Marzipan. Dann sieht man sofort plastisch, ob die Idee taugt oder nicht.

Mit den solchermaßen immer ansehnlicheren Modellen gingen wir nun hausieren. Christina war damit in Brasilien, zeigte sie den Bischöfen Dom Aldo und Erwin Kräutler, José Lutzenbergers Büro, Claudia Andujar von der CCPY und Carlos und José, die in Rio de Janeiro das erste ›Greenpeace‹-Büro eröffnet hatten. Alle fanden die Idee gut und sympathisch und werbewirksam.

Und wir gingen damit zu Lieferanten und denkbaren Unterstützern. Auch sie fanden das Fahrzeug originell und beachtenswert. Aber fast allen war auch ein wenig mulmig zumute, wenn es darum ging, die Aktion mit Rohstoffen oder Geld zu unterstützen.

Der PU-Hersteller: »Ich weiß, daß mein Schaum wasserresistent ist, aber da er das A und O ihrer Sicherheit ist und keine Erfahrungswerte vorliegen, was mit dem Schaum geschieht, wenn er monatelang bewegt, sprich durchgeknetet wird, vielleicht zerbröselt wird, will ich dafür keine Verantwortung übernehmen.«

Immerhin sollten wir den Großhandelspreis erhalten.

Aber so wie bei ihm erging es uns überall. Die Stimmen pro und contra wechselten sich ab – wie immer bei solchen Vorhaben. Das kannte ich ja bereits zur Genüge von allen bisherigen Unternehmen.

Hans-Peter Johannsen, Architekt und Segler aus Gettorf bei Kiel: »Wahnsinn! Keine Chance. Wir müssen darüber dringend reden. Ich bin schon auf vierzig verschiedenen Segelyachten gefahren. Ich weiß, wovon ich spreche.«

Hans Bornefeld, Freund Christinas: »Selbstmordkommando«. Und nach einigem weiteren Nachdenken: »Wahrscheinlich hat der Nehberg mit seiner Ehefrau Probleme und will auf diese Weise Selbstmord verüben. Laß dich da nicht reinziehen. Wenn ihr dabei draufgeht, nutzt das den Yanomami auch nichts. Mach lieber etwas Sicheres hier an Land.«

Inge Redeker, Segellehrerin mit Atlantikerfahrung: »Ein Floß hat keine Stabilität. Es kommt nie an.«

Uschi Siegel, Medizinstudentin, langjährige Freundin Christinas: »Das kann nicht gutgehen. Das widerspricht allen Erfahrungen.« Trotzdem schenkte sie ihr ein Kilo seefester kleiner Schäkel, als eine Art Talisman oder zur Sicherheit oder als Abschiedsgeschenk?

Zu unserem Trost waren da auch die anderen Stimmen: Professor Hans-Dieter Scharping, Bootskonstrukteur, Dozent an der Seeschiffahrtsschule in Bremen: »Wenn Ihr Test ergeben hat, daß *ein* Rohr dauerhaft schwimmt, dann tun es auch hundertzwanzig. Sie müssen nur zuverlässig miteinander zu einer Einheit verbunden werden. Dann kommen Sie an.«

Kapitän Rudolf Hoppe, mein alter Freund und Berater aus Tretbootzeiten: »Du weißt ja jetzt, worauf es ankommt. Wenn dein Floß flach und breit auf dem Wasser liegt wie eine Möwe im Sturm und wenn es hält, dann treibt dich die Strömung rüber. Dennoch möchte *ich* es nicht machen. Ihr werdet immer naß sein.«

Kapitän Kurt Parnemann, Ausbilder für den Hochseeschifferschein: »Ich verstehe das Problem nicht. Die Sache ist doch bombensicher. Das packt ihr.«

Auch die Yachtwerft Wedel, namentlich die Geschäftsführer Peter Gergs und Willi Reiners: »Den Schaum kennen wir. Da braucht ihr euch keine Sorgen zu machen.« Und sie fügten hinzu: »Denkt in erster Linie an die Sicherheit. Verfallt nicht auf den Leichtsinn, ›es wird schon gutgehen, weil es beim ersten Mal geklappt hat‹. Mit dem Meer ist nicht zu spaßen. Es ist unerbittlich, wenn man seine Gesetze ignoriert.«

Große Sorgen machten sich vor allem Katrin Holstermann und ihr Mann Ulli, Gelegenheitsschreiber für die Zeitschrift ›Skipper‹. Sie fragten sich ›fassungslos, was denn um Gottes willen diese Aktion soll‹. Sie sei unübertreffbar fahrlässig geplant. Zitate: »... wir haben da einen Sack Haferflocken, den binden wir am Mast fest, und dann lassen wir uns mit der Kaufmannsschaufel die Haferflocken in den Mund rieseln... Ihre Schwimmweste wolle sie zu Hause lassen, da das Schiff ja doch nicht aufkreuzen könne und sowieso ›alles zu spät‹ sei, falls einer außenbords ginge. Statt dessen planen die beiden Atlantiküberquerer, ständig mit einer Sorgleine ihres Lifebelts im Strecktau angepickt zu sein... (An dieser Stelle mußte ich das erste Mal das Seemannslexikon wälzen.) ...Systeme, um eventuelle Helfer am Festland zu informieren, daß ein Seenotfall vorliegt (ihr Mann Ulli erfand nun gar zwanzig Kilo Sprengstoff, die wir mit hätten), wollen die beiden nicht mitnehmen. Christina Haverkamp meinte, es hätte ja sowieso keinen Zweck, wenn ein Flugzeug Signale auffangen würde, weil es ihretwegen sicher nicht anhalten würde...« Was wir witzig gemeint und locker-flockig dahingesagt hatten, war für sie als Humor unentdeckbar geblieben. Welche Vorbereitungen ich allein für die Tretbootfahrt getroffen hatte und daß Christina jahrelang als Segellehrerin tätig gewesen war, sie sogar den Hochseeschiffer-Schein besaß, nahmen die beiden gar nicht zur Kenntnis.

Nun, unvorsichtig wollten wir natürlich nicht sein. Wir wollten uns aber auch nicht völlig zuplanen, getreu der Devise von Peter Rühmkorff: ›Je genauer du planst, desto härter trifft dich der Zufall.‹

Schließlich macht das Restrisiko einen besonderen Reiz solcher Unternehmungen aus. Unseren Kritikern widmeten wir die Beduinenweisheit:

›Der Schakal heult, doch die Karawane zieht weiter.‹

Der Bau des Floßes

Die Chinesen hielten Wort. Pünktlich traf der Dampfer Anfang September 1991 aus Formosa in Hamburg ein. Großhändler Helmut Thieß packte sich die einhundertzwanzig Bambusrohre sofort auf seinen Lkw und brachte sie zu mir nach Hause, nach Rausdorf bei Hamburg. Die Arbeit konnte beginnen.

Die Rohre waren viererweise gebündelt und mußten ausgepackt werden. Die stattliche Menge und das Gewicht irritierten mich zunächst. Hatte ich mich vielleicht doch verkalkuliert? Zum wiederholten Male rechnete ich nach, aber es stimmte alles: Es waren einhundertzwanzig Stück Bambusrohr à sechshundert Zentimeter. Keines mehr, keines weniger. An einem Ende dicker, etwa vierzehn Zentimeter Durchmesser, am anderen dünner, mindestens sechs Zentimeter. Und um die dreizehn Kilo schwer.

Hier in Rausdorf wollte ich die einzelnen Segmente lediglich mit PU-Schaum füllen. Hier hatte ich reichlich Platz und keinen Arbeitsweg. Und hier hatte ich einige freiwillige Helfer: Marco und Torben aus dem Nachbarort Großensee und Marian Bork, einen zuverlässigen polnischen Mitarbeiter.

Waren die Rohre erst gefüllt, wollte ich sie allesamt in eine Form rollen und schlicht und einfach kreuz und quer mit Glasfaser-Gelegen (acht Zentimeter breite Gürtel) und Epoxid-Harz durchweben zu einer stabilen Einheit. Nicht mehr und nicht weniger. In einer Woche wollte ich damit fertig sein. Christina war derweil mit dem Floßmodell in Brasilien auf Promotion-Tour unterwegs. Wenn sie wiederkäme, sollte das Schiff längst fertig sein. Die würde staunen. Dann hätten wir ausreichend Freiraum für den Test und eine öffentliche Vorführung auf dem Hamburger Rathausmarkt. Viel mehr Zeit konnte ich nicht investieren. Schließlich war die Idee zur Floß-Aktion spontan gekommen, und parallel hatte ich den Kalender randvoll mit Diavorträgen quer durch die Republik.

Doch bald schon stellte ich fest, daß ich die Rechnung ohne die Tücken des Objekts gemacht hatte. Aus einer Woche wurden über zwei Monate. Irren ist unmenschlich. Christina mußte helfen, und das nicht zu knapp.

Mit einem Optimismus, der nur Erfindern, Komponisten und Bootskonstrukteuren zu eigen ist, stürzten wir uns in die Arbeit. Der Parkplatz wurde zur Werkstatt. Wir errichteten ein zwei Meter hohes Gestell, um jeweils fünf Rohre im Winkel von etwa fünfundvierzig Grad anheben zu können.

Während Marian jedes Segment am obersten Rand mit einer 20-Millimeter-Bohrung öffnete, mischten Torben, Marco und ich den Zwei-Komponenten-Schaum an. Das heißt, wir füllten je einen Pappbecher von einem halben Liter Fassungsvermögen mit der Komponente A und B. In einem größeren Becher schütteten wir die Flüssigkeiten dann zusammen und verrührten sie kurz und hektisch mit einem Holzspan. Per Fingerdruck wurde eine ›Tülle‹ in den Pappbecherrand geformt und dann mit dem Einfüllen begonnen. Das mußte schnell gehen, denn sofort begann die Mischung zu schäumen. Je nach Größe der Bambuskammern konnte man fünf bis acht von ihnen füllen. Gab man zu wenig hinein, hatte man die doppelte Arbeit: man mußte nach dem Erhärten erneut dosieren. Goß man zuviel hinein, quoll der Schaum explosionsartig aus dem Einfülloch – schade ums vergeudete Material.

Nach fünfzehn Minuten war der Schaum erhärtet. Übergebrodeltes konnte abgeschlagen und die fertigen Rohre beiseite gelegt werden. Insgesamt waren zweieinhalbtausend Kammern zu füllen.

Nach zwei Tagen ununterbrochener Arbeit, von Sonnenauf- bis Sonnenuntergang, lagen die Rohre schwimmfertig und unsinkbar zur weiteren Verarbeitung bereit – ein Beispiel des ständig notwendigen Kompromisses unserer Welt zwischen Natur und Chemie, zwischen dem, was man möchte und dem, was sich machen läßt. Meister Thieß holte sie ab und transportierte sie zur siebzig Kilometer entfernten ›Yachtwerft Wedel‹ in Wedel, Holstein, am entgegengesetzten Stadtrand von Hamburg. Dort war schon mein Tretboot entstanden. Hier durfte ich auch das Floß bauen. Wie selbstverständlich hatten die beiden Geschäftsführer Peter Gergs und Willi Reiners mir einen Arbeitsplatz in einer Halle zur Verfügung gestellt, obwohl sie gerade mit der Hamburger Bootsmesse und der Einwinterung von Yachten voll ausgelastet waren. Aber nicht nur das – sie stellten sogar die beiden Azubis Olaf und Tom für die Mitarbeit ab. Die Montage konnte beginnen.

Durch die Experimente mit den verschiedenen Modellen wußte

ich genau, was ich nun zu tun hatte. Ich würde mit einem Abstand von 330 Zentimetern zwei simple Bretterwände von 50 Zentimetern Höhe aufstellen, das Ganze mit Folie ausschlagen und die erste Schicht Rohre einlegen. Die mittleren bugmäßig nach vorn gezogen, die seitlichen nach hinten zurückgestuft. Dann würde ich sie per Glasfasergelege, mit Epoxid-Harz getränkt, schlangenähnlich und kreuz und quer miteinander verflechten und die nächste Lage Rohre eingeben. Vier Lagen in dieser Weise übereinander, das Ganze dann noch mit Gelegen rundherum umwickelt, wie ein Paket, und übermorgen würden wir Stapellauf feiern können.

Doch da machte ich den ›Fehler‹, Willi Reiners meinen genialen Plan vorzustellen. Vielleicht enthielt er Ansätze, von der auch die Werft profitieren konnte, dachte ich, wenn es darum ging, noch rationeller und noch effektiver zu arbeiten. Die ›Yachtwerft Wedel‹ stellt nämlich die Cup-verdächtige Renn-Yacht ›RUBIN‹ her. Da ist es oft von entscheidender Bedeutung, der Konkurrenz eine Bambusfaserstärke voraus zu sein. Diesen Vorsprung wollte ich den Leuten verschaffen, als Dankeschön für ihr Entgegenkommen. Schließlich hatte ich nicht nur die Halle angeboten bekommen, sondern ich konnte mich auch ihres gesamten Maschinenarsenals bedienen. Das allein lohnte schon den weiten täglichen Weg von Rausdorf nach Wedel. Und mit diesem Gedanken betrat ich Willis Büro.

Voller Enthusiasmus erläuterte ich ihm meinen Arbeitsplan: erstens, zweitens, drittens, heute, morgen, übermorgen. Generalstabsarbeit. Floß survivalmäßig.

Während ich das kurz, prägnant und siegessicher vortrug, las ich bereits an Willis Gesicht ab, daß er zu den Fachleuten zählte, die Neuem, Sensationellem und Bahnbrechendem mißtrauisch gegenüberstanden. Aber als höflicher Mensch – oder weil ich sein Gast und nicht sein Angesteller war – ließ er meinen Vortrag über sich ergehen und malte derweil unbeeindruckt Kringelchen und Striche auf sein Papier.

Als ich fertig war, blickte er mich an und meinte: »Vielleicht kommt ihr damit an. Ich jedenfalls hätte Bedenken, mich der ›gegossenen Plattform‹ anzuvertrauen. Da muß mehr Stabilität rein. Ich habe mir auch bereits meine Gedanken gemacht. Ich würde es folgendermaßen machen.«

Dann wendete er das Blatt mit den Kringeln und Kreisen, Linien und Strichen zu mir hin und sagte: »Kein Rohr darf sich drehen, kein Rohr darf rausrutschen. Verlierst du ein einziges Rohr, wird dir sofort das gesamte Paket auseinanderbrechen. Laß dir lieber mehr Zeit und bündele zunächst alles dreierweise. Jedes Dreier-Pakekt umwickelst du mit fünf dreifachen Gürteln des Glasgeleges. Die Vertiefungen zwischen den Rohren spachtelst du vorher mit Micro-Balloon glatt, damit die Gelege überall gerade aufliegen und nicht durchhängen.

Wenn du alles zu Dreier-Paketen verarbeitet hast, bindest du in derselben Weise sechs davon zu fünf dicken Bündeln zusammen. Und diese fünf schließlich verschweißt du zu einer Einheit, zur Floß-Plattform.«

Ich wäre ein Narr gewesen, hätte ich mich den gutgemeinten Ratschlägen verschlossen. Aber nun war auch klar, daß ich mit meiner Bauzeit in Bedrängnis geraten würde.

Es wurden nicht nur zwei Monate Bauzeit, statt der erhofften zwei Tage, sondern auch sehr lange Tage. Mit acht Stunden Arbeit und dann Feierabend war es nicht getan. Um fünf Uhr machten wir uns morgens auf den Weg, und nie kamen wir vor 21 Uhr nach Hause. Außer einer Thermoskanne starken Kaffees und ein paar knackigen Brötchen gab es nichts zu knabbern und zu beißen. Aber wir verspürten auch weder Durst noch Hunger und wunderten uns eher über unsere Helfer Olaf und Tom, wenn sie so strikt ihre Pausen einhielten. Erst abends, wenn wir völlig ausgelaugt waren, gönnten wir uns eine runde Mahlzeit im ›Block House‹ von Othmarschen: Zwiebelsuppe, Salat, Steak, Quark, Kartoffel, ein Glas Bordeaux und als Nachtisch Eis. Fast wurde das zur Zeremonie. Hier fanden wir Ruhe – und konnten die Pläne für morgen besprechen.

Wir waren wie besessen. Immer dachten wir, nächste Woche sind wir fertig. Und dann mußten wir den Endtermin ein weiteres Mal hinausschieben. Hätten wir das Floß für jemand anderen in Auftrag gehabt, wir hätten uns dumm und dösig an Konventionalstrafe gezahlt.

Natürlich erhielten wir auch viel Besuch. Die Schiffseigner, deren Boote winterfest gemacht wurden, gaben sich die Klinke in die Hand. An guten Ratschlägen mangelte es nicht, an unverhohlener Skepsis noch weniger.

Nur echten Freunden mochten wir erzählen, was wir vorhatten; zum einen, weil es uns zu zeitraubend war, mit jedem zu klönen, zum anderen, weil unser Vorhaben bis zur Pressekonferenz geheim bleiben sollte.

Natürlich war uns klar, daß sich einem typischen Yachteigner die Haare sträuben mußten, wenn er unsere steinzeitlichen Grobarbeiten begutachtete. Wo bei einem solchen alles vom Feinsten war, war es bei uns vergleichsweise derb und einfach. War die Außenhaut seiner Yacht mit feinstmöglichem Schmirgel (zum Beispiel fünflagigem Toilettenpapier) mehrtägig naßgeschliffen worden, so erinnerte unsere eher an ein von Naturschändern geplündertes Korallenriff. Wo bei ihm die V4A-Chrom-Reling achtzig Zentimeter Sicherheit bescherte, war der Übergang von unserem Deck zum Wasser durch kein einziges Hindernis verbaut. Und wo bei ihm in edelholzverschaltem Cockpit Satelliten-Navigationsgerät, Echolot, computergesteuerte Vollautomatikküche mit Microgrill und Vorverdauungsadapter, Fischzähl- und Erkennungsanlage, Wind-, Strom-, Gezeitenmeßsensoren und ›Cocktailvorhersagegeräte für die nächsten Zielhäfen‹ schnelldatenmäßig um die Wette eiferten, da bot sich dem Betrachter des Floßes nur eine Art Hundehütte, die jeden Tierschützer auf den Plan gerufen hätte, wenn man tatsächlich einen Hund darin untergebracht hätte.

Nie vergesse ich eine der wenigen Pausen, die wir uns doch gönnten. Eine ebenso sympathische wie elegante Dame lud uns auf ihres Mannes Yacht zu einem Kaffee ein. Und wenn ich Kaffee höre oder schnuppere, kann ich nur schwer absagen. Wir also hin. Der livrierte Boy an der Gangway begrüßte uns mit gut einstudierter Verbeugung, die sogleich ahnen ließ, daß wir entweder ganz falsch gedresst waren oder genau richtig, für den Fall, daß man uns als Kuriosität vorzuzeigen gedachte.

»Zieh die Turnschuhe aus«, flüsterte mir Christina geistesgegenwärtig zu. Schnell entledigte ich mich ihrer. Wie zwei undefinierbare Klumpen, voll mit Spachtel und Glasfasern, blieben sie neben der Gangway zurück. Es waren wirkliche Schaustücke. Vom richtigen Menschen auf der richtigen Kunstausstellung vorgeführt und von der richtigen Jury bewertet, hätten sie unbedingt den ersten (und selbstverständlich phantastisch dotierten) Preis errungen. Aber auch meine Socken waren voller Glasfasern. Eigentlich hätten sie vier Wochen in Quarantäne gehört, aber die hamburgische Lady lächelte verständnisvoll.

»Kommen Sie rein. Wo gehobelt wird, fallen Späne.«

Wahrscheinlich freute sie sich, daß ihr smaragdgrünes Kostüm mit dem gesamten übrigen Outfit abgestimmt war. Alles war aus einem Guß. Es stimmte sogar mit dem Dress ihres Mannes und dem Schiffsnamen: ›SMARAGD‹ überein.

Bei gedämpften klassischen Klängen aus vier versteckten Lautsprechern (Wo hatte er sie bloß? Waren sie in den Untertassen verborgen?) im vollklimatisierten Salon ließen wir uns den Kaffee und die Petits fours wohl munden.

»Was dieser Edelschlitten wohl gekostet haben mag«, raunte ich Christina zu, und sie schätzte ihn auf über eine Million Mark, wenn nicht sogar Dollar.

»Der Typ würde unser Floß aus der Portokasse bezahlen«, fügte sie noch hinzu.

Fast mit Schmerzen dachte ich an die kalte Halle, in die wir gleich zurück mußten. Zweimal, so erfuhren wir, war man in dieser Sommersaison übers Wochenende auf der Nordsee gewesen. Nun werde das Boot winterklar gemacht.

»So was, wie Sie es da vorhaben, möchten wir auch noch machen«, gestand die Dame. »Einmal über den Atlantik! Mein Mann träumt schon seit Jahren davon. Aber Sie können sich's ja denken: Die Geschäfte gehen vor. Schließlich lebt man ja davon.« Nick, nick.

Wieder zurück am Floß, mußten wir uns erst einmal warmarbeiten. Der Unterschied vom temperierten Salon zur eisgekühlten Arbeitshalle war groß. Es war Oktober und verdammt kalt. Zeit, fertigzuwerden.

Schließlich waren die fünf Bündel mit drei einfachen Gelegen umwickelt. Fünf Gelege dreifach sollten es letztendlich werden. Besonders schwierig war die Arbeit unterm Floß über Kopf. Das Epoxid-Harz tropfte einem zwischen Hals und Kragen auf die Haut und verschweißte Hemd, Hose und Schuhe zu einem Overall. Man konnte abends froh sein, wenn man die Klamotten mit Lösungsmittel von der Haut wieder losbekam.

Um die Über-Kopf-Arbeit zu erleichtern, entschlossen wir uns, das Floß zu wenden. So hätten wir die unteren Gelege von oben und unvergleichlich schneller, müheloser und besser anlaminieren können. Die drei Einfach-Gurte würden schon alles zusammenhalten. Sie galten als hochgradig unzerreißbar.

Willi Reiners holte den Kran, legte die Seile an und begann den Hebe- und Drehprozeß.

Viel weiter als über den Beginn kamen wir nicht hinaus. Einiges von dem durchgetropften Epoxid – all das, was nicht in unsere Kleidung getropft war – hatte sich mit Floß und Arbeitsgestell (das Floß war aufgebockt) zu einer soliden Einheit verbunden.

Die Seile strafften sich, Floß und Gestell hoben sich plötzlich gemeinsam vom Boden, und ganz urplötzlich und mit wahrem Urknall explodierte unser Machwerk. Es riß in zwei Teile. Der eine Teil war drei Bambusbündel dick, der andere zwei.

Christina schwankte zwischen Tränen und Zorn.

»Wie konnten wir auch annehmen, daß drei Glasfasergürtel das Floß zusammenhalten würden, wenn es insgesamt fünfzehn werden sollen?« schimpfte sie. Hinterher ist man immer schlauer.

Willi opferte ein paar Leute, die den Bruch mit der Flex säuberten und alles erneut zusammenfügten, damit wir von vorn beginnen konnten.

Ich tröstete mich zunächst einmal mit ein paar obligatorischen Fotos und versuchte, Christina gut zuzureden. Schließlich hatte ich schon des öfteren von einem Moment zum anderen alles verloren und gelernt, mich genauso schnell damit abzufinden. Ich sagte: »Ich sehe das nicht als Unglück, sondern als einen bedeutenden Härtetest. Die einzelnen Bündel sind unversehrt. Die Gefahr liegt einzig im Auseinanderbrechen des Gesamtfloßes. Da wirken einfach andere Kräfte. Selbst wenn fünfzehn Gürtel es später mühelos halten werden, sollten wir zusätzlich zu konventionellen Floßbaumitteln greifen und ein halbes Dutzend dicker Querrohre mit Bergsteigerseilen quer über das Deck binden. Dann bricht garantiert nichts mehr. Weder nach oben, noch nach unten. Nimm es als gutgemeinten Wink des Schicksals.« Das tat sie dann auch.

Die nächsten Glasfasergürtel durfte ich allerdings nicht mehr anfassen. Das übernahmen Tom, Marian und Christina, und sie machten es in deutscher Wertarbeitsmanier. Ich war ihnen ein zu großer Pfuscher.

Das Floß wirkte nun sicher und robust. Dennoch banden sie sieben Rohre quer übers Deck. Als Seile verwendeten sie reckarmes Kernmantelseil. Dort, wo es sich wundscheuern konnte, wurde es mit einem Plastikschlauch überzogen. Das war vor allem da der Fall, wo Bohrungen quer durch das Bündel liefen und die scharfen Kanten des Bambus auf Dauer Schaden anrichten konnten.

Die Querrohre hatten aber auch einen Nachteil. Die schöne glatte Oberfläche des Floßes war dahin. Aus dem ›Parkettfußboden‹ wurde ein Haufen ungeordneter überdimensionaler Mikadostäbe.

»Das ist mir egal«, meinte Christina. »Sicherheit geht vor Schönheit.«

Sehr bald stellte sich aber heraus, daß die Notlösung mit den Querbalken unerwartet auch einen entscheidenden Vorteil hatte: Unsere Hütte stand dadurch fünfzehn Zentimeter über dem Deck und war dem Wasser viel weniger ausgesetzt.

Die Hütte und die Vorratskisten waren als eine Einheit gearbeitet worden. Während die beiden Kisten heck- und bugwärts so bemessen waren, daß sie genau zweiunddreißig Weithals-Schraubkanister aufnehmen konnten, maß die Hütte genau zweihundert mal fünfzig Zentimeter Grundfläche. Darüber spannte sich im Bogen das Dach. Sie war neunzig Zentimeter hoch und ähnelte einem halben Kanalisationsrohr. Rund war sie, weil Bogen stabiler sind als Quader.

Das hierfür verwendete Baumaterial waren Hartschaumplatten von zwei Zentimetern Stärke. Sie ließen sich mit dem Messer schneiden und bis zu einem gewissen Grad biegen. Mit Micro-Balloon-Spachtelmasse wurden die einzelnen Plattenteile miteinander verklebt und die Oberflächenporen dicht- und glattgestrichen.

Als alles erhärtet war, kamen eine oder mehrere Lagen Glasfasergewebe darüber, die wiederum mit Epoxid-Harz getränkt wurden.

Außen wurde an jeder Dachseite ein halbiertes Bambusrohr als Regenrinne montiert, ein weiteres halbes als Dachfirst und innen ein halbes Rohr als Ablage für Kleinkram in der Hütte.

Nachdem alles ausgehärtet war (jeweils über Nacht), erhielten die Bodenflächen acht Zentimeter große Löcher, durch die eingedrungenes Wasser schnell abfließen konnte. Christina und Marian verkleideten die Außenwände mit Schilfmatten, und damit waren wir fast fertig.

Was noch fehlte, waren praktisches und romantisches Zubehör.

Da war zunächst der Mast. Sechs Meter erschienen uns zu kurz.

Wir verlängerten auf acht Meter. Damit er auch an Schönheit gewann, erhielt er oben einen Wäschekorb als Ausguck. Man erreichte ihn per Bambusstrickleiter. Außen am Korb befestigten wir zwei weiße Friedenstauben aus Sperrholz.

Zwei halbierte Rohre ergaben eine Art Reling, die einfach vorn und hinten im Bogen ans Floßfundament gesteckt wurden. Später entfernten wir sie wieder. Sie störten. Nichts sollte den freien Blick auf Amerika behindern.

Mitten in den Arbeiten passierte es, daß sich bei Christina eine starke Allergie gegen unser Epoxid-Harz auswirkte. Ihre Augen quollen zu, das Gesicht dunste auf, wie bei einer Säuferin. Kaum mochte man sich noch mit ihr sehen lassen. Sie hatte Pickel, und ihr liefen die Tränen, obwohl dazu kein Anlaß bestand. Allenfalls solche der Freude.

Deshalb übernahm sie ab jetzt die Erledigungen, die außerhalb der Halle anfielen.

Da galt es, das Segel nähen zu lassen. Auf Empfehlung eines Freundes wandte sie sich an die Firma Moritz-Segel in Travemünde. Als Inhaber Enno Pfahl hörte, um was es bei unserem Vorhaben ging, erklärte er sich spontan bereit, uns das Segel und eine Sturmfock zu schenken. Um das Segel richtig zu dimensionieren, kam er eigens nach Wedel und entschied: »Es sollte vierundzwanzig Quadratmeter haben. Oben machen wir es breiter, nach unten hin schlanker, und das Segeltuch sollte dreihundert Gramm pro Quadratmeter schwer sein. Das ist eine robuste Qualität, die den Anforderungen gewachsen ist.«

Zwei Tage nach dem Vermessen war das Segel fertig. Eine saubere Arbeit. Und Pfahl versicherte mir schmunzelnd: »Wenn Sie es als Laie vielleicht nicht bemerken, aber der Wind kennt den Unterschied zu anderen Produkten. Sie werden es erleben.« Sein Werbeschnack.

Aber Christina begnügte sich nicht mit Dekor und Kinkerlitzchen à la Mastkorb, Reling, Papagei.

»Was nutzt uns ein buntes Floß à la Pippi Langstrumpf und Villa Kunterbunt. Wir brauchen ein Funkgerät, ein Satelliten-Navigationsgerät, ein Rettungsboot, und wir nehmen eine Videokamera mit, um die Reise zu dokumentieren. Die Energie für die Elektrizität kann uns ein Solarkollektor beschaffen, der eine Autobatterie füllt. Zwischen die Batterie und die Geräte kommt jeweils ein Transformator.«

Ich wußte, Christina war ein Technikfreak. Ich hingegen überhaupt nicht. Ich hörte nur Kollektor, Batterie, Trafo, Kabel und Regler – und bekam eine Gänsehaut. Soviel Empfindliches auf unserem sicherlich ständig salzig-feuchten Floß, da sah ich uns schon eine Panne nach der anderen beheben. Aber Christina hatte längst genaue Vorstellungen von allem, und sie hatte die Dinge längst in Auftrag gegeben. Ehe ich noch dreimal Veto einlegen konnte, war sogar schon alles durch die Firma des Holger Köhmstedt in Kiel montiert. Es funktionierte bis zum Schluß.

Mir blieb nichts, als die Bugfigur abzuholen. Holzschnitzer Volker Genßler aus Kiel hatte sie in sechswöchiger Arbeit aus einem hohlen Stück Eichenstamm geschaffen.

»Alles bei mir geht von Hand«, betonte Volker. »Bei mir findet ihr keine Maschine.«

Der Auftrag an Volker war ein Glücksspiel gewesen.

»Ich weiß vorher nie, was am Schluß daraus wird«, hatte er gewarnt. »Die Ideen kommen mir während der Arbeit. Ich muß nur wissen, was die Gallionsfigur überhaupt aussagen soll, ich meine grundsätzlich.«

Ihm das zu erklären, fiel nicht schwer, denn Volker kannte und liebte indianische Kulturen. Er hatte in seinem Gartenhaus Indianer-Skulpturen stehen, die ich ihm auf der Stelle abgekauft hätte. Aber gerade die verkaufte er nicht.

Das fertige Stück hatte Einmaligkeitswert. Nie hatte ich eine ähnliche Gallionsfigur gesehen. Sie spiegelte die ganze Vielfalt der Schöpfung wider. Da war das halbe Profil eines Indianers, dessen wehendes Haar eine Feder zierte, die wiederum in Lianen überging. Zwischen den Lianen lugten Vögel hervor, eine Schlange, Phantasietiere und eine Schildkröte.

»Das war alles schon in der Struktur des Holzes vorhanden«, behauptete Volker. »Ich habe das nur rausgearbeitet.«

Bei Volker würde ich wieder schnitzen lassen.

Inzwischen hatte das Floß auch eine stolze Ruderanlage erhalten. Zum einen ein schweres Holzsteuer, zum anderen mußte meine Tretboot-Windsteueranlage als Wind-Automatik nochmal herhalten.

Den letzten Schliff mußte ich dem Floß dann selbst geben. Es fehlte ihm ein abgerundeter, dynamischer Bug. Er sollte so aussehen wie ein Ski, der sich immer aus dem Schnee heraushob. Christina brachte die brutale Operation nicht fertig.

»Überleg mal, was uns da alles an Auftrieb verloren geht!« jammerte sie wie so häufig und wandte sich tatsächlich ab, als ich mit Hilfe der Motorsäge der Wedeler Feuerwehr und der Eleganz eines Konditors, der eine Tortenkuppel zaubert, den kantigen Bug in einen abgerundeten verwandelte.

Schließlich und endlich war der Tag gekommen, an dem alles fertig war. Stolz standen wir vor unserem Werk. Natürlich würden wir beim nächsten Mal vieles anders und manches besser machen, aber für einen Floß-Prototyp ohne Vorbild war alles zufriedenstellend gelungen. Doch Christina hatte immer noch Bedenken.

»Eines macht mir noch Sorgen. Wird dieses schwere Floß überhaupt noch schwimmen? Vor allem, wenn wir das Gepäck und die dreihundertzwanzig Liter Wasser gebunkert haben?«

Manchmal bezweifelte ich das auch. Denn unser Fahrzeug wirkte monströs und schwer. Dennoch ließ ich den ›Opti‹ raushängen. Es wäre ja auch ein Ding, von der eigenen Arbeit nicht überzeugt zu sein.

»Zum einen haben wir es immer wieder durchgerechnet. Wir haben ausreichenden Reserveauftrieb ermittelt. Das muß einfach schwimmen und uns noch eine Rohresstärke Freibord bescheren.« Ich flachste hinterher: »Du mußt das doch viel besser wissen als ich. Du bist doch Mathe-Paukerin, nicht ich.«

Ich konnte reden, was ich wollte, Christina überzeugte das nicht. Hoffentlich hatte sie an den Wellen des Atlantiks nicht auch ständig etwas zu bemäkeln.

»Wir haben hier noch ein paar Rohre übrig. Ehe du davon Vogelhäuschen bastelst, laß sie uns noch irgendwie einarbeiten«, quengelte sie.

So geschah es. Weil die Reste für eine vierte Lage auf der Kielseite nicht ausreichten, bündelten Tom und Christina sie zu einem ansehnlichen Paket zusammen und schraubten es als Kiel mitten unters Floß. Damit wurden unsere zwei Schwerter hinfällig. Die Steuerfähigkeit und Richtungsstabilität sollte das Vehikel nur durch seinen Kiel erhalten.

Und endlich wurde es zu Wasser gelassen. Hatte ich diesem Moment doch mit einiger Angst, die Besserwisser könnten recht behalten, entgegengesehen, so entband uns unser Opus vom ersten Moment der Wasserberührung an von jeglicher weiterer Sorge. Es schwamm wie eine Eins und ragte sogar höher aus dem Wasser, als ich gedacht hatte: nämlich zwei Rohre. Flach, geduckt, breit, stabil, solide – dem würden wir uns anvertrauen, das würde uns rüberbringen.

Auch Christina war nun überzeugt. Oder doch nicht? Ein strahlendes und ein sorgenvolles Auge betrachteten die Szene.

»Noch ist es nicht beladen, und es hat nur zwanzig Zentimeter an Freibord. Meine ›TEJA‹ hat neunzig Zentimeter.«

Nun verglich sie schon wieder ihr Segelboot mit unserem Holzstapel. Aber Gott sei Dank hatte sie dann selbst den rettenden Einfall.

»Alle Mann an Bord«, forderte sie die Werftarbeiter auf, und im Handumdrehen drängten sich da dreizehn Leute auf engstem Raum – und immer noch schaute eine Lage Rohre aus dem Wasser. Damit hatte das ›Bamboo Raft‹ seine erste Bewährung bestanden. Hauptsache, der Schaum blieb auch dem Seewasser gegenüber abweisend.

Die Pressekonferenz hatten wir auf einen Donnerstag, elf Uhr, festgelegt. Die Einladungen waren von der ›Gesellschaft für bedrohte Völker‹ so verschickt worden, daß sie Montag allen Redaktionen vorlagen. Am Abend vorher hatte uns ein Motorboot von ›Greenpeace‹ von Wedel aus die Elbe hoch nach Hamburg gezogen und am Rathausmarkt festgemacht. Die Erlaubnis dafür hatte uns die Umweltbehörde erteilt.

Damit nicht schon vorher einem Fotografen ein Schnappschuß gelang und damit der Clou der Pressekonferenz verraten war, hatten wir das Fahrzeug mit einer schwarzen Plane abgedeckt.

Erst nachts machten wir alles fotoklar. Der Mast wurde gesetzt, die Leiter gespannt, die Ruderanlage und die Reling montiert.

Das Segel blieb gerefft. Es sollte erst im Anschluß an die Pressekonferenz hochgezogen werden. Zum einen, damit die ganz eiligen Fotografen nicht schon gleich vor Beginn der Konferenz wieder davonliefen, sobald sie das Bild im Kasten hatten, zum anderen, um auch den Fernsehteams ein wenig action zu bescheren.

Zur Vorführung am Floß gehörte auch die Taufe. Sie wurde von der zehnjährigen Maria Pavel souverän gemeistert. Sie schüttete einen Becher Cocosmilch über die Figur und sagte: »Ich taufe dich auf den Namen ›Bamboo Raft‹ und wünsche dir, daß du den Indianern Nord- und Südamerikas wirksam zu mehr Rechten verhelfen kannst.«

Dann hißten wir das Segel, dessen Aufschrift ihre Worte noch einmal unterstrich.

Zwei Tage ließen wir das Floß zur öffentlichen Besichtigung am Rathausmarkt liegen. Dann sollte es rausgehen zum Test an die Nordsee.

Die Versöhnungsbotschaft

500 YEARS AMERICA –
500 YEARS OF GENOCIDE.
LANDRIGHTS TO ALL INDIANS
NORTH AND SOUTH.
SAVE THE YANOMAMI
AND THE RAINFORESTS.
IMMEDIATELY.
Gesellschaft für bedrohte Völker
Box 1024
D-3400 Göttingen

Es ist immer leicht zu kritisieren, wie unsere Aufschrift es tat. Viel schwieriger ist es, Kritik konstruktiv zu gestalten. Und noch schwieriger scheint es, mit Beispielen voranzugehen und zum persönlichen Verzicht bereit zu sein. Wir wollten alles versuchen.

Die Segelaufschrift ›machte‹ zunächst einmal ›an‹. Das sollte sie auch. Da waren auf dem gesamten amerikanischen Kontinent ganzjährige Feiern angesagt, die alle nur einen Tenor erkennen ließen: ein halbes Jahrtausend Entdeckungen und Pionierarbeit zum Wohle der Welt.

Daß es sich bei der Eroberung Amerikas um einen der größten Völkermorde in der Geschichte der Menschheit handelte – unter fleißiger Mithilfe der christlichen Kirchen –, wurde in keiner Festschrift vermerkt. Man wollte schließlich feiern und sich nicht die Stimmung vermiesen lassen. Außerdem hatte man mit den Eroberern von damals allenfalls noch den Namen gemeinsam. Man hütete lediglich ihr Erbe. Oder fragt etwa in Deutschland heute noch jemand danach, wie Baron von X einst zu seinen Ländereien gekommen war oder Großbauer Y?

Daß es in allen amerikanischen Ländern einen beachtlichen Teil Menschen gab, die nicht den geringsten Grund zum Feiern hatten, wurde geflissentlich übersehen. Dieser Teil hat keine ausreichende Lobby, ihm gehören nicht die Zeitungen, Rundfunkstationen und Fernsehsender. Er ist auch heute noch rechtlich minderbemittelt. Er ist arm, wird, wenn überhaupt, in Reservate zurückgedrängt und mehr belächelt und verspottet denn als gleichberechtigt geachtet. Und das unter anderem, weil er eine andere Lebenseinstellung besitzt, weil ihm unser Fortschrittsdenken wider sein Empfinden geht und er Natur und Erde anders zu betrachten und nutzen gewohnt ist als wir.

Vierzig bis achtzig Millionen Menschen wurden deshalb ausgerottet. Und sie werden es bis in die Gegenwart. Meine eigenen Erfahrungen in Brasilien, die ich in ›Die letzte Jagd‹ geschildert habe, seien dafür ein kleines Beispiel, das Buch der Friedensnobelpreisträgerin Rigoberta Menchú über die Brutalitäten der Regierung Guatemalas ein weiteres.

Auch jene vielen Millionen Afrikaner seien nicht vergessen, die in brutalster Weise gefangen und als Sklaven nach Amerika deportiert wurden. Hier bekleckerte sich auch der Islam mit zweifelhaftem Ruhm.

Allein von der winzigen Insel Gorré, unmittelbar vor Dakar (Senegal), wurden in vier Jahrhunderten vierzehn Millionen Menschen deportiert: Männer, Frauen, Kinder – angekettet, ausgepeitscht und beim geringsten Widerstand qualvoll ermordet. Zwar gibt es den Status des Sklaven und der Sklaverei seit wenigen Jahren offiziell nicht mehr – aber in der Praxis zählt der dunkelhäutige Mensch bis heute zu den Unterprivilegierten.

Vieles ist tatsächlich Vergangenheit, und es waren nicht die ›Amerikaner‹, die das alles auf dem Kerbholz hatten, sondern unsere eigenen Vorfahren, die explosionsartig Europa verließen, als die Kunde von Amerikas Entdeckung und dem unendlichen ›Niemandsland‹ seine Runde machte. Europa war längst zu voll und eng geworden. Amerika war da genau das richtige Ventil. Würde es heute entdeckt, würde die Eroberung in genau derselben rücksichtslosen Weise geschehen, wie sie seit 1492 abgelaufen ist. Vielleicht erleben wir es schon morgen, wenn irgendein Raumschiff mit der Nachricht heimkehrt, man habe einen für Menschen bewohnbaren Planeten entdeckt.

In Erinnerung an diese geschichtlichen Abläufe fand ich Tilman Zülchs Idee der ›Versöhnungsbotschaft‹ beispielhaft. Tilman Zülch ist, wie gesagt, der Bundesvorsitzende der ›Gesellschaft für bedrohte Völker‹, der zweitgrößten Menschenrechtsorganisation der

Bundesrepublik Deutschland. Sie kümmert sich um rassische, religiöse und politische Minderheiten in allen Ländern der Erde und finanziert sich durch Spenden.

Die Versöhnungsbotschaft schien Christina und mir vom ersten Moment an ein angemessener Beitrag zu diesem denkwürdigen Jubiläum, und wir waren stolz, auf diese Schrift mit Hilfe unserer Floßaktion aufmerksam zu machen.

(Wortlaut der Versöhnungsbotschaft siehe Anhang, S. 334).

Die Klimasteuer

Die Idee kam mir in der Hängematte. Sie war irgendwo im amazonischen Regenwald zwischen zwei Bäumen angebunden und gab mir den Blick frei auf die ganze Tropenvielfalt. Um einzuschlafen, versuchte ich, die verschiedenen Pflanzen zu zählen – ich schaffte es nicht. Es war eine zu pralle Fülle und Vielfalt.

Zum einen lag mein zählerisches Unvermögen an mangelndem biologischen Wissen. Zu viele Spezies sahen sich ähnlich und waren dennoch sehr verschieden. Zum anderen und sehr wesentlich lag das aber auch an dem Lärm, der mich umgab und der überhaupt nicht zum Frieden der Natur paßte: Es war der Lärm der Motorsägen und Bulldozer, das Krachen sterbender Baumriesen, und es war der Geruch von Qualm, der bis in mein Camp drang. Nur hundertfünfzig Meter entfernt wurde dem Wald der Garaus gemacht.

Wenn man dann nicht mehr in der Hängematte lag und sich im Lande umsah, wurde einem angst und bange. Überall wurde gerodet und gebrannt. Das Ende war absehbar: Satellitenfotos belegten, daß mein Feuer kein Einzelbrand war. Es loderte, qualmte, glimmte, schwelte und kohlte an Tausenden von Stellen gleichzeitig. Brasilien (und viele andere Tropenwald-Länder) praktizierte die Realisierung des Strategenspruchs: Freie Sicht von den Anden bis zum Atlantik. Oder ›Ordnung und Fortschritt‹, wie es die Nationalflagge verkündete.

Beim Anblick des Infernos fragte man sich unwillkürlich: Ist das überhaupt zu stoppen? Mit welchem Recht wollte man als Ausländer hier auftreten, wenn da ein bettelarmer Siedler sich ein Stück Wald urbar machte, wenn ein Fazendeiro seinen Großbesitz um weitere Dimensionen bereichern wollte oder wenn der Staat Straßen und Staudämme bauen ließ? Waren wir mit unserer eigenen Natur behutsamer umgegangen? Was würden wir sagen, wenn die Pygmäen forderten, den Straßenbau in Deutschland zu stoppen? Und waren bei uns Ansätze von Naturschutz erkennbar, dann auch erst seit kurzem, seit uns das ›Grüne Gewissen‹ schlägt, weil es bessere Umweltschutzgesetze gibt und vor allem, weil es uns gut geht. Mit vollem Bauch und dickem Portemonnaie kann man gut über Naturschutz dozieren und den Oberschlauen spielen. Mit knurrendem Magen und frierendem Leib sieht das wesentlich anders aus. Es sähe auch bei uns schon wesentlich anders aus, wenn wir dem Naturschutz zuliebe liebgewordene Rechte opfern sollten. Wenn wir das Auto nicht mehr fahren dürften, wenn für bestimmte Landschaftsschutzgebiete absolutes Zutrittsverbot bestünde oder wenn wir plötzlich weniger statt mehr verdienen sollten, weil Luxus und Umweltschutz sich nicht vertragen.

Haben sich bei uns inzwischen Ansätze von Naturschutz gefestigt, so beschränken sie sich bei vielen Mitmenschen doch nur auf den Wald und möglichst den Regenwald, weil der schön weit entfernt ist. Schon bei der Nordsee hört der Spaß auf. Sie verkommt zur Kloake der Anrainerstaaten.

Wenn ich mir das vor Augen führte, verbot es sich von selbst, in Brasilien als Kritiker aufzutreten, zumal die Brasilianer eine ›Allergie‹ gegen die zunehmenden Forderungen von auswärts entwickelten.

Wenn man hier etwas erreichen wollte, mußte man Brasilien ein Geschäft vorschlagen. Ein Geschäft, das beiden Partnern nützlich ist, uns Reichen und jenen weniger gut Bemittelten: uns, weil es unser Weltklima und damit den Wohlstand stabil halten würde, und Brasilien, weil es einen Ausgleich erhielte für entgangene Gewinne aus Holzverkauf und mehr oder weniger (unökonomischer) Landwirtschaft.

Warum also nicht Klima zur Handelsware erheben? Wie Gold und andere Bodenschätze. KLIMA GEGEN KASSE. Wenn dieser Deal überwachbar durchgeführt würde, wäre er realisierbar. Geld genug haben wir wohlhabenden Länder. Ein Großteil davon stammt ja sogar aus eben diesen Ländern wie Brasilien, die wir mit Preis- und Zinsdiktat fest im Griff haben. Schon bald werden die Wälder das wertvollste Kapital sein, mit dem sich Brasilien aus seiner Abhängigkeit von internationaler Hochfinanz lösen kann.

Macht Brasilien hingegen so weiter wie bisher, dann dürfte es sich schon sehr bald in die größte amerikanische Wüste verwandeln, wie José Lutzenberger befürchtet. Und was alle Brasilianer verdrängen: Die ersten Toten einer solchen Öko-Katastrophe werden die Brasilianer selbst sein.

Freunde, mit denen ich diese Idee der Klimasteuer besprach,

stimmten ihr grundsätzlich zu, aber sie erhoben auch Bedenken. Nie würde sich Brasilien an die Abmachungen halten, zu korrupt sei das System, und letztlich würde der kleine Mann weiter seine Rodungen anlegen, bebauen und nach drei Jahren weiterziehen, wenn der ausgelutschte Urwaldboden ausgezehrt wäre. Ihn würde das Geld nie erreichen. Und erreichte es ihn doch, würde er es in Schnaps und papstgerechter Familienerweiterung anlegen.

Alle diese Argumente mußte man berücksichtigen. Auf jeden Fall hielt und halte ich die Devise ›Klima gegen Kasse‹ nach wie vor für realistisch und brauchbar.

Wie eine Klimasteuer am sinnvollsten angelegt werden sollte, diskutierte ich auch immer wieder mit Brasilianern. Einen sehr bemerkenswerten Vorschlag machte Dr. Rugatto Boettger, ein Bio-Chemiker in Macapá, Bundesstaat Amapá. Er erschien uns wie eine sinnvolle Ergänzung zu unserer eigenen Idee, der die Praktizierungschancen um einiges erhöhte. Wir lernten Rugatto nach unserer Floß-Notlandung kennen, von der noch zu erzählen sein wird.

»Wenn man der brasilianischen Regierung für die Walderhaltung eine bestimmte Summe Geld gibt, ist es futsch. Nur jeweils Pfennige erreichen, der Form halber, ihren Adressaten. Man muß das Geld streng zweckbinden. In Brasilien müßte man dafür bundesweit das Schulsystem reformieren. Wo es Bildung gibt, entsteht mehr Selbstbewußtsein. Mehr Selbstbewußtsein läßt die Leute sich besser behaupten. Sie könnten ihre Armut verringern und eine wohlhabende Mittelschicht bilden, und erst solchen Bevölkerungskreisen könnte man ein Umweltbewußtsein vermitteln, bei dem der Wald eine Chance hätte.«

»Dazu gehört natürlich auch die Einführung und Einhaltung der Schulpflicht«, ergänzte Rugatto noch. »Das Analphabetentum und die Armut sind sonst unser Untergang.«

»Klar ist aber auch, daß solche Revolutionen erst nach ein bis zwei Generationen greifen«, gab ich zu bedenken und Rugatto erwiderte: »Das stimmt. Aber jeder Tag, den wir warten, ist ein verlorener Tag, der uns Schaden zufügt. Was genauso wichtig wäre in Amazonien, ist das sofortige Verbot des Wanderackerbaus, wie er hier üblich ist. Wer einmal ein Stück Land in Besitz bekommen hat, muß dafür verantwortlich bleiben. Es geht nicht an, daß er ein Stück Wald rodet und es nach drei Jahren verläßt, weil es ohne Düngung nichts mehr hergibt. Solches Verbot würde sofort greifen und nicht erst nach Generationen. Vielleicht könnte man den betroffenen Kleinbauern mit einer anfänglichen Gabe von Kalk helfen, den Boden zu entsäuern.«

»Glaubst du denn, daß solche Maßnahmen durchführbar sind?« zweifelte ich.

»Ja, durchaus. Denk an das Verbot der Motorsägen. Es ist hier heute leichter, eine Waffe zu bekommen als eine Motorsäge.«

Rugatto redete sich richtig in Form. Er sprudelte seine Ideen heraus, als wäre er und nicht José Lutzenberger der Umwelt-Verantwortliche.

»Natürlich wäre es mit einer einmaligen Kalkgabe nicht getan«, meinte er. »Jeder Siedler müßte sich einer landwirtschaftlichen Eignungsprüfung unterziehen. In Schnellkursen – finanziert von der Klimasteuer – könnte man ihn die Grundbegriffe ökonomischen und ökologischen Ackerbaus lehren. Er müßte vertraut gemacht werden mit den Notwendigkeiten von Wechselwirtschaft, Terrassierung, chemiefreier Schädlingsbekämpfung, Anbau *heimischer* Pflanzen und Kompostierung, um nur wenige Beispiele zu nennen. Von der Klimasteuer müßte man jeder Dorfgemeinschaft einen Schredder zur Verfügung stellen, damit die gefällten Bäume kompostiert und nicht verbrannt werden.«

Es war uns aber auch klar, daß alle guten Ansätze ein Fehlschlag würden, wenn nicht endlich eine Landrechtsreform durchgesetzt würde, die den Siedlern das dauerhafte Verbleiben auf ihrer Erdscholle garantierte.

»Und um alles perfekt zu machen, müßte parallel umgehend mit der Wiederaufforstung begonnen werden.«

Zu schön, um wahr zu werden, Rugatto. Dennoch wurden wir den Gedanken nicht los, daß die Selbstzerstörung des Menschen von Mutter Natur fest in ihm angelegt ist und daß sie auf Dauer mit Vernunft nicht auszuschalten ist – als Selbstschutz der Natur gegen das Ausufern irgendeiner Spezies.

Der Test

Gerhard Wallmeyer, Fund-Raiser bei ›Greenpeace‹, seit Jahren einer meiner treuen Berater und Helfer, hatte zwei Mitteilungen für mich.

»Eine gute und eine schlechte«, meldete er am Telefon. Er fragte nicht, welche ich zuerst hören wollte, sondern fuhr fort: »Die geplante Teilfinanzierung eures Projekts durch uns ist abgelehnt worden. Du weißt, ich persönlich war ausdrücklich dafür und Harald Zindler auch. Aber unser neues Büro in Rio hat nun doch Bedenken. Du weißt, es ist ein erster Anfang, und die Jungs dort fürchten, daß sie bei der Forderung von euch Ausländern nach Erhalt des Waldes vom Militär verdächtigt werden könnten, mit ausländischen Kräften zusammenzuarbeiten, die Amazonien internationalisieren möchten. Du kennst ja die Parolen. Deshalb halten sie es im Moment für besser, nicht mitzumachen.«

Das war natürlich ein harter Schlag. ›Greenpeace‹ als Partner hätte ich mir gern gewünscht, und ›Greenpeace‹ hätte eine Aktion wie die unsere gerade zu jenem Zeitpunkt ebenfalls gut zu Gesicht gestanden, weil die Organisation vom ›SPIEGEL‹ hart kritisiert worden war und daraufhin viele Mitglieder verloren hatte.

»Nun aber die gute Nachricht«, hörte ich Wally wieder. »Wir helfen euch mit allen Mitteln bei eurem Test.«

Na gut, das war doch immerhin etwas. Auch Tilman Zülch blieb optimistisch.

»Laß die Aktion erstmal von sich reden machen, dann werden sich auch andere Sponsoren finden.«

Doch das lag zunächst in weiter Ferne. Um so wohltuender empfanden wir es, als mein alter ›Kampfgefährte‹ Klaus Denart, der seit zwölf Jahren zusammen mit Peter Lechhart und Andreas Bartmann die ›Globetrotter Ausrüstungen‹ in Hamburg betreibt, mit Ausrüstung und Discount zur Seite stand, obwohl ich auch ohne Preisnachlaß bei ihm gekauft hätte. Der Grund ist einfach: Ich kenne keinen vergleichbar gut sortierten Expeditionsausrüster.

Auch die Rettungssignale, im Budget ein beachtlicher Posten, wurden uns wieder kostenlos überlassen, wie bereits bei der Tretbootfahrt. Die Firma ›NICO Pyrotechnik‹ staffierte uns reichlich mit Raketen für die Nacht und orangefarbenem Rauch für den Tag aus.

Genau viermal kamen sie auf der Reise zum Einsatz. Auch davon werde ich noch erzählen.

In alter Treue hielt ferner die Firma ›Silberkraft‹ aus Duisburg zu uns. Hans-Dieter Jaksch versorgte das Floß mit den wertvollen Lithium-Batterien für die Videokameras. Sie machten uns unabhängig von der schweren Autobatterie oder den schnell entladenen Klein-Akkus. Vor allem zeichneten sie sich durch ihr geringes Gewicht und die hohe Leistungsdauer aus.

Ein herzliches Dankeschön schulde ich auch Herrn Herbert Kürten und seiner Stickerin Elfriede Schneider, die uns die Garderobe zünftig mit ›Bamboo Raft‹ und Namenszügen versahen. Ich kannte beide bereits aus den Zeiten meiner Konditorei. Da hatten sie meinen Mitarbeiterinnen die modische Arbeitsgarderobe entworfen und gefertigt.

Dann war da das Angebot des Peter Bree aus Hannover, seines Zeichens Taschendesigner und -großhändler. Bree war besonders von der Versöhnungsbotschaft angetan und ließ uns ›so viele Taschen aussuchen, wie Sie brauchen‹. Nichts taten wir lieber, denn wir kannten sie bereits als nicht nur stabil, sondern auch formschön und praktisch. Als wir gewählt hatten und damit von dannen zogen, drückte uns Bree die Hände und meinte: »Achten Sie besonders gut auf diese Tasche. Ich habe da noch eine Kleinigkeit hineingepackt.«

Es war keine Kleinigkeit. Es war eine Großigkeit. Danke, Peter!

Den Löwenanteil übernahmen zu gleichen Teilen die ›Gesellschaft für bedrohte Völker‹ und wir selbst. Tilman Zülch: »Wenn es nötig ist, nehme ich eine Hypothek auf mein Haus auf.« Es wurde nötig.

Den Test unseres Floßes leitete Kay, seines Zeichens Aktionskoordinator bei ›Greenpeace‹. Er schaute sich das Gefährt auf dem Rathausmarkt an, nahm kurz Maß mit dem Zollstock, fertigte sich eine kleine Skizze und montierte zwei Stunden später einen 35-PS-Mercury-Außenborder an einen eigens dafür geschweißten Metallwinkel. Damit waren wir von den Gezeiten, die sich von der Nordsee bis Hamburg und darüber hinaus auswirkten, unabhängig.

Jeder von uns trug einen wasserdichten Überlebensanzug. Damit kann man beinahe tagelang im eiskalten Wasser durchhalten. Und eiskalt war es. Jeden Morgen war das Deck mit einer Eisschicht überzogen, die sich erst gegen zehn Uhr von der Sonne erweichen ließ und verschwand. In der Hütte aber war es warm. Die Schaumwände isolierten ausgezeichnet.

Auf der Elbe waren zwei Personen auf dem Floß erforderlich, denn es ist ein dicht befahrener Seeschiffahrtsweg. Obwohl sowohl Christina als auch Kay Britt und ich einen Sportbootführerschein vorzuweisen hatten, hielten wir uns immer knapp außerhalb des sogenannten Tonnenstrichs. Die Tonnen markieren die Fahrrinne für die Seeschiffe. Rechts, stromaufwärts gesehen, stehen die grünen Tonnen und die roten links. Sie sind groß und deutlich numeriert. Nachts haben sie ein Licht.

Außer dem Führerschein hatten wir eine ausführliche Stromkarte bei uns und den unentbehrlichen Tidenkalender, der für jeden Ort der Elbe den genauen täglichen Wechsel von Ebbe und Flut verriet.

Gegen die Flut zu fahren, war Benzinvergeudung. Aber da wir den Wind mit uns hatten, schafften wir es, mit drei Ebben bis Brunsbüttel zu kommen. Dort öffnet sich die Elbe zur Nordsee hin, und von dort beginnt auch der Nord-Ostsee-Kanal, der bei Kiel endet.

Kay und seine Kollegin Steffi Vocken, Laborantin bei ›Greenpeace‹, zogen uns mit ihrem 70-PS-Schlauchboot aufs offene Wasser. Dort banden sie uns los und hielten sich bereit, uns sofort wieder in Schlepp zu nehmen, wenn wir es wünschten.

Es war ein herrlicher Moment der Ruhe, als die Motoren verstummten und nur noch der Wind zu hören war. Wir hatten Windstärke sieben, genau das Richtige, um das Verhalten des Floßes zu bewerten.

Als das Segel hochging, kam Schwung in das Bambuspaket. Da wir achterlichen Wind und Ebbe hatten, machten wir Wahnsinnsfahrt in Richtung Meer. Die Landschaft zog in Windeseile an uns vorbei, der Bug hob und senkte sich, daß das Wasser nur so spritzte. Die Wellen waren gar kein Problem. Wir ritten sie ab, fast nahmen wir sie gar nicht zur Kenntnis. Während Kays Boot ganz schön schaukelte, lagen wir beinahe wie eine kleine Insel, an der sich die Wellen vergeblich ihre Zähne auszubeißen versuchten. Beruhigend war auch zu erleben, wie gut das Schiff auf das Ruder reagierte.

»Bis auf die Kälte ist das genau das Wetter, das wir im äußersten Falle im Atlantik haben werden: Windstärke sieben«, jubelten wir. Aber die Kälte konnte uns in den Anzügen nichts anhaben.

Der Test offenbarte auch die Schwachpunkte. Der dicke Bambusmast war zu elastisch. Wir würden ihn durch einen Alumast ersetzen. Damit entfielen der Mastkorb und die Leiter. So schade das war – aber Sicherheit ging vor Schönheit.

Auch die Reling mußte weichen. Sie störte mehr, als daß sie nutzte. Beim Hantieren mit den vielen Seilen war sie im Wege.

Viel schwieriger als die Talfahrt mit Wind und Strom gestaltete sich der Heimweg.

Kay und Steffi zogen aus Leibeskräften, aber trotz ihrer 70 PS wurde es ein sehr langwieriger Akt. Jetzt hatten wir den Wind und die Wellen gegen uns. Es wurde ein Kampf um Meter. Das Floß tauchte tief ein und unterschnitt. Wir durften nichts übereilen. Ein bestimmtes Tempolimit durften wir nicht überschreiten.

Es dauerte fast einen halben Tag, ehe wir durch die Schleuse hindurch waren und im sicheren Yachthafen von Brunsbüttel lagen. Die gute Fee Anni, die den Hafen bewacht, frischte uns mit einem heißen Tee auf.

An den weiteren Rückweg war zunächst nicht zu denken. Es blieb bei Windstärke sieben aus Südwest und mit Böen, die noch einiges kräftiger waren. Auch per Schlepper war es aussichtslos.

»Erst unter Windstärke fünf haben wir mit Ihrem Floß eine Chance«, versicherten die Schlepper-Profis. Deshalb ließen wir alles in Annis Obhut und warteten in Hamburg besseres Wetter ab.

So lief uns die Zeit davon. Es war Mitte November. Der Verschiffungstermin rückte näher. Nach drei Tagen endlich der ersehnte Wetterbericht, der nachlassende Winde um fünf, auf West drehend, versprach.

Doch sowohl ich als auch Christina hatten genau an diesem Tag Vorträge. Händeringend suchten wir nach Ersatzleuten. Das Floß mußte sofort mit jeder Flut ein Stück weiter die Elbe hochgefahren werden.

Da sprang Jochen ein, Christinas Schwager. Doch eine einzige Person war mit dem Transport überfordert. Es brauchte nur der Motor auszugehen und das Fahrzeug vom Wind in die Fahrrinne gedrückt zu werden. Dann konnte das Unternehmen mit einem

Fiasko enden. Wir riefen Gott und die Welt an – aber sowohl Gott als auch die Welt hatten alle etwas besseres vor. Niemand hatte Zeit. Bei vielen war es einfach Angst.

Da erinnerten wir uns an Rainer Röttger. Wir kannten ihn noch nicht lange, aber auch er gehörte zu denen, die versichert hatten: »Wenn ihr mal Hilfe braucht, ruft mich an.«

»Er wohnt aber in Westeroverledingen an der holländischen Grenze«, zweifelten wir. »Für ihn wäre es leichter, nach Rotterdam zu kommen als nach Hamburg.«

Aber wir wußten auch, daß er zeitlich ungebunden war.

»Wir können's ja versuchen«, entschieden wir und wählten seine Nummer. Ohne zu überlegen und offenbar sogar hocherfreut, sagte er sofort zu. Das Ungewohnte, das Wetter, der weite Weg störten ihn nicht.

Als wir ihm fünfzehn Minuten später noch ein paar Details durchgeben wollten, um die Wegfindung zu erleichtern, waren nur seine Frau Maria und ihr Sohn Sebastian an der Strippe.

»Der ist bereits unterwegs«, verkündeten sie. »In drei Stunden will er da sein. Er hat aber nur bis morgen Mittag Zeit.«

Und er war in drei Stunden da, perfekt ausgerüstet gegen Kälte mit einer Thermoskanne Kaffee und einigen belegten Broten, mit Taschenlampe und Schlafsack. So lernten wir Rainer näher kennen. Er entpuppte sich sehr bald als Organisationstalent und wurde uns auch für die eigentliche Reise eine große und beständige Hilfe.

Jochen und Rainer fuhren die erste Flut. Es war Nacht, und sie erreichten Glückstadt um neun Uhr morgens. Ab dort konnte ich übernehmen und machte die zweite Flut mit Jochen. Wir wollten möglichst bis Stade kommen. Aber wir waren kaum am anderen Ufer, als der Ebbstrom einsetzte und wir fast auf der Stelle standen. Es regnete, die Karte wurde naß, die Schrift verwischte, der Motor fraß Benzin, als hätte er ein Loch. Beim Nachfüllen des Treibstoffs sprang der Motor nicht mehr an, und wir trieben in die Fahrrinne. Gerade wollte Jochen den Anker werfen, als der gute Motor uns doch wieder beistand. Im Schneckentempo schlüpften wir bei Regen und Dunkelheit in die orange beleuchtete Einfahrt zur Bützflether Süderelbe.

Jochen war bedient. Naß, ein wenig klamm, kletterte er die Leiter hoch an Land.

»Ich suche ein Hotel. Morgen früh bin ich wieder hier. Wenn es nicht zu weit ist und die mir noch einen Kaffee kochen, bringe ich dir eine Thermoskanne voll hierher.«

Da saß ich nun allein in dunkler Nacht. In der Ferne die Lichter von Stade, in der Nähe ein paar erleuchtete Fenster hinterm Deich und da vorne das pulsierende Leben auf der nächtlichen Elbe. Jochen und die leere Thermoskanne hatte die Nacht verschluckt.

Zum Schlafen war ich viel zu aufgeregt. Wenn Jochen erst morgen früh wiederkam, konnten wir nicht vor elf Uhr los. Dann nämlich kam die Flut. Oder heute nacht gegen dreiundzwanzig Uhr. Dann kam sie auch. Bis dahin hatte ich noch vier Stunden Zeit. Wenn wir heute noch führen, wäre die Rückfahrt morgen vielleicht erledigt. Von hier aus könnte man Wedel bei Flut und diesem Wind bequem in einem letzten Törn erreichen.

Aber Jochen blieb fort. Ich tapste mich durch die Dunkelheit zu einem erleuchteten Haus. Die netten Leute fuhren mich sogar zu den beiden einzigen Hotels in der Nähe, aber weder ein Jochen noch eine Thermoskanne waren da je aufgetaucht.

Ich entschloß mich, allein zu fahren. Zu knapp war die Zeit bis zur Abfahrt der ›Saint Roparzh‹, einem französischen Container-Dampfer, der uns bis Dakar mitnehmen sollte. Wer weiß, wie morgen das Wetter war. Die Winde sollten wieder zunehmen, sagten mir die Leute in dem Hotel, die vorm Fernseher saßen und Fußball guckten. Was ich nicht wußte: Auch Jochen schaute irgendwo Fußball. Deshalb hatte er es auch so eilig gehabt.

Um dreiundzwanzig Uhr, als ich sah, daß das Wasser wieder bergauf strömte, fuhr ich los. Für Jochen hatte ich einen Zettel an der Leiter befestigt: ›Bin schon los, komm bitte per Eisenbahn.‹

Noch war das Wasser flach. Zweimal blieb ich mit dem tiefgehenden Ruder hängen. Da ich ganz langsam gefahren war, kam ich im Rückwärtsgang frei. Peu à peu steuerte ich die grüne Tonne Nr. 99 an. Trotz des Regens konnte ich sie von der Flußausfahrt erkennen. Als ich sie erreichte, sah ich auch bereits die nächste, die Nummer 101. Die Tonnen stehen in unregelmäßigen Abständen. Mal sind sie eine Meile auseinander, mal mehr. Je nachdem, ob die Fahrrinne die Richtung ändert. Der Regen schmerzte auf der Haut. Der Wind peitschte ihn mir seitwärts ins Gesicht. Ich konnte nur mit halbgeöffneten Augen schauen.

Zwischen den Lichtern jagten die Seeschiffe den Fluß hinauf und hinab. So, als wäre es hellichter Tag und jeder der einzige auf dem Strom. Aber ihr Radar leitete sie so sicher wie eine Fledermaus auf Insektenjagd. Dabei begegneten sich die Schiffe an schmalen Flußstellen mit nur wenigen zehn Metern Abstand.

Wegen der mitunter schmalen Fahrrinne fuhren sie, wie ich, am äußersten Tonnenstrich. Sie innen, ich außen. Ich fühlte mich wie im Gruselfilm, wenn die hohen dunklen Metallwände an mir vorbeirauschten und die Bugwellen mich hoben wie einen Flugsamen des Löwenzahns im Wind.

Und dann krachte es. Das Ruder hakte aus, der Motor rotierte, der Propeller fräste das Ruder und knackte den Splint. Beide, der Motor und das Ruder, wollten über Bord gehen. Die Lampe erlosch, und da vorne kam ein Schiff. Und genau dorthin drückte mich der Wind. Ich kam mir vor wie Hiob in der Bibel. Alles auf einmal.

Mit einem Schlage war ich in Alarmbereitschaft. Das Adrenalin spritzte mir nur so aus den Ohren raus. Ich war auf ein Wrack gelaufen. Es war in meiner Karte eingezeichnet. Aber die Seezeichen, die es ankündigten, hatte ich in der Dunkelheit und dem Regen nicht ausmachen können. So haarscharf am Tonnenstrich hatte ich gehofft, ungeschoren vorbeizukommen. Ich warf den Anker. Gott sei Dank lag das Seil sauber aufgeschossen und lief gut ab. Dabei hatte Christina mich noch gewarnt, raste es mir durch den Kopf. »Fahr niemals bei Nacht allein auf der Elbe!« hatte sie gesagt und nun hing ich hier. Der Anker hatte mich einen Meter vor der Tonne und damit vor der Fahrrinne gestoppt. Ich durfte aufatmen. Es war ein Uhr nachts. Noch vier Stunden Flut. Zeit genug, bis Wedel zu gelangen. Aber wie, wenn der Motor versagte?

Ich zwang mich zur Ruhe. Das Seil war straff wie ein Artistenseil im Zirkus. Der Anker hatte tatsächlich gefaßt. Die großen Schiffe konnten mich nicht erreichen.

Ich zündete als erstes das Licht wieder an und wandte mich dem Motor zu. Da sah ich zu meiner Erleichterung, daß nur der Benzinschlauch abgerissen, aber noch intakt war. Ich steckte ihn auf, pumpte ordentlich und im selben Moment schnurrte der Motor, als sei nichts gewesen. Ja, auch der Propeller hatte offenbar keinen nennenswerten Schaden erlitten. Jedenfalls schob er mich voran.

Ich verholte überm Anker und zog ihn rauf. Soviel Glück konnte wohl nur ich haben. Ich dankte meinem Schutzengel und fuhr weiter.

Doppelt so wachsam wie vorher tastete ich mich bis zur Tonne 119. Als die Fahrrinne weit und breit frei war, kreuzte ich schräg hinüber. Vor Tonne 122 tauchte im Regendunst die Hafeneinfahrt des Wedeler Yachthafens auf. Gleich neben dem linken Pfeiler schlüpfte ich hinein.

Totenstille umgab mich plötzlich. Da draußen eben noch der Wind, die Wellen, der Regen, die schlechte Sicht, die Dampfer – hier die Geborgenheit des Hafens wie ein Kuschelbett. Es war zwei Uhr dreißig. Langsam tuckerte ich vor die Werft. Ich machte fest und legte mich in die Kabine zum Schlafen. Ich versank sofort in Tiefschlaf.

Probleme in Dakar

Die Tage der Reise bis Dakar auf der ›St. Roparzh‹ genossen wir am unerschöpflich guten Buffet der Messe. Nie hatte ich geahnt, daß die Handelsmarine ihre Leute so verwöhnt. Es gab fünfzehn Gänge und alles von erster Qualität. Infolgedessen aßen wir viel zuviel. Aber wir trösteten uns immer wieder damit, daß es den Luxus von Salaten, Früchten, Fleisch, Eis und Gelees bald nicht mehr gäbe.

Es war stockdunkle Nacht, als wir in Dakar festmachten. Fünfzig dunkelhäutige Hafenarbeiter stürmten das Schiff und wieselten überall herum. Die gesamte Kommandobrücke war verschlossen. Nur an einer Stelle war ein bewachter Einlaß. Anders waren die vielen ›Helfer‹ nicht unter Kontrolle zu bringen.

Da unser Floß als Fracht und nicht als Transit-Boot deklariert war, durfte der Kapitän es nicht wasserseitig absetzen. Er mußte es auf die Pier stellen, und damit begann ein einwöchiger, kostspieliger Ärger. Allein die Zollformalitäten wurden mit eintausendfünfhundert Dollar veranschlagt.

»Unter dem geht es nicht«, versicherte ein Agent, der sich als Monsieur Mass vorstellte. Er hatte sich ziemlich dienstlich gegeben und tat so, als sei nur er befugt, diese Formalitäten zu erledigen. Wir mißtrauten ihm von Anfang an. Und das war gut. Manchmal sollte man tatsächlich auf seinen Instinkt hören.

Zusammen mit Matar N'Jome, einem Angestellten der Speditionsgesellschaft SOCOPAO, fanden wir heraus, daß unser feiner Agent Mass mit seiner dekorativen Sonnenbrille und den eleganten Lackschuhen die Zollpapiere selbst ausstellte und abstempelte. Die Formulare und die Stempel hatte er sich anfertigen lassen. Auf diese Weise wollte er den sogenannten Zoll kassieren und auch noch einen Lohn für seine Vermittlungsdienste abstauben. Aber dabei gab er sich großzügig:

»Die Höhe meines persönlichen Entgelts stelle ich in Ihr Ermessen.«

Nun – unser Ermessen lautete ›null‹, denn letztlich hatte alle Laufereien unser guter Matar gemacht. Sein Chef hatte ihm extra dafür frei gegeben, sein Beitrag für die Yanomami.

Durch Matars Hilfe zahlten wir nur die Hälfte der anfallenden Gelder, und wir hatten echte Papiere. Die Kosten der Speditionsgesellschaft für die Entladung und Lagerung kamen extra. Summa summarum: ein sehr teurer Start. Wir hatten kaum noch ein Taschengeld übrig.

Nach einer Woche endlich wurden wir aufs Wasser gesetzt. Um nicht für jeden Hafenmann sicht- und ›greifbar‹ zu liegen, baten wir den Chef eines maritimen Tauch- und Bergungsunternehmens um die Gastfreundschaft, auf seinem Privatgelände am Hafenrande zwei Tage festmachen zu dürfen. Sie wurde uns gewährt.

»Vor ein paar Jahren ist, ebenfalls von hier, schon mal einer mit einem Tretboot rübergefahren. Ich glaube, der wollte auch nach Brasilien«, plauderte er. »Dem ging es ebenfalls um Indianer.«

Drei Stunden hatten wir hier gelegen, als ein kleiner Renault vorfuhr. Es entstiegen ihm zwei elegant gekleidete Polizeioffiziere.

»Mein Name ist Massar«, stellte sich der Ranghöhere vor. »Ich bin der Hafenpolizei-Kommandant. Darf ich Ihre Pässe sehen?«

Er durfte. Und er nahm sie mit. Heute nachmittag möchten wir in sein Büro kommen.

Auch aus dieser Aktion wurden drei Tage. Obwohl mit uns und unseren Papieren längst alles seine Richtigkeit hatte, wollte Massar ein Geschäftchen extra machen.

»Haben Sie nicht ein Geschenk für mich?« fragte er schließlich sehr direkt, als er keine Unredlichkeit bei uns entdecken konnte und wir uns geizig stellten.

Christina war außer sich.

»Dieser abgebrühte Mistkerl«, empörte sie sich. Und mit dem falschesten Lächeln, das ihr zur Verfügung stand, sagte sie: »Ja, wir haben ein Geschenk«, und reichte dem völlig irritierten Mann ein signiertes Foto unseres Floßes und ein 1-DM-Stück.

Massar drehte den Taler hin und her. Das Foto ließ er unbeachtet.

»Wieviel Dollar sind das?« fragte er begierig.

»Ein halber«, errechnete Christina und lächelte. Das verschlug Massar die Sprache. Er brauchte lange, ehe er wieder Worte fand.

»Ein halber Dollar?? Ich dachte an ein anderes Geschenk. Ich dachte an einhundert Dollar, damit ich mit meiner Frau mal essen gehen kann.«

Nun waren wir es, die sprachlos blieben. Aber er mußte uns doch ungemolken von dannen ziehen lassen.

Der Chef des Bergungsunternehmens schleppte uns schließlich die dreitausend Meter zur Insel Gorré. Von genau dort aus waren in den letzten Jahrhunderten vierzehn Millionen schwarzer Sklaven nach Amerika deportiert worden.

Zwei Museen, kläglich geführt, hielten die Erinnerung an diese Leiden wach. Da waren die kleinen Zellen zu sehen, von denen aus die Menschen verladen worden waren und die verschiedensten Eisen, mit denen man sie auf den Transporten aneinandergeschmiedet hatte. Das waren Hals-, Fuß- und Armbänder. Jedes einzelne Teil muß fürchterliche Wunden verursacht haben. Wir bekamen eine Gänsehaut, wenn wir uns in die Lage der Gefangenen versetzten.

Am 15. Dezember verließen wir Gorré. Das Wetter war gut. Der Wind beschränkte sich auf drei Stärken und wehte aus Nordost. Wir zogen das Segel zu voller Größe hoch und entschwebten sanft und langsam den senegalesischen Hoheitsgewässern.

Nur ein Motorboot begleitete uns noch ein Stück des Weges. Der Jungfilmer Jens Kramer aus Kiel war auf seine Kosten und ohne Auftrag extra unseretwegen den weiten Weg hierhergekommen, hatte uns mit viel Geduld und Spürsinn aufgetrieben und drehte nun unsere Abfahrt. Wir freuten uns mit ihm, als wir später hörten, daß der Beitrag im NDR sogar mehrfach gesendet worden war.

Wir hofften, in spätestens zwei Monaten Brasilien zu erreichen. Aber auch drei Monate würden uns nicht aus der Fassung bringen. Wir hatten dreihundertzwanzig Liter Wasser gebunkert und genug zu essen. Jedenfalls dachte ich das. Das Wasser war mit Micropur präpariert.

Daß die Reise statt drei fünf Monate dauern würde, ahnten wir zu diesem Zeitpunkt nicht. Wir waren froh, auf dem Wasser zu sein. Der Streß wich einer wohltuenden Ruhe. Die Zeit der ständigen Abhängigkeit von anderen war vorüber. Wir waren unsere eigenen ›Herren‹.

Alltag an Bord

Es gibt Sachen, die gibt es gar nicht. Mit dem Essen hatte ich mich total verrechnet. Da hatte ich, schön sorgfältig, ausgerechnet, was eine Person pro Tag verzehren würde und hatte das mit sechzig (Tagen) multipliziert. Christina hatte alles gegengecheckt. Würde die Reise länger dauern, dann sollte das mit Fisch ausgeglichen werden. Wir aßen ihn beide gern, und es gab davon genug. Das wußte ich aus Erfahrung. Wir besaßen Angeln und zwei Harpunen, die mir Nachbar Norbert aus zwei Mistforken geschweißt hatte. Und damit der Fisch nicht zu eintönig schmeckte, nahmen wir verschiedene Soßenpulver mit, und wir konnten ihn sogar im Mehlmantel frittieren. Damit ich nicht, wie damals auf dem Tretboot, das Pech hatte, daß mein Öl nach zwei Monaten ranzig wurde und es somit weder gebratenen Fisch noch die geliebten Kartoffelpuffer mehr gab, hatten wir diesmal das beste Öl schlechthin eingepackt: ›Biskinöl‹. Ich kannte es aus der Konditorei. Damit schloß man Risiken aus. Es war und blieb aber auch in den zwölf Halbliterflaschen originalverpackt, die ich nicht, wie damals mit dem anderen Öl, alle vor der Reise öffnete und in einen Kunststoffbehälter zusammenschüttete, um die Gefahr eines Glasbruchs zu vermeiden. Nein, so was sollte diesmal nicht passieren.

Aber dafür passierte etwas viel Schlimmeres, besser gesagt: Dümmeres. Wir merkten es bereits nach wenigen Tagen. Irgendwie wirkte unser Essensvorrat nicht so reichlich wie angenommen.

Jeder Tag hinterließ in den Proviantkisten ein deutlich sichtbares Loch. Multiplizierte man das Loch mit sechzig Tagen, dann merkte man auch als Nichtmathematiker: für weitere neunundfünfzig Löcher war gar nicht genug Vorrat an Bord. Wir überlegten hin, wir überlegten her, wir checkten alle Behälter, und dann kamen wir auf die Lösung: Ich hatte zwar alles mit sechzig multipliziert, aber nicht außerdem mit zwei für zwei Personen! Wir hatten also nur die Hälfte der notwendigen Nahrungsmenge an Bord. Das bedeutete: Sparsamkeit, viel Fisch, gegebenenfalls waren Hunger und Schlankheitskur angesagt. Wir fanden diesen Fehler so verrückt, daß wir beide herzlich darüber lachen mußten. Das konnte ja heiter werden mit uns. Die Mathematiklehrerin und der Survivalfreak beherrschten nicht einmal das kleine Einmaleins der Vorsicht!

Okay. Aber dafür wußten wir, daß es genug Fisch in unserem Vorratsbehälter, dem Atlantik, gab, außerdem verhungerte man nicht einfach so von heute auf morgen, zumal in den Tropen, wo die Außentemperatur den Körper auch ohne Nahrung auf 37 °C aufheizt. Besonders ich konnte außerdem bequem einige Tage fasten und Speck abbauen.

»Das nennt man Restrisiko«, klärte ich Christina auf, »das erst macht ein einfaches Erlebnis zum Abenteuer.«

Und sie höhnte zurück: »Gut, daß du wenigstens das Floß nicht vergessen hast.«

Aber vorsichtshalber checkte sie nun alles übrige zwei-, dreimal. Da war der tägliche Gang um die Hütte und das Kontrollieren der Seile, Schrauben, des Mastes und des Segels. Vor allem war da der ständige Blick auf die Bambusrohre. Und die tägliche Frage hieß: Liegen wir heute tiefer als gestern, oder lagen wir schon immer so tief? Genaue Messungen waren auf See schwierig, denn still lagen wir anfangs nie. Alles bewegte sich, wenngleich nur minimal. Es ging hin, her, rauf, runter – aber viel ruhiger als bei jedem Einrumpfboot. Wir lagen flach, geduckt, breit und behäbig auf den Wellen. Nie lagen wir so schräg, auch nicht bei Sturm, daß eine normal vollgeschenkte Tasse Tee übergeschwappt wäre. Insofern gab es viele Parallelen zum Tretboot. Auch die rechteckige Form war uns von Nutzen. In der Hütte, fast auf dem Wasserspiegel liegend, merkte man nicht einmal Windstärken der Nummer sieben.

Daß ich dennoch fünf Wochen lang seekrank war und mir auf der ganzen Fahrt kein Kaffee mehr schmeckte (Sensation!), das hatte bei mir eine gewisse Tradition: Ich hätte mich sehr gewundert, wenn es anders gekommen wäre. Tagtäglich also dasselbe Problem. Da hatte man gut gegessen, und der Magen begann mit der Verdauung, als sich das erste Wasser im Mund sammelte. Für mich die sichere Aufforderung, an die Floßkante Richtung Lee (mit dem Wind) zu treten und mich irgendwo festzuhalten. Und dann ging es auch im allgemeinen sehr schnell. Manchmal geradezu schußartig. Als wäre mein Mund zu klein, knallte es aus Mund und Nase gleichzeitig. Sogar Stücke halbgekauter Tomaten fanden tatsächlich den Weg durch die Nase! Was der Körper sich alles so einfallen läßt! Es war jedes Mal eine kleine Revolution, ein Stück Forschung und Neuentdeckung. Und kaum hatte ich alles nach außen gestülpt und entleert, da ging es mir wieder gut. Was mich dabei allerdings enorm wurmte, war, daß wir unsere ohnehin zu knappe Nahrung auch noch mit den Fischen teilen mußten. Und es war auch schade um das Gas, das wir dafür zum Kochen verwendet hatten. Aber als Folge meiner täglichen Opfer hatten wir wenigstens immer Fische im Gefolge. Meine täglichen Fütterungen hatten sich sehr schnell bei ihnen herumgesprochen: ›Da ist wieder dieser Deutsche, der dreimal täglich füttert.‹ Es wurden immer mehr. Einmal zählten wir allein zweihundert Dorados. Dafür, daß ich sie so zuverlässig ernährte, mußten sie uns ernähren. So ist das Leben. Das nennt man ›Kreislauf der Natur‹. Irgendwann würden sie dafür auch mich in meine Bestandteile zerlegen. Auch das ist Leben.

Infolge der Abmagerung hatten wir schon sehr bald Probleme mit dem Sitzen. Der Steiß wurde wund, und wir mußten uns dringend Kissen basteln, wenn wir auf den Kisten hocken wollten.

Auffallend war auch unser Muskelschwund. Wir hatten zuwenig Bewegung. Jeder Schritt mußte vorsichtig gesetzt werden. Es fehlte eine Art Jogging, und das machte mich schwach.

Eine weitere Sorge galt unserem Wasser. Obwohl wir dreihundertzwanzig Liter getankt hatten, waren wir panisch sparsam damit. Man wußte ja nie. Nicht mal die Zähne putzten wir mit Süßwasser. Und nahm ich Seewasser, was ja nicht einmal ungesund ist, rebellierte sofort mein Magen.

Viel Süßwasser konnten wir sparen, wenn wir zum Beispiel Kartoffeln, Nudeln und Fisch in Seewasser kochten. Süßwasser hätten wir für diese Speisen ohnehin salzen müssen. Wenn wir Brotteig machten oder Omelettes, kam zumindest ein Teil Salzwasser dazu.

Gekocht wurde übrigens mit Campinggas. Wir hatten vier Metallflaschen à 2,8 kg mit. Das war so viel, daß wir nie fürchten mußten, es könnte zu Ende gehen und wir seien gezwungen, die letzten Fische roh zu essen.

Die ganze Sparsamkeit hinsichtlich des Wassers erübrigte sich, als es nach drei Wochen zu regnen begann. Zum Schluß der Reise hatten wir sogar fast täglich heftige Schauer. Die vier Quadratmeter Dach bescherten uns dann innerhalb von zwanzig bis dreißig Minuten bequem zwei Kanister à zwanzig Liter Regenwasser. Wir konnten täglich süß duschen und unsere Wäsche damit waschen. Als wir Brasilien erreichten, waren alle Kanister wieder oder noch mit Wasser gefüllt.

Die größten Ängste bereitete uns die Gefahr, über Bord zu gehen – vor allem nachts, wenn man schon nach wenigen Metern im krausen Wasser einen Schwimmenden aus den Augen verloren hatte. Immer wieder sprachen wir das Thema durch, und automatisch banden wir uns bei jeder nächtlichen Tätigkeit an. Wenn es dennoch passieren würde, wollten wir dem Opfer als erstes ein Seil und einen leeren Kanister als Schwimmhilfe rauswerfen, statt Rettungsring. Dann hieß es, die Segel runterholen, um die Fahrt zu stoppen, bis der Schwimmende das Floß wieder erreicht hätte. Großartig manövrieren konnten wir nicht: Der Verunglückte hätte immer die schlechteren Karten. Nachts würde ihm unsere Petroleumleuchte den Weg weisen, oder wir konnten uns beide mit Signalraketen bemerkbar machen. Jeder trug stets eins der seewassersicheren Nico-Signalgeräte am Körper.

Christina traute dem Seil und der Möglichkeit, sich daran ans Schiff zu hangeln, nicht.

»Ich kann mir nicht vorstellen, daß ich mich damit ans Floß heranziehen kann.«

»Ab Windstärke drei wird das schwer. Aber wenn das Segel runter ist und die Person, die an Bord ist, ziehen hilft, müßte es gehen«, erinnerte ich mich einer der Sea-Survival-Übungen bei den Marinefliegern in Nordhorst.

Christina blieb mißtrauisch.

»Laß mich das mal ausprobieren, wenn wir ruhigeres Wasser haben«, schlug sie vor.

Diese Gelegenheit sollte sich schon bald ergeben. Das Wasser war wenig bewegt. Drei bis vier Windstärken. Haie waren nicht in Sicht. Christina schlang sich das Tau um die Taille und seilte sich langsam achtern aus. Als sie dreißig Meter entfernt war, zog sie sich, unterstützt von strampelnden Beinen, wieder heran. Das ging sehr gut. Ich war selbst überrascht.

»Wollen wir das wiederholen und filmen?«

Eine gute Idee. Klar, daß ich dafür war.

Christina also wieder ins nasse Element und ich hinter die Kamera.

›Sie macht ihre Sache sehr gut‹, dachte ich, als ich sie da hinten strampeln sah. ›Das sieht sehr live aus.‹

›Allmählich könnte sie aber näher kommen‹, fand ich ein paar Momente später. ›Wer will schon fünf Minuten Christina Haferflocke ansehen, die da akrobatische Übungen vollführt?‹

Mir tat es auch leid um das unnötig vergeudete Filmmaterial.

»Komm mal langsam ran«, schrie ich über die Meeresgeräusche hinweg und unter Mißachtung des Filmtones.

Sie tauchte unter, kam kurz hoch, zog mit weit aufgerissenem Mund schnell Luft in sich hinein und tauchte wieder unter.

Bis es mir wie Schuppen von den Augen fiel: Sie kämpfte um ihr Leben! Ich warf die Kamera auf die Schlafsäcke, ohne sie erst auszuschalten, und riß das Segel herunter.

Sofort trat Ruhe ein. Das Floß stoppte. Das Seil lockerte sich. Ich zog sie ran, als wollten die Haie ihr soeben die Beine demontieren. Völlig erschöpft hievte sie sich mit meiner Hilfe über den Heckbalken. Lange konnte sie nicht sprechen. Bis sie es doch herausbrachte: »Warum hast du nicht eher gestoppt? Der Zug des Seils hat mich immer wieder unter Wasser gedrückt. Ich bin fast ertrunken.«

Was wir beide nicht mitbekommen hatten war, daß der Wind infolge eines herannahenden Regens um zwei Stärken zugenommen hatte. Erst jetzt, als sie von Unterschneidung sprach, erinnerte ich mich der Verhaltensregeln bei den Marinefliegern für einen solchen Fall.

›Sofort auf den Rücken werfen, den Kopf auf die Brust legen, dann bildet der Körper einen Bogen (wie am Ski vorn), der dafür sorgt, daß man aus dem Wasser herausgehoben und nicht hineingedrückt wird.‹

Eine weitere ständige Sorge galt dem Segel, wenn sich Stürme ankündigten. Das ungereffte Segel von vierundzwanzig Quadatmetern durften wir allenfalls bis Windstärke vier stehenlassen. Dann mußte es um ein Drittel oder mehr gerefft werden.

Wir konnten es zweimal reffen, das heißt, jedes Mal um ein Drittel verkleinern. Mußte das ganze Segel gestrichen werden, zogen wir die leuchtendrote Sturmfock hoch. Sie brachte uns nicht voran, sondern sorgte nur dafür, daß unsere Lage stabil blieb und wir nicht quer zum Wind schlugen.

Die Gefahr des Umschlagens sahen wir nie. Auch nicht ohne die Sturmfock. Die Wellen konnten noch so gewaltig daherkommen. Sie hoben uns hoch wie einen Korken und setzten uns wieder sanft im Tal ab. Thronte man oben auf den Kämmen, bildete man sich ein, Amerika sehen zu können; befand man sich im tiefsten Tal, dann sah man die Hölle, und einmal sah ich dort sogar den Papst. Ich schwör's! Vielleicht war das aber auch eine Halluzination. Nie kamen die Wellen wie eine Dampfwalze daher, die alles unter sich einebnete. Wir kamen uns eher vor wie ein Teller auf einer Tischdecke, den die Hand nicht greifen kann, wenn sie *unter* der Decke auf ihn trifft. Wellenbewegungen kamen nicht in Salto-Manier, sondern peitschenartig. Auch bei einem Peitschenschlag entstehen Wellen, aber dennoch bleibt jedes Stück des Peitschenleders an seiner vorherigen Stelle.

Gefährliche Brecher erlebten wir auf dem offenen Meer nicht – ihnen begegneten wir erst später an den Küsten. Erst dort, wo sich den Wasserbergen von unten das Festland entgegenschiebt, überschlagen sie sich. Und dann wird es in der Tat gefährlich, denn ein Kubikmeter Wasser wiegt eine Tonne. Bei vier Knoten (= Seemeilen pro Stunde, 1 sm = 1857 m) werden aus der einen Tonne gleich mehrere, und wenn man dann noch auf eine felsige Küste trifft, bedarf es nur eines einzigen Aufpralles, und alles geht in Stücke. Auch ein Bambusfloß.

Reden wir aber auch mal von den schönen Dingen an Bord, denn die überwogen bei weitem. Meistens war der Wind nur maximal fünf Beaufort stark. Das bedeutete ein gutes Vorankommen ohne Probleme, allenfalls mit gekürztem Segel. Man sonnte sich auf den Kistendeckeln bei Heck und Bug, las oder schrieb.

Zu den Mahlzeiten wurde mit einem rot-weiß karierten Tuch der ›Tisch‹ gedeckt und richtig kultiviert gegessen.

Man zählte die vergangenen Tage, ergänzte die Strichliste an der Kabinendecke und machte Hochrechnungen bezüglich der Ankunftszeit.

Man beobachtete die Fische, deren Schwarm täglich größer wurde: Alle möglichen Arten gaben sich ihr Stelldichein unterm Floß, und wenn man, angebunden, mit Maske und Flossen hinuntertauchte, entschwebte man in ein Paradies der Stille und Schönheit. Einige Fischlein kamen bis unmittelbar vors Glas, andere blieben auf Distanz.

Man erzählte sich an Bord Geschichten aus seinem Leben und schmiedete Pläne.

Jede Woche rief uns zu festvereinbarter Zeit Norddeich-Radio. Wir sprachen mit der ›Gesellschaft für bedrohte Völker‹ und berichteten die neuesten Vorkommnisse. Andere Radiosender schlossen sich mit Interviews an. Die Geschichte unserer Fahrt schlug Wellen, und Tilman Zülch und sein Büro bereiteten die Ankunft in Brasilien vor.

Vor allem bemühten sie sich um einen repräsentativen Indianerführer, der die Versöhnungsbotschaft in Empfang nehmen sollte. Aber das alles eilte nicht. Die Strecke war weit, etwa 2500 Seemeilen, und wir waren erst ein paar Wochen unterwegs.

Die wertvollste Erleichterung für unsere Standortbestimmungen war das Satelliten-Navigationsgerät GPS. Innerhalb von drei Minuten verriet es uns, auf zehn Meter genau, wo wir uns befanden. Ob die Sonne schien oder ob es Nacht war. Die mühselige Arbeit mit dem Sextanten pflegten wir nur zu Übungszwecken.

Ohne das GPS hätten wir garantiert bösen Schiffbruch erlebt. Zweimal hat es uns gerade noch rechtzeitig vor großen Fehlern bewahrt.

Im falschen Strom

Als wir Dakar verlassen hatten, zogen wir auf unserer Seekarte einen geraden Strich von Dakar nach Recife. Dieser Linie zufolge mußten wir einen Kurs von 215° steuern. Dazu kam eine Mißweisung von minus 15° bis 20° (je nach Standort), so daß wir 230° Kurs nehmen mußten. Abends machten wir GPS und trugen die Daten ein. Wir freuten uns über unser Tempo, das wir machten und darüber, daß wir so gut auf der Linie blieben. Viel schneller als damals mit dem Tretboot waren wir von der Küste freigekommen. Wir schwebten dahin wie ein landender Fischreiher. Wenn wir so weitermachten, waren wir in einem Monat in Brasilien.

Am vierten Tag zeigte uns das GPS an, daß wir etwas von der Linie abgerutscht waren – nach Osten hin.

»Macht nichts«, sagte ich zu Christina. »Steuern wir 10° mehr West, und morgen sind wir sogar jenseits der Linie.«

Da hier weit und breit kein Schiff zu sehen war, fuhren wir mit der automatischen Windsteueranlage. Wir kontrollierten lediglich alle Stunde, ob noch alles okay war. Meist war es das. Nur wenn Böen auftraten oder der Wind seine Richtung änderte, geschah es, daß auch wir die Richtung änderten.

Das Schiff hielt treu und brav seine befohlene Kompaßrichtung ein. Aber die GPS-Messungen am anderen Tag sagte: noch mehr nach Osten abgetrieben.

Zunächst glaubten wir, das GPS spinne. Als die Abdrift am dritten Tag anhielt, wurden wir nervös. Zwar waren es bisher nur fünfzig Meilen Abdrift, aber der Wind hatte fast völlig nachgelassen, und wir konnten nicht ausreichend ausgleichen.

Zudem zeigten die Strömungskarten, daß sich genau hier die Strömung gabelte. Ein Neerstrom zweigte ab gen Elfenbeinküste. Mit zunehmender Stärke.

Das hatte uns noch gefehlt. Zu optimistisch hatten wir dem bisher guten Wind und der Größe unseres Segels vertraut. Damit könnten wir immer alles ausgleichen, hatten wir gedacht. Schließlich waren auch die alten Portugiesen irgendwie hier runtergefahren. Wie sonst hätten sie Brasilien entdecken können?

Vor lauter Aufregung konnten wir nicht mehr schlafen. Wir versuchten, den Wind herbei zu hypnotisieren, aber er blieb fort. Zwei müde Windstärken waren das äußerste, was er zu bieten hatte. Davon bekam das Moritz-Segel nicht mal ein Bäuchlein. Es sah aus wie eine angehende Mutter im ersten Monat.

Wo kämen wir bloß hin, wenn das so weiterginge?

Wir wälzten Karten und Erinnerungen. Wir diskutierten endlos und korrigierten Kurs, Segel und Windsteuer. Und schließlich stand es fest: Wir würden an der Elfenbeinküste oder gar in Zaire landen, nur nicht in Brasilien. Um Himmels willen! Das wäre ja *die* Blamage schlechthin.

Aber Gott sei Dank kann ich mich schnell mit neuen Situationen abfinden.

»Wenn es unabänderlich ist, müssen wir eben erneut starten«, versuchte ich Christina zu trösten. Und sogleich wußte ich auch schon, wo: In Swakopmund, Namibia. Zwar hatten wir von da keine Karten, aber ich erinnerte mich des Buches von Amyr Klink, einem Brasilianer, der von eben dort per Ruderboot nach Brasilien gefahren war – mit der Süd-West-Strömung.

Christina hielt gar nichts davon. Vor allem, als ich ihr sagte, daß die Route einhundert Tage dauern könnte, statt die Hälfte auf dieser Route. Womöglich gerieten wir dann auch noch in weit stürmischere Jahreszeiten.

Kurzentschlossen schloß sie unser Funkgerät an, erreichte Norddeich-Radio und ließ sich mit Kapitän Rudolf Hoppe in Trittau verbinden. Wie auf meiner ersten Reise war er auch jetzt unser guter Geist.

»Unser Problem ist, daß unsere Strömungskarte bei 10° Nord aufhört. Wohin führt die Strömung, in der wir uns befinden? Dreht sie und kehrt sie zurück nach Westen, oder müssen wir nach Afrika? Hast du einen Trick auf Lager, hier elegant rauszukommen? Das Problem ist, wir sind jetzt auch in den Roßbreiten, den windstillen Zonen. Schau bitte genau alle Karten nach und sieh alternativ auch nach, wie man von Swakopmund rüberkommt.«

Unsere Fragen überschlugen sich. Rudolf hatte, Gott sei Dank, alle unsere Karten und noch viele mehr zu Hause. Er wollte alles in Ruhe abchecken. Morgen um die gleiche Zeit sollten wir ihn wieder anrufen.

Es wurden vierundzwanzig lange Stunden. Hätten wir doch bloß gesagt ›in drei Stunden‹! Bestimmt hätte er, da er die Karten zu Hause hatte, dann schon genau soviel gewußt wie morgen, und wir würden kostbare Zeit gewinnen. Aber so hatte er wenigstens ausreichend Gelegenheit, notfalls ein paar Freunde zu befragen.

Anderntags war Rudolf sofort am Apparat. Es hatte nur einmal geläutet. »Ihr müßt sofort alles dransetzen, West zu machen. Jede Meile zählt. Wenn ihr noch etwas weiter nach Osten gelangt, gibt es keine Umkehr mehr. Also: West, West, West. Einen anderen Rat habe ich leider nicht. Bleibt Tag und Nacht am Ruder und nutzt jede Brise, jeden Grad.«

Man merkte, er hätte uns all das auch lieber schon gestern, ein paar Stunden nach unserem Notruf gesagt.

»Und Swakopmund – das schlagt euch mal aus dem Kopf. Das ist viel zu weit. Ehe ihr da seid, ist die Saison für eine glatte Überquerung vorüber. Und dann die Distanz bis Brasilien! Da braucht ihr fast doppelt so lange.«

Die Vorstellung, wieder in Afrika zu landen, ließ uns erschauern. Die Blamage wäre noch das kleinere Übel gewesen. Aber die Tatsache, daß wir nach einer Woche mit so einem relativ kostspieligen Unternehmen, und im Grunde durch Fahrlässigkeit, schon hier, zu Beginn der Reise, in Schwierigkeiten geraten waren, verursachte mir Übelkeit.

»Egal, was du denkst«, eröffnete ich Christina, »*wenn* wir in Afrika landen, versuche ich es von Swakopmund. Von dort ist die Überfahrt bombensicher. Da gibt es nicht die Irrwege sich gabelnder Strömungen.«

Sie wollte etwas sagen, aber ich ließ sie gar nicht zu Wort kommen.

»Wenn wir es nämlich nochmal von Dakar versuchen und nochmal eine Pleite erleben, erweisen wir der ›Gesellschaft für bedrohte Völker‹, der Sache und uns selbst einen sehr schlechten Dienst.«

In Gedanken war ich schon in Namibia und begann, eine bessere Lebensmittelliste aufzustellen.

Christina hatte kaum zugehört. Für sie als Segelausbilderin stand auch viel auf dem Spiel. Man hat da seinen Ehrenkodex.

Kaum hatte Rudolf uns alles Glück und mehr Wind und Durchhaltevermögen gewünscht, da saß Christina schon am Ruder und gab mir Anweisungen, wo und wie ich an Schot und Brasse etwas verbessern könne, um dem lauen Wind, wie sie es nannte und den *ich* eher eine lasche Blähung des Wettergottes genannt hätte, ein halbes PS mehr zu entlocken.

Und in dem Moment geschah das Wunder! Der Wind oder der Pups, je nachdem, frischte auf. Er drehte sogar von Nordost auf Ost. Die Wasseroberfläche kräuselte sich, und wir starrten gebannt auf Segel und Kompaß. Es entstand eine Bugwelle, und achtern kringelte sich eine Art Heckstrudelwasser. Wir machten Fahrt! Das GPS bestätigte es: Wir waren erstmals wieder fünf Seemeilen in 24 Stunden nach West gelangt! Das war wenig, aber es war viel bei nur drei Windstärken und gegen den Strom.

Der Wind hielt uns die Treue.

»Vom 24. Grad an seid ihr aus der Gefahrenzone«, hatte Hoppi noch gesagt. Wir erreichten den Punkt nach zweieinhalb Tagen.

Aber kaum waren wir dort, kaum atmeten wir auf, da trieb es uns in Richtung Karibik. Das war zwar schon entschieden besser, aber als optimal galt nur die Landung in Brasilien.

Wir steuerten Westsüdwest. Das sollte uns aus beiden Bedrohungen zugleich retten. Weg von Afrika, weg von der Karibik.

Nach insgesamt einer Woche mit striktem Tag- und Nachtdienst atmeten wir auf. Unser Kurs stimmte wieder. Neerstrom und Roßbreiten lagen hinter uns. Ab 4° Nord und 24° West, nach 26 Tagen, war die Welt wieder in Ordnung. Bis...

Auf Kollisionskurs

...ja, bis wir, auf der Heckkiste hockend und gerade in einer Unterhaltung begriffen, uns zufällig umschauten. Da kam in nur fünfhundert Metern Entfernung ein Riesenpott auf uns zugedüst. Anders kann man das nicht nennen. Wir mal wieder mit halbschlaffem Segel und der Typ mit gewaltiger Bugwelle und vor allem direkt auf uns zu. Ich schrie nur: »Christina!!!«, riß die Tasche mit den Nico-Signalraketen auf und schoß dem Dampfer eine Trommel roter Raketen in Richtung Kommandobrücke entgegen. Von dort null Reaktion. Längst war er auf einhundert Meter ran. Man kann in einem solchen Moment nicht abschätzen, ob er vor, hinter oder durch einen hindurchrauschen würde. Viel tun konnten wir eh nicht. Wir waren als Segelschiff ohne Wind völlig manövrierunfähig, und er war ausweichpflichtig.

Längst hatte ich die zweite Trommel leergeschossen. Sie müßten dem Steuermann wie rote Ampeln in den Augen gebrannt haben, wenn er überhaupt am Steuer stand.

»Der hat auf Automatik gestellt und säuft einen Kaffee!« fluchte Christina, während ich orangefarbenen Rauch zündete. In dem Moment pflügte die ›LOYALTY‹ aus Monrovia dreißig Meter vor uns vorüber. Christina hatte in einem ›Manöver des letzten Augenblicks‹ das Floß auf Parallelkurs gebracht. Das Segel flatterte. Wir standen. Die ›LOYALTY‹ war vorüber.

Wir schaukelten in den Heckwellen. Unsere Herzen schlugen bis zum Hals.

»Stell dir vor, das wäre uns nachts passiert!« sagte Christina, um überhaupt noch etwas zu sagen und die Spannung zu lösen. Und mir fiel nichts Besseres ein als der Trost: »So etwas passiert ja Gott sei Dank nie zweimal. Dafür ist das Meer zu weit und der Verkehr zu gering. Ab jetzt können wir nachts sogar schlafen.« Wir sollten uns irren.

Die ›LOYALTY‹ wurde kleiner. Immer wieder blickten wir ihr nach.

»Stell dir vor, wir wären Schiffbrüchige gewesen. Die hätten uns nicht einmal wahrgenommen.«

Wieder einmal, wie so oft, wenn man selbst mehr schiffbrüchig als seetüchtig ist, versetzen wir uns in die Lage solcher Verzweifelten. Resultat: Ich wollte daheim sofort ein bombensicheres Rettungsboot konzipieren, das autark um die Welt fahren könnte und das weitgehend unabhängig werden sollte von fremden Schiffen.

»Steht oder fährt der?« fragte Christina plötzlich.

Ich blickte in die Ferne zur ›LOYALTY‹.

»Ja, der scheint zu stehen«, erkannte ich jetzt auch, und im nächsten Moment sahen wir: Das Schiff drehte. Es kehrte um und kam uns erneut entgegen.

»Ach du Sch…«, rutschte es mir raus. »Jetzt fehlt nur noch, daß jemand unseren Rauch gesehen hat und glaubt, wir seien in Seenot. Dann müssen wir womöglich auch noch die Stoppaktion bezahlen.«

»Oder er versenkt uns endgültig. Sein zweiter Versuch«, befürchtete Christina, »Zeugen ausschalten.«

Aber für den Fall eines Regreßanspruchs hatten wir Fotos gemacht (die in der Hektik allerdings mißraten waren). Die würden den Schläfern auf der Brücke die Augen öffnen.

Aber die ›LOYALTY‹ wollte keinen Schadenersatz. Irgend jemand hatte uns irgendwann doch noch gesehen und den schlafenden Steuermann und den Kapitän geweckt. Sofort hatte der stoppen und beidrehen lassen. Ein Dutzend Neugieriger stand an der Reling, als das Schiff neben uns zum Stillstand kam. Man hatte die Gangway zu Wasser gelassen. Ein Mann stand unten und wollte uns ein Seil zuwerfen. Wie eine Wolkenkratzerfassade ragte die Wand des Ungeheuers neben uns in den Himmel.

Wir signalisierten ›Alles okay. Nichts passiert. Geht uns gut‹. Und die Leute entschuldigten sich. Ob sie irgend etwas für uns tun könnten. Ob wir Appetit auf Eiskrem hätten. Und trotz des Lebensmittelmangels und der ständigen Sehnsucht nach Obst, Gemüse und Eis lehnten wir ab. Wir hätten von allem genug.

In Wirklichkeit wollten wir vermeiden, daß irgendein Schiff später sagen konnte, uns sei die Überquerung nur mit seiner Unterstützung gelungen. Flößer-Ehrgeiz.

Die ›LOYALTY‹ hupte zum Abschied, umrundete uns noch einmal in riesigem Kreis und setzte ihren Kurs fort.

Nach dem anfänglichen Schrecken waren wir von der bewiesenen Kameradschaft tief berührt. Wir winkten uns noch lange gegenseitig zu.

Nur wenige Tage später bahnte sich dieselbe Katastrophe noch einmal an. Obwohl ich, nach den Wahrscheinlichkeitsgesetzen, geschworen hätte, daß das unmöglich war.

Im selben Winkel, mit derselben Bugwelle, preschte da die ›CAMPO-LIVRE ALAI‹, ein Fischer, auf uns zu.

»Das darf doch nicht wahr sein«, schrie ich.

Christina drehte wieder bei, ich ballerte grün. Und in dem Moment gewahrten wir bereits einen Unterschied zur ›LOYALTY‹. Die Brücke stand voller Menschen. Mit Ferngläsern blickten sie zu uns herüber und gestikulierten wild durcheinander.

Rechtzeitig stoppten sie, ohne uns auch nur mit einer Welle belästigt zu haben.

Hier lag der Fall ganz anders. Die ›CAMPO-LIVRE ALAI‹ war ein spanischer Fischer. Die Leute hatten uns von weitem gesehen und für schiffbrüchig gehalten. Sofort hatten sie ihren Kurs geändert, um uns zu Hilfe zu kommen. Wir dankten herzlich, und die ›CAMPO-LIVRE ALAI‹ fuhr zurück in ihre Fischgründe.

Einfach tierisch

Es soll ja Leute geben, die ständig zur See fahren, obwohl es nicht ihr Beruf ist. Sie segeln als Hobby. Sie lieben die Einsamkeit, das Wasser und das ständige Risiko. Womöglich lieben sie auch die Vielfalt der Wellen, von denen es nie zwei gleiche gibt.

Mir hingegen hat das Meer nie etwas bedeutet, geschweige denn, daß es mich in Entzücken versetzt hätte. Die geringsten Regungen von Sympathie hat das Salzwasser gleich wieder erstickt. Für mich waren die Zeiten zur See allenfalls ›Übungen‹, durch die ich hindurch mußte. Sonst hätte ich womöglich zeitlebens gedacht, etwas versäumt zu haben. Dabei habe ich jedoch allerhöchsten Respekt vor all denen bekommen, die die Meere mit ihren Schiffen durchpflügen, aus welchen Gründen auch immer.

Mir hat das Meer gezeigt, daß ich an Land gehöre. Ich muß Erde schnuppern und darauf herumtrampeln können. Ich muß Menschen, Pflanzen, Tiere sehen, obwohl ich nicht unbedingt ein geselliger Typ bin.

Wegen der unendlich vielfältigen Wellenformen bekommt mich bestimmt keiner mehr auf den Ozean. Die kann ich mir nun auch so vorstellen, ohne sie sehen zu müssen. Aber Gott sei Dank sind wir Menschen ja alle verschieden. Wären wir es nicht, wären die Ozeane gestrichen voll mit Schiffen und Bambusrohren, und man könnte über sie hinweg zu Fuß von Europa nach Amerika wandern.

Was mich aber immer wieder begeistert, erfrischt und beglückt hat, waren die Begegnungen mit den verschiedenen Tierarten. Verglichen mit den Stunden, in denen man nichts dergleichen erlebt, sind solche Begegnungen kurz. Aber vielleicht gerade deshalb sind sie intensiver und bleiben lange in der Erinnerung haften, auch wenn sie reinen Landratten als langweilig erscheinen mögen. Wer so denkt, war noch nie über längere Zeiträume einsam, war wohl auch noch nie im Gefängnis, wo man sich notgedrungen an einer Kakerlake erfreut, die einen mit ihrer Gegenwart und Emsigkeit unterhält.

Von einigen solcher Begegnungen will ich hier erzählen.

Da waren zunächst die Vögel. Es gab wohl kaum einen Tag auf dem Atlantik, wo wir nicht wenigstens einen sahen. Voller Bewunderung habe ich ihren harten Kampf ums Dasein beobachtet, wie sie die Wellentäler eines jeden Wetters abflogen, Meile um Meile, um eines einzigen kleinen Fischleins habhaft zu werden. Immer wieder fragte man sich, wie die Vögel ökonomisch überhaupt klarkommen können mit der mühsam errungenen Beute und dem Kraftaufwand, der für den Fang erforderlich war. Aber stünde das nicht in einer vernünftigen Relation, wären sie längst ausgestorben. Also verglich ich hier mal wieder mit menschlichen Maßstäben.

Man fragte sich auch, wann und wie die Vögel schliefen. Wenn sie sich zu lange auf den Wellen ausruhen, laufen sie ständig Gefahr, von Fischen gepackt zu werden. Ich erinnere mich des Piepmatzes, der 1987 auf meinem Tretboot Zuflucht suchte, nachdem ihm gerade von irgendeinem Fisch ein Bein abgebissen worden war. Er piepte kläglich und weckte mich dadurch aus dem Schlaf. Die Wunde blutete, und dennoch hatte er die Kraft, sich mit dem anderen Bein sitzend auf der Reling zu halten.

Nur wenige Vögel nutzten unser Schiff, um sich auszuruhen. Lieber hockten sie sich kurz aufs Wasser. Vielleicht holten sie den Schlaf dann nach, wenn sie zu gegebener Zeit an Land flogen und brüteten.

Aber einige kamen höchst vertrauensvoll zu uns und setzten sich sogar auf unsere Schulter. Wir empfanden das als besonders beglükkende Momente.

Da war zum Beispiel die ›Dohle‹. Ich nannte sie so, weil sie genauso aussah. Sie hatte dieselbe Größe, denselben grauen Kopf. Sie kam, als es bereits dunkel war. Deshalb konnte ich sie auch nicht näher identifizieren, zumal als Nicht-Ornithologe und ohne Bestimmungsbuch. Für uns war es die Dohle, die sich zunächst auf dem Ruder niederließ. Dort blieb sie die ganze Nacht. Wir saßen nur einen Meter entfernt beim Abendbrot und boten ihr Fischstückchen an, aber sie lehnte dankend ab.

Am nächsten Tag war sie wieder da. Pünktlich mit der Dämmerung schwebte sie ein. Da sah ich auch, daß es natürlich keine Dohle war. Sie hatte Schwimmfüße.

Am dritten Tag brachte sie ihren Freund mit, der ebenfalls neben dem Stoffpapagei auf dem Ruder sitzen wollte. Sie drängelten sich ständig um den besseren Platz.

Am vierten Tag waren sie sogar zu dritt, und das Gedränge um den Logenplatz beim Papagei nahm an Heftigkeit zu. Zu uns entwickelten sie großes Vertrauen. Hielt man den Arm hoch, nahmen sie darauf Platz. Ich fühlte mich wie der Heilige Franziskus, nur nicht so heilig. Jetzt, auf der Hand sitzend, nahm eine sogar den winzigen Fliegenden Fisch, den ich tagsüber an Deck gefunden und aufbewahrt hatte.

Am fünften Tag blieben sie aus. Uns war zumute, als wäre der Fernseher kaputt.

Die meisten Erlebnisse hatte man natürlich mit Fischen. Genau wie bei der Tretboot-Reise, gesellten sie sich erst nach einer Woche zum Floß. Zunächst waren es einige kleine, dann mehrere, dann Schwärme und letztlich immer größere. Egal, wie schnell wir fuhren (unsere maximale Geschwindigkeit betrug vier Knoten), sie hielten wacker Schritt beziehungsweise Flossenschlag.

Allerdings besorgte unser aller Vorwärtskommen hauptsächlich die Strömung, von der auch die Fische profitierten. Die ganz kleinen Fischchen, nicht länger als eine Stecknadel, nutzten außerdem den Wassersog, den das plumpe Heck verursachte und der minutenlang alles festhielt, was da über Bord fiel. Also auch das, was keine Flossen hatte, wie Zitronenschalen. (Organische Abfälle warfen wir ins Meer, die anderen sammelten wir in den leerwerdenden Kanistern.)

Viele Fische gingen mit uns wohl eine Art Symbiose ein. Wir boten ihnen Schutz und Verstecke, wenn die größeren Räuber auftauchten, und dafür pickten sie uns die Schmarotzer vom Bootsrumpf. Wäre das Floß ein lebender Körper gewesen, hätte er die Befreiung vom ›Ungeziefer‹ sicher als Wohltat empfunden. So aber bestand ihr Nutzen für uns vor allem in ihrem Unterhaltungswert.

Wenn sie in großer Panik alle dichtgedrängt unterm Schiff verschwanden, waren Delphine in der Nähe. Einmal begegnete uns eine Riesenschule dieser Tiere: Leib an Leib, von Horizont zu Horizont. Zwei Stunden lang zogen sie, oft paarweise, in gemächlichem Wandertempo diagonal am Floß vorüber.

Die, die ständig zu uns gehörten, wie eine Schiffsmannschaft, waren die Dorados oder Goldmakrelen. Nach einer Woche Fahrt tauchten die ersten auf. Zuletzt begleiteten uns bis zu zweihundert, ein wahres ›El Dorado‹ der Dorados! Einige von ihnen zogen bald wieder weiter, in andere Jagdgründe, andere stießen neu hinzu, und weitere hielten uns dauerhaft die Treue. Man konnte sie an besonderen Farben oder Verletzungen voneinander unterscheiden.

In die Dorados kam besonders dann Leben, wenn Fliegende Fische auftauchten. Sofort begann die gewaltige Jagd. Das Wasser schien zu kochen. Die gelb-grünen Körper der Dorados peitschten es kreuz und quer, schlugen Haken, die einem Hasen alle Ehre gemacht hätten und füllten sich die Mägen. Bei einem, den wir geangelt hatten, fanden wir sieben Fliegende Fische. Die Fliegenden Fische wiederum flohen und flogen in alle Richtungen. Aber auch der Flug ohne den Wasserwiderstand half ihnen nicht viel. Die Dorados waren schnell wie ein Schuß. Es war eine Jagd mit nur wenigen Chancen für die Gejagten. In ihrer Panik fielen manche auf unser Floß. Das bedeutete für sie aber nur einen kleinen Todesaufschub. Sobald sie sich freigezappelt hatten, wurden sie dennoch die Beute der Dorados. Die, die nachts aufs Deck geflogen und verendet waren, nahmen wir morgens als Köder, wenn uns nach Dorado-Filet zumute war.

Die meisten Dorados aber fingen wir mit der zweizackigen Harpune. Als wir Routine darin hatten, brauchten wir nur eine Minute pro Fang. Ich stellte mich ans Heck und hielt mich mit der linken Hand fest. Rechts hatte ich die Harpune, die mit einem Bändsel am Handgelenk gesichert war. Dann ratschte ich mit der Harpune vier- bis sechsmal durchs Wasser. Hin und her. Dadurch entstand für sie der Eindruck, hier zappele ein Fisch um sein Leben. Im selben Moment stieben die Dorados, wie vom Magneten angezogen, bei mir zusammen, und ich stieß einem, der senkrecht und flach unter mir war, die Harpune ins Rückgrat. Noch mit derselben Bewegung, demselben Schwung, holte ich ihn an Deck und tötete ihn sofort mit dem Messer.

Mitunter hatten wir auch Schwärme kleiner Fische unter uns. Für sie hatten wir eine Spezial-Angel. Sie bestand aus nur einem Meter Nylonsehne, an der fünf Haken mit roten Federn hingen. Man mußte diese Ampel nur wenige Male hin- und herzucken – dann hatte man fünf Fische gleichzeitig. Man fragte sich unwillkürlich, wie die Tiere in dieser Sekundenschnelle so zielsicher zubeißen konnten.

Als wir anfangs noch nicht so erfolgreiche Fischer waren, eprobten wir, für mich neu, erstmals das Netzfischen. Auch das bewährte sich. Der Hamburger Werner Gluth hatte uns drei Netze gebastelt. Sie hatten verschiedene Maschenweiten, je nachdem, auf welche Fische wir es abgesehen hatten.

»Ihr zieht das bei geringer oder null Fahrt einfach in Fahrtrichtung, also längs hinter euch her«, hatte er erklärt. »Das Netz steht senkrecht im Wasser, weil ich hier oben Schwimmer und da unten Blei angebracht habe. Ihr laßt es eine Weile im Wasser und dann poltert ihr kurz, aber laut auf dem Deck herum. Die Fische fliehen in verschiedene Richtungen, und mancher verirrt sich ins Netz.«

Gluth belehrte uns noch: »Wenn ihr merkt, daß einer drin ist, holt das Netz schnell ein. Sonst spricht sich das bei ihnen rum, und ihr fangt keinen weiteren. Fische sind clever.«

Wenn Haie auftauchten, blieb es überraschend ruhig unter den Fischen. Viele dieser Großjäger haben wir diesmal nicht gesehen. Es waren nur vier kleine à ein Meter und einer à drei Meter. Sie kamen langsam und gelangweilt, schauten sich das Floß und die Begleitfische an, fanden das ihrerseits langweilig und zogen weiter. Sie blieben nie lange.

Nur ein vier Meter langer Hammerhai hielt es einmal nachts eine halbe Stunde aus. Wir hatten Vollmond, und ich hatte Wache, als ich den großen ungewohnten Schatten am Heck sah. Im Licht der Taschenlampe erkannte ich ihn deutlich an seiner ungewöhnlichen Körperform. Er wirkte fürchterlich aufgeregt und hungrig. Auffallend schnell schwamm er hin und her und tief und hoch, bis es auch ihm zu uninteressant wurde.

Zu den eindrucksvollsten Begegnungen zählte die mit dem Manta. Er tauchte am hellichten Tag auf und schwebte in nur fünf Metern Entfernung hinter uns her. Seine elegante Form muß Flugzeug- und Autokonstrukteuren zum Vorbild gedient haben. Mit über drei Metern Spannweite war unser Manta noch vergleichsweise klein. Er kann bis zu sieben Meter erreichen, zwei Tonnen schwer werden und zweihundert Volt und 2000 Watt erzeugen.

»Man sollte ihn an die Leine nehmen. Dann könnte er unsere gesamte Stromversorgung bestreiten«, schlug Christina gleich vor.

Der Manta war fast so breit wie unser Floß. Seine Seitenflossen und der Rücken ragten aus dem Wasser, seine Augen bemühten sich, aus uns schlau zu werden. Vielleicht hielt er unser Floß für einen Artgenossen und überlegte, ob es paarungswürdig wäre. Ich versuchte, ihn mit strampelnden Füßen und dann mit einem Köder heranzulocken, während Christina ihn filmte.

Ich hatte die Angel gerade im Wasser, als sich unter dem Körper des Manta zwei weiße Pilotfische lösten, jeder etwa fünfzig Zentimeter lang. Der eine erfaßte den Köder und hing fest. Wir zogen ihn heraus, lösten den Haken und warfen ihn in sein nasses Element zurück. Im selben Moment heftete er sich wieder unter den Manta.

Vielleicht war es auch gut so, daß der Manta sich durch unser Gehampel nicht aus der Ruhe bringen ließ. Es soll Fälle geben, wo die Tiere sich plötzlich aus dem Wasser erheben und auf flache Boote fallenlassen, um sich so von Parasiten unter ihrem Bauch zu befreien. Hätte unser Manta sich in die Lüfte erhoben, wären wir nun sicher ebenso flach wie er.

Die Manta-Begegnung erzählten wir später in einem Telefon-Interview über Norddeich-Radio einer Journalistin. Sie wollte wissen, was wir in der letzten Woche Besonderes erlebt hätten.

»Ja – vor wenigen Tagen hatten wir einen Manta hinterm Floß, der uns drei Stunden lang verfolgt hat...«

»Einen was, bitte?«

»Einen Manta.«

Immer wieder fragte sie nach und bat schließlich, das Wort Manta zu buchstabieren.

»Der Empfang bei mir ist sehr schlecht. Ich verstehe nur die Hälfte.«

Ich tat ihr den Gefallen.

»Mike, alpha, november, tango, alpha: Manta.«

»Ja, jetzt habe ich verstanden. Können Sie mir noch den genauen Typ benennen?«

»Nein, das kann ich leider nicht. Dafür bin ich zuwenig Experte. Ich weiß nur, daß es ein Manta ist. Das ist absolut sicher und das reicht uns auch.«

»Ich verstehe Sie immer noch sehr schlecht. Können Sie mir noch einmal Ihre genaue Position nennen?«

Wir taten ihr den Gefallen und dachten noch ›Wozu das alles? Will die einen Roman schreiben?‹

Das Gespräch war schließlich beendet. Normalerweise meldete sich der Funker dann aus Norddeich und sagte: »Das waren vier

Minuten, die von Land bezahlt werden.« Aber diesmal blieb die Leitung still. Mindestens drei Minuten. Endlich meldete er sich doch noch und meinte: »Entschuldigen Sie, ich mußte der Dame Ihren Manta erklären. Sie dachte nämlich, es habe sich um ein Auto gehandelt, das Ihnen auf einer Küstenstraße gefolgt sei.«

Oder die Sache mit dem Fischernetz.

Wir hatten ganz ruhiges Wasser, südlich des Äquators. Ich blickte nach vorn und entdeckte eine weiße Linie von Horizont zu Horizont.

»Christina«, rief ich, »wir steuern auf ein Fischernetz zu. Im Moment kann ich noch nicht übersehen, wo wir da durchschlüpfen könnten.«

Christina kam aus der Kabine und sah sich das an.

»Das sind bestimmt solche kilometerlangen Netze, von denen Rollo Gebhardt berichtet hat. Solche, mit denen die Japaner ganze Meere vom Thun ›befreien‹.«

Langsam trieben wir näher. Im ›Netz‹ brodelte es von gefangenen Fischen. Aber irgendwie war uns das nicht ganz geheuer. Wir sahen keine Schwimmer, die das Netz an der Oberfläche gehalten hätten.

»Falls wir nirgends durchkommen, schneiden wir es kaputt«, sagte ich und legte vorsichtshalber ein Messer bereit.

Und dann endlich erkannten wir, daß es sich um einen unendlich langen, zwei Meter breiten Schaumgürtel handelte, in dem es von ›Portugiesischen Galeeren‹ (oder Seeblasen) nur so wimmelte.

Die Portugiesische Galeere ist eine Qualle mit hochgiftigen halbmeterlangen Nesselfäden. Die Nesselkapseln entfalten eine äußerst starke Giftwirkung, auch auf den Menschen. Selbst an Land gespülte ›Portugiesische Galeeren‹ können noch Brennen, Schmerzen und Herzbeschwerden verursachen. In ihrem Schutz sahen wir viele kleine Fischlein, etwa acht Zentimeter lang, denen sie scheinbar nichts zuleide taten. Aus Büchern wußte ich, daß sie aber durchaus nicht geschützt sind. Sie wissen wohl vor allem, wie sie sich zwischen den Nesseln bewegen müssen. Kommen sie damit in Berührung, werden sie gelähmt und gegessen. Aber dann waren da andere Fische, die beim Passieren des Gürtels oder bei dem Versuch, die kleinen Fische zu fressen, mit den Nesseln in Kontakt gekommen waren und nun heftig zappelten. Vielleicht hatte sich der Schaum durch dieses Zappeln gebildet. In dieser Schaumsuppe sahen wir außerdem auffallend viel Plastikmüll und organischen Schmutz.

Das ungewöhnlichste – oder besser unerwartetste – Erlebnis aber bescherte uns ein ganz anderes Tier.

Wir hatten Fortaleza verlassen und setzten unsere Reise in die Karibik fort. Nach drei Tagen fragte Christina mich: »Hast du eben meinen Keks weggenommen?« Nein. Hatte ich nicht. Aber sie glaubte mir nicht, weil sie sicher war, ihn eben dort abgelegt zu haben, wo ich saß. Außerdem argwöhnte sie, ich sei als Konditor rückfällig geworden, ich käme ohne Naschereien nicht aus. Da es letztendlich aber zu bedeutungslos war, sprachen wir nicht weiter darüber. Im übrigen hatten wir Kekse genug mit. Ich war auf ihren nicht angewiesen.

»Irgendwas stimmt mit dem Schiff nicht«, meldete sich Christina in der folgenden Nacht aus der Kabine. Ich hockte und döste am Steuer. »Hörst du das nicht? Es ist, als ob sich die ersten Rohre lösen.«

Ich hörte nichts. Zum einen, weil hier draußen Wind wehte, zum anderen, weil ich, altersbedingt, inzwischen schwerhörig bin und auf See, wegen der Gefahr des Verderbs durch Salzwasser, die Hörgeräte nicht trug.

»Ich höre nichts, ehrlich«, erwiderte ich.

»Dann laß mich mal ans Ruder und leg du dich in die Kabine. Dann hörst du es ganz deutlich.«

Ich also in die mollige und vor allem ruhige Hütte. Sie schirmte ab gegen den Lärm von draußen, sie isolierte gegen Sonne und nächtliche Kälte, und sie hielt den Regen fern.

Das waren viele Vorteile, aber einen Nachteil bot die Hütte doch. Sie verstärkte die Geräusche des Schiffes wie der Resonanzkörper die Töne einer Harfe. Wenn am Mast etwas leise klapperte, dann dachte man in der Hütte: ›Gleich geht der Mast zu Bruch‹. Wenn in den Vorratskisten eine Dose ins Rollen geriet, dann war man sicher, daß Neptun von unten ans Boot klopfte.

Ich hatte mein Ohr gerade auf den Schlafsack gekuschelt, als ich es auch hörte. Und diesmal fühlten wir uns außerstande, die Ursache zu orten.

»Ich glaube, daß sich ein Rohr lockert, so knarrt und kratscht das«, wiederholte Christina.

Wir konnten die Ursache nicht bestimmen. Es blieb ein leises Unbehagen.

Bis ich am fünften Tag Christinas Ruf hörte: »Ratte an Bord! Rüdiger, wir haben eine Ratte an Bord. Ich habe sie mit eigenen Augen gesehen.«

Auf einmal erklärten sich das ständige Knarren, das ein Nagen war, der verschwundene Keks und andere Kleinigkeiten.

»Das hat uns noch gefehlt! Ratten sind nur sehr schwer wieder von Bord zu kriegen«, prophezeite Christina. Ich mußte ihr das glauben, denn sie besaß ja ein eigenes Segelboot und ihren Leistungssowiesoschein, und ich nicht.

»Die fressen sich durch alle Füllungen in den Wänden, vermehren sich auf Teufelkommraus und bringen ein Holzschiff zum Sinken. Hoffentlich ist es kein schwangeres Weibchen.«

Nun ja. Typische Frauengedanken. So horrormäßig wollte ich das nicht sehen.

»Eine winzige Ratte und so'n großes Floß?« wiegelte ich ab. Aber darauf ließ Christina sich nicht ein.

»Du kannst immer gut schnacken. Wenn das ein Weibchen ist, dann ist es automatisch schwanger. Dann haben wir bald ganze Rudel von Ratten an Bord. Das ist bei diesen Nagern halt so. Und die fressen sich durch unseren Schaum, von vorne bis hinten, von links nach rechts. Die könnten alle Rohre sauber ausnagen wie die Biber, und dann?«

»Ja, dann gehen wir unter«, bestätigte ich. Aber wir wußten auch beide, daß selbst zwanzig Ratten nur die oberen Rohre ausnagen würden. Die, die im Wasser schwammen, würden sie zufrieden lassen oder sie würden ertrinken.

»Wenn sie die oberen Rohre vom Schaum befreien, dann werden wir ja leichter!« wagte ich festzustellen. »Das erhöht sogar unsere Schwimmfähigkeit.«

Christinas Antipathie gegen diese Pelztiere teilte ich nicht. Ich mag Ratten. Am liebsten gut durchgebraten.

Witz hin, Logik her – wir beschlossen, die Ratte zu fangen. Wer will sie sich schon nachts durchs Gesicht huschen lassen?

Also schmiedeten wir Pläne. Man könnte sich auf die Lauer legen und sie erschießen. Immerhin verfügten wir über eine Flinte. Aber dann nähme unser Boot unnötig Schaden. Ein Schrotschuß aus solch kurzer Distanz würde ganz erhebliche Wirkungen zeigen. Wir mußten sie also auf andere Weise bekommen.

Zu Hilfe kam uns der Umstand, daß sie ständig Hunger hatte. Wie wir. Normalerweise lag bei uns nichts Eßbares herum. Besonders ab sofort blieb jedenfalls kein Krümel mehr liegen. Drei Tage ließen wir sie hungern. Dann stellten wir die Falle auf. Als Köder dienten eine Ölsardine, Kekse und ein Stück Brot. Wir legten beides in den Samburà. Das war ein kugelrunder Korb, den wir den Fischern in Fortaleza abgekauft hatten. Wir hatten ihn am Heck festgebunden. Er diente der schnellen Aufbewahrung von Angelzeug.

Den Deckel des Samburà richteten wir mittels eines Kugelschreibers auf, und den wiederum konnten wir mit einem Zwirnsfaden wegziehen. Dann klappte der Deckel zu.

Es war schon dunkel. Unsere Petroleumleuchte sorgte für ausreichendes Licht. Wie zwei Kinder, die durchs Schlüsselloch gucken, um das Christkindchen zu beobachten und zu entlarven, lugten wir aus der Kabine. Entfernung: zwei Meter.

Es dauerte nur eine halbe Stunde. Da kam die Ratte bereits schnuppernd heran. Fast hörte man ihren Magen knurren. Die Nase und die Barthaare zitterten und witterten das delikate Abendessen und flugs – war sie oben auf dem Korb. Sie blickte hinein, sie blickte zur Hütte – und dann war sie im Korb verschwunden. Ein Zug am Zwirn, und wir hatten sie.

Mit einem Satz war ich draußen und drückte den Deckel fest auf den Korb. Ich schüttelte ihn gewaltig, um sie schwindlig zu machen. Dann kippte ich sie ins Wasser. Im selben Moment hatte sie ein Dorado ergriffen und verschlungen.

In Fortaleza

Am 38. Tag kreuzten wir den Äquator, am 43. passierten wir die brasilianischen Inseln Fernando de Norunho, am 47. sahen wir das erste Leuchtfeuer von Land, und genau am 50. Tag erreichten wir um zwölf Uhr Ortszeit Fortaleza.

Da der Strom in den letzten drei Tagen sehr beständig gewesen war, konnten wir die Ankunft gut vorausberechnen. Vorausgesetzt, es trat keine Windstille ein.

Tilman Zülch befand sich, zusammen mit den Dolmetschern Othmar Seehauser und Ricardo, bereits seit einer Woche in der Stadt und hatte unsere Ankunft mit ihnen optimal vorbereitet.

Inse, im Büro der ›Gesellschaft für bedrohte Völker‹ in Göttingen, hatte uns über Funk genau wissen lassen, wie der Hafen aussieht, und wo wir festmachen könnten.

»Hinter der Mole, die auch für Lkw's befahrbar ist, müßt ihr links rein. Dann gelangt ihr direkt in den Hafen der Fischer, wo ihr ankern könnt. Er ist ganz leicht zu finden.«

Inse hätte sich die Beschreibung sparen können, denn Tilman und seine Leute kamen uns schon entgegen. Er hatte ein großes Motorschiff, die ›Cearà Saveiros‹ gechartert und es mit Journalisten vollgepackt. Er selbst thronte wie ein Fürst unübersehbar am Heck, Seite an Seite mit einem jungen Mann.

»Das ist Orlando«, rief er über die Fotografen und TV-Teams hinweg. »Orlando Melgueiro da Silva, vom Volk der Baré und Chef der COIAB.«

Die COIAB war uns nicht unbekannt. Sie vertritt 32 Indianer-Organisationen im brasilianischen Amazonien. Orlando war eigens nach Fortaleza gekommen, um die Versöhnungsbotschaft entgegenzunehmen.

Wir konnten Orlando aber erst gebührend begrüßen, als wir Land betraten. Vorher mußten wir uns um das Abschleppen in den Hafen kümmern. Und um die Journalisten. Einer fragte gerade: »Ich hörte, Sie hatten einmal eine Beinahe-Kollision mit einem Öltanker (nun war das also schon ein Tanker geworden!) gehabt. Hat es solche Zwischenfälle öfter gegeben?«

Ich wollte gerade ›nein‹ sagen, als uns die ›Cearà Saveiros‹ voll ins Windsteuer geriet und es in Sperrmüll verwandelte.

»Dies war die erste Tatsächlich-Kollision«, sagte ich.

An Land schnappten Christina und ich uns als allererstes Orlando. Wir drückten ihn lange und herzlich und aus Überzeugung. Vieles ging mir in diesem Moment durch den Kopf. Aber es ist leicht auf einen Nenner zu bringen: Was sind wir Weißen doch nur für Menschen? Warum können wir nicht mit solchen Leuten partnerschaftlich zusammenarbeiten? Nur weil sie andere Lebensweisen haben? Warum wurden sie 500 Jahre lang abgeschlachtet? Nur weil sie ihr Land verteidigten? Mit welchem Recht eigentlich laufen die Christenmenschen dieses Kontinents allsonntäglich in die Kirchen? Wie wagen sie es, sich christlich zu nennen? Was waren das für Kirchen, die das alles nicht nur hinnahmen, sondern auch unterstützten?

Auch der 500. Jahrestag sollte da in keiner Weise zur Besinnung und Versöhnung geeignet sein. Aus keinem der amerikanischen Länder war ein Signal der Annäherung zu vernehmen.

Die Versöhnungsbotschaft sollte Orlando am Indianerdenkmal von Fortaleza überreicht werden. Es lag nur fünfhundert Meter vom Ankerplatz entfernt.

»Hey, Taxi!« riefen die Journalisten und wollten uns damit einen Gefallen erweisen. Wir protestierten lachend und heftig.

»Nein, herzlichen Dank! Wir sind froh, endlich wieder laufen zu dürfen.«

Irgend jemand reichte uns eisgekühlten, frischgestarmixten Goaiaba-Saft com pouco açucar, mit wenig Zucker. Eiskalt – nachdem alles an Bord mindestens 28 °C warm gewesen war. Eiskalt – wie hatte ich mich immer wieder danach gesehnt! Jetzt konnten wir die Säfte genießen, bis sie uns zu den Hautporen wieder herausschossen.

Auch Bürgermeister Juraci Magalhães und seine Frau hatten sich die Zeit genommen, uns zu begrüßen. Wir saßen unter dem Denkmal, als Orlando die Versöhnungsbotschaft entgegennahm und las. Er hatte bis jetzt wenig gesagt. Zu sehr waren er und wir bis dahin von den Journalisten belagert worden. Ich spürte seine Erregung und er die meine. Wir hatten feuchte Augen. Letztlich war dies der Moment, dessentwegen wir so lange unterwegs gewesen waren, und von dem wir die Illusion hatten, er möge auch irgend etwas bewirken.

Dann aber, als die Kameras von ›O Globo‹, ›Manchete‹, ›Jangadeira‹, ›TVE‹ und ›Bandeirantes‹ sich auf ihn richteten, merkte man, daß er Interviewerfahrung hatte. Lieber nur einen markanten Satz, war seine Devise, als eine langatmige Abhandlung, die dann von den Sendern beschnitten und entstellt werden konnte.

»In diesem 500. Jahr nach der Eroberung Amerikas durch die Europäer bedeutet die spektakuläre Aktion der beiden Menschenrechtler der ›Gesellschaft für bedrohte Völker‹ beispielhafte Solidarität für unseren Kampf gegen die fortdauernde Invasion, den Landraub, Völkermord und die Zerstörung unserer Kulturen und Sprachen. Es ist für uns von unschätzbarem Wert zu erfahren, daß wir weltweit Verbündete haben. Es macht uns Mut.«

Tilman Zülch: »Wir wollten mit der Aktion im Gedenkjahr 1992 daran erinnern, daß unzählbare Millionen von Indianern der Kolonisation zum Opfer gefallen sind. Noch heute müssen sie um ihre Rechte kämpfen, werden diskriminiert, verfolgt, vertrieben und ermordet.«

Der Presserummel hielt an. Die großen Sender wiederholten die Magazinbeiträge bundesweit, die Zeitungen widmeten der Angelegenheit über eine Seite in Farbe, und selbst die größten und angesehensten Blätter wie ›VEJA‹, ›Manchete‹, ›Folha de São Paulo‹ und ›Jornal do Brasil‹ stiegen groß ein.

Eine Reporterin: »Es beschämt mich, daß ich von Ausländern erfahren muß, daß es bei uns einen solchen Skandal wie den mit den Yanomami gibt.«

Was uns besonders beeindruckte, war die wahrheitsgetreue und teilweise sehr engagierte Berichterstattung. Unsere Anklagen kamen gut rüber, egal, auf welcher politischen Seite das jeweilige Medium angesiedelt war. Damit möglichst wenig schief lief, hatten Tilman und seine Helfer rechtzeitig per Pressemitteilung für sachliche Aufklärung gesorgt, und auch wir hatten uns schon vor der Ankunft einen Kurztext auf Portugiesisch zurechtgelegt. Aus Erfahrung wußte ich, daß hier kaum jemand Englisch sprach.

Ich sagte:

»Wir sind in Brasilien gelandet, weil in diesem Land, entgegen seiner idealen Verfassung, das letzte große Indianervolk, die Yanomami, genau jetzt und heute, ausgerottet wird. Wir appellieren an die Ehre und Würde aller Brasilianer und ihres Staatspräsidenten Fernando Collor de Mello, der gesamten Welt den Erhalt der Yanomami zum Geschenk zu machen. Sofort und ehrlich. Per Präsidentendekret. Es lebe Brasilien!«

Christina sagte:

»Wir haben unsere Botschaft aufs Segel geschrieben: 500 Jahre Amerika, 500 Jahre Völkermord, Landrechte für alle Indianer in Nord und Süd. Rettet die Yanomami und den Regenwald. Sofort. Der 500. Jahrestag sollte in erster Linie die Aufmerksamkeit auf die Geschichte des Völkermordes an den Indianern in Nord und Süd lenken. Zwar können wir diese Ungerechtigkeit nie wieder gutmachen, aber wir könnten einen neuen Anfang machen. Gebt den Indianern die Gleichberechtigung.«

Auch in Deutschland zogen die Medien mit. Zwei Tage lang saßen wir in ständiger Bereitschaft im Konferenzraum des Hotel Samburà, um telefonische Live-Interviews für die verschiedensten Rundfunkstationen zu geben. Damit die Befragung sich nicht nur auf den Abenteuer-Aspekt beschränkte, hatten wir uns die wichtigsten politischen Aspekte groß auf eine Tafel geschrieben, die unmittelbar vor uns stand. Häufig sprachen wir an zwei Apparaten gleichzeitig. An einem Christina, am anderen ich, und wenn wir fertig waren, tauschten wir die Hörer. Währenddessen versorgte uns Tilman mit Säften.

Eigentlich konnten wir also zufrieden sein. Ohne den Aufhänger ›Auf 120 Bambusrohren über den Atlantik‹ hätte man das Thema der anhaltenden Indianerdiskriminierung niemals so groß zur Sprache bringen können. Aber würde der Rummel tatsächlich etwas bewirken? Würde er den Yanomami helfen? Würde irgendein Indianervolk dadurch das ersehnte Reservat erhalten? Nun, diese Illusion hatten wir nicht. Aber es war zumindest einer von vielen Beiträgen, die auch andere Personen auf ihre Weise leisteten. Er würde das Problem einer immer größer werdenden Bevölkerungsschicht näherbringen, er würde zur Sensibilisierung auch der Politiker beitragen. Aber den gewünschten Erfolg würde er erst dann bringen, wenn die Pro-Indianer-Regenwald-Kampagne so anwüchse, daß es für Politiker einfach opportun und politisch durchführbar wäre, sich für Indianerreservate auszusprechen.

Wir waren uns darüber im klaren, daß es bei diesem einen Auftritt nicht bleiben durfte. Wir beschlossen weiterzumachen.

Tilman war von der Idee teils angetan, teils erschreckt. Er dachte an die Kosten.

»Der Löwenanteil, das Floß, ist bezahlt«, meinte Christina. »Was jetzt kommt, ist der geringste Teil.«

Tilman rang mit sich, schloß sich mit dem Büro kurz und mußte dann passen.

»Rüdiger – der Etat ist erschöpft. Ich kann eine Fortsetzung unseren Mitgliedern gegenüber nicht mehr verantworten.«

»Wollen wir dann auf eigene Kosten weitermachen?« fragte Christina. »Oder läuft dir in Deutschland etwas weg? Hast du Vorträge?«

»Nein, mir läuft nichts davon. Ich finde die Idee gut. Nie wieder können wir auf soviel Interesse und Wohlwollen stoßen. Und meine ersten Vorträge sind nicht vor April. Die kann ich verschieben.«

Jetzt hatten wir den 7. Februar.

»Wenn ich mir allerdings die Wetterkarten anschaue, wäre das ein Grund, hierzubleiben. Die Sturmzeit beginnt. Oder wir müssen sofort fahren. Sonst wird es immer riskanter«, ergänzte Christina.

Wir einigten uns, zu fahren und aus eigener Tasche weiterzukämpfen. Tilman wollte die Pressebetreuung übernehmen.

»Am liebsten würde ich mit der Strömung bis in die USA fahren«, träumte Christina. »Da finden die meisten Feiern zur Selbstbeweihräucherung statt, und da geht es den Indianern ebenso dreckig wie anderswo.«

Puuh! Das war ein starker Satz. Aber wohin konnten wir sonst mit dem Floß? Nach Rio ging es nicht. Dahin hätten wir bis Recife Gegenstrom. Nach Rio ging es höchstens auf der Landstraße.

Wir schmiedeten Pläne bis in die Morgendämmerung, während Tilman wieder heimwärts flog. Das Resultat: Wir wollten hier noch die Gelegenheit des Abschieds für eine neue Pressekampagne wahrnehmen. Dann wollten wir in der Karibik die Insel Dominica anlaufen und schließlich in Florida alles beenden. Eventuell wollten wir versuchen, per Lkw und zusammen mit den US-Indianer-Organisationen, dem ›Weißen Haus‹ einen Besuch abzustatten und das Floß vor der UNO in New York ›auszustellen‹. Die US-Medien, dessen waren wir sicher, würden uns da garantiert ›Feuerschutz‹ geben.

In Dominica wollten wir Zwischenstation machen, weil dort die Minderheit der Kariben-Indianer seit ewigen Zeiten vergeblich um ein angemessenes Reservat und mehr Anerkennung kämpfte.

Große Pläne also. Ich weiß nicht, wie wir uns entschlossen hätten, wenn wir gewußt hätten, was uns noch blühte. Die große Zeit des zielgerechten Fahren-Könnens war jedenfalls vorbei. Gott sei Dank ahnten wir das noch nicht.

Damit der politische Aspekt der Aktion nicht zu kurz geriet (Tilmans ständiger Hinweis), bemühten wir Bürgermeister Magalhães und den Gouverneur Ciro Gomes um ein Interview.

Magalhães wiederholte seinen Begrüßungssatz für Orlando. Er sagte: »Des Weißen Rechte dürften eigentlich erst da beginnen, wo die des Indianers aufhören.«

Ein starker Satz. Aber eine Lösung hatte auch er nicht parat. Das sei Sache der Politik und solcher Initiativen wie der unseren oder derjenigen von Orlando. Na, immerhin.

Der Gouverneur Ciro Gomes galt in Brasilien, einer Umfrage zufolge, als der beliebteste und chancenreichste Staatspräsidenten-Anwärter. Er genoß dieses gute Image, obwohl er erst vierunddreißig Jahre alt war. Sein Staat Ceará galt als kleines Wunderland. Er setzte auf Kleinbauern- und Kleinhandwerkertum und weniger auf Industrie. Damit hatte er einen bescheidenen Wohlstandsvorsprung vor anderen Bundesländern erreicht. Er bekämpfte das Analphabetentum und senkte die Sterbequote unter der armen Bevölkerung durch ein Heer von Barfußärzten. An seiner Meinung war uns deshalb sehr gelegen. Um nichts mißzuverstehen, hatten wir eine Dolmetscherin mitgebracht.

»Ich teile nicht die Auffassung anderer Gouverneure«, sagte Gomes, »wenn sie die Abholzung Amazoniens bagatellisieren und fleißig weitermachen. Brasilien ohne Wald ist in der Tat eine Weltbedrohung.«

Zur Politik mancher führender Militärs, die eine Internationalisierung Amazoniens argwöhnten, meinte er: »Das Thema wird bewußt hochgespielt, um sich selbst mehr Bedeutung zu verschaffen.«

Auf das Problem Yanomami und Wald angesprochen, sagte er:

»Die Yanomami fallen nicht in meinen Zuständigkeitsbereich. Aber ich hoffe, daß diesbezüglich die Umweltkonferenz in Rio einige Erfolge für sie bringen wird. Ich bin sicher, daß Collor der Welt gegenüber zu Zugeständnissen bereit sein wird.«

Und dann kam der Abschied von Fortaleza. Wir hatten eine Presseerklärung verfaßt und sie uns von der Dolmetscherin in perfektes Portugiesisch übersetzen und sauber tippen lassen.

Den Journalisten, die die besten Berichte verfaßt hatten, überbrachten wir die Presseerklärung persönlich. Zusammen mit einer Rose.

Der Erfolg ließ nicht lange auf sich warten. Alle zogen erneut mit. Besonders wertvoll erschien uns der mehrfache wörtliche Abdruck unseres ›Abschiedsbriefes‹:

»Unseren Abschied von Brasilien möchten wir nutzen, uns für die herzliche Gastfreundschaft zu bedanken, die wir durch die Bevölkerung, den Bürgermeister Juracy Magalhaẽs und den Gouverneur Ciro Gomes erfahren haben. Wir danken aber auch den Journalisten von TV und Presse. Sie haben uns beeindruckt mit der Sachlichkeit und dem Mut ihrer Berichte über unsere Protest- und Versöhnungsfahrt.

Mancher Brasilianer wird dennoch gedacht haben: ›Was geht das die Ausländer an? Sollen sie sich doch um ihre eigenen Probleme kümmern.‹

Diese Brasilianer haben recht. Es gibt bei uns genug zu tun. Aber es gibt auch Dinge, die grenzenlos sind, Dinge, wo ein Freund dem anderen helfen sollte. Zu diesen Dingen zählen Menschenrecht und Naturschutz.

Als Leser einer Zeitung gehören Sie vielleicht zu der Bevölkerungsschicht, der es gut geht. Aber ginge es Ihnen schlecht und würden Sie sogar mit dem Tod bedroht, nur weil Sie vergeblich Ihre Rechte fordern, die Ihnen die (vorbildliche) brasilianische Verfassung zusichert, dann würden Sie es sicher auch zu schätzen wissen, wenn Ihnen jemand beisteht. Und wenn dieser ›nur‹ ein Fremder ist.

Das klassische Beispiel für die Mißachtung des Menschenrechts und der Verfassung in Brasilien sind die Yanomami. Mit immer neuen politischen Schachzügen ist es den Staatspräsidenten Sarney und Collor gelungen, die endgültige Gründung des Yanomami-Parks bis heute hinauszuschieben, obwohl die Verfassung sie ihnen vorschreibt.

Damit hat auch das letzte große und freie Indianervolk beider Amerikas nicht das Glück, vom größten Völkermord in der Geschichte der Menschheit infolge der 500jährigen Eroberung des Kontinents verschont zu bleiben.

Wir appellieren an alle Brasilianer und ihren Staatspräsidenten Fernando Collor de Mello, das Jubiläum nicht ohne ein großes Signal verstreichen zu lassen. Gründet den Yanomami-Park per Präsidenten-Dekret sofort und verbürgt Euch dafür, daß er und die Landrechte aller Indianer respektiert werden. Mit einer solchen Entscheidung könnte sich Brasilien in aller Welt ein unvergeßliches Denkmal der Würde setzen.

Aber auch der Naturschutz darf keine Grenzen kennen. Der Erhalt des tropischen Waldes als Garant des Weltklimas und als letzte Öko-Reserve darf nicht länger hinausgezögert werden. Schon jetzt ist der tropische Regenwald für die gesamte Menschheit wertvoller als Gold und Casseterit. Da wir reichen Länder Europas und Nordamerikas nicht erwarten können, daß Brasilien seine Wälder uns zuliebe gratis stehen läßt und damit auf Gewinne durch Holzverkauf und Bodenschätze verzichtet, sollte es von uns eine Entschädigung verlangen: Es sollte Klima als Ware handeln und eine Klimasteuer für den Erhalt des Regenwaldes fordern. Gemeinsam können wir das überlebenswichtige Problem meistern.

Wir wünschen Brasilien die dafür erforderlichen weitsichtigen und mutigen Staatsmänner.

Viva Brasil!

Zwei Freunde des Landes, zur Zeit auf See.

Rüdiger Nehberg, Christina Haverkamp

Gewisse Formulierungen in dieser ›Carta da despedida‹ waren gleichermaßen aus Rücksicht auf brasilianischen Nationalstolz und brasilianische Mentalität formuliert, wie aus Respekt vor dem anderen Volk. Wollte ich einem Bayern Labskaus schmackhaft machen oder einem Hamburger eine Lederhose verkaufen, müßte ich ebenfalls auf deren patriotische Besonderheiten Rücksicht nehmen.

Und wir hatten Glück. Mehrere Zeitungen veröffentlichten ihn wörtlich. Vier TV-Sender griffen das Thema erneut mit Magazinbeiträgen auf.

Den Abschiedsbrief wollten wir auch Umweltsekretär José Lutzenberger überbringen. Leider war er seinerzeit im Ausland. So entschlossen wir uns, das bei erstbester Gelegenheit nachzuholen. Doch ehe es dazu kam, war er von Collor entlassen worden. Er hatte in New York öffentlich davor gewarnt, Brasilien Geld zu geben, weil es vor allem für Korruption ausgegeben würde. So etwas darf man als Staatsmann in Brasilien zwar denken und tun, aber nicht laut aussprechen.

José Lutzenbergers Entlassung war für uns ein Schock. Es zeigte uns einmal mehr, daß der deutschstämmige, unkonventionelle und mutige Umweltschützer nur als Feigenblatt der Regierung herhalten sollte. Mit der eigenen Meinung hatte er möglichst hinter dem Berg zu halten. Ich erinnerte mich einer seiner vielen klugen Erklärungen, die er anläßlich eines Interviews mit einer deutschen Zeitung geäußert hatte:

»Es kann doch nicht einfach alles nur dazu da sein, um ausgebeutet zu werden. Die Erde ist ein lebender Organismus, und in einem Organismus kann nicht das Herz mit der Leber streiten. Wir aber sehen überall nur Rohstoffe, ohne Respekt vor der Natur. Die heutige Industriegesellschaft ist wie eine religionsgleiche, fanatische Erscheinung, in ihrem Fanatismus nur mit dem Christentum und Islam vergleichbar. Missionarisch will sie sich auf der ganzen Welt verbreiten. Im Gegensatz zu früheren Sparsamkeitsidealen vermittelt sie jedoch eine umgekehrte Ethik, verlangt orgiastisches Konsumverhalten, dummen und sinnentfernten Genuß. Heute ist plötzlich Tugend, was früher Sünde war.«

(José Lutzenberger erhielt 1988 den Alternativen Nobelpreis für seinen Kampf um die Erhaltung des Regenwaldes. Als früherer BASF-Mitarbeiter kennt er als Insider die Probleme der Chemie-Industrie. Durch seine Tätigkeit ist er zu einer den herrschenden Paradigmen der chemischen Industrie völlig entgegengesetzten Auffassung gelangt.)

Sein Nachfolger im Amt des Umweltsekretärs wurde Minister Goldemberg. Er hatte auf dem internationalen Umweltgipfel in Rio de Janeiro auch das Thema ›Klimasteuer‹ in seinem Programm. Damit will ich nicht sagen, daß er den Impuls von uns hatte. Aber wir bildeten uns etwas darauf ein, daß unser Vorschlag demnach auch offiziell einen Lösungsbeitrag darstellte. Möge man sie nun noch mit den sinnvollen Ergänzungsideen des Dr. Rugatto Boettger koppeln, die ich bereits im Kapitel ›Klimasteuer‹ angesprochen habe.

Die Notlandung

Daß wir aus *dem* Manöver heil herausgekommen sind, können wir selbst heute noch nicht glauben.

»Soviel Glück dürfen wir nie wieder auf dieser Tour erwarten. Und nie wieder darf es nötig sein, ein solches Risiko einzugehen«, sagte ich, als der Palstek des Festmacherseils griff und uns bombensicher hielt. Und wir waren uns wie selten einig, daß wir diesen unheimlichen Ort nur über Flüsse und über Land verlassen würden. Unter keinen Umständen wollten wir zurück aufs Meer.

Dabei hatte zunächst alles nach Plan geklappt. Gleich vor Fortaleza hatte uns der Strom ergriffen und mit sich genommen. Die Karte und die Natur stimmten überein, wie sich das gehört, wenn Karten teuer sind.

Wir hatten uns ausreichend mit frischen Lebensmitteln versorgt. Nicht noch einmal wollten wir überwiegend von Fisch leben. Auch Gemüse, Kartoffeln, Obst und Eier hatten wir mitgenommen und – fünf nervtötende Fliegen, wovon wir, laut Tagebuch, am zweiten Tag vier erledigt hatten, während die fünfte erst am vierten Tage ihr Leben aushauchte.

Ein zufällig mit seinem Schiff ›Rocheas‹ neben uns ankernder Holländer namens Robert und sein deutscher Bootsmann Hein Rautenberg aus der Gegend um Kiel hatten uns vor der Abfahrt sogar noch eine dreißig Meter lange Kette für den Anker und ein Radio geschenkt. Jubel und Dank.

Wir waren in guter Stimmung. Die Stadt verlor sich am Horizont. Wir waren wieder allein. In drei bis vier Wochen hofften wir, in Dominica zu sein. Die Strömung floß ziemlich genau in jene Richtung. Sie war hier bis zu vier Knoten stark.

Wir passierten ohne Zwischenfälle São Luis und die Amazonasmündung. Aber dann ging es los. Zunächst völlig harmlos, schleichend, hinterlistig.

Eintragung Tagebuch:
Donnerstag, 27.2.1992.
46° 30' West, 1° 5' Nord, Etmal 77 sm, 5 Beaufort aus Ost.

Mich wundert, daß die Tage eigentlich immer wieder ganz flott vergehen, obwohl nichts passiert. Immer das gleiche Wasser, immer die gleichen Wellen. Mal höher, mal flacher, aber nie sich bösartig übergebend, wie ich nach den Mahlzeiten. Seit Tagen ist der Wind beständig, als wäre er mit einer Maschine bei McDonald's produziert worden.

Nur wenn Regenschauer sich dazwischen mogeln, kommen unerwartet Böen um acht Beaufort angedüst. Aber die irritieren uns schon lange nicht mehr. Wir lösen nur jeweils die Schoten, um die Segel zu entlasten, und warten die paar Minuten, bis der Normwind aus der Wettermaschine wieder Oberhand gewonnen hat. Dann holen wir die Schoten ran.

Vielleicht war es die Unachtsamkeit der Gewohnheit, die mit zunehmender Dauer der Reise wuchs. Wir plauderten mit den Böen, wenn sie ihre Kräfte mit unserem Floß messen wollten, und lachten sie aus, wenn sie die Segel aufplusterten, sie zu zerreißen drohten und wir ihnen per Reff und gelockerter Schot den Spaß verdarben.

Wir konnten uns einen gewissen Übermut leisten. Auch ohne Segel würden wir irgendwo ankommen. Keinesfalls konnten wir untergehen, und *die* Welle wollten wir sehen, die uns zu dieser Jahreszeit auf offenem Meer umwerfen würde. Und wir hatten soviel Süßwasser, daß wir damit sogar einen Handel aufziehen wollten. Keinesfalls fühlten wir uns wie Sklaven der Naturgewalten.

Immer wieder mußten wir bei unserem Wasserüberfluß an Schiffbrüchige denken, die nicht die Möglichkeit hatten, Regen aufzufangen und die wir in Süßwasser zu baden gedachten, sofern wir ihnen begegneten.

Natürlich sahen wir keine, so sehr wir auch Ausschau hielten. Dabei trieben wir nur um wenige tausend Meter an schiffbrüchigen portugiesischen Fischern vorbei, die zwei Tage nach uns bei Fortaleza an Land gelangten. Ihnen war auf hoher See bei Europa der Motor irreparabel stehengeblieben. Fünfundvierzig Tage sollen sie getrieben sein. Da sie auf einen derart langen Trip nicht eingerichtet waren, lebten sie von rohem Fisch und Regenwasser und waren völlig erschöpft.

Und ein paar Tage später griffen brasilianische Fischer, genau dort, wo wir jetzt gerade trieben, ein Schlauchboot auf, in dem sich ein älteres englisches Ehepaar befand. Es war mit seiner Segelyacht bei den Inseln Fernando da Norunha auf einen Fels gelaufen und gesunken. Die beiden konnten sich in ihr Schlauchboot retten und trieben vierzehn Tage lang ohne Trinkwasser bis vor die Amazonasmündung.

Aus Dankbarkeit für ihre Rettung stifteten sie dem Dorf der rettenden Fischer ein kleines Hospital.

Tagebuch
Samstag, 29.2.1992
1°47' Nord, 48°25' West, Etmal 54 sm, Winde 5–7, Böen um 9.
Das kommt davon, wenn man zu übermütig wird. Ein Elefant ist keine Rennmaus, und ein Floß ist halt keine Regattayacht.

Eine ungewohnt heftige Bö holte einmal tief Luft. Es knackte, und sowohl die Rah als auch der Ring, mit dem sie sich so bequem am Mast hochziehen ließ, ließen die Flügel hängen wie ein sterbender Schwan mit gebrochenem Hals. Gottlob haben wir eine Reserverah dabei. Wir bargen das Segel, das zum Glück keinen Schaden genommen hatte, und zogen die Sturmfock hoch, um längs zum Wind zu bleiben und nicht querzuschlagen.

Die Messungen per GPS zeigten uns sofort und klipp und klar: Wir befanden uns nicht mehr im Strom.

...Vier Stunden hatte die Reparatur gedauert. Sie hat uns wertvolle Meilen gekostet. Sie waren deshalb so wertvoll, weil wir seit Fortaleza auf der Peripherie des Stromes fuhren und es nicht geschafft hatten, mehr nach Nord in Richtung Mittelstrom zu gelangen.

Den Ring haben wir mit einem Bergsteigerseil mehrfach umwikkelt. Er erfüllt seine Aufgabe wieder. Wir holen tief Luft und hoffen, mit blauem Auge davongekommen zu sein.

Erneute Standortbestimmungen ergaben, daß wir um zweiundzwanzig Meilen nach Westen abgetrieben waren. Wir bezweifelten, daß wir je wieder eine Chance hätten, zurück in den Strom zu kommen. Jeder von uns spürte, daß sich hier etwas zusammenbraute, dem wir nicht gewachsen waren. Das Floß gehorchte nicht mehr uns, sondern dem Meer.

Ganz unerwartet eine Sandbank. Jedenfalls glaubten wir das zunächst. Gelbes, fast sämiges Wasser zog einen langen Querstrich durch unsere Nordroute. Mit einem langen Bambusstock machen wir Tiefenmessungen. Zu unserer Beruhigung ist es aber tiefer als fünf Meter. Wir trauen dem Braten nicht. Der Sand quillt dermaßen ungestüm, daß man die Bodenberührung fast spürt.

Nach mehreren hundert Metern scheint sie zu Ende zu sein. Aber als wir näher kommen, entpuppt sich das Farbspiel als Reflex der Wolken, als ein Licht- und Schatten-Wirrwarr.

Die Brühe bleibt einheitlich trübe und breiig. Für uns ein deprimierendes Symptom und ein Anzeichen von Landnähe.

Erstmals diskutierten wir das Thema Notlandung.

»Du und Notlandung«, meinte Christina zunächst. »Wenn es irgendwie geht, steuern wir einen Hafen an.«

»Siehst du hier einen Hafen auf der Karte?«

»Nein, aber vergiß nicht: Sie hat nicht den besten Maßstab.«

»Mag ja sein«, gab ich zu. »Hier münden drei Flüßchen in den Atlantik. Sicher gibt es dort Dörfer an den Ufern.«

Die Seekarten zeigten solche mutmaßlichen Ortschaften nicht. Wenn es sie geben würde, müßten sie weiter landeinwärts liegen, worüber unsere Seekarte nichts verriet. Es war schließlich keine Landkarte.

»An allen Süßwassern leben Menschen«, betonte ich noch einmal. »Besonders hier, wo die Eroberer zuerst landeten.«

Ich fand das eine starke Logik und ein beruhigendes Argument. Wir brauchten die Beruhigung, denn der Sog auf die Küste hielt an.

»Was tun wir, wenn es wider Erwarten doch keine Menschen da gibt? Komisch auch, daß wir seit Tagen keinen einzigen Fischer mehr zu Gesicht bekommen haben.«

»Oder was tun wir, wenn es sumpfig ist, wie die Karte sagt«, erwiderte Christina.

Das stimmte. Da war an der gesamten Küste des Bundesstaates Amapá die Rede von *mud* und *swamps*, von nur einem Meter Wassertiefe und starker Brandung.

Unsere Sorge wuchs.

»Ich mag mir gar nicht vorstellen, wie eine einzige Welle das schöne Floß in den Lehm rammt und uns niemand mehr rausholt.«

An manchen Stellen war die Mud-Zone sogar mit *vier* Seemeilen Breite eingezeichnet.

»Dann könnte man sich nicht einmal zu Fuß oder mit dem Dinghi retten«, kombinierten wir.

Immer häufiger machten wir GPS. Immer deutlicher zeichnete sich ein unvorhergesehenes Ende ab. Es war an der Zeit, nüchtern über eine Notlandung zu reden, sie als unumgänglich zu akzeptieren.

»Wir müssen beide Anker klar machen«, erinnerte sich Christina alter Seemannsgesetze.

»Vielleicht können wir vorm Schlick ankern und haben irgendwann einen günstigen Wind, der uns wieder vom Land wegtreibt.«

»Wir sollten ab sofort unsere Overalls anziehen und den Überlebensgürtel umschnallen.«

»Laß uns auch die Gummiflossen bereitlegen. Falls jemand schwimmend an Land muß.«

Jeder steuerte seine Ideen bei. Es war Brainstorming angesagt.

»Und laß uns einen Kanister mit den wichtigsten Dingen füllen, die wir haben. Wir müssen die Filme, das Geld und die Ausweise retten.«

Die Schnelligkeit, mit der wir das erledigten, zeigte uns, daß wir jetzt beide von der Notwendigkeit der Landung überzeugt waren.

Alle übrigen Kanister wurden noch einmal mit einem starken Seil ans Floß gesichert.

Tagebuch
1.3.1992
...Komisch, manchmal schaffen wir Nord, und dann versetzt es uns wieder Süd. Und bei all dem Hin und Her geht's weiter nach West. Übermorgen nacht werden wir stranden.

Uns wird auf einmal klar, daß hier die Gesetze von Ebbe und Flut gelten und nicht die der Äquatorialströmung. Sechs Stunden saugt uns die Ebbe nach Nord. Dann springt das Wasser um, und wir treiben zurück...

Tagebuch
2.3.1992
...Wir haben eine letzte Hoffnung: Sobald die Ebben zu Ende sind,

werfen wir den Anker. Wir warten die Flut ab und lassen uns von der nächsten Ebbe weiter rausziehen. Irgendwann müssen wir den Äquatorialstrom erreichen und sind sicher. Wir glauben, daß das Cap Orange vor Cayenne für uns die Wende bedeuten könnte.

Das Auf und Ab, Hoch und Tief, die Euphorie und die Ängste geben sich die Hand…

Tagebuch
3.3.1992
Hier ist das Katastrophenfloß! Der Horror nimmt kein Ende. Wir sitzen in einer Falle. Ohne GPS wäre sie schon zugeschnappt. Da steuern wir immer denselben Kurs nach Nord, wechseln uns mit Schlaf und Wache ab, um keinen einzigen Grad zu verschenken und fahren dennoch summa summarum Südwest. Wir sind zum Spielball von Ebbe und Flut geworden, die sich mit vier Knoten zwischen Festland und Amazonasmündung unser Floß gegenseitig zuzuwerfen scheinen.

Man schaut auf den Bug und denkt, man mache rasante Fahrt, weil er die Wellen nur so zu zerfleischen scheint. In Wirklichkeit treiben wir bei vollem Segel rückwärts. Nicht wir teilen, gepeitscht vom Segel, die Wellen, sondern die teilen sich, wenn sie von vorn gegen das Floß treffen. Der Rückenwind ist gegen diese Gewalten ohnmächtig.

Wir versuchen, möglichst rechtzeitig das Ende der Ebbe zu erkennen, um den Anker auszuwerfen. Genau sechs Stunden später müssen wir wieder den Moment abpassen, wo die Wasser zum Stillstand gelangen, ehe sie in die entgegengesetzte Richtung fließen. Dieser Moment währt nur sehr kurz. Verpaßt man ihn, hängt man bereits wieder dermaßen stramm am Anker, daß es uns unmöglich ist, das Floß über dem Anker zu verholen und ihn hochzuziehen. Und eine Winde haben wir nicht. Wir müssen es von Hand schaffen.

Um den Zeitpunkt des Tidensprungs zu erkennen, schauen wir zum Beispiel auf den Kompaß. Sobald das Boot seine Richtung ändert, sobald es beginnt, um den Anker herum zu drehen, probiert man, ob das Ankerseil locker ist. Auch Schaumblasen und Papierschnipsel, die wir reinwerfen und die plötzlich am Boot verbleiben statt wegzurasen, sind Indikatoren. Inzwischen habe ich von nur viermal Ankerlichten wunde Hände.

Tagebuch
4.3.1992
Trotz Ankerns sind wir von der Flut mit zwei Knoten gegen das Land getrieben worden. Erst nach zwei Stunden griff er. Vier verlorene Meilen. Wir werden merklich nervös. Das äußert sich zum Beispiel in anhaltendem Harndrang und dem ständigen Kontrollieren des Sicherheitsknotens am Brustgeschirr. Wer hier ins Wasser fällt, vor allem nachts, hat kein Promille Überlebenschance. Wir sehen ein, daß wir mit unserem Ankertrick nicht weiterkommen und entschließen uns, die Insel Maracá anzusteuern. Sie ist in der Karte mit ›bushes‹ beschrieben. Den verdammten, unseren Geist lähmenden Schlick gibt es dort nicht. Jedenfalls ist er in der Karte nicht vermerkt. Wir müssen auf das ›Cap Fischfang‹ im Nordwesten zusteuern. Gleich dahinter, in einer Bucht – von uns aus gesehen Südwesten –, der Ort Macapá. Um ihn zu erreichen, müßten wir Südost steuern, sobald wir ums Kap sind. Theoretisch ist das nicht möglich. Wir schaffen bei dem derzeitigen Wind allenfalls Süd. Süd ist jedoch zuwenig. Vielleicht können wir unmittelbar hinterm Kap den Anker schmeißen. Hauptsache, wir liegen erstmal sicher. Irgendwann wird uns schon jemand sehen und nach Macapá reinschleppen oder gegenüber in den Rio Amapá. Hauptsache, wir sind nicht mehr dem tosenden Schlammwasser ausgesetzt.

Sollte der Anker nicht greifen, sieht es schlecht aus. Dann schliddern wir durch den Maracá-Kanal zwischen Insel und Festland. Und der ist am Festland mit dickem Schlick gesäumt. Ein Alptraum.

Daß wir noch leben und sogar mit unseren Füßen Festland treten können, verdanken wir unserem Schutzengel und Christinas seglerischem Können.

Wir hatten beide schon unser Testament gemacht, aber auch immer noch Hoffnung gehabt, weil wir ein kaum zu erschütterndes Vertrauen in das Floß haben. Das Ganze, jetzt im nachhinein betrachtet, kam uns vor wie ein Horrortrip. Er erschreckte und ermutigte uns gleichermaßen durch die ständig wechselnden Ereignisse.

Christina fühlte sich an einen auf Spannung getrimmten Krimi erinnert.

»Mit jeder neuen Beobachtung glaubst du, den Ausgang des Stükkes zu erraten – da passiert schon wieder das Gegenteil, und du mußt dir einen neuen Mörder suchen«, klagte sie.

Der ganze Schlamassel begann, als wir nur noch eine Seemeile vom Cap entfernt waren. Da hörte die Flut auf. Wir standen auf der Stelle. Als die Ebbe uns rauszutreiben begann aufs offene Meer, warfen wir den Anker. Wir konnten die Furchen eines kleinen Ackers, östlich des felsigen Caps, schon mit bloßem Auge erkennen. Aber wir schafften keinen einzigen Meter mehr, trotz des brauchbaren Windes in Richtung Land. Die Ebbe war stärker, sie lutschte uns vom Land fort.

Es war acht Uhr am Morgen. Da wir nichts weiter machen konnten, legte ich mich schlafen. Christina war nervöser. Sie wollte wachen.

»So dicht vorm Ziel und dann der Stillstand.« Sie schimpfte und beschwor das Cap förmlich, näherzukommen. Aber das scherte sich einen nassen Schlick darum.

»Ab vierzehn Uhr Ortszeit, wenn die Flut kommt, können wir locker den Rest machen«, tröstete ich sie. »Wir haben dann noch vier Stunden Flut bei Helligkeit und zwei bei Nacht. Das ist superreichlich. Eine halbe Stunde nur würde bis zum Cap genügen. Dann will ich fit sein. Deshalb nehme ich nun einen Lidschatten voll Schlaf.«

Mit dieser logischen Begründung wollte ich aus meiner Schlaflust eine Schlafpflicht machen, um von ihr nicht als Penner veschrien zu werden. Ich wollte frisch sein, wenn ich gebraucht würde.

Ein Schrei weckte mich.

»Rüdiger, steh auf, wir sind abgetrieben.«

Mit einem Satz glitt ich durch unseren schmalen Eingang ins Freie. Das Cap, eben noch greifbar nahe vor uns, lag jetzt im fernen Dunst.

»Wieso hast du das erst jetzt gemerkt?« fragte ich völlig verwirrt. »Du wolltest doch partout Wache schieben.«

»Es hat eben heftig geregnet. Da verschwand das Cap im Dunst des Unwetters. Als alles vorüber war, suchte ich es, und es war fort. Nun liegt es da ganz hinten.«

Während sie sofort GPS machte, checkte ich das Ankerseil. Es war stramm und vibrierte.

»Der Anker schleift. Er faßt nicht«, schrie ich ihr zu.

»Genau vier Meilen sind wir abgetrieben!« klärte sie mich über die Positionsmessung auf.

Ich warf den zweiten Anker. Er war jedoch nur für stille Buchten geeignet. Entsprechend war der Erfolg. Wir rutschten nicht nur etwas weiter, sondern wir sausten mit *vier* Knoten dahin! Das ergab die nächste Messung, die wir zehn Minuten später durchführten.

Ich fluchte wie ein Bambusrohrspatz. Aber es half nichts. Langsam, aber deutlich verschwand das Cap aus unserem Blickfeld.

»Wir sind natürlich auch schon wieder eine Seemeile westlicher«, stöhnte Christina. »Das heißt, das Cap ist für uns gar nicht mehr machbar. Wir geraten mitten in den Maracá-Kanal.«

Das war ein harter Schlag. Und die Ebbe war noch nicht beendet. Jeder Meter weitere Abdrift bedeutete: Wir schafften auch die Mündung des Amapá nicht mehr. Wir würden vorher im Schlick festsitzen.

Eine ungeheure Nervosität bemächtigte sich unser. Was konnten wir bloß machen, ohne hier hilflos mitansehen zu müssen, wie wir weiter davonbrausten?

Christina machte Hochrechnungen, um herauszufinden, wo wir bei Ende der Ebbe und dann bei Ende der nächsten Flut sein würden. Das Ergebnis war schockierend.

»Sollen wir versuchen zu wenden, um den Rio Cassiporé zu erreichen?«

Unsere Lösungsvorschläge überstürzten sich. Aber alle waren sie schlecht. Selbst wenn wir unser bestmöglichstes Etmal zugrunde legten, erreichten wir die Mündung des Cassiporé niemals mit einer Gezeit. Und außerdem hätten wir sie zunächst mit Ebbe passieren und dann ankern und sie schließlich mit einer Flut ansteuern müssen. In der Zeitspanne säßen wir längst im Schlick, weil der Druck aufs Land hin anhielt.

»Wir stehen!! Wir treiben nicht mehr«, rief Christina in diese Überlegungen.

Dreimal kontrollierten wir die Werte des GPS. Tatsächlich, wir standen! Das Ankerseil war knallhart gespannt. Es zitterte nach wie vor, wie ein Krankenhaus voller Malariakranker. Auch die weiteren Messungen bestätigten, daß wir standen. Der Anker hatte gefaßt.

Wir atmeten tief durch und auf. Dennoch blieb die Angst im Hinterkopf: Waren wir nicht schon viel zu weit abgetrieben, als daß uns der Stillstand noch retten könnte? Wie auch immer. Auf jeden Fall war es tausendmal besser, als noch weiter davonzuschliddern. Das Seil erzitterte beim Aufprall der Wellen und übertrug die Vibration auf das Floß. Wahnsinn, was das Seil aushielt! Gott sei Dank war es ausreichend stark bemessen.

War dies eine gute Nachricht, so ließ die schlechte nicht lange auf sich warten. Sie gaben sich die Klinke in die Hand.

»Wo ist der Wind geblieben?« fragte Christina. »In zwei Stunden kommt die Flut. Wenn der Wind ausbleibt, sind wir völlig aufgeschmissen. Dann sind wir steuerunfähig.«

Sie hatte recht. Es war mucksmäuschenstill um uns geworden. Kein Hauch regte sich mehr.

Nun, in zwei Stunden konnte noch vieles passieren. Auch ein neuer Wind konnte auftauchen. Aber unsere Chancen, den Rio Amapá zu erreichen, sanken gegen null. Um so sicherer wurde uns der Schlick. Es war zum Heulen. Da hatte man sich zwei Monate mit dem Bau des Bootes gemüht und weitere zwei auf dem Wasser, und nun würde eine einzige Woche uns in Grund und Boden stampfen können.

Aber schon kam eine gute Nachricht: »Ein Boot am Horizont!«

Wir rissen das Fernglas an die Augen und erkannten einen Fischer, der auf seiner kleinen wendigen Jangada genau aufs Cap zuhielt. Er mußte uns unbedingt sehen. Er kam vom offenen Meer und würde nur eine Meile vor unserem Bug kreuzen.

Vorsichtshalber winkten wir rechtzeitig mit unserem gelben Ölzeug. Die drei Männer schienen nur das Cap im Auge zu haben, das sich unseren Blicken längst entzogen hatte. Zu uns schaute niemand herüber.

»Ob die uns absichtlich ignorieren oder glaubst du, die sehen wirklich nur nach vorn? So was gibt es doch gar nicht.«

»Vielleicht haben die Heimweh«, wagte ich ein bescheidenes Scherzchen, obwohl uns gar nicht danach zumute war. Ganz im Gegenteil. Schon wieder bekamen wir den Katzenjammer. Denn die drei Fischer fuhren tatsächlich vorbei. Ich schoß eine Trommel roter Raketen leer und zündete roten Rauch. Unsere Absicht war, einen von ihnen zu bitten, uns als Lotse in den Rio Amapá zu führen, denn längst war uns klar, daß wir mit der nächsten Flut und diesem Schlappwind sehr ökonomisch verfahren mußten, wollten wir den

Amapá überhaupt schaffen. Ein Ortskundiger wüßte auch notfalls seitlich der Mündung noch Landemöglichkeiten und fände sie sogar nachts.

Die Raketen verlöschten ohne eine Antwort von den Fischern. Ebenso der orangefarbene Rauch.

Sowohl der Kompaß als auch die Papierschnipsel verrieten den Wasserstillstand. Es war Zeit, den Anker zu lichten. Ich zog, und Christina legte das Seil und die folgende Kette in den Korb. Segler lieben Ordnung.

Als ich die Hälfte der dreißig Meter langen Kette hochgewuchtet hatte, lief nichts mehr. Sie schien sich in ein Rohr verwandelt zu haben, das am Meeresgrund verschweißt war. Christina packte mit an. Mit vereinten Kräften würden wir es schon schaffen. Die Kette rührte sich keinen Millimeter. Wir hingen fest. Was wir auch anstellten, der Anker war nicht zu bergen. Den schon geborgenen Teil Kette sicherten wir an Deck, damit er nicht ins Wasser zurückglitt. Dann sägten wir sie ab. Das waren Schmerzen wie bei einer Amputation. Und damit waren wir unseren Haupt-Anker los. Es war ein schwerer Entschluß gewesen. Aber wir hatten ihn einstimmig gefaßt. Über die Konsequenzen waren wir uns einig. Jetzt hieß es alles oder nichts. Natürlich hatten wir auch erwogen, hinabzutauchen. Aber es fehlten noch achtzehn Meter Kette. Diese Tiefe und die ekelhaften Schlammfluten, die nicht einen Zentimeter Sicht erlaubten, hatten uns die Entscheidung abgenommen. Keiner von uns wollte da runter.

Jetzt, mit gekapptem Anker, waren wir frei, und die einsetzende Flut drückte uns zur Küste. Mit dem Segel ließ sich nichts ausgleichen. Windstärke zwei, das war einfach zuwenig.

Aber unser Schutzengel ließ uns nicht hängen. Die Kraft der Flut wuchs, und mit ihr wuchs der Wind. Während ich das Steuer hielt, machte Christina alle zehn Minuten GPS. Längst verriet der gefahrene Kurs, daß wir in der vier Meilen breiten, der Küste vorgelagerten Schlickzone enden würden.

Es ging vorwärts, aber im Schneckentempo. Bald würde es Abend sein und von einer Flußmündung war noch nichts zu erkennen. Die Silhouette des Waldes hingegen begleitete uns seit Flutbeginn parallel und deutlich.

»Wir müssen höllisch aufpassen«, warnte Christina erneut. »Es ist hier vielerorts nur einen Meter tief.«

Sie hätte es nicht zu sagen brauchen. Jeder von uns kannte die Karte auswendig.

»Die Angaben beziehen sich bestimmt auf Ebbe. Vier Stunden haben wir inzwischen Flut. Dann dürfte das Wasser jetzt um zwei bis drei Meter höher stehen«, hoffte ich. »Ich würde jetzt sogar quer durch den Schlick auf die Mündung zuhalten, wenn das machbar ist. Die Zeit verrinnt schneller, als es uns recht ist.«

Aber darüber ließ sich mit ihr nicht reden. Christina war aufs äußerste konzentriert.

»Ich bleibe jetzt nur noch an der Pinne«, entschied sie. »Bleib du hier links ganz außen stehen. Ich habe das Gefühl, daß das Floß dann besser liegt.«

Ich machte GPS. Das war gar nicht mehr so leicht. Erstmals bauten sich um uns Brecher auf. Es krachte bis in die Hütte. Unsere Klamotten darin schwammen. Die Brecher ließen die Drecksbrühe des Meeres noch schmutziger wirken. Die Karte, die Christina unmittelbar vor sich auf der hinteren Kiste liegen hatte, war naß. Die alten Eintragungen verwischten, die neuen drückten sich ins weiche Papier und blieben unsichtbar.

Es war höchste Zeit, die zwei Petroleumlampen anzuzünden und aufzuhängen. Diesmal nicht, um gesehen zu werden, sondern um Leselicht zu haben. Es wurde Nacht.

Ich zog den Overall an und füllte alles in die Taschen, was mir im Notfall wichtig erschien. Das ging blitzschnell, weil wir es gut vorbereitet hatten.

Der Durst nahm vor Aufregung kein Ende. Wir tranken Wasser, als wären unsere Mägen leckgeschlagen und liefen nun leer.

Um arbeiten zu können, mußte ich die Brille aufsetzen. Die war längst naß vom Salzspritzwasser und mit einfachem Putzen nicht mehr klar zu kriegen. Ich kam mir wie behindert vor, halb blind.

»Wir haben die Mündung jetzt genau querab. Siehst du was? Erkennst du den Fluß?«

Christina fixierte mit halbzugekniffenen Augen die Waldsilhouette.

»Kein Stück. Ich sehe nur zwei verschiedenfarbige Waldsilhouetten.«

»Dann laß uns darauf zuhalten. Das muß der Amapá sein.«

Christina steuerte drauf zu. Doch genau in dem Augenblick schlief der Wind erneut ein, und die Flut trieb uns an der vermeintlichen Mündung vorbei.

Ich wurde schier wahnsinnig. Ich schnappte mir das größte Paddel und peitschte das Wasser wie ein Mühlrad bei Hochwasser. Der Schweiß lief in Strömen. Hinter mir die dröhnenden Brecher. Neben mir Christina, die plötzlich nicht mehr mit mir, sondern nur noch mit dem Wind redete. »Wind, Wind, bitte, bitte, komm und puste wenigstens eine Stärke mehr.«

Aber der ließ sich auf nichts ein.

Eine Regenwolke, der sonst immer Böen vorauseilten, regnete fünfhundert Meter weiter südlich ab.

»Paddel weiter, so stark zu kannst. Das bringt was. Guck dir die Baumsilhouette am Ufer an. Sie zieht zentimeterweise vorüber. Wir schaffen es.«

Sie brauchte mich nicht anzuspornen. Jeder von uns gab aus Angst sein Bestes. Kein überflüssiges Wort wurde mehr gesprochen. Wir fixierten die Bäume, die jetzt in nur noch einhundert Meter Entfernung standen und sahen trotz des geringen Sternenlichts, wie wir tatsächlich gegen den Strom Meter um Meter an ihnen vorbei flußaufwärts krochen.

»Hast du's schon bemerkt? Die Brecher sind weg.«

Kaum wagte Christina, das laut auszusprechen. Aus Angst, es könnte wieder losgehen. Ich nahm es freudig zur Kenntnis. Bei meinem Paddel-Stakkato war es mir tatsächlich entgangen. Aber diese tolle Nachricht gab mir unendlich viele neue Kräfte.

Und dann war der Moment gekommen, wo wir sicher waren, wirklich im Fluß zu sein. Es war plötzlich wellenlos und still, die Bäume zum Greifen nahe. Von Schlick keine Spur. Das Wasser schmeckte süß.

»Die Flut geht zu Ende«, warnte ich Christina, die immer noch weiter den Strom hinauf wollte, weg vom Getöse der Brecher an der Küste.

»Wir müssen festmachen!«

Ich hatte panische Angst davor, durch irgendeine Unvorsichtigkeit um vielleicht eine einzige Minute oder einen einzigen Meter die Chance des Festmachens zu verpassen und wieder abzutreiben. Der zweite Anker, den wir noch besaßen, konnte uns hier nicht helfen. Er war zu schwach für die starke Strömung.

Jeden Moment mußte das Wasser kippen.

»Hör auf, weiter stromauf zu steuern. Fahr aufs Ufer zu. Wir müssen das Boot festmachen. Wir sind hier sicher genug. Das Wasser kippt.«

Es ging mir alles zu langsam. Schon seit einigen Viertelstunden hatte ich die Flossen angeschnallt. Ich wollte damit eine Chance mehr haben, wenn ich schwimmen mußte, um das Seil ans Ufer zu ziehen. Alles war dunkel und unheimlich. Die Bäume waren zum Greifen nahe. Um uns herum ragten Reste gestürzter Bäume aus dem Wasser. Der Ozean war völlig verstummt, der Fluß ruhig und glatt. Nur kleine Plätscherwellen sorgten für Geräusche. Und mein Paddel.

Dann ließ ich mich vorsichtig ins Wasser gleiten. Ich hatte das Sechzig-Meter-Seil um den Leib gebunden und ein Messer dabei. So glatt, wie ich zum Ufer durchzukommen gedachte, lief es nicht. Unter der Wasseroberfläche versperrte mir diffuses Geäst den Weg. Das Seil verhedderte sich mehrfach. Ich brauchte Geduld. Bei einem dicken, senkrecht aus dem Wasser ragenden Stamm sicherte ich das Boot zum erstenmal mit einem Palstek. Damit waren wir gegen jede Abdrift gesichert.

Eine Welle von verschiedenen Gefühlen überwältigte mich: das Glück, gerettet zu sein, die Aufregung, wo wir wohl gelandet waren und wie es weitergehen würde, und das eigenartige ängstliche Kribbeln, das mich immer überfiel, wenn ich nachts in unbekannten, dunklen Wassern schwamm.

Aber da war noch ein Kribbeln. Zuerst hatte ich es gar nicht wahrgenommen, weil der Palstek mein wichtigstes Ziel war. Nun, als er uns Sicherheit garantierte, merkte ich es um so heftiger. Vorher hatte ich es mit ein paar Handbewegungen beiseitegewischt, jetzt wurde es zur Qual: Myriaden von Mücken! Sie legten sich wie ein Toupet auf meine Glatze. Jeder Handklatscher ließ Hunderte von ihnen sterben und dafür Tausende nachfolgen. Sie standen wolkenweise Schlange. Man atmete sie ein, sie waren überall.

So gut es ging, tauchte ich die Reststrecke, um sie auszutricksen. Natürlich hatten sie das gewußt. Überall, wo ich auftauchte, waren sie längst zur Stelle wie der Igel und der Hase und saugten schon, bevor sie noch gelandet waren. Ich schwör's. Offensichtlich hatten sie lange keinen Besuch gehabt, den sie anzapfen konnten. Sie waren dermaßen aggressiv, daß ich für den zweiten Knoten tauchen mußte. Nur die Hände ragten aus dem Wasser. Sie fühlten sich sofort an, als hätte ich Handschuhe angezogen, Handschuhe aus lebenden Mücken. Aber schließlich war es geschafft. Hier holte uns keine Ebbe mehr fort. Christina hatte zusätzlich den zweiten Anker geworfen.

Als ich mich durch das Unterwassergeäst zurückgetastet hatte, schien mir das Floß plötzlich viel weiter vom Ufer entfernt zu liegen. Sofort wußte ich: Das ist keine Täuschung. Der Sog der Ebbe hatte eingesetzt. Das anfangs lockere Seil war voll ausgelaufen und stramm. In buchstäblich letzter Sekunde hatten wir es geschafft.

Ein Floß auf Abwegen

»Rüdiger, man hat uns beklaut!«

Es war wieder einmal Christinas Schreckensruf, der mich aus irgendwelchen Träumen riß.

»Die Samburás stehen offen und sind leer, und die Petroleumleuchten sind fort.«

Ich war mit einem Satz aus der Koje. Ich hoffte noch auf einen Scherz von Christina. Aber die Körbe waren leer. Nur einen Meter von meinem Kopf entfernt, hatten die Diebe erfolgreich ihr Geschick erprobt. Christina hatte auf der Heckbox geschlafen. Wir hatten nicht das Geringste bemerkt. Es waren perfekte Barfuß-Schleicher.

Erst nach und nach stellte sich der Gesamtschaden heraus. Es fehlten, außer den Lampen, ein Paar Turnschuhe, ein Dolch, die Öljacken, meine Maske und Flossen, eine Automatik-Kamera und die Mundharmonika. Und Christina fehlte die Sprache. Sie schäumte vor Wut. Sie war sauer, weil sie übertölpelt wurde.

»Diese heimtückischen Typen. Den ganzen Tag schon haben sie unser Boot umschlichen und Interesse geheuchelt. In Wirklichkeit haben sie nur ausgekundschaftet, was sie wo entwenden können.«

Ich war genauso sauer. Denn ich wußte, daß wir das Gestohlene hier nicht wiederkaufen konnten. Aber ich fügte mich in das Unabänderliche und tröstete sie: »Betrachte es als eine Art Zoll für arme Teufel.«

Wir waren in Amapá, einem Winzlingsort am Ende der brasilianischen Welt. Hinter uns fünfzehn Meilen Fluß bis zum Ozean und vor uns nichts als Urwald. Wir kamen uns vor wie in einer Falle. Denn zurück auf dieses irre Meer – das wagten wir auf keinen Fall. Zu sehr steckte uns die Angst in den Knochen. Man soll seinen Schutzengel nicht überbeanspruchen. Schon bei dem Gedanken an den Atlantik sträubten sich mir die Arm- und Nackenhaare.

Aber wie sollte es sonst weitergehen? In der anderen Richtung gab es nichts als Berge, die Serra Lombarda.

Nach 350 km führte eine Straße nach Französisch Guayana an den Grenzfluß Oiapoque.

»Auf keinen Fall darf die Reise hier beendet sein«, meinte ich. »Es muß weitergehen und wenn wir à la Fitzcarraldo das gesamte Floß über die Berge transportieren müssen.«

Ich tat so, als gäbe es daran gar nichts zu rütteln, als sei das eine der leichtesten Übungen. Auf Christinas sichtbare Skepsis hin schob ich gleich ein paar ›Selbstverständlichkeiten‹ hinterher.

»Es dürfte kein Problem darstellen, hier hundert Leute zusammenzubekommen, die dann mit Hebeln, Rollen, Flaschenzügen, schiefer Ebene und Muskeln das Floß über Land bringen könnten. Außerdem gibt es Lkw's.«

Christina schüttelte weiterhin den Kopf.

»Das wird viel zu teuer. Wie sollen wir das bezahlen?«

»Willst du denn zurück übers Meer? Das können wir immer noch machen, wenn alles andere nicht klappt.«

»Ihr müßt nur den richtigen Mond abwarten«, klärte uns der Fischer Raimundo auf. Um Neu- und Vollmond ist das Meer am unruhigsten. Ihr werdet das hier am Fluß merken. Dann steigt die Flut zwei Meter höher als sonst.«

Mit den Gezeiten war es uns hier in Amapá nicht ganz geheuer.

Nachdem wir vorgestern abend im ›Fluß unserer Rettung‹ festgemacht hatten, wollten wir schlafen. So richtig verdient tief und durchgehend. Aber daraus wurde nichts. Die Mücken drangen durch jede Ritze unserer Kabine. Moskitonetze hatten wir nicht. Der Atlantik ist insektenfrei. Dort brauchten wir keine. Als wir dachten, jeden Spalt irgendwie zugestopft zu haben, erstickten wir vor Hitze. Der Schweiß ließ uns saunaartige Beklemmungen bekommen. Da half alles nichts. Wir mußten wieder lüften. Und damit war es mit jeglichem Frieden vorbei. Eine vergleichbare Nacht hatte ich noch nie erlebt. Hätten wir Hunger gelitten, wir hätten uns mühelos von erschlagenen Mücken ernähren können. Genauer gesagt: Wir hätten uns gewissermaßen selbst aufgegessen, recycelt, weil uns die meisten Mücken per Blitzstich schon Blut abgezockt hatten, bevor sie richtig gelandet waren. Absolute Profis.

»Ich ziehe mir das Ölzeug an«, fluchte Christina, »und wenn ich darin noch so schwitze. Und dann lege ich mich draußen auf die Kiste.«

Auch ich zog mir das Plastikzeug an, wickelte die Füße in Handtücher, zog die Kapuze über den Kopf und bedeckte das Gesicht bis auf ein Atemloch. Aber dieses Atemloch genügte. Ich atmete mehr Mücken als Sauerstoff. Kroch ich vollends unter die Kunststoffklamotten, waren mir lediglich zwanzig Atemzüge vergönnt. Dann mußte ich lüften. Ich dachte, diese Nacht ginge nie zu Ende.

Schließlich, mit zunehmender Müdigkeit, ignorierte der Körper die Mücken.

›Malaria werden sie nicht übertragen‹, tröstete ich mich. ›Dafür fehlt es hier an infizierten Menschen.‹

Und das Pieken würde ich durchstehen. Hatte ich doch schon mal fünftausend Piumstiche überlebt. Hauptsache, sie soffen mich nicht leer.

Lange konnte ich so nicht gelegen haben, als es einen ziemlichen Plumpser machte. Gleichzeitig ertönte Christinas Schrei. Sie war von der Kiste gefallen.

›Kann vorkommen‹, dachte ich und wollte weiterschlafen oder wie auch immer man das nennen wollte, was ich da gemacht hatte. Doch dann ertönte ihr zweiter Schrei: »Wir liegen auf Land. Es ist gar kein Wasser mehr da. Das Floß ist gekippt.«

Ich wollte aufspringen und rutschte infolge der ungewohnten Schräglage sofort in irgendeine Ecke.

Im Licht der Taschenlampe bot sich uns ein bizarres Bild. Wir lagen einwandfrei auf Land. Im Schlick. Der Fluß, oder was davon übriggeblieben war, zog in zwanzig Metern Entfernung seine bescheiden gewordene Bahn. Um uns herum der Modergeruch des Schlicks, aus dem eine neue Landschaft erwachsen war: die Landschaft alter, gestürzter Urwaldriesen. Überall huschten Krebse. In nur fünfzig Metern Entfernung reflektierte es rot. Die Augen zweier Krokodile, die aus dem Wasser schauten. Die überwältigenden Eindrücke ließen uns sogar die Mücken vergessen.

Wir mußten uns festhalten, um nicht abzurutschen. Alles war feucht vom Nieselregen. Das große Ruderblatt hatte sich in den Schlamm eingegraben. Es war keinen Zentimeter zu bewegen. Das Festmacherseil schwebte in drei Metern Höhe zum Ufer hin.

Christina setzte vorsichtig einen Fuß auf den Schlick, um Festigkeit und Tiefe zu ermitteln. Sie sackte bis zur halben Wade ein. Jammernd umkreiste sie das Schiff.

»Das ist das Ende. Hörst du es knacken? Wir kippen noch weiter. Morgen früh wird es völlig verschwunden sein.«

Das Dunkel der Nacht verstärkte unsere Sorgen.

»Wenn wir nur bis zu den Knien maximal einsinken, dann wird auch das Boot nicht tiefer als fünfzig Zentimeter versacken. Außerdem liegt es an zwei Stellen auf riesigen Baumstämmen. Die Flut wird uns wieder aufrichten. Morgen früh fahren wir mit ihr stromaufwärts nach Amapá.«

Jedenfalls vermochten wir nichts zu ändern. Wir konnten nur das Beste daraus machen und die gespenstische Szene fotografieren.

Lange, lange noch blieben wir wach. Nie wieder würden wir etwas so Ungewöhnliches sehen.

Und dann kam die Flut. Mit gewaltigem Rauschen, einer Fünfzig-Zentimeter-Breitfrontwoge und bestimmt zwölf Stundenkilometern stob sie das Flußtal hinauf und füllte im Handumdrehen alles mit Wasser. Schon bei der ersten Wasserberührung ächzte unser Boot vor Behagen, reckte sich und streckte sich und pendelte sofort in die Waagerechte, wie es sich für ein artiges Floß gehörte. Um das mit Muskelkraft zu bewerkstelligen, hätte es bestimmt ein Dutzend Elefanten gebraucht – und wo sollten wir die hier auftreiben?

Um halb sechs Uhr begann es zu dämmern. Wir wollten die Flut nutzen, stromaufwärts zu fahren. Noch war der Wasserhöchststand nicht erreicht, aber wir schwammen bereits. Ich zog mich am Seil entlang und mußte klettern, um die Knoten hoch über mir an den Baumstämmen zu lösen. Und kaum waren wir frei, da trieb es uns mit Vehemenz das Tal hoch. Wir brauchten nur per Paddel dafür zu sorgen, daß wir nicht unnötigerweise in Neerströme gerieten, die sich deutlich sichtbar am Ufer zum Meer hin bewegten.

Wir schätzten unser Tempo auf drei Knoten. Das Ufer rauschte nur so vorbei.

Und dann hörten wir einen Motor von achtern.

»Da kommt ein Fischer um die Flußbiegung«, jubelte Christina. »Vielleicht nimmt er uns in Schlepp.«

Wir winkten ihn heran, und er kam auch tatsächlich. Wir warfen ihm unser Seil zu.

Es war Raimundo, der soeben mit einem Helfer und seinem vierzehnjährigen Sohn vom Meer zurückkehrte.

»Da habt ihr euch das schlimmste Stück brasilianische Küste ausgesucht. Nur der Maracá-Kanal und die Küste südlich davon sind noch unberechenbarer.«

Nach zwei Stunden bog Raimundo rechts in einen Seitenfluß. Er hatte jetzt mehr mit uns zu schleppen, weil die Ebbe eingesetzt hatte. Das Wasser lief bergab.

»Das ist hier etwas Besonderes mit den Gezeiten«, klärte er uns auf. »Hier oben läuft das Wasser nur drei Stunden auf und dafür neun Stunden ab.«

Als er uns in Amapá-›City‹ festmachte, wies er auf Ufermarkierungen und sagte: »Bei Vollmond steht das Wasser bis dort oben an die Straße, bei zu- und abnehmendem Mond hingegen kommt es nicht höher als bis hier.«

Das machte, wie schon gesagt, zwei Meter aus. Entsprechend mußten wir unser Floß festmachen. Wir wollten in der Strommitte bleiben. Aus Sicherheitsgründen. Am Ufer wimmelte es von Neugierigen. Denn so was wie uns hatte Amapá noch nicht erlebt. Und wir hatten so eine Stadt noch nicht erlebt. Weil Stadt, Bundesland und Fluß gleichermaßen und phantasievoll Amapá betitelt waren, erwarteten wir eine bedeutende Stadt aus Beton, mit Ampeln und Saftläden. Statt dessen präsentierten sich uns ein paar Holzhäuser, verrottete Holzschiffe am Schlickufer, eine Polizeistation mit einem Peterwagen ohne Räder – kein einziger Supermarkt, keine Zeitung, keine Radiostation. Geschweige denn ein Saftladen. Das war am unverzeihlichsten.

»Paßt gut auf eure Sachen auf«, hatte uns Raimundo beim Abschied gewarnt. »Hier wird viel geklaut. Wenn ihr Hilfe braucht, ich wohne da vorne.«

Er wies auf ein sauberes, geräumiges Haus am Ende der Straße, mit Blumen auf der Veranda und einem bunten Garten nach hinten hinaus. Seinen Fischdampfer fuhr er dicht ans Ufer und ließ ihn trockenfallen.

Wir nahmen Raimundos Warnung zur Kenntnis, aber wir bewerteten sie mehr als Routineäußerung, als Geste der Gastfreundschaft. Warum sollten uns so nette Menschen beklauen? Tagsüber warf Elífas, ein anderer Fischer, der sich am Ufer ein Kanu baute, ein Auge darauf, und bei Dunkelheit waren wir selbst an Bord.

Nachdem wir den eigenwilligen Rhythmus von Ebbe und Flut hier im Ort studiert und die Technik des Trockenfallens begriffen hatten, entschlossen wir uns, dauerhaft am Ufer festzumachen – und prompt wurden wir um die genannten Ausrüstungsteile erleichtert.

Die Polizei zeigte Mitgefühl und praktizierte Hilflosigkeit. Diebstähle waren zu alltäglich. Damit wollte man sich nicht aufhalten.

»Könnten wir uns nicht irgendwie eine Alarmanlage bauen? Wir haben doch unsere 24-V-Batterie. Vielleicht kann man dem nächsten Dieb damit einen elektrischen Schlag versetzen, oder wir bauen eine Fallgrube und versenken sie im Schlick, oder eine Fußschlinge...«

Christina kochte noch immer. Mein Spruch vom Wegzoll an die Armen hatte bei ihr nicht gegriffen.

»Laß bloß nicht den Sozialen raushängen«, wetterte sie. »Ich bin auch nicht geizig. Aber ich möchte selbst entscheiden, wem ich etwas gebe oder nicht. Hier sind genug Helfer im Dorf, die für Geschenke in Frage kämen: Raimundo, Eunide, Elífas... Die haben echt was für uns getan. Die Schleicher hingegen haben uns nur beklaut. Sie haben uns geschadet. Ein einziges Teil, das wir hier nicht wiederbeschaffen können, und schon ist unsere gesamte Weiterfahrt gefährdet.«

Also überlegten wir uns eine Alarmanlage, und wir kamen über Warnschuß-Automatik auf das NICO-Signalgerät.

Abends, als niemand mehr zu sehen war, montierten wir es mit Tape senkrecht an den Mast. Der Abzug wurde bis zum Druckpunkt durchgezogen und dann ebenfalls mit Tape in dieser Position festgehalten. Dann leiteten wir eine Stolperschnur aus Segelgarn in Fußhöhe ums Floßdeck, die die Anschleicher irgendwann berühren mußten. An zwei Stellen legten wir noch vorsichtig ein Brett auf das Garn, als weiteren Auslösemechanismus, wie das Wippbrettchen einer Mausefalle. Das eine Fadenende wurde fest an der Hütte fixiert, das andere um den Abzug des NICO-Revolvers geschlungen.

Dann legten wir uns mit der Gewißheit zur Ruhe, etwas Beruhigendes und sehr Wertvolles getan zu haben. Unser letzter Gedanke war noch: »Hoffentlich laufen wir nicht selbst dagegen, wenn wir mal raus müssen.« Dann entschlummerten wir mit einer angenehmen Gefühlsmischung aus Erfinderstolz und Schadenfreude.

Der Knall weckte uns wie ein Stromstoß.

»Die Alarmanlage!« stieß Christina hervor.

Die Helligkeit um uns herum machte es zur Gewißheit: Das war nicht irgendein Schuß gewesen. Jemand hatte den Stolperdraht berührt. Unser Patent hatte seinen Jungfernknall von sich gegeben. In der einen Hand das Messer, in der anderen ein weiteres NICO-Gerät als Verteidigungswaffe, steckte ich meinen Kopf aus der Luke. Die Leuchtkugel glühte noch am Himmel. Aber von irgendwelchen Dieben nicht die geringste Spur. Nur zwei Dorfköter stoben jaulend und mit eingezogenem Schwanz davon, als wären zehn Steinwerfer gleichzeitig hinter ihnen her.

Der Knall hatte auch einige nächtliche Schläfer ihre Köpfe aus den Hängematten heben lassen. Konnten sie die Zusammenhänge auch nur ahnen, so war unsere geheimnisvolle Absicherung anderntags das Dorfgespräch.

»Recht so«, die einen. »Man muß sich selbst schützen!« Und: »Wie habt ihr das gemacht?« die anderen. Wir beschränkten uns auf ein Mona-Lisa-Lächeln, entschlossen uns aber dennoch, für jeden Fall unserer Abwesenheit zwei Wärter einzustellen.

Bald war uns klar, daß wir die Ausrüstung neu kaufen mußten. Aber das erforderte Zeit. Hier in Amapá gab es nicht ein einziges der benötigten Teile. Dazu mußten wir mit dem Bus nach Macapá fahren. Aber selbst dort hatten wir Schwierigkeiten. Wir klapperten alle einschlägigen Geschäfte ab. Aber Ölzeug oder Petroleumleuchten waren nirgends zu finden. Immerhin fanden wir einen Anker-Schmied.

Wir wollten aber nicht nur unsere Ausrüstung ergänzen. Wir wollten auch Gouverneur Anníbal Barcellos sprechen. Er verfügte über einen Hebekranwagen, der uns mühelos vom Fluß auf einen Lkw verladen konnte, und der würde uns innerhalb eines Tages auf der Urwaldstraße nach Oiapoque zum gleichnamigen Grenzfluß fahren.

»Ihn müßt ihr fragen«, hatten alle wohlmeinenden Menschen immer wieder versichert. »Er wird sofort zusagen. Euer Besuch bei ihm ist lediglich eine Formsache.«

Governador Anníbal Barcellos, gute siebzig Lenze mit eigenen Augen erblickt, von seinen Anhängern freundlich Velhozinho, Alterchen, genannt, teilte diese Meinung ganz und gar nicht. Sein Militärpolizeichef Major Estoesse ließ uns ohne Umschweife und Schnörkel wissen, da seien wir falsch informiert, Hebekräne müßten sie sich bei Bedarf selbst ausleihen. »Leider«, und damit erhob er sich und entließ uns ohne eine Chance zur Widerrede. So schnell waren wir selten zurück auf der Straße.

Gerade blickten wir uns noch ein wenig deprimiert und wortlos an, als Christina zur gegenüberliegenden Straßenseite wies.

»Hey, guck mal da drüben, da steht ja so ein Hebekran. Ich frage mal, ob man ihn leihen kann, und was er kostet.«

Ich flitzte gleich hinterher. Vielleicht konnte man mit Bestechung einen Sonderdiscount erhandeln. Doch der Fahrer war ein Ehrenmann. Im Gegensatz zu uns Bestechern.

»Da kann ich euch beim besten Willen nicht helfen. Die Hebekräne stehen einzig unter der Obhut des Herrn Gouverneurs.«

»Das hätte ich euch gleich sagen können«, tröstete uns ein ortskundiger Freund ein wenig später bei eiskaltem Limonensaft. »Als Indianer- und Naturfreunde seid ihr ihm ein Dorn im Auge. Jeder hier hat die Berichte über euer Projekt in der ›VEJA‹ und ›MANCHETE‹ gelesen. Das Land Amapá ist ein Dorf.«

»Na gut«, wußten wir aus Erfahrung, »nicht jeder kann uns und unserer Arbeit wohlgesonnen sein. Sonst wären wir ja gar nicht in dieser Angelegenheit unterwegs.«

»Eigentlich sollte Alterchen uns das persönlich sagen«, rebellierte Christina. »Ich werde bei seinem Pressechef um ein Interview anhalten.«

»Das hat nur Zweck mit einem Dolmetscher«, gab ich zu bedenken. »Laß uns zuerst versuchen, nebenan in der Sprachenschule Yázigi einen zu finden.«

Direktor José Luis war sofort Feuer und Flamme, als wir ihm mit Worten und inzwischen beachtlich angewachsener Pressemappe unser Anliegen erklärt hatten.

»Ich kann das gern und kostenlos selbst machen, oder ich besorge euch einen deutschsprachigen Dolmetscher.«

Wir zogen letzteren Vorschlag vor, und so lernten wir auch den bereits erwähnten Dr. Rugatto Boettger kennen, deutschstämmig und in vierter Generation in Brasilien. Von Haus aus Bio-Chemiker, hatte er sich hier mit einem florierenden Analysen-Institut selbständig gemacht. Das Dolmetschen machte er aus Spaß, als Hobby.

»Wäre doch gelacht, wenn wir das nicht ohne Gouverneur selbst schafften!« meinte er gleich.

Es klang so zuversichtlich, daß wir sofort spürten: Die Sache wird klappen. Mit allen Resten seines deutschen Denkens stieg Rugatto in die Planung ein. Natürlich war er zunächst skeptisch.

»Eines verstehe ich nicht ganz. Warum setzt ihr euch für Indianer ein? Alle, die ich kenne, sind faul, heruntergekommen und Säufer.«

Ich brauchte nicht lange zu überlegen. Den Einwand hörte ich nicht zum erstenmal.

»Du kannst die Indianer, die hier in den Städten leben, überhaupt nicht vergleichen mit denen, die ihr originales Leben führen. Im Wald sind sie perfekte Wesen, in keiner Weise faul, heruntergekommen oder Säufer. Sie haben ihre Häuser und Äcker in Schuß. Dafür wenden sie täglich etwa vier Stunden auf. Den Rest des Tages genießen sie als Freizeit. Es fehlt ihnen unsere Lebenseinstellung vom Reichtum-Anhäufen. Ich meine, das kann man respektieren. Sie müssen ja nicht alle wie die Deutschen oder Goldsucher im Akkord arbeiten. Und Säufer sind sie auch nicht. Die Yanomami kennen überhaupt keinen Alkohol. Sie lernen ihn erst bei uns kennen, und er hat auf sie, genetisch bedingt, verheerende Auswirkungen. Ein Indianer, der anfängt zu trinken, kann nicht wieder aufhören, bevor er besinnungslos umfällt. Diejenigen, die du kennst, sind die Entwurzelten, die das, was sie sind, durch uns geworden sind, nachdem wir sie aus ihrem Lebensbereich vertrieben haben. Vielleicht kannst du uns einmal zu ihnen begleiten und dich von dem Unterschied überzeugen.«

Rugatto gab sich aber auch so überzeugt.

»In Ordnung. Ich werde meine Freunde aktivieren. Du kannst mir schon mal dein Modell erklären.«

Um eventuellen Helfern die Situation am Fluß anschaulicher erklären zu können, hatte ich ein Pappmodell gebastelt. Es zeigte das Floß, den Fluß, die Rampe, das Ufer und die zu bauende schiefe Ebene, über die wir das Floß per Rollen auf einen Lkw befördern wollten.

Rugatto packte es ein und klopfte seine Bekannten ab. Resultat: In zwei Tagen hatten wir nicht nur zwei Mammut-Flaschenzüge, Seile und Werkzeug beisammen, sondern auch einen kostenlosen Kranwagen, der fünfeinhalb Tonnen heben konnte! Er kam eigens aus dem Goldgebiet São Lorenzo zwischen Amapá und Oiapoque. Rugattos schweizerischer Freund Alfonso Kornhuth hatte ihn für uns abgestellt, der Bürgermeister von Oiapoque schickte kostenlos einen Lkw seiner Stadtverwaltung, und im Ort Amapá hatten sich sogar dreißig Männer bereit erklärt, Hand anzulegen, wenn es nötig sei.

Rugatto entpuppte sich als Organisationswunder. Sogar Geld trieb er auf, so daß der gesamte Transport uns keinen einzigen Cruzado kostete. Stolz meinte er:

»Morgen um Punkt neun Uhr treffen wir uns alle in Amapá am Boot: der Kranwagen, der Lkw, die Leute und wir. Wenn das klappt, haben wir ein brasilianisches Wunder vollbracht.«

Er hatte recht. In Brasilien durfte es schon als Wunder gelten, wenn nur zwei Personen sich pünktlich trafen. Und hier war geradezu eine ganze Kompanie unterschiedlichster Menschen gefordert.

Aber es klappte. Als wären alle schon *vor* der Zeit dagewesen und kämen auf ein unsichtbares Signal aus ihren Verstecken hervor, tauchten Wagen und Menschen um neun Uhr auf.

Amapá stand Kopf. Sargento Amorin von der Militärpolizei stellte eigens Leute dafür ab, damit bei all dem Wirbel nicht noch etwas geklaut wurde.

Rugatto führte Regie, ich filmte. Christina war bei Indianern im Urwald. Gott sei Dank. Sie hätte einen Nervenzusammenbruch bekommen, wenn sie gesehen hätte, wie das Floß dem Uferschlick ›entnommen‹ wurde. Langsam, zunächst gar nicht sichtbar, aber dann mit immer lauteren Lutsch- und Schlürfgeräuschen, versuchte der Kran, es aus dem Sog des Schlicks zu ziehen. Vorsichtshalber hatten wir die Hütte gelöst und sie beiseite gesetzt. Dadurch wurde alles leichter und klappte am Ende. Der Kran zog den Floßkörper an den vier Heißaugen zu sich heran, hob ihn hoch und legte ihn auf den Lkw. Nach einer Stunde war alles vorüber.

Meine großartige Holzkonstruktion der schiefen Ebene hatte sich durch den Kran erübrigt. Dabei hätte ich sie und meine geometrisch-physikalischen Fähigkeiten nur allzugern unter Beweis gestellt. Als die Verladung abgeschlossen war, fuhr ich gen Oiapoque. Rugatto und die Helfer blieben zurück.

»Rugatto, an dir ist entweder ein Manager oder ein Feldherr verlorengegangen«, scherzte ich im Wegfahren. Wir winkten einander zu, bis wir uns aus den Augen verloren hatten.

Acht Stunden rumpelten wir durch die Berge. Vorbei an gerade durch Brandrodung neugewonnenen Kurzzeitplantagen bettelarmer Siedler, vorbei auch an prächtiger Urwaldszenerie und vorbei am demarkierten Schutzgebiet der Galibí und Karipuna-Indianer.

Und überall im Lande Goldsucher. Ob als Einzelwäscher mit der Pfanne, als Flößer auf den Flüssen Cassiporé und Oiapoque oder als prozentual beteiligte Arbeiter in Tagebaugruben und unterirdischen Gängen – keine Arbeit war diesen Desperados zu schlecht bezahlt, zu schwer oder zu gefährlich.

Bei Tartarugalzinho krochen wir mit dem vierzehnjährigen Eugénio zu seinem Arbeitsplatz. Er hatte sich für zehn Minuten nach oben ans Tageslicht begeben, um seine zwei Stücke Brot und einen halben Liter rotgefärbten künstlichen Saft als Frühstück in Empfang zu nehmen. Gierig verzehrte er beides. Man merkte ihm und seinen Gefährten an, daß ihr Hunger damit längst nicht gestillt war. Aber mehr gab es halt nicht. Man kannte es nicht anders, gab sich damit zufrieden und zwängte sich erneut zu seinem Arbeitsplatz.

»Komm mit und mach mal ein Foto«, hatte er uns aufgefordert. »Vielleicht wirst du es mir schicken. Ich habe noch nie ein Foto von mir besessen.«

Wir versprachen (und hielten) es und begleiteten ihn. Sein Arbeitsplatz war ein Alptraum. Da ging es zunächst per Leiter in einen zwanzig Meter tiefen Schacht. Er hatte einen Durchmesser von zirka sechs Metern. Die Leiter war aus Baumstämmen selbst gezimmert und infolge Materialmangels, sprich fehlender Nägel, mehr wackelig als zuverlässig. Um das Wackeln auf ein Minimum zu reduzieren, war sie hier und da mit Astgabeln abgestützt. Die Leiter endete unten im Wasser.

»Das kommt vom Regen am Wochenende«, klärte uns Eugénio auf. »Dann laufen die Gruben immer voll.«

Als wir, achtzehn Meter tiefer, über dem Wasserspiegel angekommen waren, ging es, balancierend über einen zwei Meter langen Querbalken, in einen schmalen Gang. Seitlich und oben stützten ihn schwere Pfähle aus Eisen-Holz. Der Weg dazwischen war gerade so breit, daß zwei Männer, wenn sie hintereinander gingen, ein halbiertes Öl-Faß mit Wasser tragen konnten. Das Wasser holten sie in fünfundzwanzig Metern Entfernung aus einem zweiten

Senkrechtschacht, der keine Verbindung zum Tageslicht hatte. Dennoch hatte auch er sich übers Wochenende gefüllt. Vom Einstiegsschacht her konnte das Wasser dann abgepumpt werden.

»Warum verlängert ihr den Schlauch nicht vom Einstiegsschacht bis zum zweiten Schacht im Stollen?« fragten wir Eugénio. »Das wäre doch viel einfacher als die Schlepperei.«

Seine Antwort war überzeugend: »Wir haben keinen zweiten Schlauch, und der Dono hat kein Geld. Es ist nur wenig Gold hier im Gestein. Er sagt immer, daß er deshalb sparen muß.«

Für den Dono, den Boß, war das eine einfache Lösung. Die fünfundzwanzig Meter Schlauch würden Geld kosten, die Männer aber arbeiteten kostenlos, wenn man von den paar Stücken Brot und dem Wassersaft mal absah. Sie erhielten lediglich ihren Anteil von dreißig Prozent am gefundenen Gold. Diese dreißig Prozent waren nicht etwa der Lohn pro Person. Diese dreißig Prozent mußte sich ein Arbeitsteam teilen. Hier in der Grube bestand es aus acht Männern, wenn man Vierzehnjährige dazurechnen wollte. Und dieses Gold lag natürlich nicht im Wasser. Es lag im Gestein. Und um daranzukommen, mußte das Wasser erstmal beiseitegeschafft werden. Das war doch klar und für die Männer in der Grube kein Thema. Morgen schon könnten alle wieder Gestein abschlagen.

»Sofern es nicht erneut regnet«, lachte Eugénio.

Nun konnten nicht etwa alle gleichzeitig Wasser schleppen. Es gab nur eine Tonne. Und der Gang war zu schmal, um mit zwei Tonnen aneinander vorbeizukommen. Man wechselte sich ab. Währenddessen pickelten, hackten und schaufelten die anderen an den Wänden herum, die bereits aus dem Wasser schauten.

Das Gestein wurde in Säcke gepackt und auf der Schulter durch die Maulwurfsgänge zum Schacht und dann mit artistischem Geschick die Wackelpeter-Leiter hochgewuchtet.

Oben durfte man tief durchatmen. Das kostete nichts, das war gratis, und man leerte den Sack neben der Zertrümmerungsmaschine. Sie verwandelte Steine in Sand, und erst dadurch wurde eventuell vorhandener Goldstaub freigelegt. Reichliche Mengen Wasser verdünnten das gemahlene Gestein zu einer dünnflüssigen Sandsuppe, die über eine Holzrutsche geleitet wurde. Sie war mit zehn Querrillen versehen, welche mit Quecksilber gefüllt waren. Quecksilber war der Magnet für das Gold. Wenn die Gesteinssuppe darüber hinwegfloß, blieb das Gold am Quecksilber hängen. Natürlich ging dabei auch viel Quecksilber verloren. Gröberes Geröll riß es mit sich fort, spülte es ins umliegende Erdreich oder die Flüsse. Je nachdem, wohin sich das Wasser ergoß.

Hatte man den Eindruck, daß das Quecksilber mit Gold gesättigt war, schüttete man es aus den Rillen in eine Pfanne, die erhitzt wurde. Das Quecksilber verdampfte augenblicklich in die Atmosphäre, das Gold verblieb als Schlacke, mehr oder weniger noch mit Dreck verunreinigt, in der Pfanne.

Das verdampfte Quecksilber war damit verloren. Mit dem nächsten Regen würde es zurückkehren zur Erde und Boden, Pflanzen, Tiere und Menschen vergiften. Die hochtoxische Wirkung des Schwermetalls wirkt jedoch schleichend. Das Gift legt sich wie ein Schleier über die gesamte Umgebung. Der Mensch spürt also den Schaden nicht unmittelbar, und deshalb ignoriert er ihn. Es geht ihm gut, er verdient sein Existenzminimum, und alles andere ist egal. Das Goldsucherleben ist hart, entbehrungsreich und rücksichtslos. Es ist ein Kampf ums nackte Überleben. Es ist für die Desperados aus den Elendsvierteln der Großstädte die oft einzige Alternative zu Verelendung, Siechtum und Hungertod. Wer in solcher Weise sein Leben fristen muß, dem ist alles egal. Der pfeift auf etwaige Quecksilber-Vergiftungen und der ignoriert Recht und Ordnung. So sahen wir beispielsweise inmitten einer privaten Kiefernpflanzung zwischen Macapá und Amapá illegal betriebene Goldgruben, die es den Eigentümern unmöglich machten, ihren Besitz zu verkaufen. Mit Goldsuchern legten sich nur sehr wenige an, weil man sonst um sein Leben fürchten mußte.

Als wir mit unserem Floß auf dem Lkw in Oiapoque am Fluß eintrafen, stellten wir fest, daß man es hier am steilen Ufer nicht zu Wasser lassen konnte.

Zum Glück war es Wochenende, und unser Lkw wurde nicht gebraucht. Wir konnten in Ruhe einen Platz zum Entladen suchen.

»Du weißt am besten, was es aushält«, meinte der Fahrer. »Am besten lassen wir es an einem weniger steilen Ufer vom Lkw aus die Böschung runterrutschen.«

Doch davon war weit und breit nichts zu sehen. Ich wandte mich an Geraldo, den Chef der Galibí-Indianer, die in Oiapoque ein- und ausgingen. Ich hatte ihn im Büro der ›FUNAI‹ kennengelernt, als ich vor einigen Tagen Weg, Ort und Fluß inspiziert hatte. Zu dem Zeitpunkt war ich noch davon ausgegangen, daß uns ein Kran zu Wasser lassen würde. Geraldo hatte spontan jede mögliche Hilfe zugesagt. Der Grund: Er war begeistert von der ›Gesellschaft für bedrohte Völker‹-Kampagne und der Versöhnungsbotschaft. Er brauchte auch nicht lange zu überlegen. Es gäbe hier nur ein Ufer, wo die Entladung ein Kinderspiel sei – im Nachbarort Clevelándia.

»Das trifft sich gut. Zwei meiner Leute müssen sowieso dorthin. Sie brauchen Medizin. Seit Collor den Gesundheitsdienst der FNS anvertraut hat, ist unsere medizinische Versorgung total zusammengebrochen. Die einzigen, die uns zuverlässig und kostenlos betreuen, sind die Militärmediziner in Clevelándia. Die Soldaten der Companhia Especial da Fronteira helfen uns sogar, wenn wir Probleme mit den Goldsuchern haben.«

Das war ja eine völlig neue Musik in unseren Ohren. Gehörte Geraldo zu den gekauften Vorzeigeindianern oder sagte er die Wahrheit? Daß FUNAI-Chef Jairo Geraldos Worte bestätigte, machte die Aussagen nicht glaubwürdiger, war doch mein Mißtrauen gegen diese Indianerausrottungsbehörde tief verwurzelt. Erst als wir in Clevelándia mit eigenen Augen sahen, daß die Indianer wie Brasilianer gleichberechtigt behandelt wurden, mußten wir auch unser Urteil über das brasilianische Militär relativieren. Man konnte nicht alle über einen Kamm scheren. Hier und im Moment war die Welt zwischen Weißen und Indianern so ziemlich in Ordnung.

»Solche Brasilianer sollte man auch hervorheben«, meinte Christina später. »Sie stellen wichtige kleine Keimzellen dar, die wir über Lob und Anerkennung dringend vermehren müssen.«

Nun – im Reagieren, Planen und Handeln waren wir immer schon schnell gewesen: Wir suchten den Commandante Nalin auf. Auch er hatte die ›VEJA‹ und ›MANCHETE‹ gelesen und unsere Magazinbeiträge im Fernsehen gesehen. Er empfing uns auf der Stelle und gab uns Gelegenheit zu einem Gespräch. Ja, er sei aus Überzeugung auf seiten der Indianer, zumal Geraldos Galibí-Indianer für ihn längst Brasilianer seien. Sie hätten ein demarkiertes Schutzgebiet, das zu respektieren sei.

»Wenn dennoch Goldsucher eindringen und Geraldo uns das meldet, holen wir sie auf der Stelle raus. Goldsucher sind in meinen

Augen eine Plage. Sie respektieren weder das Gesetz noch die Natur.«

Auf dem Militärgelände fanden wir tatsächlich eine geeignete Stelle, um das Floß vom Lkw ins Wasser rutschen zu lassen.

Der Lkw-Fahrer fuhr rückwärts ans schräge Flußufer. Einige Soldaten packten mit an. Sie öffneten die Klappen der Ladefläche, dann griffen etwa vierzig Hände von allen Seiten das Floß. Für Serganto Augusto war das eine willkommene Trainingssituation. Er leitete die Aktion mit Umsicht und Hauruck. Ehe ich mich versah, kam das Boot auf der glatten Metallfläche des Lkw ins Rutschen und krachte mit Gepolter ins Wasser. Fast hätte ich vergessen, auf den Auslöser der Kamera zu drücken.

Das Boot schwamm, als hätte es nie Schlick, Lkw und Berge zu sehen bekommen. Leicht wie eine Luftblase pendelte es am Seil hin und her. Blieb den vielen fleißigen Händen nur noch, die Hüttenkonstruktion wieder aufs Deck zu stellen und anzubinden.

Geraldo, der Galibí-Chef, setzte sich neben mich ins Gras.

»Ich finde das eine großartige Idee – das mit der Versöhnungsbotschaft«, sagte er. »Aber mal ehrlich – was könnten wir Indianer den Weißen schon bieten in einer solchen partnerschaftlichen Zusammenarbeit? Letztlich wird wieder alles einzig vom guten Willen der Weißen abhängen.«

Natürlich wußte ich darauf auch keine Antwort. Auf guten Willen der Weißen zu hoffen wäre genauso illusorisch, als hoffe man, ein reißender Wolf in der Tundra ließe mir Hungerndem aus Mitleid einen Knochen übrig.

»Ich weiß darauf auch keine Antwort, weil das Ziel der Weißen eure bedingungslose Anpassung an unsere Gesellschaftsform ist, und das kann ich euch nicht empfehlen. Aber man muß etwas versuchen. Schlimmer ist es, gar nichts zu tun.«

Geraldo blieb lange ruhig. Er schaute über den Fluß auf die Wälder am anderen Ufer und wieder zu mir.

»Das war alles mal unser Land. Heute haben wir nur noch das kleine Reservat unterhalb des Ortes Oiapoque. Immerhin haben wir das Glück, ein wirkliches Reservat zu haben. Der hiesige FUNAI-Chef ist auf unserer Seite, das Militär hilft uns – verglichen mit den Yanomami geht es uns gut.«

Bei den Waiãpí

Während wir die Aktion ›Fitzcarraldo‹ durchzogen, war Christina nicht untätig geblieben. In Gesprächen mit der brasilianischen Umweltbehörde, der inzwischen ein wenig geläuterten Indianerinstitution FUNAI und dem Arzt Mauro hatte sie mehrfach von einer neu ›entdeckten‹ Gruppe Waiãpí-Indianer gehört. Besonders Mauro war gut darüber informiert, weil er eine zeitlang bei ihnen tätig gewesen war.

Diese Gruppe sei nur fünfhundert Seelen groß, vor erst achtzehn Jahren entdeckt worden und latent durch Goldsucher bedroht. Wie die Yanomami kämpften auch sie noch immer vergeblich um die Demarkation ihres angestammten Gebietes.

Mauro bot nicht nur sein Wissen an, sondern auch seine Begleitung und seinen Wagen. Er beschaffte im Handumdrehen die Erlaubnis der FUNAI.

»Laß uns vorher noch ein paar alte Kollegen und Freunde aufsuchen«, bat Mauro Christina unterwegs. »Sie arbeiten bei der ICOMI (Indústria e Comércio de Mineiros) in Serra Navio. Wir kommen direkt daran vorbei.«

Nun, wenn es tatsächlich am Wege läge, wäre das okay, dachte Christina. Vor allem, als Mauro noch hinzufügte: »Dort gibt es etwas Gutes zu essen.«

Das gab es tatsächlich. Aber all die leckeren Gerichte in ihrer ganzen Vielfalt und Appetitlichkeit, die delikat abgeschmeckten Soßen, Salate und die Mengen von schmackhaftem Eis, Obst, Kuchen und Kaffee als Nachtisch verblaßten vor den übrigen Eindrücken, zumal Christina nach der relativ monotonen Busch- und Graslandschaft mit den einfachen Häusern der Siedler nichts Besonderes erwartet hatte. Aber dann standen sie plötzlich in dieser, selbst für Europäer völlig anderen, fast futuristischen Welt des Mangan-Konzerns ICOMI. Sämtliche Mitarbeiter trugen eine pico-bello gepflegte Uniform. Auffallend ungewöhnlich für brasilianische Verhältnisse war, daß sich jeder Uniformträger in vollem Einsatz befand. Es gab keine Rumsteher. Erbat man eine Auskunft, erhielt man sie präzise oder wurde sofort an jemand Kompetenteren weitergeleitet. Es schien, als sei jeder über alles informiert, als sei jeder mit Freude bei der Arbeit. Die in Brasilien meist gehörte Phrase ›não tem‹, ›gibt es nicht‹, schien hier völlig unbekannt.

Die kleinen Häuser der Mitarbeiter standen im Wie-neu-Zustand und in Reih und Glied in gepflegten Gärten. Der Park war sauber wie ein Operationstisch. Keine Zigarettenkippe, kein Stück Papier lenkte von den Pflanzen ab. Jeder Ast eines Baumes schien so gewachsen, wie die Firma es erlaubte. Der elektrische Strom stammte aus eigener Anlage, das Trinkwasser war gechlort. Kinder besuchten den Kindergarten, der Müll wurde sortiert, kompostiert, recycelt oder in einer hochmodernen Verbrennungsanlage verbrannt.

In der Gärtnerei standen Tausende von Jungpflanzen in langen Beeten und harrten ihrer Bestimmung. Die größeren ihrer Art breiteten schon den ersten Schatten über stillgelegte und aufgeforstete Abbauflächen aus. Die einen in Form von Mischwald, die anderen als Monokulturen, die sich gar nicht bewährt hatten.

Und dann das Krankenhaus.

»Hier war ich vor zwei Jahren tätig«, klärte Mauro die verdutzte Christina auf. »Es war die beste Klinik, in der ich je gearbeitet habe.«

»Warum bist du denn weggegangen? So etwas Gutes gibt man doch nicht auf.«

»Ich war noch nicht bereit für die Seßhaftigkeit. Ich mußte dazulernen.«

Und nach einigem Nachdenken fügte er hinzu: »Natürlich hat dieses System der Perfektion auch Nachteile. Du mußt ein Typ sein, der sich in so was einfügen kann. Der Ängstliche fühlt sich hier geborgen, der Freiheitsliebende beengt. Denn in so einem System grassieren Neid, Intrige und Tratsch. Du mußt dir jedes Wort überlegen, das du sagst. Es gibt sogar eine Sex-Polizei. Ich weiß von einem Pärchen, das sich im Swimming-Pool geküßt hat – ihm wurde fristlos gekündigt.«

Bald soll die gesamte Anlage stillgelegt werden. Sie geht dann mit all ihrem Immobilienbestand als Geschenk an die Universität von São Paulo.

Doch nur zwei Autostunden von hier entfernt, über tief-lehmige Pfade und mitten im Regenwald, dann das Gegenteil, die Welt der

Steinzeit, und Mauro und Christina als Gäste der Waiãpí vor einem dampfenden Kessel, in dem gerade ein Affe gekocht und gewendet wird.

Im ersten Moment erinnerten die Waiãpí an die Yanomami. Doch die Waiãpí trugen ihr Haar lang. Sie sahen wild und kämpferisch aus.

»Neulich waren hier wieder Goldsucher«, erzählte Häuptling Kumai seinen Gästen in gutem Portugiesisch. »Mit einem Flugzeug sind sie im Wald gelandet und versuchten, unser Gold zu stehlen.«

Lachend schob er sich einen halbrohen dampfenden Happen Fleisch in den Mund. Die anderen in der kleinen Runde lachten mit. Jeder beeilte sich, seinen kleinen Beitrag zu dieser lustigen Geschichte beizusteuern.

Der vierzigjährige Kurapiã: »Wir haben sie erstmal gefangen und gefesselt.«

»Dann haben wir sie verprügelt, daß ihnen die Worte fehlten«, warf Kaiapõ dazwischen.

Und Pi'i, des Häuptlings Weib, wußte: »...und die Haare haben wir ihnen abgeschnitten...«

»Das stimmt alles«, bekräftigte Häuptling Kumai zusammenfassend. »Wir haben ihnen ihre Ausrüstung weggenommen und das Flugzeug verbrannt. Dann haben wir sie laufenlassen.«

»So schnell habe ich noch nie welche laufen sehen.« Kurapiã lachte, daß er sich fast verschluckte. »Warum machen das die Yanomami nicht auch so?« fragte er Christina. Es war schwer, ihnen zu erklären, daß in Roraima mit anderen Waffen gekämpft wurde und vor allem mit einer hoffnungslosen Übermacht an Goldsuchern.

Aber auf jeden Fall wirkten die Waiãpí angenehm selbst- und zielbewußt.

»Das Gold gehört uns. Wenn wir etwas brauchen, holen wir es einfach und kaufen, was wir benötigen.«

Frau Pi'i: »Ich war sogar schon mal in Belém, um die Städte der Weißen kennenzulernen. Aber das mache ich nicht noch einmal. Das Essen war teuer und schlecht. Die Stadt war lauter als ein Wasserfall und ein Gewitter zusammen. Aber vor allem gab es dort viel zu viele Weiße, die alles anders machen als wir. Ich habe alles falsch gemacht.«

Der Affe war mittlerweile gar und wurde verteilt. Im Handumdrehen war er verzehrt. Dann hatte Pi'i Christina an die Hand genommen, um ihr das Dorf und die Umgebung zu zeigen.

Die Waiãpí wohnen in Einzelhäusern. Diese stehen, sicher gegen Hochwasser und Krabbeltiere, auf zwei Meter hohen Pfählen. Nach oben führt ein schräger Baumstamm. Mittels Kerben hat man ihn in eine Treppe verwandelt. Der Gemeinsinn der Yanomami fehlt den Waiãpí. Sie sind eher Einzelgänger und leben in Familienverbänden. Jeder hat seinen eigenen Garten.

»Hunger gibt es bei uns nicht. Wir haben immer genug zu essen. Auch für unsere Gäste«, erklärte die Häuptlingsfrau Christina stolz, als sie sie über einen Baumstamm als Brücke in die Plantagen führte.

Christina, als Sportlehrerin sonst nicht ungelenk, war von den neuen Eindrücken so überwältigt, daß sie dem Baumstamm nicht die gebührende Aufmerksamkeit zollte und prompt abrutschte. Platsch, lag sie im Wasser. Pi'i tröstete sie: »Siehst du, genauso ging es mir in der Stadt. Da machte ich auch die einfachsten Dinge falsch.«

Pi'i hatte sechs Kinder.

»Mehr will ich nicht. Eigentlich müßte mir meine Mutter jetzt die Pflanze geben, mit der wir weitere Geburten verhindern. Aber sie hat es noch nicht getan.«

Das Geheimnis der Sterilisationspflanze werde immer von der Mutter auf die Tochter vererbt, sobald der richtige Zeitpunkt gekommen sei. »Wann das jedoch ist, entscheidet immer nur die Mutter. Bei der einen Frau ist das früher, bei der anderen später. Bei mir ist es offensichtlich später. Warum, weiß ich nicht.«

Häuptling Kumai hat das Gespräch mitbekommen.

»Sie wird das Mittel sicher bald erhalten«, mischte er sich ein und fuhr fort: »Hier waren schon mal Japaner, die uns das Geheimnis der Pflanze unter allen Umständen entlocken wollten. Sie haben viel Geld geboten und Geschenke. Aber wir haben nichts angenommen und nichts verraten. Was wir brauchen, können wir uns für unser Gold selbst kaufen.«

Dann berichtete Kumai offen über seine Probleme.

»Immer hat man uns die Demarkation versprochen. Aber bis jetzt ist das Versprechen nicht eingelöst worden.«

Bitter beklagte er sich über die staatliche Lehrerin.

»Mal arbeitet sie einen Monat, und dann ist sie wieder drei Monate krank. Sie sagt, sie kann und will nicht mit uns wandern. Und wir wiederum können nicht ihretwegen hierbleiben. Wir brauchen aber unbedingt eine Lehrerin, die Lust hat, uns zu unterrichten und die wandern kann. Wir müssen und wir wollen lernen.«

»Genauso schlecht ist es mit der Krankenfürsorge. Seit Collor der FUNAI die medizinische Versorgung weggenommen und der FNS übertragen hat, haben wir keinen Krankenhelfer mehr gesehen«, ergänzte seine Frau.

Den Zusammenbruch der Gesundheitsfürsorge bestätigte auch der FUNAI-Posten Militino, am Eingang zum Waiãpí-Gebiet.

»Man hat einige der Mitarbeiter mit Regenzeug, Fahrrädern und einer Medikamententasche ausgerüstet. Aber dann war das Geld ›plötzlich‹ alle. Wir haben hier noch keinen der Helfer gesehen.«

Diese Klage hörten wir übrigens auch im Verlauf der weiteren Reise von allen noch besuchten Indianergruppen und FUNAI-Funktionären. Da hatte Collor so großartig die Entmachtung der FUNAI in alle Welt hinausposaunt und die Verbesserung der medizinischen Betreuung betont – wir erlebten das Ergebnis in Amapá: null, Bluff. Wie so oft.

Bei den Caribs auf Dominica

»Rüdiger, um Himmels willen, wir sind losgerissen, wir treiben auf die Küste zu!«

Wie immer hatte ich gepennt, und wie immer hatte Christina es zuerst bemerkt. Sie witterte Gefahren einfach im voraus, wie ein Seismograph. Das mag daran liegen, daß sie jünger ist und ihre Sinne schärfer sind oder daran, daß ich eine ausgeprägte Wird-schon-gut-gehen-Mentalität besitze. Nur nicht zuplanen – wo bleiben sonst die Überraschungen, die den Puls beschleunigen?

Wie auch immer. Tatsache war, daß unser Fischerboot uns verloren hatte. Gott sei Dank hatte sich das Seil bei den Fischern gelöst und nicht bei uns. Bei uns war knotenmäßig alles in Ordnung. Das Dreißig-Meter-Seil hatte sich unterm Bug verfangen und trudelte hinter uns her. Diese Weiterreise seit Fortaleza hatte es wirklich in sich.

»Gut, daß nicht *unser* Knoten aufgegangen ist. Sonst hätten die Fischer noch gedacht, wir wollten sie um die sauer verdienten zweihundert Dollar prellen«, lenkten wir uns ab.

Dabei war die Ehrlichkeitsbezeugung im Moment völlig nebensächlich. Gerade am Oiapoque gestartet, schien es nun bereits rasant zu Ende zu gehen. Da hatten wir fast vier Wochen durch die Notlandung in Amapá verloren und saßen bereits wieder in der Patsche. Wo war denn nur diese Superströmung von bis zu vier Knoten, die uns in die Karibik peitschen sollte? Waren unsere Karten nicht korrekt?

»Ganz einfach«, meinte Christina, »wir waren noch nicht weit genug draußen. Zwei bis vier Stunden, etwa sechs bis zwölf Seemeilen bei Ebbe hätte Hélio uns noch ziehen müssen.«

»Aber zumindest sind wir wieder im klaren Wasser. Darin waren sich doch alle Fischer und Soldaten einig. Wo das aqua limpa beginnt, ist der Strom. Ab da ist die Welt wieder in Ordnung. Und wir haben sauberes Wasser.«

Klar und mit blitzendem Plankton leuchtete es uns entgegen. Gestern abend hatten wir es erreicht. Aber dann mußten wir Hélio anflehen, uns nicht weiter zu ziehen. Die Flutwellen stürmten dermaßen massiv gegen unser Floß, daß es mehr krachte und stöhnte, als je zuvor.

»Ihr reißt uns auseinander«, schrien wir zum Fischerboot rüber. Wir boten fünfzig Dollar mehr, insgesamt die genannten zweihundert Dollar, wenn sie ankern würden. Und nach langer Beratung mit seinen fünf Männern rasselte Hélios Kette in die Tiefe. Unsere Schiffe pendelten sich auf die Wellenrichtung ein, dann war es ruhiger. Es krachte nicht mehr annähernd so entnervend, und wir konnten schlafen.

Aber nun dieses Dilemma!

Um uns herum finstere Nacht. Zwar leuchteten einige Sterne, aber es gab auch Wolken, und der Mond war bereits schlafen gegangen. Dennoch war es hell genug, die Silhouette Französisch-Guayanas auszumachen, der wir mit Wind und Wellen krachend entgegentrieben.

»Wie tief ist es hier? Können wir den Anker schmeißen?«

Ich wußte die Antwort selbst: Natürlich konnten wir nicht. Guayana hat eine steile Felsküste. Hier bräuchten wir einen halben Kilometer Ankerseil, und selbst das wäre noch zuwenig.

»Laß uns die neuen Segel hochziehen! Vielleicht kommen wir noch einmal mit blauem Auge davon«, schrie Christina, und flink wie selten, zogen wir die Tücher hoch.

Es ging uns noch nicht so glatt von der Hand. Die Segel erlebten ihre Generalprobe. Als wir bei dem Fiasko vor Amapá die begrenzte Einsatzfähigkeit des rechteckigen Rah-Segels erfahren hatten, stand fest: Wir brauchen Dreiecksegel. Ein richtiges Großsegel und eine Fock. Dann könnten wir statt nur bis neunzig Grad vielleicht bis fünfundvierzig Grad an den Wind. Wie die Fischer. Und Raimundo hatte sich sofort bereit erklärt, sie uns zu machen.

Wir hatten zweiundzwanzig Quadratmeter eines stabilen Baumwolltuches besorgen müssen. Dann hatten er und Elífas das Boot noch einmal genau vermessen und innerhalb von nur vierundzwanzig Stunden alles fertig gehabt. Mit Hilfe eines Zehn-Millimeter-Nylonseiles wurden die Segelformen auf dem Asphalt ausgelegt. Ein paar Nägel verhinderten das Verrutschen. Über die Seile wurde das Tuch gelegt. Was überstand, wurde abgeschnitten. Natürlich nicht so eng wie abgeknabberte Fingernägel, sondern man ließ reichlich Stoff zum Umsäumen und Einschlagen des Nylonseils.

Ehefrau Luisa vernähte, doppelnahtig, die einzelnen Bahnen miteinander, während Raimundo und Elífas das umrandende Seil sehr sorgfältig von Hand säumten. Dadurch erhielt das Segel einen unzerreißbaren Rahmen. Alle sechs Zentimeter ließen sie ein Stück Seil als Öse hervorlugen, um das Segel damit am Mast anschlagen zu können.

»Morgen werden wir noch alles gegen zu schnelle Fäulnis imprägnieren. Luisa und die Kinder sind schon los, um im Wald die dafür erforderliche Baumrinde zu suchen.«

Raimundo war ein Schatz. Als Christina ihm achtzig Dollar Lohn anbot, wollte er ihr glatt die Hälfte wiedergeben. Aber wir glaubten, daß sie bei ihm gut aufgehoben waren. So war uns allen gleichermaßen geholfen.

Nun also die Generalprobe. Die Segel blähten sich auf. Wir justierten sie, so schnell es ging, in der optimalen Position und hofften, den Felsen zu entrinnen.

Gerade hatte Christina GPS gemacht (um zehn Minuten später, beim nächsten GPS, feststellen zu können, wohin wir wirklich trieben), da tauchte das Licht des Fischers Hélio auf. Mit seinem Fünfhundert-Watt-Scheinwerfer suchte er das Meer ab. Jetzt hatte er unser Petroleumlicht ausgemacht. Vorsichtshalber jagte ich eine weiße Rakete hoch. Mit full speed und riesiger Bugwelle kam er auf uns zu.

Man sah ihm seine Erleichterung an. Ich bin sicher, es ging ihm in diesem Moment nicht um die zweihundert Dollar. Er hatte sich für uns verantwortlich gefühlt.

Hélio hatte *zufällig* in Oiapoque gelegen. Statt zu fischen, hatte er Fracht aus Belém gebracht. Jetzt wollte er zurück, Fracht hatte er nicht. Er wollte, er mußte leer fahren. Unser Geld war ihm ein willkommener Nebenverdienst.

»Ich ziehe euch bis nördlich des Cap Orange, bis ins saubere Wasser, bis in die Strömung.«

Hélio besaß keine Karte. Er kannte die Küste auswendig von Cayenne bis Fortaleza. Er besaß lediglich einen altehrwürdigen Kompaß.

Schnell hatten wir die Segel wieder eingezogen, und ebenso schnell hatten seine Männer uns erneut in Schlepp genommen. Es dämmerte. Zwei Stunden zog er uns noch in den Tag hinein. Dann hatte er uns losgebunden.

»Ab jetzt könnt ihr alleine weiter«, versicherte er.

Wir warfen Hélio das Geld zu. Es war in einer wasserdichten Dose und an einem Bindfaden gesichert. Winkend bedankte er sich und fuhr weiter. Bald verloren wir uns aus den Blicken.

Die braunroten Segel plusterten sich auf wie Profis. Aber gegen den starken Nordostwind und die Wellen, die permanent aufs Land drückten, waren sie wohl eher unterdimensioniert.

»Wenn sie größer wären, müßten wir reffen«, klärte mich Christina auf. »Wir liegen ja jetzt schon völlig schräg im Wasser.« Tatsächlich! Bei unserem Rahsegel hatten wir nicht annähernd so undiszipliniert das Wasser gepflügt.

Bis uns ein neuer Schreck in die Glieder fuhr: »Die Hütte ist verrutscht!!«

Um genau eineinhalb Rohrbreiten war sie nach backbord versetzt. Mit Hilfe des Reservebaumes konnten wir die gesamte Wohnanlage wieder auf ihren ursprünglichen Platz verweisen und neu festbinden. Jetzt sahen wir auch, warum sie verrutscht war. Meine Helfer in Oiapoque hatten die Festmacherseile nur sehr locker verknotet. Ich hatte das nicht kontrolliert.

Auch an Guayanas Küste wirkten sich Ebbe und Flut auf unsere Fahrtrichtung aus. Sechs Stunden lang ergaben die Messungen: Hintrieb zur Küste, und sechs Stunden danach: deutlicher Abtrieb von der Küste weg.

Es wurde Abend. Direkt neben uns, zum Greifen nahe, die Lichter von Cayenne. Es war zum Heulen. Wie ein Magnet zog das Land unser Floß zur Küste. Das Leuchtturm-Inselchen hinter Cayenne kam uns so bedrohlich nahe, daß wir die Silhouette eines Mannes in der erleuchteten Tür deutlich ausmachen konnten. Der Aufprall aufs Land schien eine Frage von wenigen Augenblicken zu sein. Wie am Amapá legten wir unser Rettungsgerät klar, zogen den Overall und die Turnschuhe an. Auf die Flossen mußte ich diesmal verzichten. Sie gehörten zu den in Amapá gestohlenen Teilen, die wir nirgendwo neu kaufen konnten.

»Mach den Anker klar«, rief mir Christina zu, während sie selbst verbissen am Segel kämpfte. »Sobald wir die Felsbrandung deutlich sehen, lassen wir ihn runter. Entweder faßt er und hält uns, oder wir krachen drauf. Ich weiß nicht, was ich noch machen soll.«

Was mich jedes Mal aufs neue bei ihr beeindruckte: Sie kämpfte verbissen und konzentriert. Angst kannte sie in diesen Augenblikken nicht.

Genau in diesem kritischen Moment war unser Schutzengel wieder zur Stelle: Er ließ die Ebbe einsetzen, und wir gewannen hundert Meter um hundert Meter mehr Distanz zum Felsengebrüll, und gegen Morgen war uns klar: Jetzt hatte uns der Äquatorial-Strom endlich erfaßt und schob uns in die Karibik.

Wir machten Etmale (= Tagesleistung) in Rekordhöhe: 106, 109 Seemeilen – wie Rennyachten, hinter denen der Teufel her ist. Und schon saßen wir wieder vergnügt auf der Heckkiste und machten Hochrechnungen, wann wir wohl Dominica erreichen würden.

Dominica ist eine der kleinen Antillen-Inseln. Seit dem 3. November 1493 von Europäern be- und heimgesucht, mal französisch, mal englisch, errang Dominica am 3. November 1978 seine Unabhängigkeit und ist seitdem eine Demokratie und Mitglied des Commonwealth. Das Besondere an der Insel: ihre tropische Schönheit, ein Drittel des Eilands steht unter Naturschutz, es existiert so gut wie kein Tourismus, es gibt tagsüber keine Fliegen und nachts keine Mücken und Tag *und* Nacht weder Militär noch Ampeln. Statt dessen aber traf man auffallend herzlich-freundliche Menschen, viel Reggae-Musik, es gibt Unmengen von Obst, Strände ohne Menschen und 365 Flüßchen, pro Jahrestag einen.

Alle Ministerien waren traulich unter einem Dach im Regierungsgebäude der Hauptstadt Roseau vereint. An der Spitze der Republik: Eugenia Charles, Premierministerin, etwas über siebzig Jahre alt.

Das Besondere für uns als Repräsentanten der ›Gesellschaft für bedrohte Völker‹: auf Dominica lebten genau die beiden Volksgruppen zusammen, die unter der Eroberung Amerikas am meisten zu leiden gehabt hatten – die Schwarzen (wie sie sich selbstbewußt nennen) und die Caribs, die Kariben-Indianer. Völkerkundler streiten sich, wie immer, darüber, woher und wann sie nach Dominica eingewandert sind – ob von Norden oder Süden. Feststeht aber, daß sie schon *vor* Columbus hier waren und daß sie Kontakte zu den Galibí-Indianern in Nordbrasilien pflegten. Sie sprechen in einer eigenen Sprache.

Heute ist ihre Zahl von ehemals dreihundert auf stolze dreitausend angewachsen.

Nach langem Drängen wurde den Kariben für all diese dreitausend Leute ein Reservat von knapp fünfzehn Quadratkilometern zuerkannt. Dort lebten sie, wie die meisten Inselbewohner, vom Obstbau. Die steilen Gebirgshänge waren prallvoll mit Bananen, Pampelmusen, Mango, Cocosnüssen, Zitronen, Orangen und Passionsfrüchten. Wer nicht im Obst arbeitete, fing vielleicht Fische, betrieb einen kleinen Laden oder arbeitete in der Stadt.

Die Lebensbedingungen waren bescheiden. Das Wasser mußte häufig von entfernten Bächen geholt werden, wo man dann auch gleich die Wäsche erledigte.

Auch die Grundschule zeichnete sich nicht durch moderne Attribute aus. Die sieben Klassen hatten zur selben Stunde im selben Raum Unterricht. Das Mobiliar hatte deutsche Sperrmüll-Qualität. Von den Lehrern waren nur zwei ausgebildete Pädagogen. Die anderen unterrichteten hobbymäßig.

Neben der Schule stand die Kirche. Sie war ein Jahr alt. Es war eine katholische, denn die meisten Caribs bekennen sich zum Katholizismus.

Die Finanziers der Kirche hatten erstaunlicherweise die Idee, ein gigantisches Bild auf die weiße Wand über dem Kirchenportal zu malen. Aber nicht das Bild war das Verblüffende, sondern das Motiv, entstanden immerhin 1991: Es zeigt die Ankunft der Europäer-Flotte und die darüber erfreuten, jubelnden Inselbewohner. Erfreut offenbar deshalb, weil ihnen endlich der ›rechte Glaube‹ gebracht wurde. Zu so einer Zeichnung gehört schon eine ordentliche Portion Ignoranz und Zynismus.

War das schon instinktlos genug von den Bauherren, so wunderte mich noch mehr, daß die sonst so selbstbewußten Kariben die Kirche dennoch bei den Gottesdiensten füllten. Ginge es nach mir, hätte ich die Wand längst per Spray korrigiert und den Ort der Begegnung gemieden.

Sieht man von dem kirchlichen ›Problem‹ ab, wußten die Kariben durchaus, was Sache war. Betrachtete man die Yanomami und die Waiãpí als die noch am ursprünglichsten lebenden Indianer, so durfte man die Kariben Dominicas, wie die Galibí in Brasilien, als deren modernes Gegenteil bezeichnen. Sie waren von anderen Mitbürgern nicht zu unterscheiden und Chief Irvince Auguiste verfügte neben einem Geländewagen über einen Macintosh-Computer und ein Telefax, mit dessen Hilfe unsere Begegnung arrangiert worden war.

Per Telefax und Funk war auch vereinbart worden, daß man uns vom nördlichen Ende der Insel Martinique unbedingt Schlepphilfe gewähren mußte. Martinique war der äußerste nordöstlichste Punkt, den wir noch ohne fremde Hilfe erreichen konnten. Danach würden wir zu weit nach Westen gelangen. Dominica lag um fünf Seemeilen außerhalb des Bereichs unserer Möglichkeiten, weil der Wind zu lau war. Da halfen auch die guten Dreiecksegel nichts mehr, die uns bis hierher wirklich wertvolle Dienste geleistet hatten. Schon auf Martinique schafften wir es nicht mehr, von der Hafeneinfahrt aus, nach Osten, in die Innenstadt zu segeln. Entweder hätten wir ankern oder außerhalb der Stadt festmachen müssen. Von dieser Entscheidung entband uns ein Zollboot. Es kam von einer Spazierfahrt mit Gästen zurück, als der Kapitän unser Winken mit den Öljacken sah und sogleich herbeikam.

Er ließ sein Beiboot zu Wasser, das uns dann neben dem Fort Louis inmitten der Stadt Fort de France ablieferte. Der Kapitän: »Eure Aktion imponiert mir. Die Schleppkosten gehen zu Lasten des Zolls.«

Das war ein wohltuendes Geschenk. Der neben uns liegende Kanadier Teed hatte eine Woche zuvor für Abschleppdienste durch ein Militärboot über tausend Dollar löhnen müssen.

Unsere Landung auf Martinique hatte zwei Gründe. Wir mußten das Segel neu beschriften und – ich mußte sofort ins Krankenhaus. Vor einer Woche hatte ich mir einen Angelhaken tief in den rechten Ringfinger gerammt. Die Verletzung hatte sich zu einer sehenswerten Blutvergiftung ausgeweitet. Die Hand und der Unterarm waren steif wie, wie, wie – na, nun fällt mir nichts Steifes ein. Doch: Wie eine Banane! Oder wie eine gestärkte Nonnenhaube, na bitte. Unsere Antibiotika an Bord hatten die Infektion gebremst, aber nicht behoben. Der Finger mußte ab. In Gedanken sah ich mein Einmachglas mit Formalin daheim in Germany sich schon wieder um ein Körperteil füllen, während ich selbst von Jahr zu Jahr leerer wurde. Vier Zähne, die Haaresfülle der jungen Jahre, der Blinddarm, die Mandeln und viele Meter Krampfadern hatten sich von mir verabschiedet und da zusammengefunden. Eigentlich könnte ich auch schon meine Ohren abgeben. Sie erfüllten nur noch einen Bruchteil ihres Solls (40%). Aber aus Dekorgründen und weil sie die Lesebrille tragen müssen und die Mütze gegen das Abrutschen über die Augen sichern sollen, schleppe ich sie noch mit mir herum.

Fast jährlich wurde das Glas voller und ich leerer. Oft saß ich davor, um Hochrechnungen zu veranstalten, wie lange es meine sterbliche Resthülle wohl noch machen würde. Wenn Glasinhalt und Restkörper sich einst die Waage halten würden, wäre mein Stündchen gekommen.

Aber Dr. Romdhani, ein tunesischer Arzt am modernen Maynard-Hospital, sah die Sache nicht so dramatisch wie ich. Er schnitt das schwarze Fleisch kurzerhand und kostenlos weg, pumpte mich von allen Seiten voll mit Antibiotikum und unterwies Christina im Verabreichen rektaler intramuskulärer Injektionen. So kam es, daß mein Finger dem Einmachglas entging und er sich nach besten Kräften müht, wieder ein vollwertiger Teil der Hand zu werden. Krumm und steif ist er geblieben. Aber unerwartet hat er mir eine völlig neue Fähigkeit beschert: Er verrät mir rechtzeitig, wenn es Schlechtwetter gibt. Er wurde mein persönliches Barometer.

Auch Dominica würden wir also nicht mehr ohne Schlepphilfe erreichen. Die Strömung ließ das nicht zu.

Für Kariben-Chef Irvince und seine Mannen schien das kein Problem.

»Sagt uns, wann wir euch abholen sollen. Dann kommt die Coast Guard und zieht euch die Reststrecke.«

Er hatte nicht zuviel versprochen. Pünktlich um halb neun Uhr morgens trafen wir uns am 22. April 1992 nördlich von Martinique. Die Regierung der Insel Dominica hatte den Ausflug genehmigt.

Wir ließen uns in die südlichste Bucht Dominicas, nach Lydiaville schleppen, wo wir eine kleine Pause einlegten.

Wir mußten die neuen Dreiecksegel gegen das alte rechteckige austauschen, weil es jetzt wieder um die Aufschrift ging, die wir ändern mußten. Die an Brasilien gerichtete Forderung ›Save the Yanomami and the rainforests, immediately!‹ übernähten wir mit einem neuen Spruchband. Den Text hatte uns Irvince über Funk mitgeteilt:

›More recognition for Dominican Caribs‹

So aufgeputzt zog uns anderntags die Coast Guard nach Roseau, der Hauptstadt. Irvince hatte allerhand ›Stammesvolk‹ per Busse an den Kai transportiert. Es waren der Rundfunk, die Zeitung und das Fernsehen der Insel zugegen, und sogar Martinique hatte ein Team geschickt, das einen besonders ausführlichen Beitrag drehte. Der dominikanische fiel zwar kürzer aus, aber dafür wurde er, in Ermangelung anderer Ereignisse, gleich ein paarmal wiederholt.

Auch Außenminister Brian Alleyne und der Handels- und Tourismusminister Charles Maynard hatten es sich nicht nehmen lassen, uns persönlich zu begrüßen.

Die Originalität unserer Aktion löste bei Schwarzen und Indianern gleichermaßen Zustimmung und Begeisterung aus. Man schüttelte uns die Hände und klatschte laut Beifall, wenn wir durch die Straßen bummelten.

Auch unsere begleitenden Indianer wurden ständig angesprochen. Sie machten hier ein Schwätzchen und dort ein Pläuschchen. Es schien alles harmonisch zwischen den Rassen zu verlaufen.

»Ich denke, ihr habt Anerkennungsprobleme?« raunte ich irgendwann Irvince zu. »Die Leute sind euch doch sichtbar wohlgesonnen.«

»Das stimmt. Mit der Bevölkerung kommen wir gut aus. Was uns fehlt, ist die offizielle Anerkennung als eingeborenes Volk und ein paar andere Dinge.«

Eine bescheidene Forderung, aber für Staatsleute offenbar ein Problem. Womöglich wollte sich da ein Staat im Staate bilden, und das war gefährlich. Also war man dagegen.

Aber Irvince, der Indianer-Chef, und Dr. Worrel Sanford, der einzige Kariben-Abgeordnete im Parlament, versicherten ausdrücklich, daß es ihnen vor allem um die Wahrung des Restes ihrer Ursprünglichkeit ginge und darum, nicht stets benachteiligt zu werden.

»Ein Staat im Staate liegt nicht in unserem Interesse. Aber wir fordern auch bessere Schulen, den Anschluß an die Wasserversorgung und die Anerkennung des 19. November als Kariben-Nationalfeiertag.«

Die Indianer freuten sich über den Rummel, den unsere Ankunft verursacht hatte. Sie und ihre Anliegen waren das Tagesgespräch.

»Das ist für uns deshalb so wichtig, weil es der Regierung zeigt, daß wir im Ausland tatkräftige Freunde haben, die sich nicht einmal scheuen, etwas so Spektakuläres und Riskantes auf sich zu nehmen. Ihr habt uns einen großen Dienst erwiesen.«

Vor lauter Freude darüber und als Dankeschön wurde eigens für die zwei Deutschen ein gebührendes Fest im Gemeindehaus veranstaltet. Es hagelte Reden, Lobesworte und Geschenke – eine Fülle von Flechtarbeiten, die Spezialität der Kariben.

Danach schienen wir entlassen oder man kam nicht auf den Gedanken, noch mehr von uns zu verlangen. Jedenfalls wirkte unsere Aktion wie beendet. Jedenfalls für die Caribs.

Uns hingegen war der reine Begrüßungsrummel zuwenig. Daraus ließ sich noch mehr entwickeln. ›Hallo, da sind wir‹ und dann wieder weiterziehen – dafür waren die Mühen der Reise zu groß gewesen. Da mußte noch etwas folgen.

Wir setzten uns mit Worrel zusammen und schmiedeten Pläne.

»Laß uns mal alle eure Forderungen wissen. Dann überlegen wir entsprechende Fragen an die Premierministerin. Vielleicht bringt es etwas. Es darf doch nicht sein, daß ausgerechnet *die* Insel und *die* Menschen Probleme miteinander haben, die am meisten unter ›Columbus‹ zu leiden hatten.«

Am Montag, dem 27. April, war es dann soweit. Um 12.30 Uhr gewährte uns die Landeschefin die erbetene Unterredung. Während ich mich bei ihr mit einem Blumenstrauß für die Hilfsbereitschaft ihrer Coast Guard und die gastliche Aufnahme bedankte, übernahm Christina das Interview. Die Fragen hatten wir mit Dr. Worrel Sanford abgesprochen.

Die Gastfreundschaft, so die Chefin, sei selbstverständlich, zumal wir etwas für sie Unvorstellbares vollbracht hätten.

Eugenia Charles war schon längst über das Pensionsalter hinaus. Aber sie war eine Frau voll ungebrochener Energie. Mancher 40jährige hätte sich bei ihr etwas abschauen können. Sie verschwendete keine unnötige Zeit mit langen Floskeln, sie beschränkte sich aufs Minimum. Sie war bestens informiert über uns. Die kleine Insel erlaubte keine Geheimnisse. Klatsch und Tratsch ersetzten die Zeitung, die nur einmal wöchentlich erschien. So wußte sie längst, daß wir auf Dominica pausieren wollten, weil wir unaufschiebbaren Vortragsverpflichtungen in Deutschland nachkommen mußten,

und daß wir dann in die USA weiterzusegeln gedächten. Kein Problem für Eugenia Charles: »Auf das Floß passen wir auf.«
Und noch während sie sprach, schrieb sie eine entsprechende Anweisung an das Büro für Legal Affairs, das im selben Haus eine Etage unter ihr residierte.

Was Christinas Fragen betraf, war die Regierungschefin kurz, präzise und hart in ihren Antworten. Die Wasserversorgung der Insel sei generell noch schlecht. Das beträfe *alle* Bewohner und nicht nur die Kariben. Die Sanierung brauche ihre Zeit und Geld, und gerade das habe sie nicht.

»Bis auf ein paar Unternehmer zahlt hier niemand Steuern«, klärte sie uns auf. »Und zahlten nicht England, Kanada und Frankreich, dann sähe es noch viel schlechter auf Dominica aus.« Und mit einem Lächeln schob sie hinterher: »Von Deutschland bekommen wir zum Beispiel gar nichts.«

Und was die bessere Schule beträfe, da habe sie die Nase längst voll von den Lehrern und Schülern, weil niemand pfleglich mit dem Mobiliar umgehe.

»Wenn sie neue Stühle zerbrechen, sollen sie meinetwegen auf der Erde sitzen. Ich bin es satt, ständig Geld für Reparaturen auszugeben. Dafür ist es zu schade. Und wenn die Caribs auf die Secondary School wollen, dann sollen sie nach Marigot gehen. Der kurze Weg dorthin ist durchaus zumutbar.«

Selbst für einen Lehrer-Ausbilder, um auf die Laienlehrer verzichten zu können, Christinas dritte Frage, sei kein Geld da.

Christina weiter: »Manchmal ist es nötig, daß ein Kariben-Repräsentant ganz schnell ins Ausland muß. Dann ist er oft wie gelähmt, weil die Visa-Prozedur mindestens drei Wochen dauert. Könnten Sie nicht *einem* solchen Repräsentanten den Status eines Diplomaten zugestehen?«

»Das sehe ich gar nicht ein. Wenn ich ins Ausland muß, brauche ich auch jedes Mal ein Visum. Warum sollen die Caribs bevorzugt werden?«

Nun – dagegen gab es keine Argumente. Auch Worrel erwiderte nichts darauf.

»Was sie nicht gesagt hat, ist, daß *ihres* über Nacht genehmigt wird«, verriet er hinterher. Aber da war es für eine Widerrede zu spät. Man merkte, die Chefin genoß Respekt. Sie war die Mutter der

Insel. Nichts lief ohne sie. Auch zu den weiteren Fragen hatte sie abschlägige Antworten. Das Interview verlief negativ.

Kurz und gut: Frau Charles hatte uns freundlich, aber bestimmt abblitzen lassen.

»Hast du noch eine Frage?« wollte Christina von mir wissen. Ich stand nicht nur die ganze Zeit hinter der Kamera, sondern auch noch ganz unter dem Eindruck von Frau Charles konsequenter Art, zu reden und zu handeln. Gerade wollte ich schon ›nein‹ sagen, um ihre Zeit nicht überzustrapazieren, als mir doch noch eine einfiel: »Mylady Prime Minister, Ihr Land hat einen ganz besonderen Status. Es ist eine kleine unabhängige Demokratie. Im Gegensatz zu allen anderen amerikanischen Staaten beherbergt Ihre Insel genau die zwei Volksgruppen, die unter der Eroberung am meisten zu leiden hatten: die Schwarzen und die Indianer. Könnten Sie als Schwarze sich nicht anläßlich des 500. Jahrestages doch noch irgendein Geschenk an diese indianische Minderheit denken, das einen Beispielcharakter hätte, das für alle anderen Länder des Kontinents, die nur rauschende Feiern ob dieses Anlasses kennen, ein Signal sein könnte, ein Geschenk, mit dem Dominica sich gleichzeitig selbst ein Denkmal setzen könnte?«

Plötzlich war es still im Raum. Es war die erste Frage, auf die sie nicht, weil sie sie schon so unendlich oft gehört hatte, eine passende Antwort schußbereit hatte.

Frau Charles stützte ihren Kopf auf die linke Hand, dachte nach und schaute dann zu Worrel.

»Ja, ich wüßte etwas«, sagte sie dann. »Wie ich hörte (›Was weiß die Frau eigentlich nicht?‹, ging es mir durch den Kopf), erarbeiten Sie gerade mit Ihrem Cariben-Rat eine Resolution. Lassen Sie sie mir zukommen. Ich werde sie mit meinem Kabinett auf Annehmbarkeit überprüfen.«

Was auch immer das heißen mochte, es war doch zumindest eine Geste.

Als wir draußen waren, fragte ich Worrel: »Kann man ihr glauben, oder war das nur eine nichtssagende Floskel?«

Er schaute uns etwas überrascht an.

»Nein, das wird sie machen. Sie hält ihre Versprechen.«

Und nach einer Weile fügte er hinzu: »Ihr seid vielleicht enttäuscht, weil das Gespräch nichts direkt Greifbares erbracht hat.

Das braucht ihr nicht zu sein. Allein die Tatsache, daß ihr uns so demonstrativ zur Seite gestanden habt, ist sehr viel wert. Es verschiebt das Bild, das sie von uns hat, um vieles ins Positive. Und die Resolution werde ich ihr und euch zuleiten, sobald sie formuliert ist.«

Inzwischen ist sie angekommen, und als naiver Nichtpolitiker fragt man sich, was an ihr so unannehmbar sein könnte. Hier ihr Wortlaut:

> RESOLUTION AN DAS PARLAMENT DES COMMONWEALTH VON DOMINICA FÜR DIE NÄCHSTE SITZUNG AM 11. MAI 1992.
> – von Dr. Worrel Sanford, Mitglied des Parlaments –
>
> *Resolution:*
> 1992 jährt sich die Ankunft des Christoph Columbus und seiner Eroberer an unseren Küsten zum 500. Male.
> Als sie eintrafen, trafen sie bereits die Cariben-Indianer und ihre Kultur an.
> Bis jetzt wurden die Kariben in unserem Land nicht anerkannt. Das Hohe Haus möge die Kariben als Ureinwohner und erste Siedler Dominicas anerkennen und den 19. September zum Nationalfeiertag der Kariben erklären.

Unsere Reisezeit ging zur Neige. Durch den Zwangsaufenthalt in Brasilien war es viel später geworden als geplant. Ich mußte nach Hause. Der Mai war voller unaufschiebbarer Vorträge. Ich saß im Flugzeug der CORSAIR und flog von Martinique nach Paris. Nur acht Stunden benötigte der Jumbo für die Strecke, die uns mit dem Floß viereinhalb Monate gekostet hatte. Dennoch bereuten wir keinen einzigen Tag. Sobald die Vorträge erledigt wären, wollten wir die Reise fortsetzen. Von Dominica nach Florida. Das Risiko wäre zwar etwas größer. Ab Juli begannen die Hurrikane. Der schlimmste Monat wäre der August. Wir wollten ihn meiden, aber wir setzten auch auf unser Glück. Andere Monate standen uns nicht zur Verfügung, denn auch im Herbst hatte ich wieder alles voll mit Verpflichtungen. Und 1993 war das Columbus-Jahr gelaufen, da besaß unsere Aktion keine Aktualität mehr. Da war sie Schnee von gestern.

»Wir müssen sehen, daß wir Anfang Juli loskommen«, sagte Christina. »Dann dürften wir vier Wochen später in Florida sein. Ich bin sicher, daß die USA der richtige Nährboden sind, um die Versöhnungsbotschaft der ›Gesellschaft für bedrohte Völker‹ ins Gespräch zu bringen und George Bush einen Appell zu überreichen.«

Unerwünschter Besuch

»Hörst du den Motor?« rief ich Christina zu. Sie hatte auf der vorderen Kiste gedöst, ich auf der hinteren. Und von hinten war unerwartet dieses Geräusch an mein Ohr gedrungen, von Osten, unterstützt von einem leichten Wind.

Wir stellten uns auf die Kisten und legten die Hände hinter die Ohren, um sie bestmöglich zu vergrößern.

»Ja, jetzt höre ich es auch«, bestätigte sie.

Wir suchten den Horizont mit den Augen ab. Das Geräusch verstärkte sich mit jedem Augenblick und leitete die Augen in die richtige Richtung. Wir konnten die hochspritzende Bugwelle eines heranrauschenden Kanus ausmachen.

»Die wollen zu uns«, stellte ich fest.

»Ja, darüber gibt es keinen Zweifel«, meinte auch Christina.

»Weiß der Teufel, warum die es so eilig haben«, murmelte ich. Und ein warnendes Gefühl ließ uns handeln. Christina schloß das Sprechfunkgerät an die Autobatterie. Da hatte es reichlich Saft. Die kleinen Geräteakkus waren immer zu schnell verbraucht.

Ich kroch in die Hütte und nahm die Schrotflinte von der Wand. Mit dem Kolben legte ich sie so, daß ich sie von außen sofort zur Hand hatte, während der Lauf nach innen auf den Boden wies.

Als nächstes vergewisserte ich mich des Nico-Signalrevolvers. Er steckte wie gewöhnlich in der Hosentasche meiner Shorts.

Das waren reine Routinegriffe – wie die Absicherung unserer Hütte bei heraufziehendem Regen. Wir hatten sie oft genug praktiziert; und zwar immer dann, wenn suspekte Boote auf uns zuhielten. Bisher hatten sich diese Reflexübungen zum Glück immer als überflüssig erwiesen. Immer waren die Menschen aus Neugier zu uns gekommen, oder es waren Fischer, die genau wußten, daß Fahrzeuge unseres Typs Goldmakrelen unterm Kiel und drumherum hatten. Die fischten sie sich dann mit dicken Fleischhappen am Haken im Handumdrehen heraus.

Auch heute erwarteten wir nichts anderes. Um die dennoch jedes Mal unvermeidliche Aufregung zu dämpfen, sagte ich: »Werden wohl wieder Fischer sein.«

»Sieht so aus. Aber du weißt ja auch, was in unserem Handbuch steht.«

Richtig. Als wir vor zehn Tagen merkten, daß wir die Mona-Passage zwischen Puerto Rico und der Dominikanischen Republik nicht schafften, und uns entschlossen, über Jamaica südlich von Kuba auf Florida loszusteuern, hatten wir automatisch alles Wissenswerte über Jamaica nachgelesen. Und auf Seite 304 des Handbuches für die Seeschiffahrt hieß es unter C 5.1.6: ›WARNUNG. Seit 1984 sind in Kingston und Port Equivel mehrere Fälle von Piraterie vorgekommen. Es wird darauf hingewiesen, besonders auf offenen Ankerplätzen die nötigen Vorsichtsmaßnahmen zu treffen.‹ Das hatten wir zur Kenntnis genommen wie andere Hinweise auf Jamaica als Rauschgiftumschlagplatz, Kingston als rattenreichen Hafen und mit einer Kriminalitätsrate, vor der selbst die Polizei resigniere. In allen denkbaren bedrohlichen Situationen vertrauten wir in erster Linie auf die Einmaligkeit unseres Fahrzeuges. Es erweckte eher Mitleid, Lächeln oder Begeisterung, nicht aber Habgier. Teils hatte sich das bewahrheitet, teils war es, wie in Brasiliens Amapá, in die Hose gegangen. Also handelten wir auch jetzt wieder nach unserer Devise ›Originalität ist gut. Wehrhaftigkeit ist besser‹.

Zwanzig Meter hinter uns stoppte das Boot, verharrte im Leerlauf. Es war ein langes schweres Holzkanu mit einem 40-PS-starken Motor. Fünf Männer standen darin, drei mit muskulösen, nackten Oberkörpern. Ihr Boot rollte heftig, denn es lag quer zu den Wellen. Wir selbst machten kaum Fahrt. Der Wind war auf zwei bis drei kümmerliche Beaufort abgeschlafft, für unser Segel Beleidigung genug, sich zur Ruhe zu begeben. Ab zwei Windstärken streikte es.

»Hey, man«, riefen die drei herüber. »What are you doing here? Are you shipwrecked?«

»Nein, wir sind nicht schiffbrüchig. Wir sind okay.«

»Aber ihr seht so aus von weitem. Als wir euch sahen, haben wir sofort gesagt, denen müssen wir helfen.«

»Mag sein, daß wir so aussehen. Aber wir sind tatsächlich okay. Und für euer Kommen sagen wir herzlichen Dank.«

Die Männer redeten untereinander. Der Steuermann legte den Gang ein und umkreiste unser Floß.

»Welch ein verrücktes Floß«, staunten sie immer wieder. Sie zeigten auf dieses und jenes und diskutierten es. Dabei fiel uns gar nicht auf, daß ihre Kreise immer enger wurden. Denn auch an solche Besichtigungen waren wir gewöhnt. Obwohl schon vier Monate auf dem Wasser und seit einem knappen Jahr mit dem Floß ›verheiratet‹, staunten wir oft genug selbst noch über dieses oder jenes Detail. Schmunzelnd gedachten wir noch manches Mal der US-Coast-Guard südlich von Puerto Rico, die uns bei Tag und bei Nacht immer wieder mit Schnellbooten, Hubschraubern und Flugzeugen ›besuchten‹, weil sie nicht glauben wollten, daß man auf diesem Bambusbündel freiwillig von Afrika hierhergesegelt war. Mindestens fünfmal haben wir ihre Fragen beantwortet: »Welche Nationalität? Welche Registriernummer? Heimathafen? Woher? Wohin?«

Auf das Wohin erklärten wir wahrheitsgemäß »in die USA«. Und prompt kamen Fragen wie »Warum kommen Sie per Floß in die USA und nicht mit American Airways?«

»Das hängt mit den 500-Jahrfeiern zusammen«, erwiderten wir. Lesen konnte man den Grund zu jenem Zeitpunkt nicht. Wir fuhren die Dreieckssegel. Und die waren nicht beschriftet. Aber nun waren sie aufmerksam geworden.

»Wie viele Personen sind Sie an Bord? Haben Sie Flüchtlinge an Bord? Führen Sie Waffen bei sich?«

Letzteres bejahten wir und nannten ihnen Details. Sie tippten alles fein säuberlich in ihre Computer. Jedes Mal aufs neue. Sie taten es auch dann, wenn wir sie darauf hinwiesen, daß ihre Kollegen von der SENECA das alles gestern bereits zu Protokoll genommen hatten. Offenbar arbeitete jeder für sich. Richtig beruhigt schienen sie erst, wenn wir sagten, daß wir ein Visum für die Staaten hätten.

Ein Marine-Soldat wollte es dennoch nicht glauben. Absprungbereit saß er in der offenen Tür seines Helicopters. Der Pilot flog so tief, daß unser Segel vom Winddruck seines Rotors kurz vorm Kollaps stand. Gerade noch im letzten Moment konnten die Jungs ihre Maschine höher ziehen und uns ›Mast- und Schotbruch‹ wünschen.

Solches Erstaunen und diese Neugier waren uns also keineswegs fremd, und wir hatten Verständnis, daß auch unsere fünf schwarzen Besucher im ›Russian Tiger‹ nicht sofort abdrehten. Vielmehr stellten sie ein paar weitere Fragen. Zum Beispiel, woher wir diesen Bambus hätten. Derweil schaukelte ihr Boot immer wieder bedrohlich stark und vor allem nah. Dabei konnten wir auch einen Blick in ihr Boot werfen. Mehr zufällig als absichtlich. Fische sahen wir keine. Aber statt dessen zwei Schußharpunen und drei Haumesser. Sie lagen auf dem Boden.

Ehe wir uns versahen, hüpften plötzlich drei von ihnen zu uns aufs Floß. Wie auf Kommando. Das war neu. Das hatte noch niemand zuvor gewagt, und das veränderte die Situation schlagartig.

Während Christina zeterte und sie aufforderte, sofort zurück in ihr Boot zu gehen, hüpfte ich auf die andere Seite des Floßes, um mich nicht in ein Handgemenge verwickeln zu lassen. Den Raketenrevolver hielt ich entsichert und umkrampft in der Faust.

»Was habt ihr da drin?« fragte der Oberhüpfer und versuchte bereits, einen der Plastik-Container aufzuschrauben, von denen je sechs steuer- und backbords angebunden standen.

»Nimm deine Pfoten von unserem Trinkwasser«, fauchte Christina ihn an und hielt den Deckel fest, so daß er ihn nicht weiter drehen konnte. »Das ist alles Trinkwasser.«

Der Typ gab nach. Einer von ihnen drängte sich mit geheucheltem Interesse auf meine Bootsseite.

»Bleib da drüben«, geiferte auch ich und hielt ihm demonstrativ die Faust mit der Waffe entgegen. Aber nicht bedrohend wie einen Speer, sondern wie einen Schild. Er gehorchte.

»Reg dich nicht auf. Wir wollen nur mal gucken.«

»Wir springen auch nicht ungefragt in euer Boot.«

»Unser Boot ist auch nicht so interessant.«

Ich überlegte, wie ich an das Sprechfunkgerät gelangen könnte. Aber das ging nicht, ohne ihnen zu nahe zu kommen. Im Moment erschien es mir wichtiger und beruhigender, mich auf Distanz zu halten. Falls jemand Christina gegenüber handgreiflich würde, war ich fest entschlossen, zunächst die zwei anderen Typen per Rakete außer Gefecht zu setzen, dann die zwei im Boot, bevor sie die Harpunen schössen. Und zuletzt den Angreifer selbst. Mehr als einer würde Christina in der Enge des Floßes wohl kaum angehen können. Solche und ähnliche Gedanken jagten mir kreuzweise durch den Kopf. Ich war sprungbereit wie ein Sportler vorm Startschuß.

Mit einer schnellen Bewegung hatte Christina die Decke, die wir auf der Heckkiste liegen hatten, über die Flinte werfen können. So war sie verdeckt, aber jederzeit griffbereit.

»Wir sind extra euretwegen hierhergekommen. Gebt uns Geld fürs Benzin.«

»Rüdiger, hast du gehört? Jetzt verlangen sie Geld. Es wird Zeit, daß sie von Bord gehen.«

Auf keinen Fall durften wir ihnen Geld geben oder auch nur vorzeigen. Sie durften nicht einmal ahnen, daß wir etwas an Bord hatten. Dann bestand die Gefahr, daß sie alles nahmen.

»Wir haben kein Geld. Wir haben nur Schecks«, erklärten wir deshalb.

»Dann gebt uns Schecks!«

»Das geht nicht. Die muß ich in der Bank in Gegenwart des Bankers unterzeichnen.«

Die fünf diskutierten die Situation untereinander in ihrer Sprache, also nicht in Englisch. Sie waren sichtlich enttäuscht und wirkten verärgert. Wahrscheinlich glaubten sie uns nicht. Weiße haben immer Geld. Um die Stimmung zu bessern, sagte ich: »Wir finden es toll, daß ihr extra unseretwegen gekommen seid. Im Notfalle wäret ihr unsere Rettung gewesen. Dafür möchten wir uns nicht nur bedanken, sondern ein Geschenk machen.«

Alle waren still und blickten erwartungsvoll zu mir herüber.

»Ich schenke euch dieses fünfzig Meter lange Seil. Es ist sehr stark und gut.«

Dabei zog ich ein zehn Millimeter starkes, blaues Nylonseil aus dem Seile-Korb. Wir würden es ohnehin nicht mehr brauchen. Ab Kingston wollten wir per Frachter weiter. Zu sehr waren wir durch anhaltende Flauten in Zeitnot geraten.

Ich warf es ihnen zu und forderte sie erneut auf, jetzt zurück auf ihr Boot zu gehen. Während sie tatsächlich einen Moment lang weniger aufdringlich waren und in ihrer Sprache den Wert des Geschenks diskutierten, schoß ich mit der Instamatic zwei Fotos.

»Für alle Fälle ein paar Beweise«, sagte ich zu Christina und konnte sogar schon wieder mit den Augen lächeln. Zu den Männern gewandt aber bot ich an: »Und wenn ihr wollt, schicken wir euch ein paar Fotos.«

Es kehrte Ruhe ein. Die Hektik des Befummelns der Ausrüstung, das Miteinandersprechen in ihrer Kariben-Sprache (in Jamaica ist Englisch Landessprache) hörten auf. Sie nahmen das Seil und warfen es in ihr Boot. Es fiel genau auf die Harpune. Der Steuermann legte es augenblicklich beiseite. Dieser Umstand und daß sie sich weder bedankten noch auf das Fotoangebot eingingen, ließ erneut unsere

Alarmglocken schrillen, und wir forderten sie ultimativ auf, in ihr Boot zurückzuspringen.

Christina hatte die Seilpause genutzt und sich ebenfalls ein Signalgerät herausgefingert. Mindestens zwei davon hingen jeweils an Bug und Heck in Griffnähe. Jetzt standen wir notfalls mit zwölf Raketen gegen fünf Männer. Ohne die Geräte auch nur andeutungsweise mit Drohgebärden gegen sie zu richten, verfehlten sie ihre Wirkung nicht. Allein die Tatsache, daß wir nun jeder etwas Unbekanntes in der Hand hielten, das uns offenbar mutig machte, verunsicherte sie. So etwas hatten sie noch nicht gesehen. Einer nach dem anderen sprang schließlich zurück auf den ›Russian Tiger‹.

Wir atmeten auf. Unser Deck war leer. Ohne Dankeschön für das wertvolle Seil und ohne Goodbye stoben sie mit schäumender Bugwelle davon.

»Die kommen garantiert wieder«, waren Christinas erste Worte. Ich nickte.

»Das glaube ich auch. Die waren sichtlich unzufrieden.«

Was also machen? In einer Stunde würde es dunkel sein, und bis Kingston waren es noch 27 Seemeilen. Wir schrieben Dienstag, den 4. August 1992, 17.30 Uhr. Um das Maß unserer Handicaps vollzumachen, erstarb genau in diesem Moment der letzte Wind. Wir standen auf der Stelle. Position: 17° 50′N; 76° 27′W.

Verdammt, das hatte uns noch gefehlt! Einen Katzensprung vorm Ziel, in deutlicher Sichtweite erster Dörfer, wollten wir uns die letzte Etappe unserer monatelangen Reise nicht durch ein paar Wegelagerer verderben lassen. Denn in Kingston, das stand zu diesem Zeitpunkt noch fest, wollten wir die Bambusfloßreise beenden. Die Reststrecke sollte uns ein Dampfer als Fracht mitnehmen. Die Gründe: Mir lief die Zeit davon. Ende August mußte ich in Hamburg sein. Da begann meine herbstliche Vortragsreise. Jeder Tag war ausgebucht, und Margrit Ludwig, meine Tournee-Managerin, hatte mir das immer wieder eingebläut. Dazu kam das steigende Risiko, in einen Hurrikan zu geraten. August und September gelten diesbezüglich als Hochsaison, und unsere Route verlief parallel zum traditionellen Wanderweg der Hurrikans.

Wir machten uns klar zur Verteidigung. Was hätten wir sonst tun sollen?

»Womöglich kommen sie mit zwei Booten und sind besser bewaffnet«, befürchteten wir. Christina hatte sogleich ein Dutzend Piratengeschichten aus Seglerkreisen bereit, und ich erinnerte mich, wie die ›Woermann Ubangi‹, das Frachtschiff, das mich 1987 mit dem Tretboot von Hamburg nach Dakar gebracht hatte, zwei Tage später vor der Elfenbeinküste von Piraten überfallen wurde. Sie knackten einige Container. Zwei der Räuber konnte die Mannschaft überwältigen und in Handschellen legen. Im nächsten Hafen wurden sie der Polizei übergeben. Aber bereits dreißig Minuten später waren sie wieder frei und lachten die Crew der ›Woermann Ubangi‹ aus.

Keine der Piratengeschichten konnte uns Rat geben. Wohl aber zeigten sie, daß alle Überfälle nach einem von vier Schemata abliefen: Entweder bot man Hilfe an – wie bei uns –, oder man gab sich selbst als schiffbrüchig aus, oder man schlich sich heimlich heran, oder man versuchte es mit Waffenüberlegenheit im Direktangriff.

Wir legten unsere Waffen auf die Heckkiste. Damit nichts rutschte oder rollte, breiteten wir eine Decke darunter aus. Die zehn Fallschirmraketen rissen wir aus der Plastikverpackung und gingen noch einmal die Bedienungsanleitung durch. Aber sie war denkbar einfach: Kappe abschrauben und am herausfallenden Ring kräftig ziehen. Im selben Moment würde die Rakete am anderen Rohrende herauszischen.

Daneben legten wir die zwei Nico-Signal-›Revolver‹ mit acht Reservetrommeln à sechs Schuß. Den dritten steckte sich Christina in den Hosenbund. Das waren genau 66 Schuß, und jeder einzelne kaum weniger wirksam als ein Schuß mit Kugelpatronen. Nur eben anders. Vom Hersteller wußte ich, daß jede Rakete 2000° Celsius entwickelte und sogar noch in zwei Metern Wassertiefe einen Fisch in Bratfisch zu verwandeln vermochte. Schneller als ein Micro-Grill und sogar ohne Öl und Pfanne.

Wir besaßen aber auch einen 38er-Revolver und die mehrschüssige Schrotflinte. Dieses gesamte Arsenal baute ich neben mir auf der Kiste auf.

Darüber hinaus packten wir uns Verbandsstoff in Reichweite. Das waren neben diversen Mullbinden eine Arterien-Staubinde und die Baumwoll-Tischdecke nebst Messer, um sie bei Bedarf in handliche Streifen zu schneiden.

»Laß uns daran denken: Bei großen Verletzungen als allererstes die Blutung stoppen!« prägten wir uns ein. Oft genug hatte man das in Kursen gelernt, aber wie selten ergab sich der Fall, das Wissen in der Praxis anzuwenden.

Das Bedrückendste in dieser Situation war unsere Hilflosigkeit. Das Floß stand auf der Stelle.

»Wir sollten nicht warten, bis sie kommen. Wir sollten lieber gleich die Coast Guard informieren und um Rat bitten. Vielleicht können sie uns die Reststrecke in den Hafen ziehen lassen.«

Christinas Idee fand ich sofort gut. War die Station der Coast Guard auch noch 27 Seemeilen entfernt, so wäre zumindest jemand informiert. Das allein wäre schon tröstlich. Im Ernstfall hätte die Küstenwache eine heiße Spur. So ganz ungeschoren sollten die im ›Russischen Tiger‹ nicht davonkommen.

Christina warf die Funke an und rief auf Kanal 16 die Coast Guard. Inzwischen war es 19 Uhr.

Aber der Ruf blieb ungehört. Es kam keine Antwort.

»Vielleicht sind wir zu weit entfernt, oder der Berg da vorne verdeckt uns«, vermutete Christina.

Wir ahnten nicht, daß halb Kingston, nämlich sämtliche Schiffsagenturen und Hobbyfunker, von diesem Moment an alles gespannt mitverfolgten.

»Das war wie ein Krimi live«, verriet mir später der Geschäftsführer der ›Jamaica Freight Company‹.

Auf die Idee, die Coast Guard telefonisch zu informieren, nachdem wir sie immer wieder vergeblich angerufen hatten, war er nicht gekommen.

Am Horizont tauchte ein erleuchteter Dampfer auf. Er mußte aus Kingston kommen. Vielleicht hatte er eine stärkere Anlage, oder er erreichte die Küstenwächter auf anderen Frequenzen. Vor allem hatte sein UKW-Gerät einen größeren Wirkungskreis, weil seine Kommandobrücke zwanzig Meter höher lag als die des Bambusfloßes mit ihren bescheidenen zwei Metern (sofern man auf dem Dach stand).

Wir riefen das Schiff an. Da wir seinen Namen nicht lesen konnten, nannten wir es ›Das Schiff, das soeben Kingston in östlicher Richtung verlassen hat‹.

Und sofort kam eine klare Antwort.

»Ja, ich kann Sie gut verstehen, Bamboo Raft«, sagte der Kapitän.

Uns fiel ein Stein vom Herzen. Christina erklärte dem Kapitän unsere Bedenken und bat ihn, das der Coast Guard weiterzugeben.

Der Mann tat es augenblicklich. Aber auch er erhielt keine Verbindung. Wir konnten seine Anrufe deutlich mithören. Alle drei Minuten wiederholte er sie, bis er die Idee hatte, es nicht auf dem Not- und Ansprechkanal 16 zu versuchen, sondern auf den Kanälen 13 und 14, den Sprechwegen der Lotsen und Coast Guard.

Und bei den Lotsen hatte er Erfolg. Deutlich vernahmen wir den Dialog zwischen dem Kapitän und ›Pilot Kingston‹, bis uns die Lotsen direkt erwischten. Wir bedankten uns bei dem Kapitän. Sofort und routiniert nahmen die Piloten unsere Angaben zur Kenntnis: Standort, Tathergang, Name des Fischerkanus usw., und gaben sie der Coast Guard weiter.

Als ihnen klar wurde, daß wir nicht nur Bambusfloß hießen, sondern auch tatsächlich eines waren und weder Motor noch Wind hatten, um schnell in den Hafen zu entkommen, sagten sie: »Wir schicken Ihnen ein Schiff entgegen. Machen Sie die Lampen aus und bleiben sie auf Stand-by. Wir rufen Sie alle dreißig Minuten.«

Wir fühlten uns erleichtert. Die Lichter hatten wir aus Vorsicht gar nicht erst entzündet. Schlimm genug, daß der Mond so hell schien und uns verriet. Zum Mond hin waren wir klar auszumachen. Vom Mond weg betrachtet, lag das Meer in dunkler Schwärze vor uns. Die Boote würden ja von Land kommen und gegen den Mond fahren. Also mußten sie uns weit besser sehen, als wir sie. Für alle Fälle hatten wir sämtliche Taschenlampen bereit liegen, um Herannahende gegebenenfalls blenden zu können.

Die Freude währte nicht lange. Wie aus heiterem Himmel oder vielmehr aus dunklem Loch preschte ein Kanu auf uns zu. Zu sehen war es nicht, es hatte kein Licht, es war nur zu hören. Kaum hatten wir Zeit, uns in Deckung zu begeben. Christina schlüpfte in die Hütte, ich duckte mich hinter die Kiste.

Zehn Meter vorm Floß ging das Kanu in den Leerlauf. Lautlos drehte es parallel zum Floß und kam neben uns zum Stillstand. Jetzt war es auf drei Meter deutlich zu erkennen. Dieses Boot war deutlich kleiner als die ›Russian Tiger‹ und mit nur drei Personen besetzt.

Die Männer schrien uns etwas zu. Ich verstand es nicht. Es war auch egal, was sie riefen. Was hatten sie hier nachts neben uns und ohne Licht zu suchen? Warum preschten sie so nah heran?

Ich war fürchterlich aufgeregt. Würden sie uns blenden oder würden sie gleich schießen?

Derweil hörte ich Christina wie einen Rohrspatz schimpfen. Sie hatte versucht, die Piloten zu rufen. Der Apparat streikte. Sie war gegen das Kabel zur Autobatterie geraten. Es hatte sich gelöst.

»Sofort zurück oder wir schießen«, schrie ich den Männern zu. Sie riefen ihrerseits etwas Unverständliches, verharrten aber, wo sie waren.

Da drückte ich ab. Ich hatte plötzlich das Gefühl gehabt, sie wollten sich nur an die Dunkelheit gewöhnen.

Die weiße Leuchtkugel traf mitten ins Kanu. Das war kein Kunststück. Schließlich waren sie nahe genug heran. Die Schwärze der Nacht wich einem grellen explosionsartigen Feuerball. Drei entsetzte Männer, mit den Händen in die Bordwand verkrallt, waren völlig geblendet. Die Rakete, noch immer topfit und voll jugendlicher Schubkraft, raste und zischte im Zickzack durchs Boot wie ein gerissenes Starkstromkabel und fünf bissige Straßenköter zusammen. Die Männer ließen augenblicklich die Bootswand los und hüpften und schrien um die Wette. Einer stürzte. Es war ein gespenstisches Bild. Die Szene erinnerte an eine Disco, wo zukkende Blitze die Körper der Tanzenden sich ruckartig bewegen lassen. Obwohl sich das alles in fünf bis acht Sekunden abspielte, konnten wir es deutlich wahrnehmen, denn nun waren wir es, die im dunkleren Teil des Geschehens standen. Wir waren die Zuschauer im dunklen Theatersaal, sie waren die Akteure auf der hellerleuchteten Bühne.

Schließlich hüpfte der weiße Feuerball infolge seiner ungebrochenen Energie außenbords ins Wasser und erlosch in geringer Tiefe.

Ich ergriff die Flinte. Jeden Moment erwartete ich eine Gegenwehr. Nach der gleißenden Helligkeit lag nun alles wieder in finsterer Schwärze.

Unsere Ängste waren überflüssig. Der Schock hatte gewirkt. Mit allem mögen die Männer gerechnet haben – der wildgewordene rasende Schneidbrenner hat sie voll aus dem Konzept gebracht. Im selben Moment hörten wir ihren laut aufheulenden Motor und sahen das Boot nie wieder.

Gleich darauf hatte Christina ihr Gerät wieder unter Saft und informierte die Küstenwache über das Geschehene.

»Geben Sie uns ihre derzeitige Position durch«, forderte die uns auf.

»Die wird immer noch dieselbe sein wie vorhin«, antwortete Christina vorsorglich. Sie hatte Angst, erneut einen Kabelsalat zu verursachen. Die Begegnung soeben hatte uns ganz schön nervös gemacht. »In drei Minuten kann ich Ihnen Genaueres sagen. Please, stand by.«

Unser GPS spuckte die Antwort schon nach weniger als zwei Minuten aus. Wir waren in der letzten Stunde eine halbe Meile nach Westen und 300 Meter auf die Küste zugetrieben.

»Dann machen Sie jetzt Ihre Positionslampen an. Unser Schiff ist bald in Ihrer Nähe.«

Wir entzündeten die Petroleumleuchte. Eine halbe Stunde später flammte in einer Meile Entfernung seewärts ein starker Suchscheinwerfer auf. Er hatte uns sofort erfaßt. Augenblicke später war die ›Discovery Bay P 4‹ heran. Über das Sprechgerät erklärten wir noch einmal, was soeben passiert war.

»Machen Sie sich keine Sorgen«, trösteten uns die Männer. »Wir bleiben in Ihrer Nähe. Wir haben Sie und die weitere Umgebung deutlich auf dem Radarschirm und werden Sie bewachen.«

Wie eine Glucke ihre Küken, so umsorgte uns die Coast Guard. Abschleppen konnte sie uns nicht. Ein so großes Schiff würde unser Floß in Stücke zerreißen. Schlepper und geschlepptes Fahrzeug müssen in einer angemessenen Relation stehen. Aber schon beim ersten Morgengrauen war das Kleinboot ›CG 062‹ zur Stelle und organisierte unseren Schlepp in den Hafen Port Royal an der Hafeneinfahrt zu Kingston Port.

»Geben Sie Ihre Waffen jetzt bitte bei der Polizei in Verwahrung«, forderte der leitende Coast Guarder und bugsierte uns direkt vor den verrotteten Steg hinter dem gemeinsamen Haus von Zoll und Polizei.

»Willkommen auf Jamaica!« dröhnte der wohlbeleibte Chef der Wache und strich pedantisch über die breite weinrote Bauchbinde seiner blauen Uniform. »Wenn ich Ihnen einen guten Rat geben darf, und um weitere Unannehmlichkeiten zu vermeiden, fahren Sie nicht bis Kingston Port. Dort kann niemand für Ihr Eigentum garantieren. Bleiben Sie hier nebenan im Yachthafen von Morgan's Harbour Hotel. Da sind Sie sicher.«

Wir befolgten den Rat. Die letzten 300 Meter dorthin paddelten wir, kräftig unterstützt von einer Schar Kinder, die mit Brettern, Dosen, Händen und Füßen ihr Bestes gaben.

Der Tip Morgan's Harbour Hotel war Gold wert. Wir landeten in einem kleinen Paradies.

Unter Verdacht

»Das werden wir ja mal sehen«, höhnte der fleischklopsige Polizeichef und hielt sich das Sprechfunkgerät vor den Mund. Dabei lachte er vor Vergnügen und versetzte die Fettwülste seines nackten Bauches in bedrohliche Schwingungen. Bei Seegang hätten sie ihn bestimmt über Bord gerissen. Aber wir hatten Windstille. Nicht nur Windstärke 0, sondern womöglich minus 1, wenn es das gibt. Und die Strömungsgeschindigkeit von 0,8 Knoten war auch nicht mehr das, was sie den Meteorologen einst vorgebraust hatte, als die ihre Karten zeichneten.

14 Tage waren wir schon seit Kingston unterwegs und waren nicht weiter vorangekommen als bis hier zu den Cayman-Inseln. Die Zeit lief uns davon. Wir standen auf der Stelle. Längst wollten wir in Key West/Florida sein.

Kurzentschlossen liefen wir Little Cayman an, um einen Frachter zu suchen, der uns die Reststrecke als Ladung mitnahm. Das Seehandbuch verriet einen Korallengürtel vor der Südküste.

›Einfahrt in den South Sound nur mit Hilfe von Ortskundigen möglich.‹

Also hatten wir, sieben Meilen vor Land, die ›Signal-Licht-Station‹ auf Kanal 16 gebeten, uns irgendeinen Fischer mit Kanu und Außenborder entgegenzuschicken.

Statt dessen war der übergewichtige Polizist erschienen. Und nicht nur er allein. Zuvor hatte uns ein Flugzeug umkreist, und dann waren zwei Schnellboote aus verschiedenen Richtungen auf uns zugebraust. Eins vom Zoll, das andere von der Polizei. Als solches zu erkennen war weder das eine noch das andere. Lediglich ein Zöllner trug die traditionelle dunkle Hose mit roten Streifen – Rudimente englischer Verwaltung, die wir bereits von Jamaica her kannten. Der Zöllner hatte einen Begleiter in seinem Boot, die Polizei kam zu viert. Weder hatten sie uns begrüßt, noch brachten sie ein Lächeln zustande, ganz zu schweigen von einem Hauch von Anerkennung für unsere flößerische Leistung. Sie paßten sich nicht nur der Windstille an, sie versuchten sogar, sie zu überbieten.

»Die Lady sagt, sie sei der Kapitän und sie wolle ihr Schiff nicht verlassen«, rief der Dicke ins Sprechgerät. So war es. Christina war stur, stinksauer und ließ den Käpt'n raushängen.

Ich war nach der ersten Aufforderung zu ihnen an Bord gesprungen. Ich kannte diese Macht-demonstrationssüchtigen Typen. Es war besser, ihre Autorität nicht anzuzweifeln und ihnen keinen Grund zu geben, ihre Machtfülle und mögliche Willkür auszutoben.

»Dann ist diese Person sofort festzunehmen«, kam die Antwort. »Legt sie in Handschellen!«

Der Dicke strahlte übers ganze Gesicht.

»Habt ihr's gehört? Das war der Minister.«

Ja, wir hatten es vernommen. Es war deutlich und unmißverständlich. Der Jüngste in der Polizeimannschaft glühte sofort vor Eifer. Er sah die Chance seines Lebens, sich zu bewähren und für eine Beförderung zu qualifizieren. Mit einem eleganten Satz war er auf dem Floß. Ein sauberer Ein-Meter-fünfzig-Sprung. Sauber allerdings nur bis zum Aufsprung auf die Bambusrohre. Er hatte ihre Glätte und Rundung nicht gebührend gewürdigt und eine Hand mit den Handschellen blockiert. Es machte flutsch – und er rutschte halb zurück ins Wasser. Christina konnte ihn noch gerade greifen und Schlimmeres verhindern. Sein Mißgeschick hatte ihn einerseits noch wütender gemacht. Er lief sonnenuntergangsrot an. Und andererseits hatte sich die Skipperin als hilfsbereit gezeigt, zwar mehr als Reflex denn aus Hilfsbereitschaft. Aber da stand er dann und gestikulierte mit den Metallringen in der Luft herum.

Christina gab sich geschlagen.

»Das sind ja die reinsten Bananenrepublik-Sitten«, wetterte sie auf deutsch. »Da bittet man Sie um seemännischen Beistand und statt dessen kommen Sie grußlos und ohne sich auszuweisen und reißen einen vom Floß.«

Sie hatte recht. Die sechs Leute benahmen sich dreist und unhöflich wie die Piraten. Wären sie ohne unseren Funkspruch in dieser Weise aufgetaucht, hätte es bestimmt unsererseits wieder Raketenbeschuß gegeben. So mußten wir einfach davon ausgehen, daß es Staatsdiener waren.

»Zum letzten Mal, Madame«, spielte sich der Dicke auf. »Packen Sie das Notwendigste zusammen, und verlassen Sie das Schiff.«

Christina packte ihr Waschzeug ein, etwas Warmes, den Schlafsack und englische Zeitungsartikel über unsere Reise, letztere gewissermaßen als Visitenkarte.

Mit vielen Ächz, Stöhn und hilfsbereiten Armen war auch Pummelchen zu ihr an Bord gestiegen und beobachtete mit Argusaugen, ob sie nicht irgend etwas verschwinden ließ.

»Haben Sie Waffen an Bord?«

Christina blickte mich kurz fragend an, und ich nickte. Bloß jetzt nichts verheimlichen, denn bei einer Durchsuchung würden sie die Waffen sofort entdecken, und das würde dann Folgen haben. Also gaben wir ihnen, was wir hatten. Das Signalgerät wollten sie nicht. Es lief wohl unter ›Spielzeug‹.

Während der Zöllner Bruce – seinen Namen hatten wir derweil aufgeschnappt – unser Bamboo Raft nach Little Cayman hinters Riff zog, brausten wir mit dem Polizeiboot zum zehn Meilen entfernten Cayman Brac.

»Klein wie eine Hallig. Eine richtige Sträflingsinsel«, argwöhnte Christina.

Und ich überlegte fieberhaft, ob man bei den Strömungsverhältnissen und trotz der Haie mit einer Schwimmhilfe eine Chance hätte, je von der einen zur anderen Insel auszureißen.

Die Männer öffneten zwei Flaschen Mineralwasser. Davon hatten sie einige in einem Isolierbehälter mit vielen Eisstücken.

»Sind Sie durstig?« fragte der Dicke und hielt uns eine Flasche hin. Es war seine erste freundliche Geste, und ich wertete sie als Zeichen beginnenden Entgegenkommens. Wie die Zigarette in Raucherkreisen und bei Verhören, wenn einer der Ausquetscher den Menschlichen mimen möchte.

Christina zeigte den Männern im Gegenzug unsere englischen Zeitungsberichte aus Jamaica. Und langsam dämmerte ihnen, daß sie wohl nicht besonders gut kombiniert hatten. Aber noch immer sagte niemand, weshalb wir vom Floß getrennt worden waren.

Als Cayman Brac deutlicher sichtbar wurde, entpuppte es sich als mehr als ›nur‹ eine Hallig. Es war ein buschiges langgestrecktes Eiland mit Palmenstränden wie im Bilderbuch. Auf kristallklarem Wasser schaukelten viele Motoryachten, die nach Luxus rochen und gar nicht militärisch aussahen. Wir atmeten auf. Was auch immer die Typen vorhatten – von hier konnte man sicher Nachrichten raussenden.

Ständig hatte unser Anführer den Funkkontakt aufrechterhalten. Offenbar war die ganze Insel aufgeschreckt. Wir landeten schließlich unmittelbar neben dem Brac Reef Hotel. Viele amerikanische Wagen hatten sich zu unserem Empfang eingefunden und noch mehr Menschen. Den Uniformen und den Aktentaschen zufolge alles Kapitäne und Behördenchefs. Ganz anders als auf dem Meer, wurden wir von ihnen freundlich begrüßt. Sie studierten die Zeitungsartikel, und ihre anfängliche Zurückhaltung wich augenblicklich Neugier und Diskussionslust. Schließlich stellte sich einer des Begrüßungskommitees vor: »Captain Eston M. Scott. Ich bin vom Zoll.«

Eston war um die sechzig Jahre alt, trug ein schneeweißes Baumwollhemd mit kurzen Ärmeln und dekorativen Schulterstücken, die ihn als erfahrenen Seemann auswiesen.

»Sie sind hier auf Cayman Brac, einer der drei britischen Cayman-Inseln. Wir haben Sie von Ihrem Floß getrennt, weil der Verdacht besteht, daß Sie damit Drogen schmuggeln.«

Er legte eine Pause ein, und alle beobachteten unsere Reaktion. Viel zu sehen gab es da nicht – außer vorübergehender Sprachlosigkeit.

»Sagten Sie Drogenschmuggel?«

Stummes Nicken im Kreise. Wir waren ziemlich perplex. Das war ja ein absolutes Novum. Ich blickte zum Dicken und seinem Handschellen-Träger. So recht glaubten sie es inzwischen wohl auch nicht mehr.

»Würden wir dann mit solch einem lahmen Floß hier auftauchen, statt mit einer High-Speed-Yacht?«

Zunächst antwortete niemand. Dann sagte Scott: »Gerade *weil* Sie mit einem Bambusfloß und von Jamaica gekommen sind. Bambusrohre sind hier das gebräuchlichste Schmuggelgerät für Drogen.« Und der Dicke, der seinen Eifer rechtfertigen mußte, fügte hinzu: »Den Motor konnten Sie ja, nachdem Sie in Seenot geraten waren, versenkt haben.«

Der Junge hatte Phantasie! Mir sträubten sich die letzten verbliebenen Haare in Nacken, Nase und Ohren. Mit Schaudern dachte ich daran, wie es wohl wäre, wenn sie uns, um ihr Gesicht zu wahren und befördert zu werden, über Nacht ein Päckchen Hasch auf dem Floß versteckten? Hatte ich nicht selbst über solche Praktiken in meinem Survival-Buch geschrieben? Also bloß höflich bleiben und sie nicht kompromittieren, sie nicht in Peinlichkeiten stürzen, ihnen eine Brücke bauen, einigte ich mich schnell mit Christina. Eston ergriff wieder das Wort.

»Sie können sich im Brac Reef Hotel einquartieren. Wir bitten Sie, das Gebäude nicht zu verlassen. Morgen werden wir das Floß gründlich untersuchen und danach weitere Entscheidungen treffen. Ihre Pässe behalten wir bis dahin ein.«

Wenn wir Eston reden hörten und ihn beobachteten, dann waren wir beruhigt. Er wirkte superkorrekt, und er wußte uns auch zu trösten: »Wenn Sie nichts zu verbergen haben, sind Sie morgen nachmittag wieder frei und können weiterfahren. Sie sind hier auf einer britischen Insel. Wir sind zwar Caymanians, aber wir fühlen und handeln britisch.«

Das war ein echter Trost. Sorgfältig zählte er noch unsere Patronen und verstaute alles in seinem Wagen. Als er sich verabschiedete, waren wir bereits von vielen Schaulustigen umringt. Sie alle trugen ein Sprechfunkgerät bei sich. Jeder hatte den gesamten Sprechfunkverkehr mitbekommen, denn jede Familie besaß solch ein Gerät, und alle hatten immer den Notruf-Kanal 16 eingeschaltet, weil man sich auf diese Weise auch untereinander anzurufen pflegte.

Endlich schien hier mal was los zu sein. Und ob Schmuggel oder nicht – Tatsache blieb, daß noch niemand ein solches Fahrzeug wie unser Bambuspaket gesehen hatte. Christinas Fotos machten die Runde bis sie klebriger waren als die Krabben, die der Hotelier uns kredenzte. Wir klönten bis in die späte Nacht und genossen die lekkeren Speisen, die kalten Getränke, das glitzernde Firmament und den lauen Wind, der uns durch die Hängematten hindurch unter den Palmen streichelte. Sahen wir uns vorgestern noch für weitere vier Wochen auf dem Meer herumtreiben, womöglich nach Mexico abgedriftet, so schien es nun, daß der neunmonatige Trip ein Ende haben könnte. Wir wollten unbedingt einen Frachter suchen, der uns von hier nach Florida mitnahm. Neun Monate – und davon über viereinhalb auf dem Wasser. Mir reichte es. Dreimal so lang wie geplant war die Fahrtstrecke inzwischen geworden, und mir lief die Zeit nur so davon. Die unaufschiebbaren Vorträge in Deutschland machten mich regelrecht kribbelig. Christina hingegen wäre wohl auch noch am liebsten durch den Panama-Kanal, über den Pazifik und ähnliche Ozeane bis hin nach Deutschland mit dem Floß getrieben. Sie war eben eine Seefrau, und ich war ein Dschungelläufer. Man soll alte Bäume nicht mehr verpflanzen. Die See liebte mich nicht, und ich erwiderte dieses Gefühl aus tiefem Herzen. Wie oft hatten wir uns gegenseitig angespuckt! Wie oft hatte sie mir scheinheilig die schönsten Dorados serviert und sie sich dann per Seegang und Seekrankheit zurückgeholt. Ist das Gastfreundschaft? Sie sollte mir nun endgültig gestohlen bleiben.

Die Untersuchung des Floßes förderte nichts zutage. Auch nichts, was der Dicke oder Bruce hineingeschmuggelt hätten. Sie waren Ehrenmänner. Und so waren wir wieder freie Menschen, die sogar einen Einreisestempel erhielten.

Unser erster Weg in Freiheit galt dem Telefaxgerät des Telecommunication Office, gleich neben dem Rathaus. Wir meldeten der ›Gesellschaft für bedrohte Völker‹, daß wir wegen Windstille nur bis zu den Caymans gekommen, aber wohlauf seien.

Kaum war das Fax in Old Germany angelangt, da spuckte die Caymanische Faxmaschine ein Fax nach dem anderen aus. Die Leiterin des Office schlug die Hände über dem Kopf zusammen.

»Mein Gott, die Maschine ist kaputt.‹

Wir konnten sie schnell beruhigen. Das Gerät war topfit. Die Faxe kamen von den verschiedensten deutschen Medien. Tenor: ›Was war los? Wie seid ihr dem Hurrikan Andrew entgangen? Warum meldet ihr euch erst jetzt?‹

Hurrikan ›Andrew‹

Und im Grunde war gar nichts los gewesen. Rein gar nichts. Jedenfalls nicht bei uns. Ganz im Gegenteil: Statt Hurrikan gab es bei uns Windstille. Aber nur 200 Meilen nördlich zog der Hurrikan seine verheerende Bahn. Hätte Christina nicht ständig auf ihrem kleinen Transistor die Nachrichten der karibischen Inselsender abgehört, wären wir allerdings mitten hineingeraten. Denn der kürzeste Weg von Jamaica nach Florida führte nördlich an Kuba vorbei, und den hatten wir geplant.

Schon seit Tagen vernahmen wir die Sturmwarnungen. Was zunächst noch als tropischer Sturm gemeldet wurde, entwickelte sich schließlich zu einem tropischen Wirbelsturm. Er erhielt den Namen Andrew, und damit wurde überall Alarm ausgelöst. In den Radio-Nachrichten wurden alle dreißig Minuten die neusten Daten bekanntgegeben. Die Bevölkerung wurde aufgefordert, ihren Besitz zu sichern und sich auf den Katastrophenfall vorzubereiten.

»Beschaffen Sie sich ausreichende Mengen Lebensmittel, Wasser und Kerosin und Batterien für die Lampen. Lassen Sie Ihr Radio eingeschaltet.«

Je näher ›Andrew‹ kam, desto mehr Verhaltensregeln kamen durch den Äther. Banken und Zeitungen boten kostenlos Seekarten an, in die die Bevölkerung die jeweiligen Koordinaten des Sturmstandortes eintragen sollte. So wollte man die Dringlichkeit der Vorsorge optisch verstärken, und jeder Hobby-Meteorologe sollte die Zugrichtung und die Gefahr selbst einschätzen.

Die Wandergeschwindigkeit des Hurrikans lag bei nur zwanzig Knoten. Und da er von Afrika nach Amerika herübertrieb, kam er auch nicht überraschend. Er näherte sich langsam. Es blieb reichlich Zeit für Sicherheitsmaßnahmen.

Das Zerstörerische an einem Wirbelsturm ist jedoch nicht das vergleichsweise lahme Wandertempo. Das Gefährliche ist die unglaubliche Vehemenz der Drehung um die eigene Achse, die um ein Vielfaches schneller ist als die Reisegeschwindigkeit. Bei ›Andrew‹ hat man eine Rotation von 160 Knoten gemessen. Sie wirkt wie ein High-Speed-Bohrer, der sich spielend durch Holz und Beton frißt. Die Windkräfte reißen alles los, was nicht niet- und nagelfest ist, und nehmen es wie Geschosse in ihre Drehung mit. Sogar ganze Häuser. Im Zentrum des Wirbels herrscht Ruhe. Im sogenannten ›Auge‹ ist es windstill und unerwartet leise. Es kann zehn bis dreißig Minuten dauern, ehe das ›Auge‹ vorübergewandert ist. Und dann passiert das, was viele Menschen sich nicht vergegenwärtigen: Nun trifft die ganze Kraft des Windes aus entgegengesetzter Richtung auf die Objekte. Vielleicht versteht man das besser, wenn man sich vorstellt, ein Brett durch eine laufende Kreissäge zu schieben. In dem Moment, in dem das Brett (stellvertretend für das Haus) vom rotierenden Sägeblatt (stellvertretend für den Wirbelsturm) getroffen wird, erfolgt der Anschnitt (= Windaufprall) von oben nach unten.

Man schiebt das Brett weiter durch, so wie der Sturm weiterzieht. Sobald man über den Mittelpunkt, das Orkan-Auge, hinweg ist, trifft das Sägeblatt den Klotz von unten – also aus entgegengesetzter Richtung.

Ungezählte Menschen sind auch schon deshalb umgekommen, weil sie die Ruhe des ›Auges‹ für das Ende des Sturmes hielten und sich auf die Straße begaben. Auch darauf wurde in den Warnungen immer wieder besonders hingewiesen.

»Vernageln Sie Ihre Fenster und Türen mit Brettern. Verstopfen Sie jeden Türspalt. Der Wind preßt sich mit derartigem Druck durch jede Spalte in Ihr Haus, daß er es wie einen Luftballon aufpustet und es aus den Fugen bersten kann. Halten Sie deshalb ständig auf der Gegenseite ein Fenster geöffnet, damit der Druck entweichen kann. Sobald Sie sich im ›Auge‹ des Orkans befinden, schließen Sie das Fenster und öffnen Sie eines auf der Gegenseite.«

Die Aufrufe rissen nicht ab.

»Fällen Sie alte und schwache Bäume, kappen Sie zumindest zu üppige Baumkronen. Ernten Sie alle Kokosnüsse, sie können sich in Geschosse verwandeln. Binden Sie alles an, was frei herumliegt. Sichern Sie Ihre Dachaufbauten und Antennen.«

Natürlich verfolgten wir die Meldungen mit einem Eifer, wie andere das sonntägliche Fußballspiel. Was wir selbst irgendwie sichern konnten, hatten wir längst gesichert. Wir hatten die Hütte mit Ankertauen noch einmal extra an den Floßkörper angebunden, denn sie war der schwächste Punkt des Unternehmens. Sie würde sicher als erstes zerstört oder abgerissen werden. Der Floßkörper hingegen wirkte auf uns unzerstörbar. Wenn er trotz seiner theoretischen Unzerstörbarkeit in zwei Teile zerbräche, wollten wir uns aufs größere verbliebene Paket retten und dann, wie auch immer, darauf vertrauen, daß die Strömung uns irgendwann und irgendwo an Land spülte. Hauptsache, wir hatten Geduld, Trinkwasser und Schatten.

Deshalb hatten wir auch gleich nach der Sturmwarnung zwei Kanister à zwanzig Liter aus dem allgemeinen Bestand aussortiert und extra gesichert, damit sie uns nicht, zusammen mit der Hütte und den Vorratskisten, davontrieben. Und schließlich hatten wir unsere Rettungsleinen, die wir bei kabbeliger See und in der Nacht immer um den Körper trugen, von zwei auf sieben Meter verlängert. Sollte das Fahrzeug umschlagen, wollten wir in der Lage sein, hoch und weit ins Wasser zu springen, damit das Floß uns nicht auf den Kopf schlüge oder wir infolge eines zu kurzen Seils unter dem Floß gefangen blieben. Falls wir uns verheddern sollten, trugen wir ein scharfes Messer griffbereit.

Aber dann stand plötzlich fest, daß ›Andrew‹ seine Bahn nördlich von Haiti und Kuba wählen würde. Als das als sicher angesehen wurde, entschlossen wir uns, den Weg südlich von Kuba fortzusetzen. Über eine Woche hatten wir auf Jamaica mit der Suche nach einem Frachter vertrödelt. Da wir zeitlich sehr in Verzug geraten waren, sollte er uns die letzte Etappe bei Miami Huckepack nehmen. Dann wären wir in drei Tagen am Ziel, während wir sonst bestimmt drei Wochen benötigt hätten. Drei Tage – gar nicht auszudenken! Viel zu lange waren wir schon unterwegs. Acht Monate waren es seit Dakar, und davon die viereinhalb auf dem Wasser, und das alles mit einem Floß, das nur zehn Zentimeter aus dem Wasser ragte und dem keiner soviel Manövrierfähigkeit zugetraut hätte, daß man damit mehr oder weniger gezielt fahren konnte. Nicht einmal wir selbst. Das Vertrauen war erst während der Reise allmählich gewachsen.

Der Frachter sollte uns aber auch sicher am Hurrikan vorbeischippern. Die großen Schiffe sind so schnell, daß sie angekündigten Wirbelstürmen mühelos ausweichen können – es sei denn, die Hurrikane wechselten unerwartet die Bahn. Auch das kommt vor.

Daß wir letztlich keinen Frachter fanden und aus eigener Kraft weiter mußten, lag daran, daß wir einen großen Fehler begangen

hatten: Stolz hatten wir bei allen Speditionen Fotos unseres neuen Segels gezeigt, dessen Aufschrift nun unter anderem lautete:
We appeal to President George Bush,
to Bill Clinton and all Americans:
Honor the American Indian treaties!
(Respektiert die amerikanisch-indianischen Verträge).

Zwar gaben sich die Spediteure begeistert und bewunderten das Engagement. Aber letztlich fürchteten sie um ihre amerikanische Kundschaft. Die könnte sich an dieser Demonstration stören und den Spediteur als Beihelfer betrachten. Er würde sich sein Geschäft ruinieren, und so sagten sie alle ab. Selbst für 5000 Dollar war plötzlich kein Platz mehr, abgesehen davon, daß wir solche Summen nicht aufbringen konnten.

Der einzige Lichtblick in Kingston war das Morgan's Harbour Hotel. Die Geschäftsleitung gewährte uns große Gastfreundschaft. Wir konnten kostenlos am bewachten Steg liegen und durften das Faxgerät und die Dusche benutzen und irgendwo das Segel beschriften. Der Aufenthalt in den gepflegten Anlagen hat uns gutgetan wie eine Kur. Nicht auszudenken, wenn wir die Wartezeit im schmuddeligen und hochgradig kriminellen Kingston hätten verbringen müssen.

Notgedrungen versorgten wir uns mit neuem Proviant, meldeten uns per Fax bei der ›Gesellschaft für bedrohte Völker‹ ab und stachen am 14. August 1992 in See. Ein Fischer zog uns 27 Meilen bis ins offene Meer, wo die Ost-West-Strömung und der Wind uns nicht mehr gegen die ins Meer ragende Landzunge drücken konnten.

Statt in den Orkan gerieten wir in das Windloch, in dem wir fast zwei Wochen herumtrieben, ehe wir die Cayman-Inseln erreichten.

Vor dem Weißen Haus

Die Chancen standen gut. Die zwölf Piloten der PanAm, die uns in Kingston, im Morgan's Harbour Hotel, bei der Beschriftung des Segels über die Schulter blickten, waren sich einig: »Das wird in den Staaten ›ankommen‹.« Einer nach dem anderen war bei uns aufgetaucht, als es sich herumgesprochen hatte, daß wir (›mit dem Ding?‹) in die Staaten wollten. Wir fachsimpelten über Navigation und darüber, wie sie und wir mit Stürmen fertig würden.

»Da haben wir es etwas leichter«, meinte eine Pilotin, »Stürme umgehen oder überfliegen wir.«

Von ihr kam der Rat, nicht nur an Bush zu appellieren, sondern auch an Clinton.

»Er gilt als der aussichtsreichere Kandidat von beiden. Mit der Nennung auch seines Namens habt ihr die gesamte Nation abgedeckt.«

Zu guter Letzt blieb nur noch eine kleine kosmetische Korrektur. »Schreibt Honour lieber ohne u. Das u ist die englische Schreibweise.«

Die Piloten hatten recht. Das Floß kam bei den Amerikanern an. Scharenweise umstanden sie das Gefährt, bombardierten uns mit Fragen und ließen sich mit dem Floß fotografieren.

Doch schon sehr bald stellten wir fest, daß sich die Begeisterung auf die Bevölkerung beschränkte. Sowohl George Bushs Büro als auch das von Bill Clinton blockten spätestens in dem Moment ab, als wir den Appell und den Text auf dem Segel vorab offenbaren mußten. Waren unsere Gesprächspartner in den Vorzimmern eben noch begeistert ob der Kuriosität des ganzen Unternehmens, klappten in dem Moment Augen und Ohren zu, als es um US-Indianer und nicht um Yanomami ging. Eben noch kompetent und optimistisch, waren sie plötzlich nicht mehr zuständig und sahen schwarz. Hatten wir eben noch die Wahl: »Wäre es Ihnen lieber, ein Repräsentant des Weißen Hauses käme zum Floß, oder möchten Sie lieber selbst ins Weiße Haus kommen?«, so spürten wir nun: Es würde weder das eine noch das andere geben.

Immerhin hatten wir 140 Presse-Einladungen verteilt. Viele sogar persönlich, als wir im National Press Center von Büro zu Büro hausieren gehen konnten. Dazu kamen ungezählte Telefaxe und Anrufe, so daß sogar Christina stöhnte: »Ich kann nicht mehr. Übernimm du das Telefon.« Und das will bei ihr etwas heißen. Sie hat die absolute Telefonitis tremens irreparabilis.

Nach immer neuen Rücksprachen mit immer noch höheren Vorgesetzten beschied uns Bob im Old Executive Court, gleich neben dem Weißen Haus: »Abgelehnt. Kein Kommentar. Werft euren Appell in den Briefkasten!« Eine Stunde vorher hatte er noch gesagt: »Ich finde das wirklich stark, was ihr da gemacht habt. Ich habe nämlich früher bei ›amnesty international‹ gearbeitet.«

Die Art, wie er das Wort ›Briefkasten‹ aussprach, machte uns klar, daß es lediglich eine andere Vokabel für ›Papierkorb‹ war – wußten wir doch von einem Freund, wie Post aus dem Volk bearbeitet wird. Linientreue und schreibgewandte Studenten bewältigen sie vom ›Fließband‹. Des Freundes leibeigene Tochter hatte diesen Job über längere Zeit ausgeübt.

Mit der Ablehnung stand plötzlich auch der Platz vorm Lafayette-Park und genau vis-à-vis des Weißen Hauses nicht mehr zur Verfügung. Wir wurden angewiesen, *hinter* dem Park Position zu beziehen, 16th, Ecke H-Street.

Trotz allem waren wir ziemlich aufgeregt. Robert Hart, so der Name des besagten Freundes, bugsierte das Floß am Vorabend auf seinem Bootstrailer an die bestmögliche Stelle. Unter Mithilfe vieler Heinzelmännchen putzten wir es nachts heraus wie eine Diva, die auf einen Ball wollte. Morgen sollte unsere Schlußvorstellung sein, und da sollte das Floß würdig glänzen. Genau zwölf Monate war es nun immerhin alt, hatte uns treu und geduldig 12000 Kilometer transportiert und eine bescheidene Heimat gewährt. Klar, daß es nun nicht zu kurz kommen durfte. Das Floß und wir waren ein Team geworden.

Der Frachter ›Hybur Clipper‹ hatte es von Georgetown auf den Cayman-Inseln nach Miami gebracht, und dort hatten zwei Trucker es auf ihren Tieflader gepackt und innerhalb von 24 Stunden bis Washington gefahren. Kurzes Umladen auf Roberts Bootstrailer, und nun standen wir da.

Robert versorgte uns mit Donuts und Kaffee, und Concepción

Picciotto arrangierte das Dekor. Nachdem wir zum wiederholten Male unsere Reden geübt hatten, fanden wir endlich Ruhe. Bis in die späte Nacht hockten wir mit Concepción zusammen und lernten in dieser Frau eine ganz ungewöhnliche Atomwaffengegnerin kennen. Zwölf Jahre (!) schon stand sie hier vorm Weißen Haus. Bei Tag und Nacht, bei Hitze und Frost verteilte sie ihre Aufrufe an die Passanten und warb für ihre Einstellung gegen nukleare Waffen.

Daß sie hier nicht vertrieben wurde, lag daran, daß sie vor zwölf Jahren eine Gesetzeslücke entdeckt hatte. Damals durfte man noch zeitlich unbegrenzt demonstrieren. Das ist längst Vergangenheit. Wir waren auf neunzig Minuten festgelegt. Wegen Concepción Picciotto mußte man das entsprechende Gesetz ändern. Dauerdemos sind heute nicht mehr möglich. Immer wieder hatte man die Frau vertrieben, aber man hat sie nie gänzlich entfernen können.

Das Geld für solche Rechtsstreite, ihre Informationsschriften und den Lebensunterhalt erhielt sie von Passanten. Auch Christina spendierte ihr spontan hundert Dollar.

»Wenn ich meinen Platz je verlasse, wird man ihn räumen. Dann darf ich nicht mehr zurückkehren«, sagte sie Christina. Wenn Concepción zur Toilette wollte oder nach Hause zur Familie, um eine Dusche zu nehmen, dann vertrat sie ihr Partner William. Die Stellung wurde auf jeden Fall gehalten. Rund um die Uhr.

»Für ein paar Minuten pro Tag muß ich mich manchmal zurückziehen. Dann muß ich meinen Helm abnehmen und meinen Kopf lüften.«

Erst jetzt sahen wir ihren Helm. Er fiel nicht auf, weil sie ihn mit einer Mütze kaschiert hatte.

»Zweimal bin ich schon von den ›Young Americans for Freedom‹ zusammengeschlagen worden. Ich muß ständig auf der Hut sein.«

Irgendwann fielen uns allen die Augen zu. Zum letzten Mal schliefen wir im Schein der Petroleumlampen ein. Concepción kauerte sich auf ihre Isomatte und zog das Plastiktuch über ihren Körper. Nachtruhe. Jetzt waren nur noch die Ratten munter.

Als wir wach wurden, erwachte auch die Stadt zu neuem Leben. Die vielen Ratten, die nachts durch den Park gehuscht waren, wichen den Eichhörnchen. Die Penner krochen aus den Büschen und wuschen sich am Leck eines Gartenschlauchs. Der Polizist vom Nachtdienst übergab die Wache einem Kollegen, und ab neun Uhr trafen die ersten Touristenbusse ein.

»Meine Damen und Herren, Sie befinden sich nun am Nabel der Welt, am Zentrum der größten Macht«, verkündeten die Reiseleiter. Schnell ein paar Fotos, husch-husch, ein, vielleicht auch zwei ›Wonderful!‹ – und dann ging es weiter zur nächsten Sehenswürdigkeit.

Um halb zehn dann ein Sonderkommando der Polizei, damit wir schön artig auf dem ›Teppich‹, beziehungsweise auf dem Floß blieben und damit sie bei *Aus*schreitungen rechtzeitig *ein*schreiten konnten. Diese Vorbeugung lag ganz in unserem Sinne. Schließlich hatte ich mich dem ›National Park Service‹ gegenüber verpflichten müssen, für Kosten, die durch Krawalle entstünden, zu haften. Und ich wußte auch, daß das teuer werden konnte. Als vor wenigen Wochen die Santa Maria des Kolumbus in Miami festmachte, um sich befeiern zu lassen, hatte es Störaktionen von Indianerfreunden gegeben. Die Polizei mußte eingreifen, und das war die Santa Maria so teuer zu stehen gekommen, daß sie ihre Weiterfahrt mit der Eisenbahn nach San Francisco zur Hauptjubelfeier ein für alle mal streichen konnte. Notgedrungen plante man damals, das Schiff dem Disneyland zu verkaufen (laut ›amnesty international‹ das einzige Land der Welt, in dem es keine Menschenrechtsverletzungen gibt). So hat das Schiff, mit dem das amerikanische Unheil begann, zumindest einen würdigen Ruheplatz gefunden.

Das einzige, was hier an jenem 15. September 1992, 10.30 Uhr, nicht auftauchte, waren die eingeladenen US-Medien. Kein Rundfunksender, keine TV-Institution und keine Zeitung ließen sich blicken. Ignoranz auf der ganzen Linie. Das Gegenteil von Brasilien. Dort hatte man wenigstens den Mut, sich selbst zu kritisieren. Hier erlebten wir nichts dergleichen. Nur tote Hose. Der einzige Zeitungsreporter war Andreas Landwehr von der dpa, die einzige Fernsehkamera war die von Christina Haverkamp. Aber immerhin waren Indianer erschienen. Nicht irgendwelche und per Zufall, sondern fünf besondere, die wir eingeladen hatten. Sie schwangen sich aufs Floß und ließen sich von der geringen Resonanz auf der Publikumsseite nicht beeindrucken.

»Wenn ihr mehr erwartet habt, kennt ihr die US-amerikanischen

Verhältnisse schlecht«, tröstete uns Billy Tayac und begann seine Rede.

Christina bediente die Filmkamera, Andreas Landwehr den Kugelschreiber. Sein dpa-Bericht fand in ganz Deutschland großen Widerhall und verhalf uns so zu einem würdigen Abschluß.

Billy Redwing Tayac ist Chef der Piscataway Indianernation. Sein Volk bewohnte einst, 4000 an der Zahl, die waldigen Hügel Virginias. Es zählte zu den ersten, die dem Eroberungsfeldzug der eindringenden Europäer zum Opfer fielen. Heute existieren noch 97 seiner Leute.

»In den letzten Jahren ist das Selbstbewußtsein meiner Volksgruppe spürbar gestiegen«, verriet er uns. Und so verkündete er hier vom Floß: »Wir werden es nicht mehr hinnehmen, daß immer andere, daß immer Weiße über unsere indianischen Anliegen befinden. Indianische Angelegenheiten wollen wir selbst entscheiden. Deshalb fordern wir eine eigene Stimme in der UNO. Vor allem, weil 1993 von der UNO als das ›Jahr der eingeborenen Völker‹ deklariert wurde.«

Nicht genug damit, Billy ging noch einen Schritt weiter. Er hatte von den Weißen gelernt: »Washington steht auf dem Land meiner Ahnen. Wir fordern es zurück.«

Für einen Moment hielten wir den Atem an. Das konnte ja heiter werden. Fehlte nur noch, daß er das Kriegsbeil aus der Hosentasche ausgrub. Aber er ließ es stecken. Und leise raunte er mir zu: »Warum wundert dich das? Genau das hat man mit uns getan. Sie forderten unser Land, und wenn wir uns weigerten, haben sie uns ermordet. Wir durften nicht einmal mehr unsere Sprache sprechen. Wer dabei erwischt wurde, dem wurde die Zunge abgeschnitten. Unsere Sprache ist so gut wie ausgestorben.«

Natürlich weiß Billy Tayac, daß seine Maximalforderung wenig Aussicht auf Erfolg hat. Und deshalb hält er sich an die Realität. Er hat begonnen, das ihm verbliebene ›Stammesland‹, nämlich seine Farm, um die nächstgelegenen Grundstücke zu erweitern. Er hat sie gekauft. Freunde haben ihn dabei unterstützt.

Billy fiel mir ganz besonders durch seinen feinen Humor auf. Ständig hatte er ein Witzchen auf Lager, das manchem Kabarettisten alle Ehre gemacht hätte. Einmal sagte er: »Ich hörte, du seiest wegen der Yanomami sogar zu Fuß zum Papst gepilgert. Stimmt das?«

Ich bejahte. Und als weiter nichts kam, hakte er nach.

»Na – und was hat er gesagt?«

»Er sagte, er fände unseren Einsatz für die Indianer unterstützenswert und versprach, alles in seiner Macht stehende zu tun, um dabei zu helfen.«

»Na? Hat er?« bohrte Billy weiter.

»Nein«, antwortete ich. »Er hat sein Versprechen nicht gehalten.« Und nach einer Weile schob ich noch hinterher: »Trotz zweier Anfragen an den Vatikan.«

»Ja, aber da kannst du doch nicht sagen, daß er sein Versprechen nicht eingehalten hat! Er hat alles in seiner Macht Stehende getan. Mehr war das eben nicht.«

Als nächster redete John Dacajeweiah Hill, Koordinator der ›Liga der Eingeborenen Souveränen Nationen der westlichen Hemisphäre‹. Er sagte: »Wer so etwas wie diese Bambusreise auf sich nimmt, ist von den Vorteilen unserer traditionellen Lebensart überzeugt. Glaubwürdiger kann man das nicht beweisen. Die Unterstützung indianischer Landrechtsforderungen durch ausländische Menschenrechtsorganisationen ist ein Schlüssel für unsere Zukunft.«

Auch Mike Anderson, Executive Director des ›Nationalkongresses Amerikanischer Indianer‹, wertete den Einsatz der ›Gesellschaft für bedrohte Völker‹ als ein Zeichen der Hoffnung.

»Er zeigt uns, daß wir nicht allein stehen mit unseren Forderungen.«

Mike vertritt 151 der 500 US-indianischen Indianervölker.

Raquel Gutierrez, eine junge Apachen-Schönheit, meinte: »Wenn Columbus mit der Idee der Partnerschaft, wie sie in der Versöhnungs-Botschaft der ›Gesellschaft für bedrohte Völker‹ zum Ausdruck kommt, über den Atlantik gekommen wäre, hätten beide Kulturen, die europäische und die indianische, sich zu einer neuen verbinden können zum Nutzen der Erde.«

Natürlich machten auch wir unserem Herzen Luft. Vielleicht stand ja ein CIA- oder FBI-Mann unter den Zuschauern, der die Ideen weiterleiten würde. Vielleicht flossen sie in den dpa-Bericht ein – auf jeden Fall will ich sie festhalten:

»Wir sind nicht über den Atlantik gekommen, weil wir alles besser wissen. Aber wir meinen, daß Menschenrecht – und dazu gehört auch der Naturschutz – keine Grenzen kennen darf. Die Amerikaner haben das selbst unter Beweis gestellt, als sie Deutschland 1945 die Demokratie brachten. Sie haben bewiesen, daß Menschenrechte dort mit ausländischer Hilfe verteidigt werden müssen, wo die Betroffenen selbst zu schwach sind.«

Ich wollte gerade fortfahren, als jemand dazwischengrölte: »Kümmert euch doch um eure eigene Scheiße! Was macht ihr denn mit euren Gastarbeitern und Asylbewerbern? Ihr schlagt sie tot. Verpißt euch hier.«

Ein paar Sekunden brachte mich das aus dem Konzept. Der Typ hatte recht. Und ich sagte, fast gleichzeitig mit Christina: »Du hast recht. Aber nur weil einige Kriminelle in Deutschland morden, wollen wir nicht so tun, als sei bei *euch* alles in Butter. Wir und unsere Menschenrechtsorganisation distanzieren uns strikt von solchen Killern. Unsere Menschenrechtsorganisation und wir treten für *alle* Minderheiten ein, die aus politischen, religiösen oder rassischen Gründen verfolgt werden. Sowohl in Deutschland wie auch in allen anderen Ländern. Also auch in den USA.«

Dem Mann genügte das. Ich fuhr fort: »Die USA und die Alliierten bescherten Deutschland die längste Friedensphase seiner Geschichte. Deshalb kommen wir als Freunde, um an Freunde zu appellieren.«

Abwechselnd verlasen Christina und ich die Versöhnungsbotschaft und den Appell an George Bush und Bill Clinton.

Wir hißten das Segel und entrollten eine zehn Meter lange Papierrolle, auf der uns Leute vom Indian Treaty Council alle 371 Verträge aufgelistet hatten, die US-amerikanische Regierungen mit ›ihren‹ Indianervölkern geschlossen und – gebrochen haben. Eine beschämende Liste.

Zum Schluß ergriff noch einmal Billy Redwing Tayac das Wort.

»Ihr seht die endlose Liste gebrochener Verträge. Trotzdem hat man sich nicht gescheut, uns aufzufordern, das Columbusjahr zu feiern. Wir empfinden das als Hohn und blanken Zynismus. Das wäre dasselbe, wenn die Deutschen die Juden aufforderten, Adolf Hitler zu feiern.«

Am anderen Tag flogen wir zurück nach Deutschland. Nach genau einem Jahr war diese unsere längste Tour beendet. Das Floß, von Robert Hart sorgsam bewacht, traf ein halbes Jahr später mit einem

Frachter in Emden ein. Es soll nun auf Wanderschaft gehen: Evangelischer Kirchentag in München, Kieler Woche, IGA in Stuttgart, Einkaufszentren. Es soll, auch ohne Wasser unterm Kiel, weiterwerben für die Rettung der Yanomami-Indianer.

Der Auftritt in Washington war, nüchtern betrachtet, ein Flop. Der Erfolg, den wir in Brasilien hatten, hat sich hier nicht wiederholt. Hätten wir das vorher geahnt, hätten wir den Auftritt vorm Weißen Haus sicher ganz anders vorbereitet. Aber hinterher ist man immer schlauer. Doch die Pleite hatte auch ihre guten Seiten. Sie lehrte uns zweierlei: wie entrechtet man ist, wenn man einer Minderheit angehört –; und daß man, wenn man zufällig das Glück hatte, in eine Mehrheit hineingeboren zu sein, eigentlich eine Verpflichtung verspüren sollte, denen zu helfen, die sich nicht selbst helfen können. Vor allem, wenn es Menschen sind wie die Indianer und andere Naturvölker, von deren Lebensphilosophie wir einiges übernehmen könnten – zum ureigensten Nutzen: der Philosophie des schonenderen und respektvolleren Umgangs mit der Natur.

Möge es uns erspart bleiben, daß weiterhin unsere Habgier über unseren Verstand triumphiert. Sonst werden es die Katastrophen sein, die uns zum Umdenken zwingen.

Teil III

Anhänge

Der aktuelle Stand (1993)

Theoretisch garantierte bereits die brasilianische Verfassung den Ureinwohnern die Unantastbarkeit ihres traditionell bewohnten Landes.

Praktisch bewiesen alle Verantwortlichen, daß ihre Verfassung als Bluff gegenüber der Außenwelt zu werten war und in die Kategorie Makulatur gehört.

Die Verfassung allein sei bei weitem nicht ausreichend, hieß es: Die Demarkation sei erforderlich. ›Ist das Land der Yanomami erst demarkiert, ist es endgültig Reservat‹, tönten alle. Präsident Collor de Mello versprach, den Yanomami-Park hieb- und stichfest zu machen, ihn unter Dach und Fach zu bringen. Es wurde eher ein Ach und Krach.

Nach zwei Jahren weiterer traditioneller Verzögerungen fand die Demarkation tatsächlich statt: Grenzsteine wurden gesetzt, das Unterholz auf vier Meter Breite ausgelichtet und Schilder aufgestellt. Im Mai 1992 unterzeichnete Collor die Ratifizierung der Demarkation.

Eine große, auslandswirksame Geste. Aber auch sie war nichts als Augenwischerei. Denn längst hatte man sich weitere Verzögerungstaktiken einfallen lassen, um alles erneut zu unterlaufen. Zwar war die Ratifizierung durch Collor erfolgt – aber weiter tat sich nichts. Der feierliche Staatsakt, bei dem den Indianern das Land übergeben wurde, blieb aus. Ein glühender Dankesbrief des Davi Yanomami an Präsident Collor, die Euphorie all derer, die sich für die Yanomami stark gemacht hatten, mich eingeschlossen, waren dem neuesten Turbobluff zum Opfer gefallen. Hatte man bisher immer die ›Demarkation‹ als letzten Schritt in der langen Prozedur erklärt, so hieß die neue Parole ›Demarkationsprozeß‹ – und der war noch längst nicht abgeschlossen.

Das Justizministerium wurde aus Collors Büro angewiesen, vor dem endgültigen Abschluß des Demarkationsprozesses die Militärs zu befragen, ob nicht ›Aspekte nationaler Souveränität‹ außer acht gelassen worden waren. Auch die ›Nationale Abteilung für den Abbau von Bodenschätzen‹ mußte plötzlich befragt werden, die allmächtige ELECTROBRAS und gar das ›Institut für Land- und Viehwirtschaft‹ – alles altbewährte Gegner der Indianer und des Waldes. Die Vermessung wurde damit in das Ermessen vermessener Profitbesessener gestellt – die Demarkation und die Verfassung als Farce entlarvt.

So rücksichtsvoll man sich gegen die ewigen Indianerausrotter verhielt, so kurz und bündig verfuhr man mit den Befürwortern einer positiven Indianerpolitik. Endlich stand der beschämenden Indianerbehörde FUNAI ein glaubwürdiger Präsident vor, nämlich Sidney Possuelo, da ließ man ihn am ausgestreckten Arm verhungern: Man kürzte seinen Etat um 90 Prozent.

Während über den Köpfen seiner Mitarbeiter im Yanomami-Wald die Flugzeuge der Goldmafia hinwegbrummten und eine neue Invasion starteten (Ende 1992), verfügte Possuelo nicht einmal über Benzin für Aufklärungsflüge. Mit den letzten Gallonen Kerosin bot er dem Justizminister einen Informationsflug an, um ihm den Skandal zu beweisen. Der war gar nicht daran interessiert. Im Juli 1993 legte Possuelo sein Amt nieder.

Am 12. Oktober 1992 verlor die Indianerfront einen ihrer großen Mitstreiter: Senator Severo Gomes verunglückte tödlich bei einem Hubschraubersturz.

Für die ›Organisation Indianischer Völker Amazoniens‹ (COIAB) steht spätestens seit Collors Anweisung an das Justizministerium fest: »Das ist die Annullierung der Demarkation.« Wie hieß es auf unserem Segel? ›500 Jahre Amerika, 500 Jahre Völkermord …‹. Wir dürfen hinzufügen: ›500 Jahre nichts dazugelernt. Weiter so, Christenwelt!‹

Den Papst jedoch focht das alles nicht an. Am Columbustag, dem 12. Oktober 1992, in Santo Domingo auf Haiti, verkündete er stolz, ohne Gewissensbisse und ewig unbelehrbar:

»Columbus war das Werkzeug göttlicher Vorsehung. Gott hat Columbus mit unsichtbarer Hand geführt, auf daß er den Eingeborenen den Weg hin zur Wahrheit des Evangeliums ebne« (Hamburger Abendblatt, 16. 10. 1992).

Aber so ganz unbelehrbar war Papst Johannes Paul II. denn doch nicht. Es war wohl die Reise nach Haiti, die ihn um eine fundamentale Erkenntnis reicher gemacht hat. Er stellte wider alle bisherige vatikanische Auffassung fest: Die Erde ist ja, halleluja noch mal, doch rund und keine Scheibe. Sie dreht sich um die Sonne und nicht etwa umgekehrt. Und so zögerte er denn auch keine Minute, den 1632 mit Inquisition belegten Begründer der modernen Naturwissenschaft, Galileo Galilei, zu rehabilitieren und wieder in den Schoß der allwissenden Kirche aufzunehmen. Ich glaube, Jesus hat sich im Grabe umgedreht.

Amen sagt
Rüdiger Nehberg
1993 Jahre nach Christus

Die Versöhnungsbotschaft

Gesellschaft für bedrohte Völker
Menschenrechtsorganisation für ethnische, rassische und religiöse Minderheiten
Society für Threatened Peoples – Association pour les Peuples Menacés – Asociación para la defensa de los pueblos amenazados

Versöhnungsbotschaft
1992 wird in zahlreichen Staaten Nord-, Mittel- und Südamerikas, aber auch in Europa, der 500. Jahrestag der Landung von Christoph Columbus in Amerika gefeiert. Damit begann die Eroberung und Unterwerfung der indianischen Völker und Volksgruppen und der Reiche der Maya, Inka und Azteken. Seither haben die europäischen Siedler und ihre Nachkommen einen der größten und grausamsten Völkermorde in der Geschichte der Menschheit begangen. Die Ureinwohner wurden vom Land der Ahnen vertrieben. Unzählige Millionen Indianer fielen Vergewaltigungen, Folter, Sklavenarbeit, Massakern und eingeschleppten Krankheiten zum Opfer. Etliche indianische Kulturen wurden unterworfen. Wir dürfen diese Kulturen zwar nicht als paradiesisch idealisieren, sie waren jedoch zum Teil dem zeitgenössischen Europa an geistiger Schärfe und Weitblick überlegen.

Während Millionen Einwanderer aus allen europäischen Staaten in den fünf Jahrhunderten in Amerika eine neue Heimat fanden, Kolonien und schließlich unabhängige Republiken gründeten, wurden Millionen Schwarzafrikaner als Sklaven auf den »neuen Kontinent« deportiert und die indianischen Völker weiter zurückgedrängt und vernichtet. Bis in die 60er und 70er Jahre dieses Jahrhunderts wurden in Brasilien und Paraguay ganze indianische Völker ausgerottet, zehntausende Angehörige der indianischen Mehrheitsbevölkerung Guatemalas fielen noch in den 90er Jahren Menschenrechtsverletzungen zum Opfer. An den Yanomami-Indianern in Brasilien wird sogar bis heute Völkermord verübt. In allen 22 Staaten Nord-, Mittel- und Südamerikas, in denen noch Ureinwohner leben, werden sie diskriminiert und ihrer Land- und Bürgerrechte beraubt.

Es gibt für die geschehenen Verbrechen keine Rechtfertigung, sie können nicht wiedergutgemacht werden. Wir können den indianischen Völkern gegenüber nur unser aufrichtiges Mitgefühl ausdrükken und anerkennen, daß Europa und das »weiße« Amerika tief in ihrer Schuld stehen.

Wir wollen in diesem Gedenkjahr 1992 dazu beitragen, daß ihr unendliches Leid und ihre großartigen, von unseren europäischen Vorfahren fast zerstörten Kulturen niemals vergessen werden. Möge 1992 ein Jahr des ersten Gedenkens sein an die in fünf Jahrhunderten vernichteten Millionen Indianer und an die untergegangenen indianischen Völker und Kulturen.

Wir müssen aber auch den Blick in die Zukunft richten und uns dafür einsetzen, daß Diskriminierung und Verfolgung von Indianern für immer der Vergangenheit angehören. Es ist an der Zeit, ohne weitere leere Versprechen eine echte Versöhnung zwischen uns Europäern, deren Vorfahren den Indianern so viel Tod und Schrecken brachten, und den Ureinwohnern Amerikas herbeizuführen. Wir Europäer müssen den Kampf der indianischen Völker für die Durchsetzung ihrer Landrechte, für die Selbstverwaltung ihrer Territorien innerhalb der Nationalstaaten sowie für die Gleichberechtigung ihrer Sprache und Kulturen mit den Staatssprachen in Nord-, Mittel- und Südamerika unterstützen.
Unterschrift: Tilman Zülch

Es lag Tilman Zülch daran, ausschließlich europäische Persönlichkeiten zur Unterzeichnung des Dokuments zu gewinnen. Es sollten Menschen sein, die aufgrund ihrer menschenrechtlichen Tätigkeit internationales Ansehen errungen hatten.

Mit der folgenden (englischen) Aufstellung sei allen Unterzeichnern herzlich gedankt!

Alsace/France
Gabriel Andres, Chief Editor, Rot un Wis
André Weckmann, writer
Fred Urban, Vice President, European Bureau for Lesser-Used Languages

Austria
Robert Jungk, peace researcher
Simon Wiesenthal, President, Jewish Documentation Center, Vienna
Franz Hohler, writer, cabaret artist
Reinhold Messner, mountaineer (Mount Everest)

Bulgaria
Boris Dimovski, artist, former Parliament member
Todor Dinov, film director

Croatia
Ivan Supek, Academy of Sciences
Gajo Petovic, scientist

Cyprus
George Christophides, President, Commitee for Restauration of Human Rights throughout Cyprus
Özker Özgür, President, Cumhiriyetci Partisi
Alpay Durduran, President, New Cyprus Party (Yeni Kibris Partisi)

England
Reverend Canon Paul Oestreicher, Director, International Ministry, Coventry Cathedral

France
Bernard Kouchner, Secretary of State for Humanitarian Action
Daniel Jacoby, President, Fédération Internationale des Droits de l'Homme, human rights organization
Anna Vari Chapalain, President, European Bureau for Lesser-Used Languages
Alfred Grosser, writer, journalist

Germany
Rita Süßmuth, President, German Parliament
Rupert Neudeck, President, Ärztekomitee Cap Anamur
Martin Walser, writer

Luise Rinser, writer
Heinrich Schultz, President, Union of the Danish Minority in Germany (Sadslesvigsk Forening)

Greece
Vassili Vassilikos, film director

Hungary
György Konrád, writer, President, International Pen Club
György Kurtág, composer

Iceland
Einar Kárason, writer, President, Writers' Union of Iceland
Thóarinn Eldjárn, writer

Ireland
Bishop Casey, Galway
Dónáll O'Riagáin, President, European Bureau for Lesser-Used Languages

Italy
Achille Bonito Oliva, art critic
Pablo Echaurren, artist

Kosovo
Adem Demaci, writer, President, Commitee for Human Rights and Freedom for Kosovo

Luxemburg
Léon Zeches, Chief Editor, Luxemburger Wort (daily newspaper)

Moravia / CSFR
Ludvik Kundera, writer
Jaromir Dufek, Chief Editor, Svobodné slovo Brno (daily newspaper)
Vera Mikulásková, Director, Czech Television Brno

Netherlands
P. Stoffels, former Parliament member
K. van Rijckevorseels, former Parliament member

Poland
B. Berenowski, Academy of Sciences, Warsaw
Brunon Synak, Vice President, University of Gdansk

Russia
Lev Kopelev, writer
N. S. Lichaev, Academy of Sciences, St. Petersburg

Switzerland
Walter J. Hollenweger, theologian, former WCC official for Latin America
Jean Ziegler, Parliament member

Slovenia
Ivo Standeker, Editorial Board, Mladina

Spain
Rosa Montero, journalist, El Pais
J. Inazio Marko Juanikorena, Secretary General, Asociación para la defensa de los pueblos amenazados

Sorbs
Jurij Koch, writer, Vice President, Sorbian Union Domowina

Southern Tyrol/Italy
Alfons Benedikter, Chairman, Union for Southern Tyrol, former Vice President of the Autonomous Province of Southern Tyrol
Robert Frasnelli, Chairman, Parliamentary Group, Southern Tyrol People's Party

Ukraine
Ivan Dratch, President, RUCH movement
Olexa und Anna-Halja Horbatch, slavists

Union of Independent States
Tchinguiz Aitmatov, writer, Ambassador of UIS in Luxemburg

Wales
Gwynfor Evans, writer

Davi vor der UNO

Davi Yanomamis Statement vor der Vollversammlung der Vereinten Nationen anläßlich der Eröffnung des Internationalen Jahres der Eingeborenen Völker der Welt am 10. Dezember 1992

Es ist mir eine große Ehre, hier im Namen des Yanomami-Volkes und für alle Waldvölker des Amazonas vor der Vollversammlung der Vereinten Nationen zur offiziellen Eröffnung des Internationalen Jahres der Eingeborenen Völker der Welt sprechen zu dürfen, deren aller Geschichte über Jahrhunderte hinweg nicht anders verlief als unsere eigene.

Es ist das erste Mal, daß ich vor einem Weltforum spreche, und dafür bin ich sehr dankbar. Ich glaube, daß meine Anwesenheit hier den Geist der ›neuen Partnerschaft zwischen den Völkern‹ ausdrückt, proklamiert von der Vollversammlung.

Ich erinnere mich sehr gut an meinen ersten Besuch bei den Vereinten Nationen. Es war im April 1991, und ich wurde empfangen von dem damaligen Generalsekretär Javier Perez de Cuellar. Ich erklärte ihm die Aggression, unter der mein Volk litt, und er versprach, unserem Fall seine besondere Aufmerksamkeit zu widmen. Später schrieb er an den brasilianischen Staatspräsidenten Fernando Collor de Mello und brachte seine Sorge zum Ausdruck. Seine Intervention war wichtig für uns. Nachdem er das Schreiben erhalten hatte, begann Präsident Collor den Indianern und ihren Rechten mehr Aufmerksamkeit zu widmen. Es war der Beginn einer Entwicklung, die uns sehr gut getan hat. Sie führte zunächst einmal zu der Entscheidung im November 1991, ein zusammenhängendes Schutzgebiet für uns zu gründen, das unser ganzes angestammtes Land einschloß. Und dann, im Mai '92, kurz vor dem Erd-Gipfel in Rio de Janeiro, zur Ratifizierung der Demarkation unseres Schutzgebietes, das die Fläche von 96650 Quadratkilometern hat.

Eine Weile sah es so aus, als hätten wir die Woge der Angreifer zurückgedrängt, die uns mit Krankheiten infiziert und das Land unserer Vorfahren zerstört hat. Wir erhielten die vollen gesetzlichen Rechte, und sowohl die FUNAI als auch die Bundespolizei warfen die Eindringlinge aus unserem Land. Im Juli gab es nur noch 200 bis 300 Goldsucher auf unserem Boden, an Stelle von 40000 in den schlimmsten Zeiten, Ende 1990.

In den vergangenen Wochen allerdings wurden wir mit dem Wiedereinmarsch der Goldsucher konfrontiert. Fährschiffe bringen sie über den Rio Cauaburí in den westlichen Teil unseres Landes. Und im Osten fliegen viele kleine Flugzeuge von Boa Vista aus in unser Land. Sie kommen vom Flughafen der Stadt und von illegalen Pisten der umliegenden Farmen. Die Goldsucher haben die Landepisten, die die Polizei (bei uns im Wald) mit Dynamit gesprengt hatte, wieder repariert. Es sind zur Zeit wieder mindestens 8000 Goldsucher in unserem Land.

Die Goldsucher fliegen ständig über unser Land und belästigen uns mit dem Lärm ihrer Maschinen. Sie bedrohen die Menschen, die uns helfen wollen, wie Gesundheitsarbeiter und die Angestellten der brasilianischen Regierungsorganisation FUNAI. In einigen Gebieten überreden sie sogar einige Leute meines Volkes, für sie zu arbeiten, und locken sie mit falschen Versprechungen. Gleichzeitig werden wir krank. Meine Verwandten sterben. Wir haben Angst vor einer neuen Epidemie wie der in den Jahren 1987–91, die so viele von uns getötet hat.

Der Justizminister der neuen Regierung des Präsidenten Itamar Franco versprach im letzten November zu helfen. Wir sind auf die Regierung angewiesen, daß sie ganz entschieden klarmacht, daß unser Land nur unser Land ist, und darauf, daß das Wirtschafts- und Planungsministerium schnell Geld zur Verfügung stellt, damit die FUNAI und die Bundespolizei die Invasoren hinauswerfen kann und damit wir des weißen Mannes Medizin bekommen können, um uns von den Krankheiten des weißen Mannes heilen zu können.

In dieser schwierigen Situation wenden wir uns erneut an die Vereinten Nationen. Wir bitten den neuen Generalsekretär Boutros Boutros Ghali, uns zu helfen wie sein Vorgänger. Wir bitten ihn, Präsident Itamar Franco aufzufordern, uns dringend die erforderliche Hilfe zu senden.

Wir appellieren gleichzeitig an die Internationale Gewerkschaftsorganisation (ILO), die Bedingungen zu untersuchen, unter denen die Goldsucher arbeiten. Die Goldgräberei ist nicht nur illegal, weil sie in unserem Land stattfindet, sie schadet auch den Goldsuchern selbst. Viele von ihnen werden wie Sklaven gehalten. Sie sind, genau wie wir, Opfer der Gier einer Handvoll Männer, die den Goldhandel kontrollieren.

Wir unternehmen alles in unserer Macht Stehende, um uns selbst zu helfen. Um uns gegen weiße Krankheiten zu schützen, bauen wir ein eigenes Gesundheitsprojekt auf. In meiner Region, den Flußtälern des Deminí, Balawaú und Tootobí, also in Yanomami-Land, haben wir 24 Dörfer mit einer Einwohnerzahl von 1048 Yanomami. Mit Hilfe von Regierungsorganisationen in Kanada, Deutschland, Großbritannien, Holland, Norwegen und Brasilien bauen wir ein Gesundheitsprojekt auf, das sie alle erreichen soll. Es ist die ›Neue Partnerschaft‹ zwischen den Völkern.

Schließlich möchte ich Ihnen eine Botschaft von Oman geben. Oman ist der Schöpfer der Yanomami und der Schöpfer der ›shaboris‹, die unsere Schamanen sind. Die Shaboris besitzen alles Wissen, und sie haben uns gesandt, ihre Botschaft den Vereinten Nationen zu übergeben.

Die Botschaft lautet: Stoppt die Zerstörung, stoppt den Abbau unterirdischer Bodenschätze und stoppt den Bau von Straßen durch Indianergebiete. Wir plädieren für den Schutz der Natur, des Windes, der Berge, des Waldes, der Tiere – und das möchten wir euch lehren.

Die Führer der reichen industrialisierten Welt glauben, sie seien die Eigentümer dieser Welt. Aber die Shaboris sind diejenigen, die das wahre Wissen besitzen. Sie sind die wirkliche erste Welt. Und wenn ihr Wissen zerstört sein wird, dann werden auch die Weißen sterben. Es wird das Ende der Welt sein. Das ist es, was wir vermeiden möchten.

Amnesty International prangert an

Neue Züricher Zeitung vom 19.3.1993: Schlechte Menschenrechtsbilanz Brasiliens
Amnesty International prangert Gewalttaten gegen Indios an.

K. H. São Paulo, Mitte Januar
Goldsucher, Bergbau- und Holzfirmen suchen zunehmend die letzten – deutlich markierten – Reservate und Rückzugsgebiete der brasilianischen Indianer heim und verfahren dort nach den Beobachtungen von Amnesty International nicht anders als die verrohten Conquistadores vor rund 500 Jahren. In einem Bericht zur Lage der von ursprünglich über 5 Millionen auf etwa 220000 reduzierten, eigentlichen Besitzer Brasiliens betont Amnesty zum wiederholten Male, daß sämtliche Gewaltakte gegen die *Yanomami, Macuxí, Tikuna* und *Nambiquara* unter den Augen der Behörden geschehen, von diesen gedeckt oder sogar verantwortet würden. Bei der Vorstellung der Studie in der Industriestadt São Paulo forderte die Menschenrechtsorganisation energisch ein Ende der Straffreiheit bei Verbrechen gegen Indios; bisher versage der brasilianische Staat immer dann, wenn Täter beziehungsweise Verantwortliche ermittelt und vor Gericht gestellt werden müßten. Laut ai werden nach wie vor Indianerstämme von zum Teil mit Maschinengewehren bewaffneten Banden attackiert, die im Sold von Großgrundbesitzern, Edelholzhändlern und Schürfunternehmen stünden.

Nie verwirklichte Agrarreform
Erstmals verwies Amnesty darauf, daß die blutigen Konflikte um die offiziell seit Jahrzehnten verkündete, doch nie verwirklichte Agrarreform auch Indianerrechte tangieren: Brasilianische Großgrundbesitzer lassen Flächen von der Größe europäischer *Länder brachliegen* und verhindern notfalls mit Pistoleiros, daß kinderreiche Landlose und Kleinbauern jene Böden bebauen. Diese Unterprivilegierten weichen daher immer häufiger auf ungeschützte Indianergebiete aus, was zwangsläufig zu Spannungen führt. Vor kurzem hatten 5000 Guajará-Indianer im nordostbrasilianischen

Staate Maranhão *Bus-Passagiere als Geiseln* genommen, um eine immerhin bereits 1979 per Gericht und Regierungsentscheid verfügte, jedoch nie realisierte Umsiedlung von mehreren tausend Bauern zu erzwingen. Diese Bauern hatten im Guajará-Reservat Urwälder abgebrannt, Agrargifte im Übermaß versprüht und Dörfer errichtet – und damit die Jagd- und Fischgründe der Indios zerstört. Kurz vor der Verzweiflungstat ermordeten gedungene Mörder im Auftrag von Großgrundbesitzern einen Häuptlingssohn. Maranhão ist fast so groß wie Deutschland, wird aber von nur etwa fünf Millionen Menschen bewohnt. Daher hatten nie wirtschaftliche Zwänge zur Invasion auch dieses Reservates bestanden.

Amnesty International verweist ferner darauf, daß immer mehr Mitarbeiter der staatlichen Indianerschutzbehörde FUNAI Morddrohungen erhalten und im übrigen das Massaker an mindestens vierzehn Tikunas von 1988 weiterhin ungesühnt ist. Der Fall hatte seinerzeit weltweit Aufsehen erregt.

Indianerbehörde in Geldnöten

Die FUNAI ist derzeit fast zur Untätigkeit verdammt, weil ihr die Regierung nur einen Bruchteil der zustehenden Haushaltsmittel überweist – somit können zumeist nicht einmal Strom, Telefon- und Medikamentenrechnungen bezahlt werden; hochmotivierte Anthropologen in den Amazonas-Außenstellen verschulden sich deshalb hoch, um die Arbeit nicht völlig abbrechen zu müssen. Entgegen den Erwartungen brasilianischer Menschenrechtler und Naturschützer hatten die Staatschefs der Ersten Welt auf dem Umweltgipfel von Rio de Janeiro im Juni letzten Jahres die Regierung von Staatschef Collor und seinem Vizepräsidenten Franco bewußt nicht wegen jener skandalösen Indianerpolitik kritisiert, die über den Amazonasraum hinaus direkt mit der ökologischen Problematik zu tun hat.

Wie brasilianische Fachleute vorausgesagt hatten, nahm nach der UNO-Konferenz die kurzzeitig aus taktischen Erwägungen gestoppte Goldgräberinvasion in die nordbrasilianischen Yanomami-Territorien wieder zu. Laut jüngsten FUNAI-Angaben schürfen dort derzeit wieder über 12000 sogenannte Garimpeiros (Goldsucher) der schlimmsten Sorte, über hundert illegale Flugfelder wurden wieder im markierten Stammesgebiet in Betrieb genommen, um

Goldsucher, Waffen, Gerät und Prostituierte zu transportieren. Venezuelas Präsident Carlos Andrés Perez hat zu Jahresbeginn ein weiteres Mal dagegen protestiert, daß brasilianische Garimpeiro-Horden Nationalparks und Yanomami-Gebiete auch seines Landes zerstören. Die UNO hat 1993 zum Jahr der Urbevölkerungen erklärt...

- »Das Vaterunser begünstigt die Männer«, klagten Feministinnen und forderten, daß das Gebet in ›Mutter und Vater unser‹ zu ändern sei.
- Teichbesitzer Ferdinand B. verliert in erster Instanz den Prozeß, den ein Nachbar gegen ihn angestrengt hat: Er muß die Frösche in seinem Gartenteich abschaffen.
- Der Supermarkt bietet das Kilo Bananen für nur 99 Pfennige und die Granny Smith-Äpfel aus Neuseeland für 1,99 DM an. Der Deutsche Boskop aus Hamburgs Umgebung kostet hingegen 5,99 DM.
- Die deutschen Kaffeeröster geben sich die Ehre, ihren preisbewußten Hausfrauen das Pfund Kaffee der besten Sorte für nur 6,99 DM feilbieten zu können – billiger als vor Jahrzehnten, zumindest ebenso billig.
- Und endlich können auch alle die deutschen Bundesbürger aufatmen, denen herkömmliches Toilettenpapier noch immer zu grob und schmirgelhaft war. Jetzt gibt es den absolut handlichen, anschmiegsamen, funktionalen, schneeweißen und zehnlagigen Rollentuff, zudem noch allergiefrei, der wie Watte gewordener Morgennebel den Herren und Damen von deutscher Welt und Kultur zu Diensten steht oder hängt und trotz dieser Vorzüge gar nicht mal nennenswert teurer ist.

So oder so – Preise spielen längst für viele Konsumenten die Nebenrolle. Hauptsache bequem, Hauptsache trendbewußt leben, nicht zurückstecken und absahnen auf Teufel-komm-raus. Die ›Westdeutsche Zeitung‹ aus Düsseldorf formulierte es am 25. 3. 1993 so:

»Er hat ja in vielem so recht, unser Kanzler: daß die Studenten immer älter und die Rentner immer jünger werden oder daß eine Industrie-Nation sich nicht als kollektiver Freizeitspaß organisieren läßt. Und wer wollte nicht applaudieren, wenn zu Verläßlichkeit und sozialem Verhalten aufgefordert wird. Nur: In unserer Gesellschaft wird der Eigennutz prämiert und das Allgemeinwohl ignoriert. Der Egoismus bestimmt den Sinn des Daseins. Und beim Ausnutzen der Möglichkeiten, sich Vorteile ohne Eigen-Anstrengung zu verschaffen, marschieren Politiker in der ersten Reihe, während sie die moralische Wende von ihren Wählern verlangen.«

Streiflichter aus dem Überfluß = Überdruß-Land Deutschland
Der Siedler in Brasilien erhält für die Bananen ebenfalls runde 99 Pfennige. Also heile Welt? Natürlich nicht. Denn er erhält seine Pfennige nicht fürs Kilo, obwohl er in der Kette der Mitverdiener die meiste Arbeit geleistet hat: gepflanzt, gespritzt, geerntet. Er erhält die 99 Pfennige als Tageslohn. 2,– DM, wenig genug, würden ihm tatsächlich zustehen, wenn seine Aufkäufer sich an den vorgeschriebenen Mindestlohn von lumpigen 60,– DM pro Monat halten würden. 60,– DM – für uns ein Tank voll Benzin, in zwei Tagen in die Atmosphäre verpustet, bezahlt aus der Portokasse. Aber die Bananenaufkäufer argumentieren mit ›Inflation‹, ›schlechter Weltmarktlage‹, ›Konkurrenzdruck‹ und ähnlichen Sprüchen. Wer das nicht akzeptiert, bleibt auf den Bananen, auf dem Kaffee sitzen oder verliert seinen Job. Andere Arbeitslose stehen Schlange. Wer je aufbegehrt, das Gericht bemüht wegen Nichteinhaltung des Mindestlohnes, der muß gar um sein Leben fürchten.

Das Ungleichgewicht zwischen ›erster‹ Welt und ›dritter‹ Welt, das Gefälle zwischen Nord und Süd – es ist allerorten spür- und sichtbar. Macht sich die deutsche Wohlstandsmutter Sorgen, ob Sohnemann oder Töchterchen mit den Prestige-Turnschuhen zu 189,– DM zufrieden wären – natürlich nur als kleine Beigabe zum zeitgerechten Computer –, dann überlegt die brasilianische Mutter im Elendsviertel in diesem Moment, ob sie morgen wieder genügend Abfälle aus den Mülleimern zusammentragen würde, um die hungrigen Mäuler stopfen zu können.

Daß die Entwicklung so nicht weiterlaufen darf, wird jedem klar sein, der irgendwo in seinen Hirnwindungen zumindest einen Rest von sozialem Gespür besitzt.

Was also tun? Resignieren? Ignorieren? Weiter profitieren? Hier ein paar Anregungen.

- Das geringste politische Ziel sollte der Fortschrittsstopp sein.
- Stärken Sie Umweltorganisationen Ihrer Region.
- Gründen Sie nötigenfalls eigene, die sich mit dem speziellen Problem ihrer persönlichen Umgebung auseinandersetzen. Erst

wenn der Politiker sich einer starken Rückendeckung in der Bevölkerung sicher ist, wagt er, etwas zu verändern, das bahnbrechend ist.

- Seien Sie zu Verzichten bereit, und wenn Sie nicht wissen, zu welchen, holen Sie sich das in großer Menge ausliegende Anregungsmaterial, das es kostenlos bei den Menschenrechts- und Umweltorganisationen und sogar den städtischen Recyclinghöfen gibt. Es ist viel mehr, als Sie denken.
- Gewinnen Sie sich ein Stück Natur zurück, indem Sie ein Viertel Ihres Gartens verwildern lassen und/oder sich einen Teich anlegen.
- Meiden Sie Tropenholz, wenn es nicht beweisbar aus Plantagen stammt. Trauen Sie nicht der Werbung der Holzhändler. Befragen Sie Ihre örtlichen Umweltschutzbehörden oder die nichtstaatlichen Naturschutzorganisationen. Bedenken Sie, daß Tropenholz auch versteckt angeboten wird: im Frühstücksbrettchen, im Sperrholz und in der Holzkohle. Mein eigener Projektionstisch ist daraus gefertigt. Als mir das auffiel, war es längst zu spät für die Rückgabe. Wichtig scheint mir, Fehler zu erkennen und abzustellen und lernfähig zu bleiben.
- Meiden Sie Käufe bei Firmen, die sich hartnäckig und unbelehrbar allen Appellen der Umweltschützer verschließen.
- Für Kindergärten fordern Sie bitte die Unterrichtsmappe des Diakonischen Werkes ›Amazonas-Indianer‹, ›Brot für die Welt‹ an (Bugenhagenstraße 21, 20095 Hamburg).
- Resignieren Sie nicht, wenn Sie Rückschläge erleben. Resignation beschleunigt die Katastrophen.
- Nehmen Sie Einfluß auf Ihren Arbeitgeber, auf die Gewerkschaften, Kirchenführer und Politiker. Sie sind es, die etwas verändern können und müssen. Bleiben diese Leute unbelehrbar, treten Sie aus den Organisationen aus und beleben Sie die Konkurrenz. Auch der einzelne kann mehr erreichen, als er sich oft zutraut. Verstärken Sie Ihre Meinung mit Unterschriften Gleichgesinnter.
- Schreiben Sie an die Brasilianische Botschaft, Kennedyallee 74, 53175 Bonn. Fordern Sie die Einhaltung der Verfassung, die Einrichtung des Yanomami-Schutzgebietes und die uneingeschränkte Versorgung der Yanomami, wie es die brasilianische

Menschenrechtsorganisation CCPY (Comissão pela Criação do Parque Yanomami) tut.

- Drohen Sie mit Boykott alles Brasilianischen: vom Kaffee über die Musik bis hin zum Tourismus.
- Regen Sie in Schulen an, das Regenwald/Yanomami-Schulprojekt der ›Gesellschaft für bedrohte Völker‹ anzufordern (Postfach 2024, 37010 Göttingen). Es kostet 50,– DM. Dafür erhalten Sie eine Unterrichtsmappe und eine Videokopie des ZDF-Films ›Goldrausch in Amazonien‹. Berichten Sie darüber in der Schülerzeitung, und vertiefen Sie so das Problem in der Bevölkerung.
- Veranstalten Sie Flohmärkte, und opfern Sie die Erlöse der ›Gesellschaft für bedrohte Völker‹, Stichwort ›Yanomami‹. Jede Mark ist willkommen. Es ist nämlich sehr schwer, für Menschenrechtsarbeit Unterstützung zu finden. Für Seehunde ist das leichter. Aber beides ist wichtig. Für das Geld werden den Yanomami nicht etwa Turnschuhe, Büstenhalter oder Perlen gekauft, sondern es wird die wichtige Hintergrundarbeit finanziert, ohne die wir als Aktionisten noch weniger ausrichten können, als dies ohnehin der Fall ist.
- Unterstützen Sie die Menschenrechtsarbeit der ›Gesellschaft für bedrohte Völker‹. Einmalig oder durch regelmäßige Spenden. Werden Sie Mitglied der ›Gesellschaft‹. Informationen dazu fordern Sie bitte an bei: Postfach 2024, 37010 Göttingen, Telefon 0551-499060, Fax 0551-58028.
- Abonnieren Sie die ›Gesellschaft für bedrohte Völker‹-Zeitschrift ›progrom‹ (6mal jährlich, 40,– DM). Adresse wie gehabt.
- Sie können uns als Aktionisten aber auch *direkt* unterstützen. Laden Sie uns als Augenzeugen zu Vorträgen ein: Das gilt auch besonders für Schulen und Kindergärten. (Noch nie ist uns ein Schüler eingeschlafen.)
- Büro Rüdiger Nehberg, Telefon und Telefax 040-6934847 (c/o Frau Ludwig, Stephanstraße 93b, 22047 Hamburg). Konto: Kreissparkasse Stormarn, BLZ 23051610, Kto.-Nr. 121906096 (Spenden an mich sind privat und nicht absetzbar).
- Christina Haverkamp, Telefon und Telefax wie Büro Rüdiger Nehberg und 0431-26311, Schönkirchener Straße 48, 24149 Kiel. Konto: Sparkasse Kiel, BLZ 21050170, Kto.-Nr. 8003196 (Spenden auf dieses Konto sind privat und nicht absetzbar).

- Vielleicht möchten Sie uns in anderer Weise helfen. Zum Beispiel mit kostenlosen Fotokopien in Tausender-Mengen,
- mit portugiesischen Dolmetscherleistungen beim Briefwechsel,
- mit der Anfertigung von Lithos,
- mit der Anforderung größerer Mengen meiner Bücher, als Weihnachtsgeschenk,
- mit einem Schreibcomputer oder Telefax für unser Büro in Göttingen,
- mit anderen praktischen Dingen, die Sie beherrschen und die uns dienlich sein könnten.

Gemeinsam sind wir stark. *Gemeinsam* halten wir uns über Wasser. Es ist wichtig zu schwimmen. Noch wichtiger ist es in diesem Falle, gegen den Strom zu schwimmen. Wie heißt es doch irgendwo? Nur tote Fische schwimmen mit dem Strom. Wollen wir dazugehören? Na, also.

Wenn wir schon das Glück haben, einem der wohlhabendsten Völker der Erde anzugehören, zu einer Zeit, in der es seit fast fünfzig Jahren keinen Krieg mehr gegeben hat, dann sollten wir das nicht als gottgegeben hinnehmen, sondern davon die Verpflichtung ableiten, anderen zu helfen, die dieses Glück nicht hatten.

Vorsichtsregeln für Spender

Wenn Sie mit Ihrer Spende nicht nur Ihr Gewissen beruhigen, sondern wirklich helfen möchten, wenn Sie nicht auf Betrüger- und Schaumschläger-Organisationen reinfallen möchten, sollten Sie sich vorher ganz nüchtern die folgenden Fragen beantworten. Ich habe sie wörtlich der Natur-Zeitschrift ›ÖKO-Test‹ entnommen. (Die Fragen gelten nur bedingt für Vereine mit anderen als *Naturschutz*-Zielen!)

1. Ist die Organisation, die zu der Spende aufruft, als gemeinnützig anerkannt? Kann sie steuerlich absetzbare Spendenquittungen ausgeben?
2. Treten bekannte Persönlichkeiten öffentlich für die Organisation oder das Projekt ein?
3. Sind die Organisatoren ›greifbar‹, das heißt mit einer Adresse oder Bankverbindung im Inland? Kann man dort vorbeischauen (oder gibt es nur ein Postfach)?
4. Erhält man als Spender auf Anfrage ausführliche Informationen?
5. Wird eine lokale Naturschutz-Organisation genannt, die das Projekt vor Ort betreut?
6. Erklärt die Projektbeschreibung, ob die lokale Bevölkerung zum Projekt steht und wie sie davon profitiert?
7. Sind die Mitarbeiter der Organisation qualifiziert im Naturschutz, in der Wissenschaft und der Verwaltung?
8. Besteht die Aussicht, daß sich das Projekt in absehbarer Zeit ohne Spendenzuschüsse von selbst tragen kann?
9. Hat die hiesige Organisation Ihres Vertrauens die Kontrolle darüber, wie das Geld verwendet wird?
10. Wird über das Projekt öffentlich berichtet und Rechenschaft abgelegt? Gibt es Fotos, die einwandfrei zeigen, daß es sich bei dem Hilfsprojekt im fernen Land nicht um irgendeine Initiative, sondern genau diese Initiative handelt (etwa durch ein stabiles Schild vor Ort, mit dem Projektnamen und den Spendern)?
11. Geht das Geld innerhalb kurzer Zeit wirklich ins Projekt (oder bleibt es in der Verwaltung oder auf der Bank)?

12. Gibt es bei den Projekt-Organisatoren jemanden, der das Projekt persönlich oder aus eigener Anschauung kennt und darüber berichten kann?
13. Stehen Einnahmen und Selbstverwaltungskosten in verantwortbarem Verhältnis?
14. Sind die Einnahmen-Ausgaben-Zahlen, die Ihnen von der Organisation vorgelegt wurden, glaubwürdig?
15. Gibt es eine unabhängige Kontrollinstanz, die die Vereins-Buchführung garantiert?
16. Gibt die von Ihnen favorisierte Hilfsorganisation ein Informationsblatt heraus, das all diese Fragen freiwillig, umfassend und nachprüfbar beantwortet?

Natürlich ist die Beantwortung dieser Fragen mit einigen Mühen verbunden. Sie lohnt sich vor allem für Groß- und Dauerspender. Kleinspender sollten sich an altbekannte, bewährte Organisationen halten. Und *alle* Spender sollten Jahr für Jahr neu entscheiden, ob die begünstigte Organisation ihr Vertrauen weiterhin verdient hat.

Wenn Sie nur eine der obenstehenden Fragen mit Nein beantworten müssen, sollten Sie Ihr Geld lieber behalten. Sind ein oder mehrere Fragen mit ›ich weiß nicht‹ im unklaren, sollten Sie die Organisation, die zu Spenden aufruft, um die fehlenden Auskünfte bitten. Ist die Organisation in absehbarer Zeit nicht in der Lage, Ihnen mit den gewünschten Informationen zu dienen, können Sie annehmen, daß sie erst recht nicht in der Lage ist, ein größeres Naturschutz-Projekt in der Dritten Welt durchzuführen.